U0136964

融通致用的生命實踐
——民國《易》學研究

陳進益 著

臺灣學生書局印行

序

如今回想起來，我和《易經》開始結上因緣，都已經是三十三年前的事了。

當年，有個同學告訴我，她正在一個清朝王爺那裡聽《四書》的課，問我想不想去聽看看？我一聽到「清朝王爺」四個字，忍不住好奇的當天就從外雙溪跟著她搭一個小時多的車，進了臺大對面巷子裡一棟老舊公寓的地下室去。那天晚上七點，我眼前出現了個一襲長袍，一髯白鬚，身形高大挺拔的從歷史中走出來的人，他是愛新覺羅・毓鋆老先生，他是讓我甘心一輩子讀古書，把中華文化努力傳承下去的人。

那是中華民國七十八年的事，我二十一歲，他八十三歲。老先生在課堂中提到熊十力的《乾坤衍》很好，一定要看。我也不知道那是什麼書？但老先生說好，必然是好，所以便馬上去書局買了這本書，不分青紅皂白的，每天沒課的空堂，就一個人拿著書躲在外雙溪邊的樹蔭下，發了狠的一句一句的跟著標點符號，點書細看。一開始看不大懂，看到全書一半，更覺十分朦朧。但老先生說這書好，所以看不懂一定是我的問題，因此依然毫不退縮的死心塌地往下看。一直到某個陽光燦爛的午後，當我把全書最後一個標點符號用紅筆給圈起來之際，我好似福至心靈般的看懂了什麼？但又不是太明白自己懂的到底是什麼？

那是此生我第一次看有關《易經》的書。

接著是大三選修了《易經》的課，大量的開始閱讀關於《易經》的一些研究與解釋；然後是在中央大學唸碩士選論文題目時，我的指導教授龔鵬程先生問我要研究什麼？我直接脫口而出了《易經》兩個字，於是便寫出了《清焦循易圖略、易通釋研究》這本碩士論文。我就這麼一連串的與《易經》結上了今生不解的因緣。

碩士論文既然有關《易經》，博士論文自然也就離不開《易經》了。比較不一樣的是，由於父親是菜市場賣蛋的小販，在市場宣布改建被迫退休後，突然十分虔誠的跟著鄰居們信了佛教，而且一信便每日吃齋，並且定時唸佛、讀經、打坐、跑寺廟的參與各種佛教活動，甚至還偶爾到寺廟中禪修幾天才回來。民國八、九十年的臺灣，各類宗教一度十分盛行，詐騙爭議也時有所聞，我十分擔心只有小學畢業的父親會不會走火入魔或者被騙，所以在思考博士論文題目時便加入了佛學的議題，想要藉此好好研讀關於佛法的知識，一方面在平時可以與父親有話題聊天，知道父親在宗教參與上的一些細節；另一方面也可以把自己學得的正信佛法，通過日常聊天傳遞給父親，這樣應該就可以免去發生父親可能受騙或學錯佛法的問題了。

現在回頭看，我當時的想法實在十分單純，而且也未必真能發生什麼作用。只是父親只有小學畢業，個性又樸質純厚，一生辛勞，只能靠早上在市場賣蛋，再加上下午趕去開計程車到半夜十一、二點，才得以養活我們一家四個小孩。他好不容易熬到可以退休喘口氣，也有了學佛的興趣，如果真的因此受騙，對他將是多麼巨大的打擊？因此，那時我拚了命的補足自己對於佛法的認識，除了原本在中國思想史課程中所學得的佛學知識外，更是蒐羅研讀各類佛學經典與論文，並把有當代玄奘之稱的印順導師全集都買了下來，一部一部用力的讀下去。所幸父親並沒有遇上什麼宗教詐騙事件，他只是每天都會問我一些他讀不懂的佛經問題，我也因此成了最常陪父親聊天的人。

由於父親只喜歡談佛法，而家裡的人只要一聽他提到佛教相關話題，都會自動躲開，只有我因為也閱讀接觸了一些佛教相關書籍與人事物，所以能歡喜的陪伴他。後來我以《蕅益智旭易佛會通研究》這本論文拿到了博士學位，而父親也成了每天可以雙盤一個小時以上，並且過午不食的虔誠學佛者。

我拿到博士學位，父親應該會很開心吧？他和母親都只有小學畢業，兩個人都只能在社會最底層工作，辛苦賺取極少的金錢。他們當然也不會獲得什麼別人的敬重，如今能養出一個博士兒子，他應該會很開心吧？！只是父親一向謙卑低調，從來都沒有什麼吃穿上的需求，他總是什麼都好，總是笑笑的在一旁看著我們這些子孫。他一生辛苦，卻從不曾對我們四個孩子惡言相向，更不曾動手打過我們，我不知道可以用什麼方式孝順他？只有如他的希望，好好讀書，但願能讓在市場辛苦一生的他，因為我的博士學位或者在大學教書的身分，而受到親戚朋友的尊重，覺得此生辛苦沒有白費。

父親已經離開我們五年多了。他身體感到不舒服，要去醫院看病，那天是星期一，我正好沒課，所以整天在醫院陪著他；一個星期之後，也是我沒課的星期一，在醫生的建議下，我坐在只閃著燈卻安靜無聲的救護車裡，一路把他帶回家的。我慶幸父親這樣善良的好人，可以不必受太多的病苦就能結束此生；卻也捨不得父親走得如此匆忙，沒能讓我們再有多一點時間，好好奉養陪伴他。如果問愛玩的我，此生何以會努力的讀到博士？我想，很大很大的原因都是來自我的父親。因為此生他真的好辛苦、好善良，而努力讀書可能是我唯一可以孝順他、讓他開心的方式。

還記得曾經在我國一想要幫父親搬蛋去市場賣時，他真誠的對著我說：「我這世人會這麼辛苦，都因為沒有讀書。你有時間就趕快去讀書，不要花時間來做這些事。」然後停頓了一下，把那箱二十斤的蛋從我手中搬開，再對我說：「我不要你們跟我一樣辛苦。」我永遠忘不了那個星期天早上父親的眼神，我知道此生只有好好讀書才能報答他。

我就這麼與《易經》結上了不解之緣。直到現在，我五十四歲了，也已經努力讀《易經》三十三年了。回頭一看，我發現自己實在愚鈍，在五十歲前所讀關於《易經》的書，似乎也都只是一知半解。也許當我談起《易經》時，在旁人看來好似口若懸河，所知甚深；但若實際回到《易經》的原典裡，捫心自問，真的只是一知半解。直到五十歲過後，我才好像開始有了一點不一樣的感覺，對於《周易》經傳原文不再只是「讀懂」，而是常有「哦！原來如此」的「會心」感受。近幾年，我大量來回閱讀《周易》經傳原文與古人注解，並且對整部《易經》分門別類勤作筆記，兩三年下來，我好像終於可以踏實的說：「我真的開始懂一點點《易經》了。」

孔子說：「加我數年，五十以學《易》，可以無大過矣。」又說自己「五十而知天命」。我不知道別人的生命經驗如何？然而也許孔子想要告訴我們的是，學習《易經》需要時間慢慢積累，一點都著急不得；而對於生命意義的體會，更需要經過歲月的磨煉。關於身心性命的安頓，五十歲似乎帶有一種莫名的關鍵意義。

五十歲後的我，逐漸有了類似的經驗感受。我集結整理自己近十餘年在各地發表有關民國以來《易》學研究的論文，出版了這本《融通致用的生命實踐——民國《易》學研究》，希望透過這些研究成果，能夠對喜歡《易經》的朋友發生一點助益。因為這本書中所有探討的人物，他們都不像現代學者，多是把《易經》當做客觀的學問研究；他們就像書名所標示出的，是把《易經》的學問與智慧融通致用於身心性命之中，並且告訴所有讀他們書的人，如果不能把從《易經》所得的智慧融入致用在生命中，那麼就失去了學習《易經》的意義與價值了。我希望親愛的讀者能夠體會這點，把你從《易經》中所學得的點點滴滴，全都融通致用於自己有限的生命中。

這本書中多篇論文曾在臺北市中央研究院中國文哲研究所主辦的會議中發表，也有一些論文是得到科技部計畫的補助，而這些論文後來也都分別收入專書或發表於國內期刊之中。另外，由於集結成書的需求，所以我對這些文章的題目與內容，或多或少都做了一些必要的修改，這是特別要對讀者說明的。

最後，除了要感謝一生辛苦撫育我的父親與母親外，還要深深感謝林師慶彰在我讀博士班及獲得博士學位之後，不斷鼓勵我、給予我許多發表學術論文的機會。如果沒有林老師的鼓勵與支持，不知道一直在私立科技大學教書的我，將會與學術界疏離到什麼地步？又還能有多少堅持寫出這些論文的毅力？此外，也要對我的妻子及一雙兒女說聲謝謝，因為在學校工作一年比一年繁重的今日，如果沒有他們的體諒與支持，我是不可能有時間與精力完成這將近二十六萬字的書的。

本書一定還有許多疏陋與缺失，這當然都是因為我個人能力與才學的不足，盼望讀者能不吝指正，我定誠心傾聽，並深心感謝。最後還想說的是，即使這只是一本小書，然而一路走來的甘苦甜酸，只有自己才能明白。於是，對於此生，除了感謝，我再無言語。是為序。

進益　筆於　如是齋中

中華民國一百一十一年一月一日

融通致用的生命實踐
——民國《易》學研究

目　次

緒　論

從《易經》發生的初始來看，它的內容本是「神諭」，由巫者將其轉化，而以「人語」說出，並用「文字」記載下來。起初，應該只是碎片式的記錄。

時移事往，周朝人文興起，本由「神諭」轉為「人語」而以「文字」的碎片式記錄，漸以集結成冊的姿態出現。如今，已不知集結成冊者是誰？但人們總以為「人」與「神」之間最近的距離是「聖」，所以傳統中有了「《易》歷三聖」之說。其實這不只是一個流傳久遠的傳說，它也代表一種內在生命的向上連結，一種身為一個凡夫俗子的生命，仍可以向上探尋與成長的可能與仰望。因此，不論把這些碎片式的記錄集結成冊的人到底是誰？人們總認為不外乎是傳說中的聖人吧？！伏羲、文王、周公與孔子的名字與《易經》結合在一起，成為了唯一可能把「神諭」集結成人們能看得懂的《易經》的「聖人」。於是，《易經》從純粹碎片式記錄的天命難測，從人們只能接受且無可質疑的「神諭」，轉身成由「聖人」集結成冊，寓有「聖人」無限深意，且可供人們終生探索，汲取生命智慧養分的「經典」。這轉化雖是從「神壇」走到「聖域」，但其間上下高低，實難言說。因為這時的《易經》依然還在「神聖」領域。

直到民國，一向穩固活在「神聖」領域裡的《易經》，地位開始搖搖欲墜。

傳統《易經》研究者，本以《易經》為神為聖，所以研究《易經》時所抱持的心態多是「尊神崇聖」，並以此來自警自勉，希望能藉由治《易》之道以達「聖域」。然而民國以後，在政治社會風氣及現代學術思潮的影響下，全面性回頭檢視傳統文化，「經典」首當其衝，而身居群經之首的《易經》，自然難逃被反省檢討之列。首先大規模且集體式對其「神聖領域」進行挑戰的，就是從 1926 年至 1941 年的《古史辨》運動。這個前後長達 15 年的學術社會運動總共集結出版包羅了三百五十篇文章，三百二十五萬餘字的七大冊《古史辨》。他們想要造成人們懷疑古史的風氣，想要造成社會熱烈討論，所以針對《易經》，集中火力要把孔子與《易經》的關係拆解開來，並且把解釋《易經》的〈易傳〉時代往後拉，目的就是將原本「神聖」的《易經》推回只是「巫」的占卜，藉以說明它只是個原始的迷信之物，完全沒有後人所謂的「神聖」意味。「神聖」，只是後人的添加物。本書第一章〈《古史辨》中討論《易經》相關問題之省思〉，探討的就是這一場巨大學術活動中與《易經》有關的實際內容，以及我們應如何看待這場運動在《易》學史中的意義。

將《易經》客觀化的等同於一般學科研究，力求去偽存真，這是《古史辨》學派追求的理想。然而在此同時，相信他們所研究出關於《易經》成果的人們，卻也從此失去因為對《易經》保有「神聖崇敬」之情，而在研讀《易經》之際，能夠從而興起轉身躬求諸己的追求道德美善的心念。這種轉變，雖將《易經》從「神壇聖域」給請了下來，但也同時拋棄了讀書是為了追尋自我生命提升的中國傳統價值。《易經》研究者的語言與態度的轉身，標誌出《易經》從「神聖領域」的信仰，逐漸走向日常生活的平凡。即使它的身上仍不免沾有與生俱來的「神秘」味道，但畢竟是「神秘」，不再「神聖」。

然而民國初始，除了認同《古史辨》學者「求真去偽」的現代科學精神呼聲者外，仍有許多認同傳統經典文化價值，深信經典中存有聖人深深教誨之意的人。表面上，我們或許可以簡單將此視為「客觀研究」與「主觀認同」兩種態度，然而如果我們更深一層的仔細思考，就會發現其實這是兩種不同的生命態度與價值追求。《古史辨》學者是將《易經》客觀化成一個研究對象，其研究所得成果與自我生命提升與否毫不相關；認同經典傳統價值的人們，則是主觀的將《易經》內容當做自我生命得以提升的「聖諭」。這二者之間是否必然互斥而無法相融？學術研究是否真能全然客觀？這些都是值得我們仔細深思之事。然而，回到民國以來的《易經》研究現場，《古史辨》學派挾其巨大的社會聲量，的確成為所有研究民國以來傳統文化無法避開的背景。只是在這個看似巨大的社會學術風潮中，我們發現仍有許多《易經》專家或者名人學者，他們依然堅守在相信傳統《易經》的「神聖」領域中，獨自唱著各具特色的調。他們試圖融通儒、釋、道三教，甚至引入現代科學知識；他們強調學習《易經》對於個人身心修養乃至於社會國家皆有助益。於是本書便以第一章〈《古史辨》中討論《易經》相關問題之省思〉做為全書的背景音樂，它雖一直嗡嗡作響，卻正好成為我們研讀其他章節時，隨時得以省思與對照的片斷。從第二章開始，本書陸續針對生存年代橫跨清末到民國時期的專家學者，或者專就一人，或者專就一書，依照其生年先後，一一對其《易》學成就做仔細而深入的探討，希望能藉由這樣的安排，呈現出民國以來《易》學研究現場，在傳承與開新之間，眾聲喧嘩且各有信仰的豐富多元現象。

例如在第二章〈從術到學，技進於道的杭辛齋《易》學〉中，我們可以看到身處清末民初的杭辛齋，他仍認為《易》為聖人所作，其中有聖人所以通神明之德、類萬物之情、窮理盡性的大道。在他的眼裡，象、數成了我們探求《易》中聖人之道的階梯，唯有「下學」《易》中象、數之法，才能「上達」聖人在《易》中所寓之道。他以為天地間萬物皆是數，人生天地之間而最靈，故能參天兩地而倚數。所以心動則數生，物無窮則數無窮而心量亦無窮，能明白數之本源惟在人心之運用，則吉凶善惡皆能倚數而斷。並且由此認為各類宗教、各種思想，以及各種科學政治等等，《易》道皆能涵攝，《易經》實是聖人所以教人經世致用之術。

在第三章〈以象解《易》的尚秉和《周易尚氏學》〉中，我們發現他之所以找古代筮案研究，找《左傳》、《國語》中的占筮做為解說《易經》的例子，是來自於其原本仕途的不順心，再加上經歷了國家民族的重大變化，所以他從歷史上有紀錄的各種筮案中，尋找各種生命際遇之所以變化的蛛絲馬跡，一方面是研究《易經》，另一方面也是用來安慰自己。在前後四十年的治《易》期間，他念茲在茲的把《易經》放在心中，有了前二十年的辛勤用功，才能累積出後二十年得以用考求遺象的方式，更加全面完整的詮釋《易經》。他深刻的進入〈十翼〉的世界，省思時人對於〈十翼〉與孔子之間關係的看法。他仔細觀察思考其間或有重複者，或對同一字詞而有不同見解之處，於是判斷〈十翼〉中有孔子自己所說的，亦有孔門采集古來不同的《易》說，而在與門人討論時被稱述引用者，並且認為把這些對話或授受之語記錄下來的則為孔子門人。這樣的看法，即使到了出土文物如此頻繁的現代來看，也與今日許多學人對於〈易傳〉時代與作者的看法十分相近。同時，我們也看到尚秉和不專採傳統占卜判斷吉凶方法，而強調《易》占以變為貴，不可泥於一式，須就事以取辭，察象而印我，棄疏而用親。可見其所高舉《易》學最核心的《易》理、《易》象，實則都來自於《易》占必須「實用」的要求。

在第四章〈《續修四庫全書總目提要・易類》中的尚秉和《易》學〉裡，我們看到尚氏對虞翻所代表的強命某卦爻變化以就其象的漢《易》派，以及王弼所代表的以義理解《易》的宋《易》派皆表不滿，並謂此二者是讓《易》學湮晦的重要因素，清楚表達了尚氏自立於傳統漢、宋《易》兩派之外的立場。他也對於元、明以來以《易程傳》、《易本義》為正宗，對象數全然忽視的現象大表不滿。然而，他雖然認為象不明則不能通《易》辭，以象為我們認識《易經》的根本，但對於不根於古，任意比附以談象的《易》家，同樣是給予抨擊的。同時，他一再宣誓「以象解《易》」的重要，並著重分辨「《易》理」與「義理」的不同。他考訂前人著作之誤，指出了清代整理前人《易》說的努力與問題，並呈現出清代《易》學以宋《易》為主流，同時也存在融通漢、宋二家《易》學的事實。我們除了看到他特別對略早於他的杭辛齋《易》學多有讚譽之外，同時也發現在《續修提要・易類》中，大多數的〈提要〉書寫只落在一兩人身上的奇怪現象。更特別的是，尚氏一人所寫的〈提要〉就佔了近整個《續修提要・易類》〈提要〉的一半。此中因素可能有很多，但從他一人作的〈提要〉佔了近總數一半的現象來看，尚秉和在《易》學上的造詣，應是民國以來被公認最為深厚精彩的《易》家之一。

在第五章〈以象數融通漢、宋《易》的黃元炳《易》學〉中，我們看到黃元炳認為象數、義理之法，皆出於孔子，沒有所謂孰高孰低，孰是孰非的問題。他認為後代《易》家強分漢、宋象數義理，是不能真知《易》者。他的《易》學立場在泯除象數、義理的門戶之分，一方面認為「人貴虛心受益，不可以為術數小道而忽之」，另一方面則強調「形下以為術，不如形上以為道」。他之所以演圖書象數之術，並非如傳統象數家們，專以象數之學為尚，而是想藉此說明圖書象數之學，正是為了要幫助我們理解聖人所寓之道的方法，所以我們不應以此形下術數之學為尚，而應該以達成形上之道為習《易》的終極目標。而其之所以強調通達象數圖書，乃是為了要先徵信於人，然後才能夠拿來勸人作修身之用。他認為只有將象數與義理合一，彼此相互徵驗，《易》義方可全面展現，並且有助於人的道德性命升華，體悟聖人於《易》中所蘊藏的深意。同時他兼取儒、釋、道三家之說以解《易》，並在《易》學著作中，大量引用《老》、《莊》之說，深刻豐富了讀者對於《易》義的體悟。

在第六章〈「明理安數」的馬振彪《周易學說》〉中，我們看到馬振彪繼承並吸取了一生最景仰的劉沅、李士鉁及馬其昶三人《易》學精華，雖以「聖人作《易》」為其核心認知，卻也深信象數之法為探索聖人含藏於《易》中義理的最佳手段，故通讀《周易學說》全書，處處可見其善用象數之學解《易》的痕跡。不過他並沒有漢、宋之分，也努力泯除象數、義理之別，更融通儒、釋、道三家之說以注《易》，深刻化、豐富化了《易經》的涵義。同時也常引用史事，實際化了人們對《易》中卦爻辭的感受。在《易》為聖人所作，有聖人教人勸人深義的基本理念上，他以象數中的互卦、卦氣、爻變等為手段，清楚的拆解說明《易經》卦爻辭中讓人難以理解之處，並進而探索聖人所寓之理，強調了人的自我抉擇在《易》中的吉凶禍福變化上的重要性與價值。對於矛盾在不變的天理與常變的運數之間，生存在應然的義理與實然的象數之中的人們，應當如何隨時處中，方能在行止動靜的順境逆境裏，無入而不自得的自在生活，提出了「明理安數」這個他一生治《易》的深切體悟。

在第七章〈錢穆先生與其《易》學〉裡，我們看到他治理學、道家、佛家之言，以天台「小止觀」的方法練習靜坐，同時在文字與行為中體會生命。在多次修止觀法後，終有「初如濃雲密蔽天日，後覺雲漸淡漸薄，又似得輕風微吹，雲在移動中，忽露天日。所謂前念已去，後念未來，瞬息間雲開日朗，滿心一片大光明呈現。」的「小悟」狀態，並且漸能掌握靜坐工夫，時有「全成一片」之境，所以更加堅信靜坐之功。最後在靜坐的真實體驗裏，「因此悟及人生最大學問在求能虛此心，心虛始能靜。若心中自恃有一長處即不虛，則此一長處正是一短處。」這是錢先生與現代學人極為不同的生命經驗與治學感悟，而這樣深刻的虛靜經驗對於其治《易》「觀象玩辭，觀變玩占」的體會，自然有難以言喻的影響。他雖認為孔子並不看重《易經》，也未曾作過《易》傳，但這並不表示《易經》或者《易》傳的價值不高。事實上，我們去讀錢先生的著作，凡有關宋明理學、朱子學及學術思想相關文章，無不常引《周易》經傳之語，而他自己其實也是很愛讀《易經》的。錢先生不只如一般學者書寫論文，追求學術上的真偽，他更進而把《易經》融入生活中，在對於古今《易》學名著鮮不瀏覽的深厚底蘊下，認為《易》之大義，簡言之不過「數變」、「位變」與「時變」而已。他認為時與位的相互關係，才是《易經》占卜趨吉避凶的關鍵因素。終其一生，他只在七十七歲與八十二歲時，因憂慮臺灣未來與國際地位而實際占卜了兩次，在這兩次占卜中，《易經》也以奇驗回報給他。我們由此可知，雖然他一生堅持孔子與《易經》沒有任何關係，然而在國家危急之際，他仍求助於《易經》的占卜，《易經》在他心中的地位，可謂既神秘又特殊。

在第八章〈修行以知卦德的胡蘭成《易》學〉中，我們看到胡蘭成十多歲就已經接觸《易經》，但他那時對《易經》是毫無所得的。直到三十九歲（1945）二次大戰結束，日本戰敗，他因曾在南京親日的汪政權裏擔任公職，因而逃亡到浙江麗水時，對《易經》突然有了「豁然有所悟」的特殊體會。剛開始，他是以讀文章與詩的態度來讀《易經》，只讀他覺得重要的「警句」。最晚從 1961 年底開始，他對《易經》變成死心塌地的讀，而且讀的不再只是他覺得的「警句」，而是對篇篇句句都平等的看待，並且連各家的註釋也都拿來讀，可見此時他讀《易經》的態度已經從隨意變成認真，從片段變成全面了。他不只讀一遍兩遍，而是讀了一遍又一遍。但卻強調「我這樣的讀書法，若稍帶學問的功利之念，是不能行的」，暗暗提醒人們應該以怎樣的心態來讀《易經》。他說「我今是天涯漂泊之身，亦時常想起那樣的事，若只許帶一本書，我則帶《易經》。」可見《易經》在他心中的地位。他認為《易經》的占卜如同禪家的機鋒，只是那時、那刻、那人、那地與那事，電光一閃的相會而已，沒有必然如何的理解方法，也沒有使用手冊的套路可以憑藉，只有當下即是的真實，只有那一念才是最真切的唯一。他說卦德就是「性」，是與生俱來的「在」，所以沒有是非善惡的價值分判。他認為萬物之「德」，乃是萬物之「象」所「行」（展現）出來的，所以「卦德」是被「卦象」的各種可能樣貌所展現出來，然後再被人們所感受得知的。這裡的「行」不只是平常我們所謂的行為，更是同時展現「此有故彼有，此無故彼無」的「同在」狀態，沒有吉凶禍福，無關善惡是非，一切只是自然的展現。因此，他所謂「修行」，實際上是回到原本的狀態，就如禪宗的「本來面目」，老子的「無為」一般。他的一切行為只在實踐傳統中國文人「學而優則仕」的「致用」夢想，只是在展現「做為中國文人」那個本已存在的「德」。

在第九章〈釋本光的「方山《易》」〉中，我們看見「方山《易》」核心宗旨乃在借《易》象以明理，進而回歸研究者的自身慧命，在世間人乘上建立起自己的道德修養，在出世間的佛法上則要如菩薩般的護祐眾生。這種意見，與傳統儒家之「內聖而外王」的生命終極目標是十分相近的。「方山《易》」派以認知體悟乾卦純陽六爻之健行不已的陽剛能量的「乾道陽明」為立學基礎，並以此陽剛純健不已的體悟去鍛煉自我身心性命，修養自我道德智慧。這也就是為何「方山《易》」派談到《易經》中的「陰陽」二字時，特別強調一定要說「陽陰」，而不可依舊例說成「陰陽」之故。他們認為《易經》六爻皆以人言，不同意傳統三才之說，可知「方山《易》」派之宗旨全在於人之自身。「方山《易》」派始終都立足於關懷人事社會與國家民族的發展上，因此直接說「《易》專言社會人事物象，以陽陰氣數之長消，剛柔之變化，明人事物象情偽之實際，可獲得對付之戰略與策略也。」把《易經》陽陰的氣數消長及剛柔變化，全放在人事情偽變化的判斷上來使用，並欲藉此以形成所謂如何應對的策略。在論卦斷爻吉凶時，「方山《易》」家特別重視動態觀點的掌握，他們認為，若不保持動態觀點來論斷卦爻變化，又如何能正確理解不斷在運動變化中的人事物象呢？他們認為《易經》裡所謂「吉凶悔吝，生乎動者也」，正在告訴我們，生命中一切吉凶禍福，都是自己行為所產生的因果業報。而這些結合佛家因果業感及緣起法說《易》的方式，則不出歷來佛教僧人談《易》的範圍。他所主持的「方山《易》」學，對各種解《易》之說都保持著「評解」的態度，所以在講授《易經》時，只要不合於「方山《易》」家法的，便直接刪改更動傳統《周易》經傳中的文字以符合己說。他們強調象、數、位一體，觀變玩占，己事人事，都當隱密，並且認為學《易》者最重鍛煉身心道德修養，並不忘在象、數與位的《易》理中談義理，融通了《易》學中的象數、義理兩派，免去空泛說《易》的弊病。

在第十章〈探論潘雨廷《易與佛教、易與老莊》〉中，我們看到潘雨廷因為他的老師們，如周善培、唐文治、熊十力、馬一浮等人強調真實治學要能「精思力踐」、「反身修德」、「反躬體認」、「引歸自己」，因而深刻影響了他治學一再強調自我生命感悟與體驗的重要。另有老師楊踐形，則著有《學鐸社易學叢書六種》，通讀《道藏》，法號中一子，是上海著名《易》學家及氣功大師。他不只對潘氏在談《易經》與老、莊的關係時，起了重要的影響，更因其為道教中真修實學之人，與一般空談學術者不同，故潘氏講學特重「體會」，自然也受楊氏不少影響。此外，他的老師薛學潛勤於「會通」東方傳統人文與西方現代自然科學，同時也將佛教拿來與《易》「會通」的治學方法，也影響了潘氏治學的「會通」之路。潘雨廷特別以個人主觀的生命體悟論《易》，與一般西化後的現代學術客觀化的要求不同，在潘氏看來，《易》中的卦象充滿各種道、器間的變通、周流、錯綜、消息、雜物、發揮、旁通的意義，是由「人」來感受，由「人」來體會的。因此「象」之所以可做融通儒、釋、道三家的樞紐，乃是因為「象」雖變化無盡，但能融通理解「象」各種變化的，都在「個人」生命的體會深淺之中。他藉著《易》中的「象」，會通儒、釋、道三教，直說《易經》乃是教人「洗心」、「精義入神」之書，他認為《易經》所以被視為神秘的原因，乃在世人研《易》多只注意《易》辭，而對「象數」沒有正確理解，故特將「象數」的重要性、順序性放在義理之先，認為要明《易》之義理，就要先對「象數」有正確的認知。值得注意的是，「象數」在潘氏的認知中並不是命定的，因為「象由吾出」、「機在吾」，這個可以觀「象」演「數」見「機」的「人」才是《易經》真正的核心。所以最終決定生命吉凶的，就只是我們自己。「象數」在潘氏的《易》學世界中只是手段，藉此強調人的主體性與道德性的重要，才是潘氏《易》學的最終旨歸。

本書所收錄的是筆者十幾年來陸續發表圍繞著同一個主題——「民國以來的《易》學」的文章，所探討的人物或著作，都範圍在出生於清末或民初，且一直活到民國以後的人，希望能透過觀察這些身處於兩千年專制時代結束，與一個想像中全新民主自由中國交接間的學者專家，他們在《易經》的研究探討上的成果，呈現出民國以來《易》學研究場景豐富而真實的面貌。

第一章　《古史辨》中討論《易經》相關問題之省思

一、前言

從 1926 年至 1941 年，《古史辨》共出版七冊，包羅了三百五十篇文章，三百二十五萬餘字。研究《古史辨》學派關於《易經》討論的部分，主要的重點，不在此學派中所討論的《易經》內容是什麼？結果如何？一則是因為他們所討論的內容與看法，在今日的學術界中，依然有著與他們或同或不同的意見。而這些或同或不同的意見，立場不同的學者們，仍舊各有看法，依然無法彼此認同；其次則是因為也有人已經針對《古史辨》學派的《易》學做過討論與研究。所以筆者在這裏想討論的，主要是這些二、三十年代大有名氣的學者們，他們究竟是如何看待《周易》？又何以如此看待《周易》？這些看待《周易》的意見又造成了怎樣的影響？以及給了我們怎樣的啟示？這幾個部分反而是筆者比較重視的。而這幾個部分都指向一個同樣的面向，那就是一種「學術史」的觀察視野，是以《易》學發展史做為觀察的背景，試著在這個不斷的「運動」的歷史發展中，呈現出《古史辨》學派如何在這歷史的「運動」中，展開他們的運動？

《古史辨》所代表的疑古運動，無疑是民國以來學術文化思潮中一股不可漠視的潮流，其所懷疑的對象幾乎是整個中國傳統，而其所以形成的原因，自然也受著學術本身的發展內在因素與時代風氣環境的外在因素影響。筆者有鑑於這個運動在民國以來的學術發展中所造成的巨大影響，（不論是對贊同它，或者反對它的人來說）因此特別以這個運動中，所有討論《易經》的文章為研究對象，集中的來探討這個疑古運動風起雲湧時，學者們對於《易經》中的那些問題特別感到興趣？而他們對於所討論的《易經》相關問題，又取得了那些成果？這些成果以今日的學術研究眼光來看，其影響為何？給我們的啟示又是那些？希望能在筆者的分析歸納後，讓大家對於《古史辨》學派的《易經》研究，有個客觀的認識與評價。

本文在討論進路上，由於筆者認為個人的思維無法自外於當時所生活的時代背景與風氣，所以在本文中，擬先概略論述影響此一運動的時代思潮與學術脈絡，希望能從中看出這些學者何以採取了某些特有的態度？在這學術脈絡的認識與了解之後，本文接著將以《古史辨》中所有討論《易經》的文章為對象，集中整理出這些文章所關心討論的主題，並且以這些議題為研究核心，除了探究個別議題在《易》學史中所佔有的位置及其發展外，並且以現今對於這些議題的研究成果與之做一比較，呈現出《古史辨》運動中對於《易經》的研究，在《易》學史上應有的價值與地位。希望在這樣同時兼重外在思潮環境與內在學術發展的相互觀照下，對於個疑古運動中的《易》學研究，給出一個適當的評價。

二、顧頡剛〈自序〉所透露的一些消息

首先，筆者想帶大家從《古史辨》運動的主要人物顧頡剛，他在《古史辨》第三冊專門討論《易經》的專集中所作的〈序〉，去探索顧氏對於《易經》所持的基本看法。藉此觀察《古史辨》中所收錄相關《易經》的文章，與顧氏這個主要編輯者的主張與立場是否一致？若有不同，又代表了怎樣的意義？

（一）破壞是掃除塵障，建設只是恢復，研究《易經》只是為了服務其欲建立的古史

首先，他在〈自序〉裏說出編輯此書的目的：

> 這第三冊《古史辨》分為上下兩編，上編是討論《周易》的，下編是討論《詩三百篇》的，多數是這十年來的作品，可以見出近年的人們對於這二書的態度。其編纂的次序，以性質屬於破壞的居前，屬於建設的居後。於《易》則破壞其伏羲、神農的聖經的地位，而建設其卜筮的地位。於《詩》則破壞其文、武、周公的聖經地位，而建設其樂歌的地位。但此處說建設，請讀者莫誤會為我們自己的創造，《易》本來是卜筮，《詩》本來是樂歌，所以這裏所云建設的意義只是恢復，而所謂破壞也只是掃除塵障。此等見解都是發端於宋代的，在朱熹的文集和語錄裏常有。這類的話，我們用了現代的知識引而申之，就覺得新意義是很多。這一冊書的根本意義，是打破漢人的經說，故於《易》則辨明《易》〈十翼〉的不合於《易》上

下經。[1]

顧氏直接在其序文中說明編輯此書的次序是「屬於破壞的居前，屬於建設的居後。」而「所云建設的意義只是恢復，而所謂破壞也只是掃除塵障。」也就是說，他認為建設之前必先有破壞的工作，而這裏所謂的建設，並非從無到有的憑空建立起一套學說，而只是沿著宋人對於經典所發出的一些懷疑看法前進而已。是故所謂破壞，也只是掃除這蒙蔽他們所想恢復的真相的灰塵障礙而已。就《易經》而言，他們所主張的是「《易》本來是卜筮」，是故其所戮力破壞打擊的，便是伏羲、神農長期在《易》學史中神聖地位，並且明言這樣的看法並非由他們所開創發現，而是源本於朱熹之說。甚至直言「這一冊書的根本意義，是打破漢人的經說，故於《易》則辨明《易》〈十翼〉的不合於《易》上下經。」把他們編《古史辨》第三冊對《易經》的態度，全盤說出。他並在〈自序〉前的扉頁裏節錄了幾則《朱子語錄》，如：

> 《易》乃是卜筮之書者，乃藏於太史太卜以占吉凶，亦未有許多說話，及孔子，始取而敷繹為〈文言〉、〈雜卦〉、〈彖〉、〈象〉之類，乃說出道理來。《易》所以難讀者，蓋《易》本是卜筮之書，今卻要就卜筮中推出講學之道，故成兩節工夫。[2]

1　顧頡剛：《古史辨・第三冊》（臺北：藍燈文化事業公司，1993年），頁1。

2　同前註。

他只是取了朱子「《易》乃是、本是卜筮之書」這樣的觀念，而對《易經》中伏羲、神農的地位，與〈易傳〉乃孔子所作的說法，皆加以抨擊。他不管所引朱子之文的立場，乃是相信孔子是作〈文言〉、〈雜卦〉、〈彖〉、〈象〉等〈易傳〉，伏羲、文王是和《易經》有關係的，他引朱子之語所要說的，只是朱子已經明說「《易》乃是、本是卜筮之書」，並由此而引伸至討論《易經》與〈易傳〉究為誰作的問題。因為《周易》經傳既是卜筮之書，那麼它們被拉下聖經的地位便大有可能。因此我們便可明白何以《古史辨》第三冊所載論《易》諸文，大多都是討論與此相關的問題。而顧氏所以願意討論這些在他看來沒有特別意義的經典，乃是為了建立他所認為的古史而做的準備工作，所以他說：

> 所以我編這一冊書，目的不在直接整理古史，凡是分析這二經中材料的先後的，或是討論這二經的真實意義的，全都收入，希望秦、漢以前的經部書都能經過這樣的討論，使古書問題的解決，得以促進古史問題的解決。[3]

由此可知，對於顧頡剛而言，《易經》應如何理解之所以重要，並不是因為這部經書本身的價值，而是因為古史建立的必要。在這種的目的論的影響之下，導致了《古史辨》的《易經》研究，總會出現一些令人覺得過於武斷的推論。

3　顧頡剛：《古史辨・第三冊》，頁5。

（二）《古史辨》是為了造成討論風氣，啟人疑竇而已

那麼，《古史辨》為什麼要集結這麼多似乎仍然有待討論、有待確定的說法呢？顧氏難道不知道做一些仍未有十分把握的推論，是很有爭議的事嗎？其實造成爭議，引起討論，就是當時正值青壯年的顧頡剛的重要目的之一。他說：

> 許多人看書，為的是獲得智識，所以常喜在短時間內即見結論。但《古史辨》中提出的問題多數是沒有結論的，這很足以致人煩悶。我希望大家知道《古史辨》只是一部材料書，是蒐集一時代的人們的見解的，它不是一部著作，譬如貨物，它只是裝箱的原料而不是工廠裏的製造品。所以如此之故，我實在想改變學術界的不動思想和「暖暖姝姝於一先生之說」的習慣，另造成一個討論學術的風氣，造成學者們的容受商榷的度量，更造成學者們的自己感到煩悶而要求解決的慾望。……所以人們見解的衝突與凌亂，讀者心理的徬徨無所適從，都不是壞事。[4]

對於當時的術空氣，顧頡剛是有著不滿的。因此他把集結《古史辨》當做只是整理一堆可以討論的材料，只是想要把各種對問題的見解集結在一起，他並不是為了要給出什麼確定的答案，反而只是想要藉此引發學術界公開討論的風氣。因此，他認為人們見解的衝突與凌亂，讀者心理的徬徨無所適從，從引發討論風氣這

4 顧頡剛：《古史辨・第三冊》，頁 3。

個角度來看，反而都不是什麼不好的事了。他又更進一步的說道：

> 凡是一件事情可以發生疑竇的地方，這人會想到，別人也會想到，不過想到的程度或深或淺，或求解答，或不求解答。若單把論文給人看，固然能給人一個答案，但讀者們對于這個答案的印象決不能很深，……現在我們把討論的函件發表，固然是一堆材料，但我們的疑竇即是大家公有的疑竇，我們漸漸引出的答案，即是大家注意力漸深而要求得到的答案。這樣才可使我們提出的問題成為世間公有的問題，付諸學者共同的解決。[5]

集結各種書信的目的，其實是為了引起學者們的集中注意，再進而造成相同與不同意見的討論，然後希望能在大家的討論中，逐漸得到比較客觀公允的答案。因此，沒有確切的答案，造成討論，便成為《古史辨》一個十分重要的自覺特色，而這也正是他的目的：

> 所以現在我們處於這研究古史的過程中，正應借著《古史辨》的不嚴謹的體例來提出問題，討論問題，搜集材料，醞釀為有條有理的古史考，使得將來真有一部像樣的著作。[6]

其讓《易經》引起討論，啟人疑竇，造成讀者的徬徨無所適從，

5　顧頡剛：《古史辨・第三冊》，頁 3-4。

6　顧頡剛：《古史辨・第三冊》，頁 4。

呈現人們見解的衝突與淩亂，其目的都在完成他心心念念的中國古史。

三、「疑古」與「疑經」的思索與傳承

順著上文對於顧頡剛在《古史辨》第三冊〈自序〉中所揭示的，討論《易經》其實是建立自己由疑古而考古，然後逐步建立一個自己相信的古史的一個過程而已的說法，這些看似大張旗鼓的現代學術討論運動，其實是有著內在的學術傳承的。類似這種看法，學界早有不少人提出，如彭明輝在《疑古思想與現代中國史學的發展》中就這樣說：

> 民國十五年（1926），顧頡剛主編的《古史辨》第一冊問世，開啟現代史學的一個革命性運動，參與這場古史討論的學者，（不論贊成或反對）幾乎涵蓋了當時的整個學術思想界。姑不論《古史辨》運動的成績如何，其所引起的爭議，可說是空前未有的。當然，任何一個思潮或運動的形成，都不是單一線索所能解釋，《古史辨》運動也是一樣。論析這個運動的形成背景，有幾個層面的意義必須面對：其一，由儒學「六經」所建構的中國古史，面臨空前未有的挑戰。事實上，植基於「六經」的歷史結構，是二千年來，有關中國古代歷史惟一的解釋。[7]

7　彭明輝：《疑古思想與現代中國史學的發展》（臺北：臺灣商務印書館，1991 年），頁 1。

他是以掌握歷史詮釋主導權的角度，來看待《古史辨》這場運動，而對於中國古史的主要詮釋結構，一直是由儒學「六經」所主導的情況，也表達了重新思考的必要。因此，我們可以在《古史辨》運動中，清楚看見他們對於《六經》的傳統價值極盡所能的予以打擊，而這全力打擊《六經》的主要原因，便是中國古史詮釋主導權的爭奪。只是這樣重新思考如何詮釋中國古史的精神和行動，是否為《古史辨》運動所獨創的呢？顯然《古史辨》運動的發生，除了當時變動劇烈的社會環境與政治空氣的外在刺激之外，其實亦有其內在的學術發展脈絡可尋。彭明輝在同書中說道：

> 中國歷代的疑古思想，大部分和「疑經」扯不開關係，其中主要的原因當然是緣於「六經」為儒學體系建構中國古史的重要根本，也是儒學建構其道統與倫理的重要據點。
> 疑古思想最早可以追溯到《論語・八佾》中所說的「夏禮吾能言之，杞不足徵也。殷禮吾能言之，宋不足徵也。文獻不足故也。足，則吾能徵之矣！」這種以文獻足徵與否為考信的態度。疑者存疑，信者存信，可以說是疑古思想的起源。……《論衡》書中的〈書虛〉、〈語增〉、〈問孔〉、〈痴虛妄〉諸篇，對儒學權威的挑戰及其疑古精神，在漢代的學術環境來說是相當突出的。……王充不祇對文獻抱持當懷疑的看法，他對聖賢之說也頗不相信，因此，對古史的某些傳說，當然也就大加撻伐了。……這類以諸說對比的方式，論析其為不可信的方法，也是康有為在《孔子改制考》一書所善用的。在《古史辨》運動時更

> 廣為顧頡剛等人所繼承，但最直接師承王充《論衡》的要算劉知幾。劉知幾《史通》一書中的〈疑古〉與〈惑經〉篇，對古史事與經書記載，抱持相當的懷疑，……降至宋代，疑經風氣與疑古思想合而為一，其實「疑古」與「疑經」本不可分，因「經」之所記載即為「古」史「古」事。歐陽修對愈到後代古史越長也愈駁雜就相當不滿，後來崔述便繼承了這個說法，……崔述與歐陽修的說法，到了《古史辨》運動時成為顧頡剛「層累造成說」的源頭活水，就指陳之史事而言，可說無分軒輊。
>
> 那麼，《古史辨》運動是否祇是又一次大規模的疑古活動？《古史辨》運動和歷代的疑古思想有什麼不同？尤其像崔述那樣鉅構的疑古工程，《古史辨》運動是否僅為拾其餘唾？……簡單地說，《古史辨》運動是疑古思想由「量變」到「質變」的過程，亦即是從量的增加到質的改變，使疑古思想以一個新的面貌出現，而有了異於昔往的意義。[8]

在這一段引文中，我們可以看到因疑古而考信的思想，自孔子以來便或隱或顯的在中國的歷史中流傳著。其間或如漢代的王充、唐朝的劉知幾、宋朝的歐陽修，乃至於清代的崔述與康有為等人，他們都以各種不同的方式，在不同的歷史時間裏發出疑古與考信的呼聲。而中國古代歷史的主要詮釋權既然建構於儒家的《六經》之中，則「疑古」與「疑經」之間的關聯性便由此而

---

8 彭明輝：《疑古思想與現代中國史學的發展》，頁 7-12。

生，並且愈加緊密不可分。因此，顧頡剛等人在《古史辨》運動中為了建構其以為的中國古史，不可避免的就要先解構儒家的《六經》，《易經》既為六經之首，自然也就成為其必須打擊的對象之一。

在上述所提諸人的「疑古」與「疑經」中，又以崔述與康有為因時居清代中期與晚期，與《古史辨》諸主要運動者年代相近，故其影響的痕跡尤為明顯可見。彭明輝在同一書中繼續說道：

> 梁啟超《清代學術概論》指出清代二百餘年之學史，主要即「以復古為解放」。胡適稱此為「漢學運動」，亦即「反而求之《六經》」，余英時則以「回向原典」稱之。但清代漢學運動的目的，是要「正偽書之附會，闢眾說之謬誣」，他們攻擊的對象主要是宋儒，而不是秦漢百家之言。……在清學「復古」的過程中，並不直接回到《六經》，而間接從漢儒回到《六經》，……漢學運動走的是間接的路子，即假道於漢儒以至於《六經》，崔述則推翻秦漢百家言以直接回到《六經》。漢學運動因不滿於宋儒，所以回頭去推崇漢儒，崔述因為不信任漢儒，反而推崇宋儒疑古辨偽的精神，……崔述想根據《六經》以正群書之失，而「經」之所載乃係古史，於是引發了全部古史的史料問題。……崔述說：「故《考信錄》但取信於經，而不敢以戰國魏晉以來度聖人者遂據以為實也。」……嚴格的說，崔述相信的並不是「經」，而是「聖人之道」。……當他發現不合「聖人之道」的「經」文時，便斥之為

偽書。……但崔述的「層累說」先有一「聖人之道」橫亙心中，所以他是從「尊孔衛聖」的心理而發出的「層累說」。顧頡剛則是由故事傳說之演變建構其「層累說」，並用以打破古史的黃金世界，……崔述的立足點卻是「聖人之道」，這和顧頡剛、錢玄同的「疑經叛道」，恰成顯明對比，……崔述由尊孔衛聖而邁向「疑古」、「疑經」的過程，是相當微妙而有趣的；就像康有為本意在藉儒學經典以為其變法之依據，卻發展成破壞《六經》的歷史結構。……清代今文學的復興，由莊存與、孔廣森一脈相承的思想，主要在於尋出最接近《六經》原意的經典，……從莊存與、孔廣森到魏源、康有為，都是順著「回向原典」的精神在走。「回向原典」的背後有一大的趨力，即求為「經世致用」。公羊家的「三科九旨」乃衍生成一套繁複的政治哲學，……晚清今文學派到康有為可以說是已經走到極致，就公羊學而言，康有為是今文學派的殿軍。然就疑古思想的線索言，卻又成了反儒學的先鋒，……康有為作《新學偽經考》，全盤否定古文經，肯定今文經。《孔子改制考》提出諸子並起創教，託古改制，而終之以儒學定於一尊，孔教一統天下，並判定《六經》皆為孔子所作，以行其素王改制的理想。……這樣一來，《六經》就不再是「先王政典」了，而是孔子一人所「託」之「古」，換句話說，《六經》的歷史結構是孔子的心理事實（Psychological truth）而非歷史事實（Historical truth）。

崔述由「考信於六藝」發展出來的疑古思想，到康有為本

> 於今文學卻導致《六經》歷史結構的破壞，正好說明了造成疑古思想的各種不同動機，也為古史辨運動開啟了一道大門。事實上，康有為相信的祇是《六經》為孔子所述作，而不是相信《六經》所載的是上古信史。就如同崔述用「聖人之道」來判斷經典的可信度，卻意外發展出疑古思想；到了反儒學運動的五四時期，顧頡剛、胡適、錢玄同等人，全面推翻整個上古信史，將古史的黃金世界打破，《古史辨》運動於焉展開。[9]

我們可以由此看到民初以來的學者，不論是梁啟超、胡適、或者是余英時，即使對於學術發展的稱呼各有不同，但他們基本上都以一定程度的「復古」來看待清代學術的發展趨勢。而要「復古」，就必然得面對一定程度的「疑古」與「考信」，若心中沒有懷疑，那麼便只有「信古」的問題，怎會生出要求「復古」的呼聲呢？因有疑而要考信，故不論是清代學者的某種揚漢抑宋，或者崔述的直接將《六經》視為「聖人之道」，而做為考證古史之可信或不可信的基本標準；又或者是康有為那樣獨斷的以《六經》為孔子所述作，是孔子託古改制的理想所依，本欲以孔子為依靠而高舉其政治思的可信度，卻反而導致《六經》為古代信史的信仰崩解。這些學術本身的發展，都一定程度提供了《古史辨》運動學者們相當美好的疑古養分，讓他們得以在這一條學術發展的脈絡中取得主流地位，展開他們全面重新討論中國古代歷史的運動。

9　彭明輝：《疑古思想與現代中國史學的發展》，頁 24-43。

另外，像章實齋在《文史通義・易教上》所提的「《六經》皆史」之說，[10]其對《古史辨》運動的影響也是十分明顯而重要的。彭明輝在同書中這樣說：

> 表面上，章實齋的理論似乎看不出有任何疑古思想的影子，但深一層看，「《六經》皆先王之政典」的觀念一提出，其實便有了否定孔子作《六經》的伏線在焉。但無論如何，章實齋基本上仍相信《六經》所建構的古史，不管《六經》是否真為子所作。……如《淮南子・洪保辨》說：「古人有依附之筆，有旁託之言，有偽撰之書，有雜擬之文，考古之士，當分別觀之。」這和《古史辨》運動時，顧頡剛認為古史多出於有意的偽造，楊寬認為傳說由於自然演變者多，有意偽造者少的爭論，也有某種程度的相契。[11]

由此，我們可以看到，不論是古文經的代表章實齋所服膺的《六經》建構古史觀，還是今文經代表的康有為那樣的相信《六經》為孔子所作，在今古文經學之爭的學術發展中，我們卻看到了一個弔詭而有趣的現象，就是這兩個在經學認識與發展過程中相互對抗的學說派別，他們不論如何批駁對方的見解，基本上都仍是站在信古的立場，希望回復他們心中的古代理想價值。然而歷史

---

[10] 〔清〕章學誠：《文史通義校注・卷一・內篇一・易教上》云：「《六經》皆史也。古人不著書，古人未嘗離事而言理。《六經》皆先王之政典也。」（北京：中華書局，1994 年），頁 1。

[11] 彭明輝：《疑古思想與現代中國史學的發展》，頁 16-21。

的詭戲卻讓他們同時都提供了一個與他們的基本立場不同的《古史辨》運動者「疑古」的最大養分。當然，除了這些學術本身發展的脈絡影響了《古史辨》運動者之外，如顧頡剛、錢玄同等人都曾經或多或少的師事過上述幾位清末重要學者，而這樣的師承關係，也影響了這個運動的發展方向。[12]

其實學術界持類似清學實際影響了民初以來學術主流發展的論調，尚有許多深具見地的說法，如陳平原在《中國現代學術之建立——以章太炎、胡適之為中心．導言》中便這樣說：[13]

> 晚清的社會轉型與學術嬗變，或許不如五四新文化運動面貌清晰，但其對於二十世紀中國文化的深刻影響，足證其絕非只是「清學的殿軍」。……經學家周予同稱康、章為今、古文經學的最後大師，……斷言「新史學」的崛起「實開始於戊戌政變以後」，最初的動力來自康氏為代表的今文經學。
>
> 不管是章太炎、梁啟超，還是羅振玉、王國維，都喜歡談論清學，尤其推崇清初大儒的憂世與乾嘉學術的精微。對於清學的敘述成為時尚，並非意味著復古，反而可能是意

12　如彭明輝在：《疑古思想與現代中國史學的發展．第三章　超越儒學的疑古思想》中說道：「由於胡適與顧頡剛有師生關係，……也更加強了顧頡剛受胡適影響而從事《古史辨》運動的說服力。……由於錢玄同曾師事今文學派的崔述，又從古文學派的章太炎受業，……錢玄同提到了《古史辨》運動的淵源，即崔述與康有為的影響。」頁 54-58。

13　陳平原：《中國現代學術之建立——以章太炎、胡適之為中心》（臺北：麥田出版社，2000 年），頁 11-15。

> 識到變革的歷史契機。假如將蔡元培、錢玄同、胡適、顧頡剛等五四一代學人對待清學的態度考慮在內，此一走向更能得到清晰的呈現。從宗旨、問題到方法，中國現代學術都將面目一新。……
>
> 承認晚清新學對於當代中國文化的發展具有某種潛在而微妙的制約，這點比較容易被接受，可是本書並不滿足於此，而是突出晚清和五四兩代學人的「共謀」，開創了中國現代學術的新天地。
>
> 「五四」一代學人，似乎更願意在具體學問的承傳上，討論其與先賢的聯繫。……顧頡剛一九二六年為《古史辨》第一冊撰寫長篇自序，突出康有為、章太炎的影響。晚年所作〈我是怎樣編寫《古史辨》的？〉，則強調「我最敬佩的是王國維先生」，類似的論述，如魯迅懷念章太炎，鄭振鐸追憶梁啟超，以及錢玄同談論康、梁、章、嚴、蔡、王等十二子的「國故研究之新運動」，均能顯示晚清與五四兩代學人的勾連。……《古史辨》運動與晚清經學的聯繫脈絡清晰。

陳平原也指出了《古史辨》運動看似大張旗鼓的學術新面貌，其實都是某種程度上的承繼著清學的發展脈絡，他們相當程度的同意或反對清代學人的某些看法，但不可諱言的，不論是反對或著同意，他們仍舊是站在清代學人的學術脈絡之中，發展並提出自己的學術理念與研究。至於晚清和五四兩代學人是否有「共謀」開創中國現代學術的新天地？或許仍有一些細節轉折處尚待商榷與討論。[14]但他們在學術發展上的傳承與影響，卻是我們探討民初以來學術發展時所不可不注意的重要內涵。而我們也必須在這樣基本學術脈絡的發展理解之下，才有可能正確的看待《古史辨》運動中，他們何以如此研究《易經》？看待《易經》？也才能真切的爬梳出他們討論《易經》的真正內涵，以及這些討論在學術史上的意義。

四、《古史辨》中關於《易經》的討論

在對於《古史辨》運動學術脈絡有了清楚理解之後，本文此處要集中分析《古史辨》第三冊中討論《易經》的相關文章。

（一）以李鏡池、顧頡剛所寫篇數、字數最多

《古史辨》第三冊分為上編與下編兩個部分。上編皆為討論《易經》的文章，所收錄的時間從民國十五年十二月到民國十九年十二月，前後共有五年之久。其內容共有顧頡剛的〈《周易》卦、爻辭中的故事〉（44 頁）、〈論《易・繫辭傳》中觀象制器的故事〉（25 頁）、〈論《易經》的比較研究及彖傳與象傳的關係書〉（6 頁）三篇文章，以及在胡適〈論觀象制器的學說

---

14 如陳平原在同書〈第六章 關於經學、子學方法之爭〉中提到章太炎「日本講學期間多次抨擊西方和日本的『漢學』，其中一個重要話題便是嘲笑其不識大體而只務瑣碎。晚年之攻擊甲骨學與疑古史學，也與其不滿『專在細緻之處吹毛求疵』的治學風格有關。」（同前註，頁262。）如此則謂其與五四時代新學人「共謀」開創一個新的中國現代學術的天地，「共謀」二字的使用，仍是不免令人有所保留的。

書〉後所附的〈跋〉（1 頁），疑古玄同的〈論觀象制器的故事出自京氏《易》書〉（1 頁）、〈讀漢石經《周易》殘字而論及今文《易》的篇數問題〉（10 頁）兩篇文章，馬衡的〈漢熹平石經《周易》殘字跋〉（4 頁）、胡適的〈論觀象制器的學說書〉（5 頁）、錢穆的〈論〈十翼〉非孔子作〉（6 頁）、李鏡池的〈《易》傳探源〉（38 頁）、〈論《易》傳著作時代書〉（1 頁）、〈《左、國》中《易》筮之研究〉（16 頁）、〈《周易》筮辭考〉（65 頁）及因其師顧頡剛〈論《易經》的比較研究及〈彖傳〉與〈象傳〉的關係書〉一文所作的〈答書〉（3 頁），余永梁的〈《易》卦、爻辭的時代及其作者〉（28 頁）及容肇祖〈占卜的源流〉（57 頁）等文，共有 14 篇 308 頁討論《易經》的文章。（另有一篇〈跋〉及一篇〈答書〉）而這些篇章也曾出現在以下的報章雜誌中，如：《燕京學報》1 次、《燕大月刊》3 次、《北京大學圖書部月刊》2 次、《蘇中校刊》、《國立中山大學語言歷史學研究所週刊》各 1 次（這兩份刊物同是登載錢穆的〈論〈十翼〉非孔子作〉）、《燕京大學史學年報》1 次、《中央研究院歷史語言研究所集刊》2 次，我們可由此看到《古史辨》運動參與者在當時《易》學界的曝光能量。

以寫作篇數言，其中李鏡池有四篇專文加一篇〈答書〉最多；顧頡剛則以三篇專文及一篇〈跋〉居次，他們二人所作分量幾乎佔了《古史辨》所收錄《易》學著作的一半。其他則為錢玄同的兩篇，馬衡、胡適、錢穆、余永梁及容肇祖各一篇。再以論文篇幅長短來做比較，李鏡池最多，共寫有 123 頁，顧頡剛 76 頁其次。另外容肇祖 57 頁，余永梁 28 頁，錢玄同 11 頁，錢穆 6 頁，胡適 5 頁。雖然篇數的多少，字數的多寡，不一定與其學術研究的內容或深度成正比，然而為了提供大家一個數據上的比較印象，而且以實際的研究貢獻度而言，至少在《古史辨》第三冊中討論《易經》相關問題上，篇數、字數最多的李鏡池與顧頡剛，其實也是最主要、最熱衷於《易經》的討論者，同時他們也提出了自己對《周易》經傳的清楚看法。而這幾位討論《易經》的學者中，除了顧頡剛本人是《古史辨》運動的主導者之外，李鏡池則成為日後唯一以《易》名家的學者。

（二）探討《周易》經傳成書時代與作者

《古史辨》中關於《易經》的討論，絕大部分集中在《周易》經傳的作者與成書年代的討論。這當然與當時不滿中國傳統文化的守舊氛圍有關，所以在《古史辨》中呈現的觀點，大多皆是要將經典拉下與聖賢有關的地位，而討論《周易》經傳的作者與時代的文章，其方式又可分為：

1、以故事觀點探討

在《古史辨》第三冊裏，以故事命名的文章分別有：顧頡剛〈《周易》卦、爻辭中的故事〉、〈論《易・繫辭傳》中觀象制器的故事〉，疑古玄同〈論觀象制器的故事出自京氏《易》書〉三篇。這以故事做為研究《周易》經傳的途徑，是顧頡剛這些《古史辨》運動者一種普遍研究古史的手段之一。他在〈《周易》卦、爻辭中的故事〉中這樣說道：

> 一部《周易》的關鍵全在卦辭和爻辭上，……所以卦、爻辭是《周易》的中心，而古今來聚訟不決的也莫過於卦、爻辭，究竟這兩種東西（也許是一種東西）是文王作的

> 呢？是周公作的呢？是孔子作的呢？這是很應當研究的問題。……現在我先把卦、爻辭中的故事抽出來，看這裏邊的故事是哪幾件？從何時起？至何時止？有了這個根據，再試把它著作的時代估計一下，因為凡是占卜時引用的故事總是在這個時代中很流行的，一說出來大家都知道。[15]

這裏有個值得注意的地方，顧氏認為：「凡是占卜時引用的故事總是在這個時代中很流行的，一說出來大家都知道」，因此，只要把《周易》卦、爻辭中的故事抽出來，看看這些故事大約在什麼時代很流行，便可依此推測出《周易》卦、爻辭成立的年代必然無法比這些故事發生的年代更早了。這樣的思維方式與推理模式，一直是顧氏的主要研究方法。他樂觀的以故事出現時代為考訂書本出現時代的主要方法，在同篇文章中找出了下列幾個故事，並因而對於《周易》的成書年代有了一個初步的論定，這幾個故事分別如下：

(1)王亥喪牛羊於有易的故事[16]

這個故事在《周易》中出現的地方分別是：大壯六五爻辭的「喪羊于易，无悔。」以及旅上九爻辭的「鳥焚其巢，旅人先笑後號咷，喪牛于易，凶。」

(2)高宗伐鬼方的故事[17]

這個故事在《周易》中出現的地方分別是：既濟九三爻辭的「高宗伐鬼方，三年克之，小人弗用。」以及未濟上九爻辭的

---

15 顧頡剛：《古史辨・第三冊》，頁 4-5。

16 顧頡剛：《古史辨・第三冊》，頁 5-9。

17 顧頡剛：《古史辨・第三冊》，頁 9-11。

「震用伐鬼方，三年有賞于大國。」

(3)帝乙歸妹的故事[18]

這個故事在《周易》中出現的地方分別是：泰六五爻辭的「帝乙歸妹，以祉元吉。」以及歸妹六五爻辭的「帝乙歸妹，其君之袂不如其娣之袂良。月幾望，吉。」

(4)箕子明夷的故事[19]

這個故事在《周易》中出現於明夷六五爻辭的「箕子之明夷，利貞。」

(5)康侯用錫馬蕃庶的故事[20]

這個故事在《周易》中出現的地方是：晉卦辭的「康侯用錫馬蕃庶，晝日三接。」

上述幾個故事為習《易》者所熟知，對於《周易》卦、爻辭成書年代的考證，有著極大助益，學界多已詳論之，此處不再多做說明，僅引其說之大概，供讀者參考。

(6)其他被說成是文王的故事

另外，顧頡剛還認為下列卦爻辭中的故事，也被當做文王時的故事來看，而他卻未必同意。他說：

> 除了以上幾事約略可以考定之外，還有幾條爻辭也是向來說成文王的故事的。其一、升六四云：「王用享于岐山，吉，无咎。」王弼注云：「岐山之會，順事之情，无不納也。」孔氏《正義》申之曰：「六四處升之際，下體二爻

18　顧頡剛：《古史辨・第三冊》，頁 11-15。

19　顧頡剛：《古史辨・第三冊》，頁 15-16。

20　顧頡剛：《古史辨・第三冊》，頁 17-19。

> 皆來上升，可納而不可距，事同文王岐山之會，故曰『王用享于岐山』也。」這是把「王」釋為文王，把「享于岐山」釋為岐山之會的，該有岐山之會一段事，但文王有岐山之會嗎？在我們看得見的文籍裏毫沒有這件事的踪影，不知道王弼是怎樣知道的？周之居岐，從公亶父起到文王已好幾代了，周之稱王，從太王起到文王時已三傳了，這條爻辭只可證明周王有祭于岐山的事，至于哪一個周王去祭，或是每一個周王都應去祭，這一條故事說的是一件故事，或是一個典禮，我們都無從知道。
>
> 其二，隨上六云：「拘係之，乃從維之，王用享于西山。」……鄭注云：「是時紂存，未得東巡，故言『西山』。」這也是把王釋為文王的。其實沒有確實的根據，和上一條一樣。
>
> 其三，既濟九五云：「東鄰殺牛，不如西鄰之禴祭，實受其福。」鄭玄注《禮記》，於〈坊記〉引此文下注云：「東鄰，謂紂國中也。西鄰，謂文王國中也。」《周易集解》引崔憬曰：「居中當位於既濟之時，則是當周受命之日也。」他們以西鄰屬文王，正和上條的西山一樣，只因周在商的西面，而且周和商的對峙是在文王時，故西鄰東鄰應屬於文王與紂。其實那時，鄰國相望，就使有這故事，也何嘗定屬於商周呢？[21]

對於上述幾個故事，顧頡剛反駁傳統說法時，都是十分無力

---

21 顧頡剛：《古史辨・第三冊》，頁 19-25。

的，他用的多是後人對他的方法論中最大的批評之法——「默證」，[22]如他在解說升六四「王用享于岐山，吉，无咎。」時說的，「但文王有岐山之會嗎？在我們看得見的文籍裏，毫沒有這件事的踪影，不知道王弼是怎樣知道的」云云，他不能證明不是文王，便反過來說因沒有見到這個「享于岐山」的王是文王的確切資料，故不一定是文王。如果我們也照他的邏輯做推論，既沒有說不是某某，所以便可能是某某了嗎？那麼歷史將可以被任意解釋了。不論隨上六的「王用享于西山」，或者既濟九五的「東鄰、西鄰」，既然鄭玄、王弼以來已如此說之，則其說必有所承，很可能是戰國秦漢以來一直流傳著的說法。在我們仍沒有證據去否定這個說法之前，那麼，漢人的說法既然較我們與事實發生時要接近兩千年，與其相信現代人沒有證據的推論，不如先暫時相信更接近歷史發生時人的說法。

他又因上述的幾個《周易》中的故事，推論出以下幾個否定上古聖賢故事傳說的結論。如：「第一是沒堯舜禪讓的故事，第二是沒有聖道的湯武革命的故事，第三是沒有封禪的故事，第四是沒有觀象制器的故事。」這些基本上都是延續著前述幾個《周易》故事所做的推論。簡單的說，顧頡剛心底已先認定〈繫辭

22 如彭明輝在《疑古思想與現代中國史學的發展・第三章 超越儒學的疑古思想》引張蔭麟對顧頡剛濫用「默證」討論古史的大力抨擊云：「凡欲證明某時代無某某歷史觀念，貴能指出其時代中有與此歷史觀念相反之證據，若因某書或今存某時代之書無某史事之稱述，遂斷定某時代無此觀念，此種方法謂之『默證』。（Argument from Silence）默證之應用及其適用之限度，西方史家早有定論，吾觀顧氏之論證法幾盡用默證，而什九皆違反其適用之限度。」頁 88-89。

傳〉晚出，所以只要其他秦、漢間的書籍與〈繫傳〉所說有類似之處，他便一律說成是〈繫傳〉抄襲自旁書的，這樣的推論，當然來自於其心中早已存有定論了。於是顧氏做了一個結論：

> 作卦、爻辭時流行的幾件大故事是後來消失了的。作《易》傳時流行的幾件大故事是作卦、爻辭時所想不到的，從這些故事的有與沒有上，可以約略地推定卦、爻辭的著作時代。它裏邊提起的故事，兩件是商的，三件是商末周初的，我們可以說，它的著作時代當在西周的初葉，著作人無考，當出於那時掌卜筮的官，（即巽爻辭所謂「用史巫紛若」的史巫）著作地點當在西周的都邑中，一來是卜筮之官所在，二來因其言「岐山」言「缶」，都是西方的色彩。這一部書原來只供卜筮之用，所以在《國語》（包《左傳》）所記占卜的事中引用了好多次，但那時的筮法與筮辭不止《周易》一種，故《國語》所記亦多不同。此書初不為儒家及他家所注意，故戰國時人的書中不見稱引，到戰國末年，才見於《荀子》書，比了《春秋》的初見於《孟子》書還要後。《春秋》與《易》的所以加入「《詩》、《書》、《禮》、《樂》」的組合而成為《六經》的緣故，當由於儒者的要求經典範圍的擴大。
>
> 到《周易》進了「經」的境域，於是儒者有替它作傳的需要，在作傳的時候，堯、舜禪讓的故事，湯武征誅的故事早流行了，就是黃帝、神農、伏羲諸古帝王也逐漸出來而習熟於當時人的口耳之間了，所以《易》傳裏統統收了進去，請他們作了《周易》的護法，這時候（漢初），正值

> 道家極發達的當兒，一般儒者也受了道家的影響，所以〈易傳〉裏很多道家意味的說話。這時候《世本》出來了，《淮南子》出來了，作〈繫辭傳〉的人就取了《世本》中的古人創作的一義和《淮南子》中的「因其患則造其備」的一義，杜造了觀象制器的一大段故事，以見《易》的效用之大。[23]

從引文來看，顧氏對於《周易》卦、爻辭時代和作者的推論，大致與今日我們所知情形相近。但何以其對〈易傳〉的推論卻與今日我們所知的情況有較大的差距呢？這之間主要的原因，還是在於他自己的主見實在太過強烈。凡是與三皇五帝聖賢等有關的東西，他都要一律斥之為後代所偽，這當然與他所以為的中國古史模樣有關。以當時的社會氣氛而言，西風極為強勢，而中國傳統文化幾乎一律被視為落後無益之物，既然如此，中國古代文化的各種美好，必然是杜撰出來的，否則現代中國怎麼可能如此落後呢？這樣的先見一旦放在心裡，客觀的學術研究也就難以存在了。再者，若以他對《周易》卦、爻辭的制作時代為周初的推論來看，何以幾條他所提出的漢人以「文王」釋卦爻辭中的「王」字，如升六四「王用享于岐山，吉，无咎。」隨上六「拘係之，乃從維之，王用享于西山。」皆被他予以否定，說成「未必是文王」云云？既然卦、爻辭在周初完成，掌管卜筮之事的周代史巫，以其開國之君為卦、爻辭中的例子，不正是合情合理的事嗎？為何顧氏卻又絕不承認其時代是相符合的呢？

23　顧頡剛：《古史辨・第三冊》，頁 43-44。

另兩篇明白宣稱以故事做為研究《周易》經傳途徑的專文，分別是顧頡剛的〈論《易・繫辭傳》中觀象制器的故事〉及疑古玄同的〈論觀象制器的故事出自京氏《易》書〉。而胡適亦有〈論觀象制器的學說書〉，對顧氏之文做了回應。基本上這些都是源自於上一篇〈《周易》卦爻辭中的故事〉的寫作而來的。[24]儘管顧頡剛在為這篇文章命名時，仍以「故事」凸顯出他以這個方法來做為理解《周易》經傳著作年代的途徑，我們卻發現這篇文章的前面一大部分，都不是以故事來討論〈易傳〉的著作時代，而是引了許多當時學界前輩的說法做為證明。而這些說法在當時關於〈易傳〉著作年代的討論中，則是具有重要影響與分量的。

在〈論《易・繫辭傳》中觀象制器的故事〉[25]一文中，顧氏專就〈繫辭傳〉中觀象制器的那一段文字做討論，他以為〈繫辭傳〉這段將伏羲、神農、黃帝、堯、舜等聖人連結起來，並且各自因《周易》六十四卦而製作出許多日常用物，如伏羲因離卦的卦象而結繩為網罟，以佃以漁；神農因益卦卦象而作耒耨，因噬嗑卦象而以日中為市，交易天下之物；黃帝、堯、舜則因乾、坤二卦而垂衣裳以治天下，因渙卦卦象而作舟楫，因大壯卦象而作

24　顧頡剛在〈論《易・繫辭傳》中觀象制器的故事〉一文中，有一段前言說到這篇文章寫作的原由云：「去年秋間作〈《周易》卦爻辭中的故事〉一文，刊入《燕京學報》第六期。作完了之後，又發生了些新見解，因就編講義的方便，編入《中國上古史研究講義》去。適之、玄同兩先生見之，皆有函討論……。」（顧頡剛：《古史辨・第三冊》，頁45。）可見這些文章基本上都是〈《周易》卦爻辭中的故事〉這一篇文字的延續，故筆者皆將之歸入「以故事做為理解《周易》經傳的途徑」一類中。

25　顧頡剛：《古史辨・第三冊》，頁50-51。

宮室，因大過卦象而作棺槨等等，是〈繫辭傳〉以為所有日用器物皆是這些聖人因看了六十四卦象而作，這六十四卦又是本於八卦而來，而八卦則是伏羲觀天法地與鳥獸等各種自然現象而造出來的。如果依此推論，我們得到的答案應是，這些聖人之所以製作出這麼多的日用器物，乃源於其觀察自然界一切現象變化而來。（因八卦而來自伏羲對自然外界的觀察）然而顧氏卻因為一心想要建立其所以為的古史，打倒其所不認可的中國古代三皇五帝的傳說歷史，因此便將這麼簡單的推理，直接跳過伏羲觀察外界事物作八卦，重之而有六十四卦，因之而有可供參考製造各類日常用物的邏輯，而變成「一切的物質文明都發源於《易》卦，沒有《易》卦則聖人便想不出這種種的東西來。」這樣的推理自然有其特殊目的，或者為了成就其心中的古史，或者為了造成更大的討論與關注。然而，類似這種目的式推論，在其文字中，是屢見不鮮的。[26]

26　如他在〈論《易・繫辭傳》中觀象制器的故事〉中這樣說道：「……因為照它說，制器之理既全具於卦象，則畫卦之後馬上可以推演出許多新東西來。而伏羲是畫卦的人，他早已把卦象卦變弄清楚看明白了，為什麼他只把這個方法使用了一次，作成了罔罟之後就停手，不再造船以便捕魚，乘馬以便打獵呢？神農既會觀象而制耒耜，為什麼不再觀象而制杵臼，使田裏出產的五穀可以舂掉了稃皮呢？……」（顧頡剛：《古史辨・第三冊》，頁 61）如果顧氏這種推論是合理的話，那麼人類的歷史演進自可不必了。因為一切都可以在伏羲時都被完成了。蓋人類的歷史自有其演變的過程，或者進步，或者倒退，這是自然之理。有人能夠觀象制器，這並不是什麼大事，就如今人不斷的能有各種創意是一樣的，但怎能說一個人可以發明罔罟，便也得會發明舟楫、乘馬，才算合理。一個人發明了耒耜這種農作工具之後，就也得發明杵臼來舂米才是合理。這樣推論，實在失之過激。

接著顧氏又將〈繫辭傳〉分別與《世本》及《淮南子》做比較，而這樣的比較在第一篇〈《周易》卦爻辭中的故事〉中已經寫了一次，他也在文章前面提了關於這一部分的重複出現而不刪的原因。他要說明的就是〈繫辭傳〉這段觀象製器的故事乃是後人加入的，時代是比這兩本書都還要晚出。他認為淮南子善《易》、喜《易》，若〈繫傳〉是孔子所作，淮南子晚了孔子三百多年，理當襲用〈繫辭傳〉中這些類似的話來佐證自己的說法，可是《淮南子》中卻沒有這樣做，因《淮南子》沒有引〈繫辭傳〉中類似說法以為佐證，便可以反推回去說明在《淮南子》出現時，〈繫辭傳〉此篇文字尚未出現。

像顧氏這兩段的推論方式，我們都可以由本文註 22 中前人對於顧氏濫用默證法的批評，得到一定的理解。但此處我們仍要說的是，以顧氏當年的學術熱情與努力，（看他寫作所引用的古今書目及在《古史辨》中所發表的字數可以得知）都會一再無視於自己的「目的論」，這提醒了我們，自己是否也可能犯了先有「定見」，再找資料證明自己的「定見」的錯誤。在這篇文章的最後，他又談及〈繫辭傳〉這一章是基礎於〈說卦傳〉的物象而來的，而〈說卦傳〉則是建築於「九家易」的互體和卦變上的，而這互體卦變之說是京房一派所出，因而說：

> 〈繫辭傳〉中這一章是京房或是京房的後學們所作的，它的時代不能早於漢元帝，因為它出現在西漢的後期，所以《世本》的作者不能見它，《史記》的作者不能見它，其

> 他早一些的西漢人也都不能見它。[27]

並且對〈繫辭傳〉已被司馬遷的父親引用過，此篇文字怎麼會晚到漢元帝時才出現的問題提出回答：

> 就說是京房一班人假造的，然《易經》的本子尚有施讐、梁丘賀諸家，這偽作的一章，即使僥倖插入了孟喜一家的本子，如何可以遍偽他家而盡欺天下之目呢？我說，古書的被人竄亂是常有的事情，一篇之數，大體不偽而部分偽的，所在多有。[28]

其以為「古書的被人竄亂是常有的事情，一篇之數，大體不偽而部分偽的，所在多有。」然而他以這個理由就說〈繫辭傳〉此章被京房一派竄入是不無可能的，實在太過牽強。此處筆者並不想討論這篇文字是否真為京房一派竄入？筆者想要說明的是這樣過度且無限延伸的推斷作法，是所有學術工作者需要自我警惕的。

另外，錢玄同的〈論觀象制器的故事出自京氏《易》書〉則只是短短的一頁書信，主要是對顧氏在〈論《易・繫辭傳》中觀象制器的故事〉中謂〈繫辭傳〉某一段文字為京氏學者竄入的看法大加肯定，並且提出「熹平石經」為京氏《易》的證據，有「坎」字作「欿」可作證明。（關於「熹平石經」事，本文將於下一小節〈關於漢石經《周易》問題的討論，亦涉及《周易》經

27　顧頡剛：《古史辨・第三冊》，頁 67。

28　顧頡剛：《古史辨・第三冊》，頁 67-68。

傳年代作者問題〉中論之。）

相較於錢玄同對於顧氏說法的大表贊同，胡適則作〈論觀象制器的學說書〉，表示了他在「觀象制器」說上有不同的意見。胡適不憚煩瑣的一一就顧頡剛所提作為〈繫辭傳〉晚出的證據，包括《世本》、《淮南子》、《三統曆》、《史記》中的文字，一一予以反駁之後，更對於顧氏「太不依據歷史上器物發明的程序，乃責數千年前人見了『火上水下』的卦象，何以不發明汽車、船？似非史學家應取的態度。」而云：

> 至於「觀象制器」之說，本來只是一種文化起源的學說，原文所謂「蓋取諸某象」，正如崔述所謂「不過言其理相通耳，非謂必規摹此卦然後能制器立法也。」〈繫辭〉本說「《易》者，象也。象也者，像也。」所謂觀象，只是象而已，並不專指卦象。卦象只是象之一種符號而已。……事物之發明，固有次第，不能勉強。瓦特見水壺蓋衝動，乃想到蒸汽之力，此是觀象制器。牛敦見蘋果墜地，乃想到萬有引力，同是有象而後有制作。然瓦特有瓦特的歷史背景，牛敦有牛敦的歷史背景，若僅說觀象可以制器，則人人日日可見水壺蓋衝動，人人年年可見蘋果墜地，何以不制作呢？故可以說「觀象制器」之說不能完全解釋歷史的文化。然不可以人人觀象而未必制器，乃就謂此說完全不通。更不可以說「在〈繫辭傳〉以後也不曾有人作出觀象制器的事」。……制器尚象之說只是一種學說，本來不是歷史，六十四卦的〈象傳〉皆不明說某帝某王，只泛說「君子」「先王」而已。〈繫辭傳〉此章便坐實了某帝某

> 王，可說有稍後出的可能。然〈象傳〉六十四條皆有觀象制器之意，與〈繫辭〉此章確是同一學說，同出于一個學派。……至於你的講義中說制器尚象之說作于京房一流人，其說更無根據。[29]

比較胡適與顧頡剛二人的說法，我們可以清楚看出，顧氏強烈目的論下的推論之不合常理。與顧氏有師生之誼的胡適，雖覺顧氏推論有諸多不是之處，然提筆為文仍十分客氣，展現了他的個人特質。相對的，顧氏在此文（作於民國 19 年 2 月 1 日）之後，附錄了一小段自己的回覆，（作於民國 19 年 12 月 12 日）這段回覆所呈現之無力卻仍強要辨駁，亦可見兩人性格之差距。

以上是就《古史辨》第三冊中，在文章題目上明白宣稱以故事的路徑來探討《周易》經傳的時代及作者等問題的詳細內容。疑古最力的顧頡剛與錢玄同，他們大抵認為《周易》卦、爻辭成於周初卜筮之官之手，而非文王、周公等聖人之作，而對於〈易傳〉的部分，他們則認為最早不能早過戰國末，最遲也不會遲過西漢末。甚至認為〈繫辭傳〉觀象制器一段，是襲用了《世本》與《淮南子》中的某些說法，可能是在漢宣帝以後才出現的，是京氏學者所竄入，故這七種〈易傳〉皆是西元前三世紀中逐漸產生的，至於作者則大部分是曾受道家深刻暗示的儒者。而胡適之則提出〈繫傳〉觀象制器一段不可能晚於《世本》、《淮南子》，亦不可能是京房一派的學者所竄入，〈繫辭傳〉至晚在戰國末楚、漢間人已知有此書的不同看法。

29　顧頡剛：《古史辨・第三冊》，頁 86-87。

2、以其他書籍佐證之

在《古史辨》第三冊中，討論《周易》經傳作者及時代而不以「故事」觀點說之的則有：錢穆〈論〈十翼〉非孔子作〉，余永梁〈《易》卦爻辭的時代及其作者〉，李鏡池〈《易》傳探源〉、〈論《易》傳著作時代書〉。他們的主要論點如下：

(1)錢穆〈論〈十翼〉非孔子作〉

這篇文章民國 17 年在蘇州青年會學術講演會講過，並刊入《蘇中校刊》第十七、十八合期，又載於民國 18 年《國立中山大學語言歷史學研究所週刊》第七集・第八十三、四合期中。此文可以分為兩個部分來看，第一部分是前六項證據證明〈十翼〉非孔子所作，其主要內容為：一、魏文侯尊儒好古，又以子夏為師，何以晉朝在河南汲郡魏襄王的古墓裏得到一大批古書，內有《易經》兩篇，卻沒有〈十翼〉？二、《左傳》魯穆姜論元亨利貞四德與今〈文言〉篇首略同，以文勢看，是《周易》抄《左傳》。三、《周易》艮卦〈象傳〉有「君子思不出其位」，《論語》作「曾子曰」，若孔子作〈十翼〉，《論語》不應誤作「曾子曰」。四、〈繫辭〉中屢稱「子曰」，明非孔子手筆。五、《史記・自序》引〈繫辭〉稱《易》大傳，並不稱經，故不以此為孔子作品。六、《史記》極尊孔子，〈繫辭〉中詳說伏羲、神農制作，太史公並不是沒有見到，何以五帝託始黃帝，更不敘及伏羲、神農呢？可證在史公時尚不以〈繫辭〉為孔子作。

第二部分則進一步以四條證據論證孔子亦無讀《易》韋編三絕之事。其一，《論語》只有「加我數年五十以學易可以無大過矣」一條，據《魯論》「易」字當作「亦」，《古論》上妄錯「易」一字。其二，《孟子》書內常稱述《詩》、《書》而不及

《易》，〈繫辭〉中有「繼之者善，成之者性」，孟子論性善也不引及。荀子也不講《易》。（今《荀子》書中有引及《易》的幾篇並不可靠）其三，秦人燒書，不燒《易經》，以《易》為卜筮之書，不和《詩》、《書》同樣看待，若孔子作〈十翼〉，《易》為儒家經典，豈有不燒之理？其四，《論語》和《易》在對於道、（《論語》視道為合理的行為，《易》則以抽象的獨立事物說之）天、（《論語》視天為有意志人格的，《易》則將天地並舉為自然界的兩大法象）鬼神（《論語》視鬼神是有意志人格的，《易》則視之為神秘且為氣之和合的）等思想不同，並認為〈繫辭傳〉思想近於老、莊而遠於《論語》。（如〈繫傳〉與老、莊皆言利害，而孔子言義不言利；〈繫傳〉、〈老子〉皆重因果，而孔子則貴知命，僅求活動於現有的狀態之下。）[30]

(2)余永梁〈《易》卦爻辭的時代及其作者〉

這篇文章刊於民國 17 年 10 月《中央研究院歷史語言研究所集刊》第一本‧第一分之中，主要可以分為下列幾個部分來看：

一是以商、周兩民族之間的文化關係來看。商、周不是同一民族，商是東方民族，發祥地在山東，盤庚以後不遷徙的主因是因為商中期已由游牧進步到農業社會。周民族的文化較商為低，故周之文字與商同，乃是因與商文化接觸後而用商之文字之故。以理論來看，文化較低的民族征服文化較高的民族是世界的常例，周的一切建設，實在文王遷豐以後發展的，而東方諸器文字在春秋戰國時雖距商已數百年，然其字體結構往往與甲骨文相

30　顧頡剛：《古史辨‧第三冊》，頁 89-94。

同，可見周承受商的文化制度似無很大疑義。[31]

二是商代並無八卦與筮法之興。其主要說明有下列幾點：

> （一）從文字上論，甲骨就沒有卦字、筮字、蓍字，……商如有筮法，甲骨卜辭不應一次都沒有。……（二）甲骨卜辭所紀的範圍，幾乎沒有一件事不用卜，……那時似是沒有筮法。……（三）卜法的起源是有特殊物質上的條件，……刻辭是需要大宗的獸骨，也須牧畜社會才能供給，而殷墟出土的甲骨，正是獸骨佔十之七八，龜甲才十之一二而已。筮法是社會進到農業社會，脫離了畜牧時代，大家沒有許多獸骨來刻辭，才有它來適應救濟這種缺乏而產生。（四）據古書所載，事實上都是先卜後筮，……《哀九年傳》「晉趙鞅卜救鄭，遇水適火，又筮之。」從卜筮次序的先後，也可以證卜筮發明的先後。西南民族也多用雞骨卜法，……《易》卦辭、爻辭是與殷人的甲骨卜辭的文句相近，而筮法也是從卜法蛻變出來的。……這種繇辭視兆而作，出于臨時，占辭出于新造，亦多有沿用舊辭。如有從前相同的兆所發生的事與占辭，則沿用其舊，如前無此兆，則須新造。兆象這樣地繁難，不易辨識，筮法就是起來解決代替這種繁難的。卦數有一定，則于卦、爻之下繫以有定之辭，筮時遇何卦何爻，即可依卦爻辭引申推論，比龜卜的辨別兆象，實在是進步多了。
>
> 筮法與後，雖然簡便，但沒有龜卜的慎重，所以只有小事

31 顧頡剛：《古史辨・第三冊》，頁 143-147。

> 筮，大事仍用龜。《周禮》「以邦事作龜之八命……。」例如《周易》筮婚事的很多，卜辭很少見。卜辭記祭祀、田獵、征伐的很多，《易》就少見了。從《尚書》、《左傳》中，亦大事歸之卜，小事屬之筮。[32]

三是卦爻辭與卜辭的比較。主要有下列幾點：1、在兩者的句法上，他列出了 16 個例子，說明其相似之處。如卜辭「貞我旅吉」，《周易》「旅貞吉」之類。2、在成語的比較上，他舉了 8 個例子，如卜辭「有它」，《周易》「亡它」；卜辭「克」，《周易》「弗克」；卜辭「得」、「亡得」，《周易》「有得」、「无得」之類，來證明《易》辭之來自卜辭。[33]

四是從史實上證卦爻辭為周初作。他的主要看法如下：

> ……（一）風俗制度：卦、爻辭本是日常所用書，故取日常之事，我們考《易》所言的古代民俗，如（甲）屯六二「屯如邅如，乘馬班如，匪寇，婚媾，女子貞不字，十年乃字。」六三「即鹿無虞，惟入于林，君子幾不入舍，往吝。」六四「乘馬班如，求婚媾，往吉，无不利。」上六「乘馬班如，泣血漣如。」古代婚姻掠奪之情畢現。……（乙）臣妾，奴隸制度在卜辭中常見，如奴、妾、奚等，臣最初的意義當是對外族而言。奴隸發生的來源有二，一為對外獲得的俘虜，一為對內有罪的百姓。微子「我罔為

32 顧頡剛：《古史辨・第三冊》，頁 147-151。

33 顧頡剛：《古史辨・第三冊》，頁 151-157。

臣僕」，就指俘虜而言。《禮記·少儀》「臣而左之」，注「臣謂囚俘」，亦是其義。遯九三「畜臣妾」、損上九「得臣无家」，正可與盂鼎「錫汝臣十家」互證。……（丙）用貝，最古的貨幣制度是用朱、玉、貝，殷墟亦出有骨貨。……在周初也還有用貝的，如〈公中彝〉之「貝五朋」，〈撫叔敦蓋〉之「貝十朋」，……損、益二卦的「或益之，十朋之龜」，亦用「十朋」這名詞，——東周前的常語。（二）史事：……〈繫辭〉還沒有把《易》當做文王、周公作的，現考知為文王事的有：（A）帝乙歸妹，泰六五「帝乙歸妹，以祉元吉。」、歸妹「帝乙歸妹，其君之袂，不如其娣之袂良，月幾望，吉。」《易》是周卜官作的，何以他去記帝乙嫁女的事呢？原來並不奇怪，因為正是嫁女與文王呢！……（B）享于西山、享于岐山，隨上六「拘係之，乃從維之，王用享于西山。」升六四「王用享于岐山，吉，无咎。」……西山也是岐山，皆文王之事。……（D）既濟「東鄰殺牛，不如西鄰之禴祭，實受其福。」周初對商稱東土，己稱西土，如〈牧誓〉「逖矣西土之人。」……以上四事，皆可認為卜官記文王的事。……卦、爻辭所記之事皆在周初，最晚的事也只到康侯，……康侯這時還沒有封衛，則是在武庚、管叔未叛之前。從上面史實推知卦、爻辭作於成王時，大概可以說有些根據。卦、爻辭在當時一卦一爻之下，儘有不同的繇辭，後來才刪削成定本，所以卦、爻辭有同樣的事實而分隸於不同的卦爻之下，如「帝乙歸妹」的事兩見，「高宗伐鬼方」的事兩見，可知卦爻辭是逐漸增易，到後來才完整。[34]

余永梁此處對卦、爻辭的制作年代，基本上與顧頡剛的看法一致，只不過在一些卦、爻辭中的故事之外，再加上一些文字與風俗習慣的考證，來進一步證明卦、爻辭成於周初。至於他將卦、爻辭重複出現在不同的卦爻之下，看做是《易經》逐漸增益而成，非成於一人一時之手的證據，反而可以對比出古人，如焦循他們將之視作聖人寓意之處的不同。[35]當我們的觀念想法不同時，對於同樣的事物，我們的看法與詮釋便可能有南北兩極截然不同的差距。至於歷來關於《易》的作者，不論是孔子作《易》，還是卦辭文王作，爻辭周公作，或者三《易》之說（他認為〈連山〉、〈歸藏〉皆是漢人所偽）等，都被他一一的加以否定，並在文章的最後總結說：

> 《易》本來只是一部卜筮之書，所以秦焚六書，而《易》獨以卜筮之書得存。在西周巫史未分家的時候，巫者之流作了《易》，浸入民間很深。至東周巫、史分了家，史的位置漸高，向士大夫階級一邊走，巫只有落在下層了。《易》本是卜巫的專利品，史與儒家結合，還把《易》抓在手，一部《易》在戰國以至秦、漢，就各家都生影響。儒家、道家、陰陽家，以及方士、讖緯，都是言《易》

34　顧頡剛：《古史辨・第三冊》，頁 157-162。

35　關於焦循的解《易》，可參看筆者：《清焦循易圖略、易通釋研究》（桃園：中央大學中國文學研究所碩士論文，1994 年）。

的。[36]

余氏此處結語，就《易》學的發展歷史言，無寧是持平之論。其謂「一部《易》在戰國以至秦、漢，就各家都生影響，儒家、道家、陰陽家，以及方士、讖緯，都是言《易》的」，正一言道中今日或有人持《易》與儒近，或有人謂《易》與道近的不同看法，實則《易》在歷史的發展中，已浸入各家學說之中。

(3)李鏡池〈《易》傳探源〉、〈論《易》傳著作時代書〉

〈《易》傳探源〉刊於民國 19 年 11 月《燕京大學史學年報》第二期中，〈論《易》傳著作時代書〉是在民國 19 年 3 月 13 日寫給他的老師顧頡剛的書信。顧氏則於民國 19 年 3 月 21 日回以〈論《易經》的比較研究及〈彖、象傳〉的關係書〉一文，之後李氏又作一〈答書〉回給顧氏，所以這幾篇文字可視為同一個主題作品來討論。首先，〈《易》傳探源〉主要可以分為下列兩個部分來看：

首先是「《易》傳非孔子作的考證」。他先扣緊「五十以學《易》」與孟子不談孔子作《易》，來說明孔子與《易》無關，（案：此說與前面各家論孔子與《易》的關係大同小異）其次則是引述歐陽修、趙汝談、姚際恒等人，曾對孔子與《易》傳的關係發出疑問的說法，並引近人馮友蘭在思想方面考證《易》傳非孔子所作，（案：此文前引錢穆之文亦已提之）並引了馮氏其中一段話：

---

36 顧頡剛：《古史辨・第三冊》，頁 168。

> 一個人的思想本來可以變動，但一個人決不能同時對于宇宙及人生真持兩種極端相反的見解，如果我們承認《論語》上的話是孔子所說，又承認《易・彖、象》等是孔子所作，則我們即將孔子陷於一個矛盾的地位。[37]

然而如果我們細心思考這段話，將會發現其推斷未必合理。首先，一個人對於宇宙人生在不同的心情與感受之下，能不能、會不會有矛盾不同的見解？人在順境與逆境之中，對人生的看法態度都會始終相同嗎？再者，《論語》與《易》傳對天、道等的思想的不同，為什麼就會是陷孔子於矛盾之地呢？《論語》與《易》傳皆非孔子親手所作，這應該無疑。但如果我們可以承認《論語》為孔子所說，則何以《易》傳非孔子所作，就不能是孔子所傳授的學說呢？人因所遭遇之生命情境不同，以及年歲之增長，多有想法不同的各種轉變，此為人之常情。如果孔子在講授這兩部作品內容的時間或情緒是一種不斷流變的過程，（因為這兩部作品所載內容許多都是片斷性、一次性、對某人或某個問題的某次特別回應與感觸）其當下生命的境界、人生的感受，自有流轉變異的可能，那麼因此而發出了不同的感悟之語，被不同的人，在不同的時間、地點、情境所記錄下來，然後在一段時間的流傳之後，漸漸集結成冊。就春秋戰國流傳下來的許多書，包括我們所承認是孔子所傳授的《論語》，不都是這樣傳承下來的嗎？所以，如果我們說《易》傳不是孔子所作，所以就與孔子無關；那麼我們何以會承認《論語》並非孔子所作，卻又是今日我

37　顧頡剛：《古史辨・第三冊》，頁 100。

們確定什麼是孔子所說？什麼不是孔子所說？的主要旁證呢？如果《論語》並非孔子所作，卻可以代表孔子學說；那麼《易》傳雖不是孔子所作，就不能因此武斷推論《易》傳與孔子無關了。今日以客觀的態度來看這些《古史辨》運動前輩們的看法時，不難發現常有強烈目的存在其中。而以今日出土的資料來看，孔子是有講授《易》學的可能，《易》傳有些地方可能是他傳授的話語。（本文將在後面章節提之）然後李鏡池便據馮氏的看法而謂：

> 現在我們可以乾脆的說了，孔子並未作過《易》傳，說「孔子傳《易》」底，出于後人底附會。[38]

以我們上文所論可知，李氏這樣跳躍式的把孔子「未作過《易》傳」直接與孔子「未傳過《易》」畫了等號，實在是過於武斷了。

其次是「《易》傳著作年代先後的推測」。他將《易》傳七種分為三組來討論，第一組是關於〈彖傳〉與〈象傳〉，他認為這是有系統且較早出現的釋經之傳，年代約在秦、漢間，作者是齊、魯間的儒家者流。第二組是〈繫辭〉與〈文言〉，他認為這是彙集前人解經的斷簡殘篇，並加以新著的材料，年代約在史遷之後，昭、宣之前。第三組是〈說卦〉、〈序卦〉與〈雜卦〉，這是最晚的作品，年代在昭、宣之後。在這篇文章中，他對《易》傳七種的著作年代都給了一個推論，接著在給老師顧頡剛

---

38 顧頡剛：《古史辨・第三冊》，頁 101。

的書信〈論《易》傳著作時代書〉裏，就〈繫辭〉、〈文言〉二傳的年代再更進一步確認的說：

> 上星期曾把《易》傳中的〈彖〉、〈象〉兩傳的著作後先猜想過，同時說及〈繫辭傳〉為較後出，其大約的年代，〈彖〉、〈象〉二傳當著于戰國末年至秦、漢之間，至〈繫辭傳〉恐怕是從漢初直到西漢末。讓我現在更說說我對于〈繫辭〉、〈文言〉二傳的推想，願你切實指教。我頗疑〈文言傳〉就是〈繫辭傳〉中的一部分，後人因為它解釋乾、坤二卦頗為完備，所以分出，另立名目。……《易》傳中，別的傳都是很有系統，很有條理的，只有〈文言〉、〈繫辭〉是「雜拌」。……〈繫辭〉（包括〈文言〉）實是西漢時代一班《易》學家說《易》的遺著彙錄。[39]

他認為〈繫辭傳〉、〈文言傳〉可能是同一個東西，而編著年代恐怕是從漢初一直到西漢末年。而顧氏則寫了一篇〈論《易經》的比較研究及〈彖、象傳〉的關係書〉的書信給李鏡池，他並沒有針對李的問題做回應，而是提醒李氏對於《易經》標點時應注重文法的比較，並舉例說明。接著又說明他之前認為〈彖傳〉即是〈象傳〉的看法，並且比較了一些《周易・彖傳、象傳》之文，而表明他認為「〈象傳〉之爻的部分原與〈彖傳〉相合這一種出現在前，至〈象傳〉的卦的部分則是後來出的。自從出了後

39 顧頡剛：《古史辨・第三冊》，頁 133-134。

一種，而前一種遂分裂。……故我懷疑〈象傳〉之文即是把〈彖傳〉這種話擴充而成的。如果如此，其時的後先就可判定了。」[40]也就是說，顧氏認為今日所見的〈象傳〉是自〈彖傳〉中分出而成的。然後李氏進一步對這封信又做了一篇〈答書〉回應，除了贊同「〈象〉後於〈彖〉」的說法外，又再一次的申說〈繫辭傳〉遠後於〈彖〉、〈象〉二傳的看法。

基本上，他們師生二人對於《易》傳作者及年代的看法是差不多的。雖然以篇章幅度來看，《古史辨》第三冊似乎收錄了許多，然而實際上，這些文章中的看法幾乎相同。而其所最關注的，也都是《周易》經傳作者及成書年代的問題而已。這些看法，有些今日看來依然可信，如《周易》卦、爻辭的成書年代約在周初，〈彖〉、〈象〉二傳約成於戰國末到秦、漢間，但有些看法則已不可信了，如對於其他《易》傳年代的看法，幾乎都已被今日出土文物所否定。當然，他們（或者錢穆、余永梁等人）皆認為孔子沒有傳《易》的事實，孔子對《易經》也沒有「韋編三絕」，然而以今日出土資料及學者研究來看，似乎也都有再商榷討論的餘地。

（三）關於漢石經《周易》問題的討論，亦涉及《周易》經傳年代及作者問題

這個論題主要是民國 18 年 12 月 20 日由馬衡及錢玄同分別發表於《北京大學圖書部月刊》第一、第二期的〈漢熹平石經《周易》殘字跋〉和〈讀漢石經《周易》殘字而論及今文《易》

40 顧頡剛：《古史辨．第三冊》，頁 134-139。

的篇數問題〉兩篇文章所論及。馬衡主要是做校勘的工作，且文字語辭的運用十分嚴謹，全文絕無過度推論及用語，與錢玄同、顧頡剛等人的書寫風格大相逕庭。其文在校勘出土漢石經《周易》部分與各本之間的異同，在校勘後云：

> 蓋宋人錄熹平石經，多至千七百餘字，獨未見《周易》，不意後八百年，更得此經數百字，吾輩眼福突過宋人，何其幸歟！以今本校讀，每行七十三字，……茲錄其存字之異文如下：……後漢博士十四人，《易》有施、孟、梁丘、京氏四家，《書》有歐陽、大、小夏侯三家，《詩》有魯、齊、韓三家，《禮》有大、小戴二家，《春秋公羊》有嚴、顏二家。熹平石經之例，以一家為主，而著他家異同於後。……然則《周易》亦必於四家之中以一家為主，而此一家果誰氏乎？以此石證之，蓋用京氏本也。陸氏謂「坎」，京、劉作「欿」。……是用京氏本無疑矣！其碑末校記中，當著施、孟、梁丘之異同，如《詩》、《公羊》、《論語》之例，又可斷言也。[41]

此文經校勘熹平石經後，得出熹平石經本《周易》以京房為主，其他家為輔於後的結論，這個結論也得到了錢玄同的贊同。錢氏在〈讀漢石經《周易》殘字而論及今文《易》的篇數問題〉中說道：

41　顧頡剛：《古史辨・第三冊》，頁 71-73。

> 馬先生因為此殘字中的「坎」字作「欿」，證以《經典釋文》所云「坎，京、劉作欿」，疑熹平石經刻石時係用京氏《易》，雖然只有一字的證據，但這一個字非常重要，我認為馬先生的意見是狠對的。[42]

他認為馬氏證據儘管只有一個「坎」字作「欿」，但認為即此一字之證，也足以證明熹平石經刻石時係用京氏《易》為原本，並接著對《易》傳流傳的年代提出看法：

> 熹平刻石是根據當時立於學官的今文經，東漢立於學官的今文經，其師承有自，都是根據西漢立於學官的今文經。所以漢石經的篇數，我們敢斷言，還是西漢中葉的面目。現在總結幾句，我相信《論衡》和《隋・志》的記載，戴東原和嚴鐵橋的解說，認為——西漢初年田何傳《易》時，只有上下經和〈彖〉、〈象〉、〈繫辭〉、〈文言〉諸傳。西漢中葉，（宣帝以後）加入漢人偽作的〈說卦〉、〈序卦〉、〈雜卦〉三篇。這是今文《易》的篇數之變遷，施、孟、梁丘、京都是一樣，到了東漢立十四博士時還是不變。[43]

認為西漢初年傳《易》時，只有上下經與〈彖傳〉、〈象傳〉、〈繫辭傳〉與〈文言傳〉，西漢中葉以後才有漢人作的〈說卦

---

42 顧頡剛：《古史辨・第三冊》，頁 74。

43 顧頡剛：《古史辨・第三冊》，頁 83-84。

傳〉、〈序卦傳〉、〈雜卦傳〉三篇出現的結論。基本上仍保持《易》傳晚出的意見。

（四）關於卜筮問題的討論

在《古史辨》第三冊中，這類文章有：李鏡池分別寫於民國 19 年夏的〈《左、國》中《易》筮之研究〉及民國 19 年 12 月 12 日的〈《周易》筮辭考〉，以及容肇祖發表於民國 17 年 10 月《國立中央研究院歷史語言研究所集刊》第一本・第一分的〈占卜的源流〉。李鏡池在〈《左、國》中《易》筮之研究〉中，將《左傳》、《國語》中有關卜筮的記載與《周易》的引文作比較，發現《左傳》中約有六條，《國語》中約有兩條是引《周易》之文的。也就是說，在《左》、《國》時期，於《周易》之外，似乎仍有其他占卜之書。又或者當時的《周易》仍未只定於一本，故會有不同的說法。李氏文章內容大約說明如下：就「占法」言，他主要相信趙汝楳的意見而云：

> (1)一爻變，則以變爻占，……(2)數爻變，則以彖辭占，……(3)六爻皆不變，亦以彖辭占，……這些條例，是後人按所載加以推測的，能否得其本來之真相，那就不敢說了。……春秋時所用的占法，未必是原始的占法，正如秦、漢以後的占法，不是先秦的占法一樣。然而春秋時代確曾用《周易》來筮占，筮占又一定有筮占之法。……關於這一點，趙汝楳在《易雅》一書中已先我們說過，他道：「夫儒者命占之要，本於聖人，其法有五，曰身、曰位、曰時、曰事、曰占，求占之謂身，所居之謂位，所遇

> 之謂時，命筮之謂事，兆吉凶之謂占。故善占者，既得卦矣！必察其人之素履，與居位之當否，遭時之險夷，又考所筮之邪正，以定占之吉凶。」（〈占釋第九〉）這是從《左傳》、《國語》所載占驗之事加以綜合的解釋的，這個解釋很能揭出筮占變化的原則。……看《左傳》、《國語》所載，《周易》之所以那麼靈驗，斷不是像一爻變用甚麼占，數爻變用甚麼占，不變又用甚麼，那樣簡單的幾條條例所能濟事的。必定要參稽這「身、位、時、事、占」五物，才足盡筮占之能事，得筮占之妙竅，探《周易》之神奇。[44]

所以李氏同意趙汝楳所說：「儒者命占之要，本於聖人，其法有五，曰身、曰位、曰時、曰事、曰占」，而這五個筮占時所應注意的「身、位、時、事、占」的意義則是，「求占之謂身，所居之謂位，所遇之謂時，命筮之謂事，兆吉凶之謂占」，也就是說，當一個人占筮得一個卦之後，他所要用心探索的，並不是一般解卦時所注意的卦爻上的各種變化，而是將注意重點放回人（問者）的自身，以他當下的內在生命狀態與外在生存環境的總合，再搭配卦爻來看其吉凶，所以他說：「故善占者，既得卦矣！必察其人之素履，與居位之當否，遭時之險夷，又考所筮之邪正，以定占之吉凶。」這樣把判斷卦爻吉凶決定權，從純粹觀察所占得的不可測的卦爻變化，拿回人本身所處情況上來綜合參考的方式，是完全符合《古史辨》運動時期，一直高舉的科學民

---

44 顧頡剛：《古史辨・第三冊》，頁 173-177。

主的時代風氣。另外，在談「卦象」時，他舉了《左傳》、《國語》中之言卦象之例，如：

> 坤，土也；巽，風也；……明夷，日；比，入；隨，出。[45]

來說〈說卦傳〉與〈雜卦傳〉中所載各卦卦象是其來有自，不是自己造作出來的。接著他再討論「卦爻辭釋」時，則比較了《左傳》、《國語》和《易》傳中相同卦爻的筮辭，並認為《易》傳對於卦爻辭的詮釋比《左》、《國》的解釋為差，其云：

> 我們比較各種解釋，覺得《左傳》、《國語》所載比《易》傳為較詳盡切實，其中最沒意義的是〈象傳〉的話，往往說了等于沒說。他的原因，我想是因為前者是卜官或于《周易》有研究的人所解釋，故較為得當。而著《易》傳的作者們，只是儒家者流，他們本來是不大理會《周易》的。……〈彖傳〉作者大概還跟卜官之徒有來往，得到點傳授，故所言尚覺不差。至〈小象〉作者，簡直是東施效顰，直抄爻辭而已。……實則《易》傳之釋《易》，都較《左》、《國》筮辭為差。[46]

他將《左傳》、《國語》解釋《易》卦爻辭較《易》傳詳盡切實的原因，歸於作者的身分，以為《左傳》、《國語》的作者是卜

45　顧頡剛：《古史辨・第三冊》，頁 177-179。

46　顧頡剛：《古史辨・第三冊》，頁 181-185。

官或精於《易》的人，所以自然解釋的較完整。而《易》傳的作者為本不擅《易》的儒家者流，故解釋的比較不好。這樣的說法似乎已有一個預定的立場，就是他認為孔子是不傳《易》的，故儒家者流是不熟於《易》，等到占卜盛行之後，儒家者流才慢慢對之發生興趣，因接觸較晚，所以解釋較差。然而以今日出土資料的研究來看，孔門應有傳《易》的系統，孔子也很可能真的是「晚而喜《易》」，因此，把《易》傳詮釋卦爻辭較差的看法歸之於儒家者流不熟《易》，沒有傳《易》的傳統，應該不全然正確。筆者認為，《左傳》、《國語》與《易》傳所詮釋《易經》卦爻辭之不同，乃在於立場不同、目的不同而已。《左》、《國》之例，皆是實用之例，有故事背景與當下要用的急迫性，故詮釋某卦之卦爻辭，是貼近卦爻辭本身實事以論其吉凶當否，給予問者一個方向與答案。然而由《易》傳所流傳下來的資料看，他們在詮釋卦、爻辭時，未必皆如《左傳》、《國語》般有歷史事件當下的需求，而常常比較像是上課講說討論的筆記，是在對於卦、爻辭文字與意義做更進一步的闡釋與發揚，故其與《左傳》、《國語》解釋卦、爻辭的立場目的本是不同。但若謂如此便是較差，則就見仁見智了。因為他們各自當下目的不同，自然所用的語言文字與詮釋方向便有所異，也許「兩存其美」的回到歷史當下，看他們之所以不同之故，或許對於我們體會《易》義，會有更多的好處。

另外，李鏡池在〈《周易》筮辭考〉對於「筮、占與卦、爻辭著作體例」一節中，得出同一卦爻中的筮辭，有一次占得的，也有兩次以上不同時空環境下占得的結論，所以筮辭中常有上下文不連貫之處，其云：

> 我對于《周易》卦、爻辭的成因有這樣的一個推測，就是，卦爻辭乃卜史的卜筮記錄。《周禮・春官》說：「占人……凡卜筮，既事則繫幣以比其命，歲終則計其占之中否。」所占一定有一爻數占的，因而有數種記錄，到了歲終，就把所占的各種記錄彙集比對，而計其占之中否。所以，卦爻辭中，很有些不相連屬的詞句，這不相連屬的詞句，我們要把它分別解釋，若硬要把它附會成一種相連貫的意義，那就非大加穿鑿不可。舉例說罷，師之六五「田有禽，利執言，无咎。長子帥師，弟子輿尸，貞凶。」「无咎」以上，當為某次占詞，「長子」以下，當為又一次的占詞。[47]

這樣的推論，的確很有說服力，並且也解決了許多卦爻辭上下不相連屬而難以詮釋的窘境。但客觀上是否真的如此？即使如此，在「原意」之外，後人對於經典的義理性詮釋闡發，是否就是附會？還是有可能更加豐富了「原意」的生命？這些都仍有更多可以討論的空間。除了這種卦爻辭本身的「不相連屬」狀況的證據之外，他順著這個「不相連屬」的思路，再與甲骨文中占卜之例做比較，比對出《周易》記載吉凶有時雜沓紛陳的情況，更加強了卦爻辭非全是一次占卜記錄的看法。其謂「（一）、卦爻辭是筮占的筮辭，與甲骨卜辭同類。《周易》是卜筮之書。（二）、卦爻辭其中著作體例與卜辭相同的，為一次的筮辭。其繁複異于卜辭者，為兩次以上的筮辭的併合。」

---

[47] 顧頡剛：《古史辨・第三冊》，頁 187-195。

其次，李鏡池又於「『貞問』及其範圍」一節中，綜合了各種《周易》卦爻辭中有關「貞」字的組合，論述「貞」為卜問之義，而貞的結果亦有或吉或凶，或者指定某種範圍而論吉凶的狀況，並且將卦爻辭的各種貞問內容整理出來，可看出當時人們最在乎或最重大的事。其云：

> 《易》卦爻辭中用「貞」的地方不少，現在分為數項列舉于下：(1)貞吉……(2)貞凶……(3)貞厲……(4)貞吝……(5)利貞……(6)可貞……(7)不可貞……(8)蔑貞……(9)貞……。綜觀卦爻辭所載，大概有下列幾種結果，(1)貞而問吉的，如「貞吉」。……(2)貞而不全吉的，如「貞吉、悔亡、无不利、无初有終。」……(3)指定一種範圍的貞問，如「貞大人吉。」……(4)貞問而凶的，如「貞凶。」……綜觀卦爻辭所記，筮貞的人物約有下列幾種：(1)君王……(2)侯……(3)大人……(4)君子……(5)丈人……(6)武人……(7)幽人……(8)職官……(9)婦女……(10)小人……(11)丈夫……(12)小子……。我們更統計卦爻辭所載關于筮占的範圍，可以知道那時代的人的重要生活。……(1)行旅……(2)戰爭……(3)享祀……(4)飲食……(5)漁獵……(6)牧畜……(7)農業……(8)婚媾……(9)居處及家庭生活……(10)婦女孕育……(11)疾病……(12)賞罰訟獄。[48]

---

[48] 顧頡剛：《古史辨・第三冊》，頁 195-207。

這樣對資料的整理比對研究，在《古史辨》運動時期的中國現代學術初起之際，無疑是十分重要的。我們統一的看了《周易》中「貞」字出現伴隨的各種情況，也看到了在《周易》中各種占者或問者的身分，同時也知道了在《周易》發展的過程中，那些是他們認為重要的事。這些對於日後學者做延伸的研究，是很有幫助的。由此我們看到了李鏡池在《周易》所下的工夫，也無怪乎他成為《古史辨》討論《易經》學人中，唯一以《易》名家的人了。

接著，他在「卦爻辭中的故事」一節中，全然引用顧頡剛之前發表於《燕京學報》第六期的〈《周易》卦爻辭中的故事〉中的文字（此文本節前面已詳細討論過）而云：

> 顧先生的結論所定，卦爻辭的著作時代著作人及著作地點，我認為很對。不過這裏還要補充一下，卦爻辭的材料，大部分是周民族還在遊牧時代的記錄，西周初葉的材料比較的少。……這是說，卦爻辭的大部分著作年代在西周之前，然而《周易》之成為《周易》，是經過一次編纂而成的，這編纂的時期是在西周初葉。[49]

李氏此處表明《周易》是逐漸形成的，他同意《周易》編纂成書固然是在西周初葉，然而其所編纂的資料，則是來自於編纂前的長期發展之中。然後，他在「《周易》中的比興詩歌」裏，注意到了《周易》的文學成分，並且與《詩經》做了簡單的比較，擴

---

[49] 顧頡剛：《古史辨・第三冊》，頁 207-211。

大了《周易》的研究範疇，同時也以此再度佐證卦爻辭編纂於西周初年的看法。

接著，他在「卦爻辭中的格言」裏，發現《周易》除了故事，還有格言。這種在生活經驗中所學習到的一種綜合觀念而形成的格言，正可以做為人們生活的指導。他舉了兩個例子，分別是泰九三的「无平不陂，无往不復。」及損六三的「三人行則損一人，一人行則得其友。」然後在「卦名與卦爻辭之編纂」一節裏，分析卦名的三種樣式為：1、單詞獨立的，如「乾」、「坤」。2、於他文的，如「履虎尾」、「同人于野」。3、省稱的，如「坎」本為「習坎」，「无妄」〈象傳〉謂「物與无妄」等等。又將卦名與卦爻辭之間的關係分為六類。在他這樣仔細分類比較分析卦爻辭的內容之後，讓人們對於《周易》卦爻辭有了更深更廣的了解。接著，他又在「『文王演《易》』的傳說的時地背景」裏，對這一個老問題提出自己的看法，他認為：

> 我們可以把文王的名字除去，推翻他的著作權，但六十四卦的發明者，當是周民族的一個無名作家，或許是一個卜官，他在某一個空閒的時期中，發明出這樣地一個頑意兒。——這是我對于「文王重卦」的傳說的解釋。[50]

他們就是不相信有「聖人作《易》」這件事，因此儘管他說《周易》卦爻辭編纂完成於周初，這些被編纂的資料則早於周代至少有一段時間，而文王的生存年代亦在此一段時間之中，但他仍寧

50 顧頡剛：《古史辨・第三冊》，頁240。

願猜測是某個卜官在某個無聊的空閒時所作，也不願意承認自古以來文王重卦的傳說。筆者並不是說文王重卦這個說法真確無疑，只是想指出，即使傳說中的作者（文王）真的身處於那個年代之中，他們也不願意在仍沒有證據證明不是的前提下，暫且保留這種說法的可能性。這樣強烈的先入為主觀念，對於學術發展終究不是好事。

最後他在「卦爻辭的佚文錯簡」中，談到卦爻辭在秦火之前與之後都有簡脫的可能。他比較《左傳》與《周易》而得出《左傳》所載繇辭，與今《易》有略微不同或全不同者，亦有卜官筮時臨時所撰者。因此卦爻辭在春秋戰國時期，似未定於一尊，而仍有著各種不同的樣貌。最後他對這篇文章做了八點總結：

> 從上面所討論的，我們歸結為幾點：（一）從卦爻辭中筮占貞問等字可以證明《易》是卜筮之書，由卜筮而成，為卜筮而作。（二）從卦爻辭的著作體例及其中的格言及詩歌式的句子，可以看出《周易》是編纂而成的。（三）從《易》辭中所表現的時地性，及「文王演《易》」的傳說的時地背景，可以看出《周易》是周民族的占書。（四）從《易》辭中所表現的時代性及所敘的歷史故事，可以看出《周易》的編纂年代是在西周初葉。（五）卦的發明及卦與蓍的關係，我們假定，是蓍先於卦，卦由蓍作。（六）關於卦與辭的關係，我的假定，其初是沒有關係，後人才從這方面推求。（七）關於爻之稱「九」「六」，我以為是後起的名稱。（八）現存的卦爻辭，是有佚文錯

> 簡的，並不完全。[51]

這些結論，大抵已對《周易》卦爻辭的相關問題，做了詳細且大致可信的研究，較之其師顧頡剛只就故事觀點談論卦爻辭的成書年代，李氏對於《周易》卦爻辭的研究，在論述的深度與廣度上，都向前推進了一層。

最後則有容肇祖發表於民國 17 年 10 月《國立中央研究院歷史語言研究所集刊》第一本・第一分的〈占卜的源流〉。這篇文章全以時間先後順序，探討占卜的流傳與演變，首列「從殷墟甲骨考證出古代占卜的實況」一節，謂甲骨占卜盛於殷朝而未必起于殷朝，並引《殷墟書契考釋》之「凡卜祀者用龜，卜它事皆以骨，故殷墟所出獸骨什九，龜甲什一而已。」說明龜甲是卜祭祀的大事，而獸骨則卜其他一般生活之事，並謂「殷代的卜法，或鑿或鑽，而契後又用灼以求兆。」[52]其云：

> 殷墟甲骨所記的卜辭，很是簡單，不過紀所卜的事和所卜的吉凶而止。據《殷墟書契考釋》所記，除斷缺不可讀的外，卜祭的三百六，卜告的十五，卜享的四，卜出入的一百二十八，卜田獵漁魚的一百三十，卜征伐的三十五，卜年的二十二，卜風雨的七十七，這八事外，尚有其他所卜的事情。……看這些卜辭，都是簡單的對事表示吉凶可

---

51 顧頡剛：《古史辨・第三冊》，頁 250-257。

52 關於殷商甲骨占卜的技巧與閱讀，可參考許進雄：《文字學家的甲骨學研究室》（新北市：臺灣商務印書館，2020 年），頁 36-61。

否，是沒有定辭的。[53]

由此，我們得知甲骨卜辭對於吉凶的表示都是簡單而清楚的，其所卜的內容則以祭祀、出入、田獵、風雨等事最多，可見當時人們除了崇敬天地鬼神之外，最重視的仍是出入行旅的安全與飲食的取得等生活尋常之事。

接著在「周代的占卜——龜、筮、筳篿及星占等」一節中，則對於周代開始出現的各種占卜之法予以說明。他以占筮的演變，並對比《左傳》、《國語》中的占筮之辭與《周易》間的異同，將周代各式各樣的占卜技術記錄下來，並由卜辭對比看到殷商時仍簡單的卜辭，到周代時已變得繁複。而這個繁複現象，便是後來在《左傳》、《國語》中有許多占卜之辭是沿用《周易》一書的緣故。此乃一逐漸演變過程，由簡到繁到有人逐漸整理成冊，供占卜者參考之用，是故春秋時代占筮者多本於《周易》。由此可見，《周易》成書的年代必在春秋以前了。至於占筮之法，則仍因筮師的各自傳授而有些不同，如《左傳》、《國語》不用今見《周易》常用的初、二、三、四、五、上的名稱。因此，春秋時代的占卜之法應仍各有不同的發展，只是占卜之辭多已沿用當時通行的《周易》了。他接著引述了如同前面所提顧頡剛、李鏡池等人一再提及的卦爻辭中的幾個故事，說明〈繫辭傳〉說《易》之興在殷之末世，周之盛德的時候是很對的。

然後，在「秦、漢間至漢哀平前的占術及其哲學化」一節中，容氏將《周易》與孔子發生關係的時代，仍歸之於漢初的尊

53　顧頡剛：《古史辨・第三冊》，頁 255-256。

孔之故，且不信《古論》「五十以學《易》」之文，只信《魯論》改「易」為「亦」之說，與顧頡剛、李鏡池、錢穆等人的看法相同。容氏認為〈十翼〉之所以能與孔子發生關係，不是因為占術，而是因為它逐漸的哲學化，其云：

> 所謂伏羲畫卦的說話，原於〈繫辭〉。以殷墟卜辭證之，知殷以前絕無卦畫，依託附會是卜師的能事，所謂伏羲、文王、孔子作《易》，却原來沒有一點的痕跡。〈彖〉、〈象〉、〈繫辭〉、〈文言〉、〈說卦〉的〈十翼〉出於秦、漢之際，而秦、漢以前的書絕沒有引過，當是這時期的出產品。……他的哲學化就是所以依託於孔子，和得到儒家承認的原由。……《周易》既從占術的一方面走入孔門，又有這種說《易》的哲學使他成為儒術化，得以高踞《六經》的首座而貌似師儒。從此卜祝之流，便居然是儒林之首了。然而《易》學一方面固然傾向於哲學化，他方面仍然是受術士的影響而保存他的筮占的神秘的性質。……可知哀平以前的《易》學雖則是經過儒家化，然而很有人仍要保存他的占術的作用和神秘的性質。[54]

在這裏，容氏指出了漢代《易經》一方面從純粹的占卜之書逐漸哲學化的過程，並且也同時指出了另有一些人，如孟喜、梁丘賀、焦贛、京房等，仍然持續著傳統卜筮之路，保持其神秘的特色，並以《漢書・藝文志》所載的三大類占術書籍——蓍龜、天

[54] 顧頡剛：《古史辨・第三冊》，頁 265-270。

文、雜占，來證明漢代是個占驗術複雜的迷信時代。

緊接著，他以「漢哀平以後的占術」為題，延續著上面《周易》哲學化與儒學術士化的兩種潮流並行不止的說法，論及哀平以後大為興起的讖緯預言之術。引《後漢書・張衡傳》中張衡上疏之言，「劉向父子領校秘書，閱定九流，亦無讖緯。成哀之後，乃始聞之。……則知圖讖成於哀平之際也。」證之。並謂與讖同時出現的《易》緯「都是陰陽家的說話，把《周易》重新做成一種哲學和占驗解釋」，而這種《易》緯的說法，對於東漢鄭玄等人的《易》注也都發生了影響。接著他提及《易林》、《連山》、《歸藏》及揚雄的《太玄》，皆是此時出現的占卜之書。不過儘管有著這些新的占卜之術陸續出現，他仍引《白虎通》裏蓍龜一段「卜，赴也，爆見兆」及「龜非火不兆」，懷疑此時龜卜之法似仍尚存。[55]然後在「魏晉南北朝至唐的占術」中，說明《周易》的哲學化在孔穎達作義疏用王棄鄭，將《周易》離占術愈遠而哲學化愈深之外，又列舉出如魏伯陽《周易參同契》的《周易》丹術化，《京氏易傳》的「八宮世應說」，乃至於引《隋書・經籍志》、《新、舊唐》兩志所記天文五行之書，如《開元占經》、《靈棊經》之類，以及六朝到唐時所出現的杯珓占卜之術。

最後在「宋明以來《周易》的變化和占術的發展」一節中，說明邵雍《易》學原本於道家，《皇極經世》則將《易》附會成推步擇吉的東西，程、朱等人將《周易》的理學化，司馬光規摹《太玄》而擬《周易》所作的《潛虛》，蔡沈倣《潛虛》而作的

---

55 顧頡剛：《古史辨・第三冊》，頁 273-279。

《洪範皇極內外篇》，以及宋以來通行的擲錢占卦的《火珠林》。而籤占此時也已通行，五代末已有籤筒出現。他並比較搜集了廣州籤書共有十八種之多，謂同一神廟地方不同，所用籤詩未必相同，而籤數是不固定的，吉凶的分配大致是上中下平均，或者是上、中較多。籤書內容遠祖《周易》、《易林》，而卻是近據《靈棋經》云云。另有牙牌神數、金錢卦等等，由於這些占卜之術雖說是源自於《周易》發展的，然而其內容實在與《易》越來越遠，故本文不再詳加討論。

五、《古史辨》中討論《周易》相關問題的現代看法

檢視了《古史辨》第三冊中關於《周易》經傳的各種討論與看法之後，經過七、八十年的學術發展與演變，他們當年所討論出來的結論，以今日的研究成果來看，有那些是值得我們相信的？又有那些是明顯有問題？本文比較今日與當時他們看法的異同，並不是為了凸顯孰是孰非？而是想要站在學術史傳承發展不斷的角度上，說明《古史辨》學派的價值與貢獻。

在上述的討論中，我們可以發現，《古史辨》第三冊討論《易經》的文字，其所主要關心的論題皆在「《周易》經傳的成書年代與作者」之上，而這樣集中的關心，自然是與當時他們極想重建一個新的中國古史的需求有著密切關聯。因此，筆者將引述目前在此論題上被大致公認可以相信的看法，讓這論題的發展被呈現出來。而由於近四十餘年來地下資料的不斷出土，對於《周易》的研究也起了十分重大的影響。當代藉著這些出土資料

所做《周易》研究的論文數量實在很多，因篇幅有限，本文僅引述其中較為主要而全面的幾篇文章，供學人參考。

（一）張善文〈論帛書《周易》的文獻價值〉[56]

1973 年湖南長沙馬王堆第三號漢墓出土的帛書《周易》，相當大程度的對《易經》的研究提供了一些方向，尤其是在時代作者的推論上，更有著很大的助益。張善文在〈論帛書《周易》的文獻價值〉中，以帛書《周易》為資料，並引用時人如李學勤、張立文、廖名春等人對於帛書《周易》所做的各種研究所得，做出了與《古史辨》學者們對於《易》傳的時代與孔子與《易》的關係上，截然不同的結論。依據這些最新出土的資料，他一方面肯定了《古史辨》學者對於《周易》卦爻辭成於西周初年的看法，同時卻否定了他們一直認為《易》傳乃出現於戰國末期至西漢末的看法，而將《易》傳出現的時間提早到春秋末至戰國中期。而孔子與《易》的關係，更從《古史辨》學者們認為的絕無關係，變成了孔子與《易》有密切的關係，孔子的確如《史記》、《漢書》所言的「晚而喜《易》」，並且曾以《易》傳授弟子。這帛書《周易》的出土，讓《周易》經傳的時代問題，以及孔子與《易》的關係，得到了更多可供探討的線索，並且可以看到，漢代以來學者對於《易經》與孔子關係的普遍看法並非純屬杜撰。反而是後來學者因歐陽修〈《易》童子問〉的《易》傳非出自一人之手的懷疑，便不斷的引伸、否定前人的普遍看法，

56　張善文：〈論帛書《周易》的文獻價值〉（第二屆海峽兩岸周易學術研討會論文集：1995），http://yihching.org.tw/web02/html/Books.aspx?A=C1。（2021/12/15）

恐怕有過度引伸的弊病。如今孔子傳《易》說得以因帛書《周易》出土而得到更多的佐證，孔子既然可能傳《易》，那麼從這些在今本《易》傳以及帛書《周易》中出現的儒家思想，我們可以看見儒家對於《易經》早有研究，並且已有一套與卜筮不同角度的論《易》方式，這方式便成了後人以義理解《易》的濫觴。

（二）廖名春《周易經傳與易學史新論》[57]

廖名春是十分專心致力於帛書《周易》研究的當代學者，在他總結自已對於《易經》研究心得之《周易經傳與易學史新論》中，有許多地方都論及了《周易》經傳的時代及作者，當然，也論及了孔子與《易》的關係。他以出土資料加上傳統文獻的比較研究，說明了《周易》與孔門間的密切關係，證明了《史記》孔子老而好《易》、晚而喜《易》等說法其來有自。他認為孔子晚年的確有以《易》教授弟子的事實。除了年輕的子貢對於其師晚年喜《易》的思想變化，有著不能認同的表達之外，商瞿、子夏、子張等孔門高弟皆傳其《易》學。而在孔子死後，商瞿傳楚人馯臂子弓，子張居於被楚所滅的陳，皆是儒學與儒家《易》學在楚地流傳的明證。而郭店楚簡的出土，更與傳統文獻的記載，相互證成這些看法。[58]這一方面說明了孔門傳《易》的事實，一

57 廖名春：《周易經傳與易學史新論》（濟南：齊魯書社，2001 年）。

58 同樣的看法，如陳來在〈馬王堆帛書《易》傳及孔門《易》學〉一文中亦說道：「馬王堆帛書自然使人聯想到楚地的《易》學，帛書《易》傳最後兩篇〈繆和〉、〈昭力〉，記載繆和、昭力、呂昌、吳孟、張射、李平等人與傳《易》經師的答問。繆通穆，穆與昭都是楚氏，據《史記》可知，楚為孔門傳《易》的重地，馯臂子弓為楚人，故帛書《易》

方面也說明了今本《易》傳在帛書《易》出現前已大部分存在。而帛書《易》至晚也不會在戰國末以後出現的證據，則證明了今本《易》傳至少在戰國中晚期便已出現流傳。除了對於《周易》卦爻辭的形成年代有共識之外，在最新陸續出土的地下資料的支持下，將其與傳統文獻的說法重新檢視對比，如孔門傳《易》、《易》傳的流傳時代等問題，反而是較近於《周易》的傳統認知。

（三）黃沛榮〈論孔子與《周易》經傳〉[59]

相較於前兩位是大陸學者，黃沛榮則為臺灣《易》學名師。此文以各種角度論述《周易》經傳與孔子間的關係，包含「孔子作《易》之問題、孔子讀《易》之問題、孔子贊《易》之問題、孔子傳《易》之問題」，都做了十分詳細的討論。一方面對所有前人相關的說法進行了研究比較，另一方面又依據新出土的資料與各種先秦以來的傳統古籍當做佐證，深刻而中肯的對孔子與《周易》經傳間的關係提出了他的看法。他釐清說明了孔子讀《易》、傳《易》卻未作《易》，《易》傳乃其門人弟子一方面傳其師之讀《易》心得，一方面也呈現出自己處於戰國時期百家交融時代下，受到道家等各家思想影響下的踪影。他這樣理解

傳很可能是馯臂子弓所傳。李學勤先生甚至認為，繆和、昭力所問的『先生』，可能就是馯臂子弓，則帛書《易》傳是孔門《易》學在楚地的一支所傳，應可定論。」（哲學與文化，廿一卷第二期，1994 年 2 月），頁 163。

59 黃沛榮：〈論孔子與《周易》經傳〉（孔孟學報：第七十一期），1985 年。

《易》與孔子的關係，是站在學術史不斷演進的「動態觀點」角度看待《易》與孔門間關係的可能發展，並且也以人在時代風氣下，絕無可能不受社會風氣影響的角度，解釋了《易》傳中出現諸多與道家相關的字彙與思想的原因。較之一些必以《易》歸之於儒家，或歸之於道家的人，黃氏客觀的看到了歷史發展過程中，各種學說與每個人都在潛移默化、相互影響的痕跡。

（四）何澤恆〈孔子與《易》傳相關問題覆議〉

這是何先生曾在 1999 年 5 月發表於中國經學研究會第一屆學術研討會的文章，後來於《臺大中文學報》發表，其對孔子與《易》傳關係的看法則異於上述三者，何先生的主要說法如下：

> 近代學者如錢賓四師〈《易經》研究〉，馮友蘭先生〈孔子在中國歷史中的地位〉等文，已分別就「天、道、鬼神」的觀念比較《易》傳與《論語》中的歧異，就思想的內涵判定《易》傳非孔子所作，……此後下逮戰國，善學孔子者莫如孟子，通《孟子》全書，又何嘗有一言及《易》？……若說傳世〈十翼〉內容可疑，則這些新出土文獻的內容亦未必不可疑。陳鼓應先生曾撰兩篇論文，舉出不少論證，推定這幾種佚傳當出秦漢儒生之所為，其中多摻入黃老思想，鄭萬耕先生在著成時代上也有近似的看法。……我們不應忽略，子貢不但追隨孔子至於其卒，並在其他門人心喪三年紛紛離去之後，還再廬於冢上凡六年而後去，他對先生的感情是特別深厚的。……子貢一人也還罷了，何以其他弟子也都抱持一致立場，甚至四傳以

下，號稱最善學孔子的孟子，也還一樣不能理解。荀子亦學孔子，並不認同孟子，但在這一立場上卻又站在孟子一邊。……竊意以為，〈要〉中記孔子和子貢論《易》，說到「夫子老而好《易》，居則在席，行則在囊。」這其實並不能據以推證《史記》「孔子晚而喜《易》」之說為史實，但卻可以證明《史記》之說，非出太史公杜撰。……孔子贊《易》、作〈十傳〉，其說自《史記》以來，二千年成為傳統舊說。然自北宋以還，即不斷有學者提出質疑，下逮民初，疑古辨偽學風盛興，主張〈十翼〉非孔子作者便漸居上風。可是到了近二十年，由於馬王堆帛《易》的出土，除了與傳世《周易》相若者外，還有若干久佚說《易》篇章，其中記載了許多有關孔子與人論《易》的內容，因此，爭議千年的孔子與《易經》關係的討論，又重新掀起。不少學者根據新出材料，主張回歸舊說。……蓋前人疑《易》傳，揭以質疑者亦云夥矣！主舊說者似亦未能盡釋諸疑，竊謂過去學者所提疑議，實未宜盡束高閣。……如果真像帛《易》所顯示的情況，孔子常以《易》義告戒弟子，還和其他許多人談論過，在材料的量上遠逾今傳〈十傳〉。那麼在《論語》中了無痕跡，豈不更怪。……這也似乎無視乎《論語》編纂於孔子身後，而也已記載及於孔子晚年言行的事實。再退一步說，即使說這是孔子晚年最後的學術心得，孔子卒後，他的門人弟子為何不加以稱述？甚至孟子終身以學孔子為職志，對此也曾無一言道及。諸般疑竇，恐怕並不因為近時發現更多孔子說《易》的文字而有所澄清，反而益增舊說之可疑而已。[60]

同樣是面對新出土的資料，何先生則是相信《古史辨》以來對於孔子與《易》無涉的看法，他不僅舉出一些仍令他無法理解的歷史發展，如《論語》、《孟子》、《荀子》等主要儒家典籍皆無孔子說《易》的記載，也舉出今人如陳鼓應等對於這批資料可能出於秦、漢儒生之手，而非如廖名春、張善文、黃沛榮等人視為戰國時的作品的看法。因之，帛書《周易》只能證成《史記》孔子晚而好《易》之說非憑空臆造而已，並不能證成孔子真有傳《易》的事實。他認為前人疑《易》傳所舉出的疑惑甚多，當這些因出土資料而主張回歸舊說的人還未能盡釋《古史辨》以來所提出的疑惑前，孔子傳《易》之說仍是具有爭議的。這當然是持平的論說，只是，歷史已然過去，而歷史的記載自古至今本無所謂周全者，總是掛一漏萬的多。如果真要等到所謂「盡釋諸疑」之後才能有個終了，那麼這個期望恐怕是遙遙無期了。蓋人的思想無限，時刻都在變化，然而歷史留下的資料在時間與空間、自然與人為的有意或無意摧毀之下，能留存者又有多少？以數千年前留存有限的資料，要盡釋數千年後不斷思考的學人的所有疑惑，實在是幾無可能的。歷史無法重演，我們能在歷史的灰燼中，找到一些能夠拼湊近似歷史真相的資料，已是難能可貴，不如像黃沛榮先生那樣，願意站在歷史是不斷進展的動態觀點下，注意到戰國以降各種學說相互影響浸染的可能性，來看待這批新

60　何澤恆：〈孔子與《易》傳相關問題覆議〉（臺大中文學報：12 卷，2000 年 5 月），頁 21-53。

出土的資料。以及在當時的時空環境下，純儒（這個純儒還必須符合我們在兩千多年後給他的定義）或者純粹的某家看法，已難存在的事實。因此帛書《易》中出現一些我們認為是某時代、某家的看法，或者是各家詞語混雜其中，應都是合理的情況。更何況孔子讀《易》、好《易》、傳《易》與作《易》，乃是不同的問題，實應將作《易》與否和其他問題分開來看才是。[61]

六、小結——「呈現」歷史，不要恣意「改變」

關於《古史辨》運動在現代《易》學發展史中的內容及角色，早已有人論及。如楊慶中在《二十世紀中國易學史・第二章・古史辨派與唯物史觀派的易學研究》中，提到了他對於《古史辨》派《易》學研究的影響與評價時說道：

> 《古史辨》派的這些結論，對于傳統《易》學造成了致命的破壞。《周易》經傳與儒家所謂的聖人沒有任何關係，《周易》純系卜筮之書，其中不存在什麼聖人之道。《易》傳對《周易》的解釋純屬借題發揮，與《周易》本身絲毫

61 關於孔子與《周易》的關係，可以參閱黃慶萱《周易縱橫談・周易與孔子》中，他斬釘截鐵的說孔子讀過《周易》，而很少直接引《周易》的文字來教訓學生，《周易》經傳雖皆非孔子所作，然而《易》傳卻是孔子弟子們所記孔子的話。（臺北：東大圖書公司，1995 年），頁 151-156。而關於何先生的諸多疑問，亦可參看同書中〈易學書簡〉一文裏，李怡嚴先生對黃先生所提關於孔子與《易》關係問答說明。（頁 271-303）

> 不相干。……不過站在世紀之末重新審視《古史辨》派的《易》學研究，似乎也可以得出這樣一個結論，即「影響很大，問題很多」。……作為一種研究方法和研究理念，實證固然是可取的，也是科學的。但若時時都把「疑古」之念橫在胸中，時時都把打破成說作為目的，就難免使材料成為觀念和方法的奴隸，把證「實」變成為證「虛」，使真問題變成假問題。[62]

他清楚看出了《古史辨》學者因為胸中橫著一個疑古的念頭，因此展開的《易》學研究遂有了「把證『實』變成為證『虛』」的問題，一切只要證明是虛的，便馬上可以轉過來說自己的猜測是實的。這種過度的使用默證的問題，前文已經談過。而在《古史辨》派疑古太過的強烈成見下，遂也產生了「影響很大，問題很多」的發展。這樣的發展提醒了我們，《周易》經傳仍有許多尚待討論的問題，但同時也告訴了我們，解決問題與製造問題往往很可能只有一線之隔。

另外，鄭吉雄在〈從經典詮釋傳統論二十世紀《易》學詮釋的成期與類型〉中，認為二十世紀《易》學詮釋宜分為三個時期，分別是：民國十九年（1930）以前的第一時期，民國二十至六十二年（1931-1973）的第二時期，以及民國六十三年（1974）以後迄今的第三時期，《古史辨》學派便在他所分的第一期中。他認為促成百年來《易》學風氣的轉變因素主要有二：

62 楊慶中：《二十世紀中國易學史》（北京：人民出版社，2000年2月第1版），頁114-115。

一是新思潮的激盪，二為新材料的出土。前者帶來了價值觀念的重整，後者促使了研究對象的擴大。《古史辨》學派在治《易》成果上，便清楚的呈現出這兩個因素的影響。他對《古史辨》學派的看法主要如下：

> 第一個時期的治《易》學者，深受當時的歷史環境影響，……隨著當時中西文化衝突的高峰，撕裂成兩股力量，一股是對中國傳統抱推翻或不信任的態度，而產生的「疑古」思潮，另一股則為激於反傳統的潮流，而轉為維護中國傳統的文化本位思想。……（顧頡剛）他的發難引起了許多治《易》學者紛紛對於《周易》經傳的內容、性質、時代、作者、文獻等各方面的問題作出爬梳，最有意義的是這種「歷史」的取向進一步發展為利用考古材料來闡釋《周易》。……「歷史」取向的《古史辨》學派以科學的精神辨析出土文物和紙上遺文的年代，用以詮《易》，得到許多突破性的結果。……甲骨文、金文、石經等材料固然提供了重要的助力，但《古史辨》派學者在《易》學思潮與觀念上凝聚了全盤修正的動力，將新材料集中指向一種強調科學古史辨偽的新研究方向。[63]

他指出了《古史辨》學派對於現代《易》學的影響，其實不在於他們的研究成果，而是在他們所揭櫫的現代研究的科學精神。在

63　鄭吉雄：〈從經典詮釋傳統論二十世紀《易》學詮釋的成期與類型〉（人文學報：第廿、廿一期合刊，1999 年 12 月－2000 年 6 月），頁 193-202。

這個求真的精神引領下，對於現代《易》學思潮與觀念的發展，起了凝聚修正的作用，這也是我們在看待《古史辨》學者在《易》學研究的貢獻上，十分重要的一環。

最後筆者要說的是，本文之所以如此不憚煩瑣的論述《古史辨》學者對於《周易》經傳的各種看法，並且以疑古、反古的學術傳承脈絡（與晚清學者的關係）做說明，正是為了證成某一個時代的某一些看法，不論如何的標新立異，其內在都有不可抹滅的歷史傳承。在各種或者贊同，或者反對的聲音下，歷史依然以他自己的步調緩緩向前走去。在呈現《古史辨》學者的論點說明之後，我們也以現今出土資料的發現下，學界對於《周易》經傳的時代、作者等問題的主要看法說明於後，這呈現出一種十分特別的狀態：《古史辨》學者一向強調引用的地下資料證據，卻在五、六十年後，相反的證明著可能與他們不一樣的看法；而他們所欲將中國信史縮短，以及因為國勢頹敗而對於以孔子儒家文化為主流的中國文化傳統所產生的厭惡，這些潛伏在《周易》經傳研究背後的隱性需求，竟也在出土資料日益豐富的情況下，一一證明了他們某些論證的謬誤與意氣。歷史的進展如此弔詭，學術的演變遞嬗自有節奏，又哪裏是某一些人，某一個時空的集中論述所能扭轉改變的呢？因此，對於學術或者歷史，我們不得不懷有深切的敬意，而對於歷史，我們應該做的，或許是「呈現」，而不是恣意的「改變」。

本文曾發表於臺北市中央研究院中國文哲研究所「民國以來經學研究計畫」，後收錄於《變動時代的經學與經學家·第一冊》（臺北市：萬卷樓圖書股份有限公司，2014 年）

第二章　從術到學，技進於道的杭辛齋《易》學

一、前言

杭辛齋先生（1869-1923），他從清同治 8 年活到民國 12 年，正好是中國政治民情變動最為劇烈的時代，也是讓傳統學術文化幾乎天翻地覆的《古史辨》運動（1926-1941）就要展開前的年代，得年 54 歲。他曾到北京的國子監進修，又在同文館學曆算，並兩度獲得光緒皇帝的召見，力陳變法自強的重要。光緒年間，他陸續在天津辦了國聞報，在北京辦中華日報、京華日報，鼓吹社會改革。他是個行動派，所以也參與了辛亥革命，卻不進入政府工作。他身為國會議員，因力抗袁世凱稱帝而被捕入獄，自謂在獄中受高人教授，對《易經》的理解遂大有不同，被推為清末民初的《易》學大師。[1]因此，對於杭辛齋來說，中國的積弱不振一直是他痛心之事，也是他一生努力的動力。就直接改善政治社會而言，他參與變法、革命、反袁的行動；就學術上

1　杭辛齋：《易學要理妙訣筆談．杭辛齋略傳》（臺南：巔巨書局，1985 年），頁 1。

的研究來說，他將心力放在八歲就開始接觸，並在獄中特有感觸的《易經》上。他與另一個民初《易》學大師尚秉和（1870-1950）同樣都極力強調《易經》實用的重要性，[2]（雖然二人所強調的不盡相同，然實用的最高原則是一致的）做為同輩學人的尚氏也在自己對杭氏《學易筆談四卷》（民國八年排印本）所作的〈提要〉中說道：

> 辛齋海寧諸生，幼好學《易》，清末常主持報社，入民國為國會議員，四年以反對帝制，被補入獄。自言在獄中遇異人，傳授京氏《易》，故於《易》所入益深邃。……其說《易》不章解句釋，不分漢宋，謂門戶之見，最為誤人。……論三《易》之源流，及漢、魏、晉、唐《易》注之派別得失，及宋、元、明、清之漢、宋兩派之《易》說，博洽詳盡，足見其於《易》注搜羅之廣，涉獵之富，而能詳人所不能詳者。唯在《易》數，如一生二，二生三，及二與四，三與五，用九用六諸說，皆能自發新義，貫通透徹，與端木國瑚之《周易指》，後先媲美。而卷三中之〈象義一得〉，尤精微奧妙，合《易》理與數術，揉而為一，發前人所未發，為近代罕有之《易》家。[3]

筆者於本書第四章〈《續修四庫全書總目提要・易類》中的尚秉和《易》學〉，詳加研究所有尚氏對各朝各代《易》學著作所作

2 讀者請詳參本書第三章〈以象解《易》的尚秉和《周易尚氏學》〉。

3 中國科學院圖書館整理：《續修四庫全書總目提要》（北京：中華書局，1993 年），頁 177。

的〈提要〉，發現尚氏極少稱讚其他《易》學家，在歷來眾多的《易》學家中，杭氏可以算是他最為讚賞的。蓋杭氏亦與尚氏一樣，強調要在合於「《易》理」的前提下談象與數，這樣的象數才有其價值。同時兩人都十分要求《易經》的實用性，所以杭氏雖與尚氏專門強調卦象之運用有所不同，但仍備受尚氏肯定，並譽杭氏為「近代罕有之《易》家」。可見做為同樣生存於國家民族劇烈變動時代裡的知識分子，他們對於學術實用性的要求，或有表現方式與見解的不同，但心中對於國族如何救亡圖存的急迫感則是完全一樣的。（即使如《古史辨》那樣一場學術大風潮，一大群學者對於傳統《易經》研究的不耐與否定現象，我們亦可以用同樣的心理狀態去理解，不同的只是表達的方式與立場而已。）[4]我們對於杭辛齋《易》學的研究，也必須在這個背景下去理解，方可有真切的認知。

二、掃象者妄，泥象者鑿，下學象數，上達《易》道

舉凡任一學人，不論其為學之初是否有特別立場，在日積月累的研究與揀擇下，多半會逐漸形成或自知、或不自知的某種見解，這是極正常且自然的現象。杭氏研《易》一生，其論《易》亦自然有其看法，下面這段話可以代表他看《易經》的總體立場，其云：

4　讀者可參閱本書第一章〈《古史辨》中討論《易經》相關問題之省思〉。

> 夫《易》者，固非僅乾、坎、艮、震、巽、離、坤、兌焉，有立乎乾、坎、艮、震、巽、離、坤、兌之先者，所謂道也。聖人以通神明之德，以類萬物之情，和順於道德而理於義，窮理盡性以至於命者，皆此道也。道不可見，以一陰一陽之象顯之，以參天兩地之數倚之，於是無形之道，儼然有跡象之可求，釐然有數度之可稽，畀後之人得所指歸，不致迷惘，此古聖作《易》之深心，亦孔子贊《易》之微旨焉。猶慮學者誤以為象與數之即道也，又分別言之，曰形而上者、形而下者，可謂詳且盡矣！故乾、坤、坎、離、震、巽、艮、兌，形而下者也，器也；健、順、動、麗、動、入、說、止，形而上者，道也。然健、順、動、麗、動、入、說、止，又有主宰乎健、順、動、麗、動、入、說、止而為之綱維者，則此主宰綱維者又形而上，健、順、動、麗、動、入、說、止又形而下矣！維下學上達，非先得乎形而下者，無以進乎形而上。[5]

杭氏認為《易》是聖人所作，其中有微言大義，有聖人所以通神明之德、類萬物之情，所以論道德仁義、窮理盡性的大道。對《易經》的這種看法，杭氏與以義理論《易》的人沒有兩樣。然而，道要如何得見？如何尋求？這便不是一昧的講義論理即可證之，此乃其與義理派論《易》者所不同處也。筆者曾於〈《續修四庫全書總目提要・易類》中的尚秉和《易》學〉中說道：「尚氏並不是對以義理解《易》有特別不同意的態度，《易》為聖人

5 杭辛齋：《易學要理妙訣筆談》，頁 160。

所作，當然有聖人所想說的義理在。只是，《易》中有《易》中的義理，它和聖人放在其他經書中的義理，其表現方式是有所不同的。因此，尚氏不同意那種沒有將《易經》特殊性展現出來就大談聖人義理的解《易》方式，他認為對的解《易》方式，應是在合乎《易經》原理的情況下再談聖人的義理，也就是說，《易經》的義理得在合於『《易》理』的前提下，才有其特殊的存在意義。」[6]杭氏對《易》中所含聖人之道的看法與尚氏是極為類似的，所不同的只是尚氏專以象去體悟《易》中聖人之道，而杭氏則如引文所言，「道不可見，以一陰一陽之象顯之，以參天兩地之數倚之，於是無形之道，儼然有跡象之可求，釐然有數度之可稽。」他將象與數同時視作《易》中聖人之道所以可求可稽的階梯，而這象與數（當然也包含圖，詳見下文論述）便是《易經》與其他經書表現聖人之理的不同處。（但象與數本身並不是道，這與一昧以談象論數為《易》之核心的觀點是有所不同的）不能了解這《易經》的特殊處，便不能深入聖人所寓之理。因此，離此所論之理，不論與聖人所說是否契合？皆非《易》中所含的特殊義理。至於他接著再引〈繫辭傳〉中「形而上者謂之道，形而下者謂之器」連結所謂「下學上達」，無非是在申說若不能「下學」《易》中象、數之法，又如何能「上達」聖人於《易》中所寓之道呢？在〈學易筆談・45　一生二二生三〉中他也說道：

6　讀者可參閱本書第四章〈《續修四庫全書總目提要・易類》中的尚秉和《易》學〉。

> 若舍法象以為言，則《詩》、《書》執禮所雅言者，其為教焉詳矣！又何必韋編三絕，為此鉤深致遠之辭乎？[7]

因此，《易經》自有其特殊談理的方法，不明此法而泛論聖人之理，則其他經書所言便有許多，聖人又何必作《易經》一書呢？至於孔子是否有讀《易》韋編三絕之事，雖仍有討論空間，但說其與《易》絕無關係，未曾讀《易》，恐怕亦非今日客觀證據所能接受了。[8]

類似這種強調必須經由數、象、圖以求《易》中所蘊含特殊義理的看法，在杭氏全書中不斷出現，如其於〈先後天八卦平議〉中說道：

> 八卦之妙，不但陰陽交錯，體用相互，而一動一靜，亦無不各有交錯相互為用之妙。故泥於象者不能言象，膠於數者不能得數，執著先、後天以論先、後天，貌雖是而神則非，必不能盡先、後天也。此在好學深思者，心領神會，默喻於無言，非楮墨所能罄也。……聖人但就象、數之自然，以顯明天地自然之理，故學者玩索先、後天之卦象者，必將陰陽變化之理爛熟於胸中，則先天、後天，分之、合之，均各得自然之妙。掃象者妄，泥象者鑿，皆未

7 杭辛齋：《易學要理妙訣筆談》，頁53。

8 讀者請參閱本書第一章〈《古史辨》中討論《易經》相關問題之省思〉，筆者於該文中已詳說之。

為知《易》者也！[9]

在杭氏來看，不論以象、數、理的任一角度言《易》，只要執著任一立場，則是膠、是泥，是鑿、是妄，不論掃象或者泥象，不論「義理《易》」還是「象數《易》」，表面來看，彷彿立場各異，究其核心，皆是泥於一邊而不能見全貌，皆是不能真知《易》者也。這是杭氏論《易》的基本立場，若不先清楚闡明，則很容易因其強調象與數的運用而被人用「漢《易》」的帽子戴在頭上，那就真是冤煞了他。因此他在〈易楔・卦用第九〉中也說道：

> 八卦名位象數氣候既明，而用可得言矣！大用大效，小用小效，大小雖殊，其理則一。彖、象、〈十翼〉皆以明用，而無一辭一字不根於象數。自象數失傳，專尚夫辭，乃望文生義，以今概古，論愛惡不出六爻之外，言變化限於兩象之中，而彖、象、〈十翼〉之大義不明於世也久矣！朱子《本義》遂以《易》為聖人教人卜筮之書，以占卜為大《易》之本義。後之學者，既宗程朱，又蔑視數學小道而不屑言，是欲渡而去其楫，卒致占卜之用亦無可徵驗，反不若壬遁火珠之術為足憑。《易》道之大，乃盡失其用，舉世徒震其名，視為神秘杳渺而莫敢問津。嗚呼！是誰之過哉？……術家專取八宮身世游歸飛伏之用，而又不明乾坤簡易之理，逐末忘本，與經生之有體無用，同一

9　杭辛齋：《易學要理妙訣筆談》，頁 147-148。

蔽也。[10]

若只看前半段，杭氏似乎在指責後人不研象數而導致《易》理失傳、《易》義不明，是欲渡而去其楫。然而讀到後半段，其謂術家只知用八宮身世諸術而不明乾坤簡易之理，則更是逐末忘本，方知他不贊成的是執泥於一偏以研《易》也。由於經生只知《易》之體而漠視《易》之用，遂使得那些對於《易經》根本之理沒有深刻體會與認識的術數家，以六壬、遁甲、火珠林等術法攀附《易經》，空口白言，天花亂墜，貌似言《易》，而實與《易》中聖人之道河漢南北，全然無關，因而使得《易經》添上了無限的神秘色彩。此二者都同樣不能真明《易》之全貌。就如同理學核心人物朱子亦說《易》為聖人教人占卜之書，而宗尚宋、明理學的學者們，卻反而視占筮為小道而不屑言，這樣的矛盾狀態實在十分值得我們玩味。蓋《易經》本就有體有用，就如同上文杭氏所言有「形而上」與「形而下」的相對之別。只有「形而下」的用而沒有「形而上」的體，固然容易泛無所歸，與《易經》聖人之道無關；但只有「形而上」的體，卻不知有「形而下」的用，同樣也只是《易經》的一偏，也不能凸顯聖人在《易經》中所蘊藏的特別之道。

最後讓我們再看杭氏在〈讀易雜識・16 制器尚象〉中說的這段話：

……此皆由掃象之學既熾，講《易》者悉尚虛辭，考工之

10　杭辛齋：《易學要理妙訣筆談》，頁 332。

> 書又亡，作工者遂無學術。《易》有四道，迄今僅言語尚辭之一端，猶為門戶同異之爭，不能盡其辭以明其義，更何言哉！[11]

是《易》有學亦有術，象數既有其學，亦有其術，這不是不知象數，只以言詞空談虛理者可以明白的。蓋僅論學而自以為高尚，或僅用術而自以為機巧，皆非真知《易》道者。由此可見，身處清末民初的杭氏對於千餘年來傳統《易》學中的漢、宋之爭，其內在實有調和漢、宋又不認同於漢、宋任何一邊之真見。

三、倚數觀象，論《易》須注意體用主從與時空關係

杭氏是如何看待這些可以稽求《易》中聖人之道的術呢？其於〈學易筆談・83 十字架〉中說道：

> 道不可見，故聖人示之以象；象無可稽，故聖人又準之以數，數與象合，而道無不可見。制器尚象，而器以立；載道以器，而道不虛。理、象、數一貫之道，皆出諸《易》。自王弼以玄理說《易》，後世畏象數之繁，因靡然從之，創掃象之說。（弼以玄理說《易》，運實於虛，歸有於无，芻狗天地，糟粕仁義，更何有於象？後儒既主其說，乃辟其玄談，是買櫝而還珠，亦非弼之所及料

11　杭辛齋：《易學要理妙訣筆談》，頁 446。

> 也。）自是象、數與《易》，又離為二。[12]

明白指出因道不可見，故聖人以象示之；而象又不可稽求，故聖人又以數準之。是以象、數乃聖人指引學人了解其作《易》之道、之理的門徑方法，「形而上」的道需要「形而下」的術（象與數）方能載之、稽之、明之。象、數與理乃《易》中一貫之道，由數以稽象，再由象以見《易》之理、《易》之道。故須三者合之才能真見《易》之全貌。杭氏在此也對掃象而開義理《易》之門的王弼給予客觀的評價。他認為王弼掃象是在得魚方能忘筌，得理方能忘象的前提下說的，但後人卻貪求方便，除了倡言王弼掃象之說外，更連其所談的《易》理也避而不說，將象數與《易》理分開，全然不管王弼其實是在象數之學盛行乃至泛濫，學人皆知象數為何，卻於義理較不重視的漢末魏晉時期，才有掃象論《易》之法出現的背景。是以不僅未能得王弼談《易》理之玄妙，連帶的也把象數這探求《易》理的方法給拋棄了。

（一）當配合時空變化、消息盈虛而倚數觀象

杭氏在〈學易筆談‧65 象義一得〉中，清楚說出他認為論《易》象所不可不明的七個要點，第一是：

> 凡言象者，不可忘《易》之義。《易》義不易者其體，而交易、變易者其用，故八卦之象無不交錯以見義。……執片面以言象，象不可得而見；泥一義以言象，象不可得而

---

12 杭辛齋：《易學要理妙訣筆談》，頁 105-106。

通也。[13]

這是談象既由《易》而出，則《易》本兼有「不易」的體與「交易」、「變易」的用，所以談《易》象，也一定要注意這「不易」的體與「交易」、「變易」的用，不可執一以言象，要在交錯變易中尋求象義，如此方能與《易》義相應合。其次是：

> 凡言象者，不可忘其數。……卦有定位，即有定數。（如坎子一，艮丑二寅三至兌酉十，乾戌亥數无）《易》數乾元用九，乃天一不用，用地二至地十。數定而象之無定者，可因數而定。故觀象必倚數，如體物者必準諸度量，測遠者必察其角度。自舍數言象，而象茫如捕風矣！[14]

他強調每個卦都有它自己的位子，既有定位，便有定數。故觀象必須根據此可定之數來推算，就如同要測量物品的大小高矮遠近，就必須有一公定可依的度量一樣，否則將漫談《易》象而無根據，人云亦云而無可依歸。第三是：

> 凡言象者，不可不明其體。體者用之主也，故卜筮者亦曰取用。（每卦六爻，先取所用者一爻為主即體也）以所用者為主，而後察他爻之或從或違、或動或靜、為利為害，吉凶始可得而斷焉。用有大小，象則因其小而小之，因其

13　杭辛齋：《易學要理妙訣筆談》，頁 71。

14　同前註。

> 大而大之，如乾也大則為天，小則為木果，……小大無方，各隨其體，明體以達用，象之用乃無窮矣！[15]

他強調要先明象的主與體，則象之從與用方可因之而可大可小、可遠可近。杭氏這裡所謂用之主的體，特別指占卦時的那根變爻，所以他說「每卦六爻，先取所用者一爻為主即體也」，而吉凶利害與動靜趨避，則看其他各爻與這根變爻之間的相互關係來決定，而所謂的取象之大小遠近，自然也要以這根變爻為體為主做依據了。他舉乾象大可為天，小則為木果為例，來說明因變爻之體來取象可以有如此大的差異，而又皆可是乾卦之象，故不明體用主從，則取象將茫然無措矣！第四則是：

> 凡言象者，不可不視其所以。以者與也、及也。卦因而重之，重為六畫，實具兩象，兩象必以其一為主，則必有所與，而六畫之二三四五中爻之象，及其變動所生之象，無一而非與也。所與者而善，乃吉之幾；所與者而不善，乃凶之兆，而善惡又有大小之殊，所與者又有遠近之別，〈繫傳〉曰：「遠近相取而悔吝生。」[16]

談象的第一點既強調體用交錯以見象義，因此我們對於象的理解，就不可以忽略卦與卦、爻與爻之間，因其相互關係而產生的各種變化。杭氏此處所談的便是這些交錯變化的各種模式。六十

---

15 同前註。

16 杭辛齋：《易學要理妙訣筆談》，頁 72。

四卦是八卦相重所生，而八卦則是由上下兩個三畫卦重之所成，而每一個卦又可由二三四與三四五這六根爻再組成一個互卦。然後再加上占卜遇到六與九時，我們稱作變爻，這時陰變為陽，陽化為陰，因此而又能變化成另外的卦。（傳統上稱為「之卦」或「變卦」）這些在《易經》中經由各種規則所組成的每個卦都具備了上下兩個象，而在其組合變化的過程中，都有主從體用之分，及其將如何變化的跡象。這些變化的主從體用的徵象，便是杭氏所謂的「所以」（或者所與、所及）。往善的變化則是吉之徵兆，往不善的變去則是凶之徵兆，依此吉凶徵兆視其遠近大小而取各種適合的象，則象所表之《易》義遂可驗證也。

論象的第五要點則是與第四點換個角度，「觀其所由」的看卦爻變化，其云：

> 凡言象者，不可不觀其所由。〈繫傳〉曰：「辭也者，各指其所之。」此有所之者，即彼有所由。……觀象者，先明定其體象之所在，而更觀其所由來，如乾之姤，若用乾為天，則下巽為風，此風所由來為乾，乾為西北之卦，即西北風也。乾為冰為寒，則其風必寒。……[17]

上一點是觀察會變化往那裏去？此處則是換另一個角度，看看自己是從那裏變化而來的？既然有往，就會有來，卦爻變化如是，則象之觀察亦應如是。如姤是由乾之初九化為初六而成為上乾下巽的天風姤卦。又由後天八卦可知乾居西北之位，乾又為冰為

17　同前註。

寒，故從乾卦初爻變化而成的姤卦下卦之巽，其象就不只為風，而可以更進一步的說，因為姤卦是從乾卦變化而來，所以其下的巽之風，必是與乾之西北、寒冷有關的來自西北的寒風。這便是杭氏所謂「先明定其體象之所在，而更觀其所由來」，則其象可更明確也。

第六點則是「察其所安」的卦位爻位問題，其云：

> 凡言象者，不可不察其所安。安也者，位也。〈繫傳〉曰：「君子安其身而後動。」觀象者既定其主體之所在矣！必察其所在之處能否得位？位得矣！必察其所位之能否得時用後，其象始可得而言。如用巽為木，則必察其所處之位為甲乙，或為丙丁、壬癸，或為庚辛。為甲乙則當，為丙丁則相，為壬癸則生，而庚辛則死。號既當或相與生矣！則更應察衰旺，並視所與者及所由者之如何，則象之情可畢見矣！[18]

這裏談的卦位爻位除了空間的關係外，亦涉及時間的流變得當與否。蓋時空的變化無時無刻，所謂吉凶禍福則端在時間空間的關係配合而已，故觀象亦當注意位子的時空變化狀況。其舉巽為木象與五行生剋相配，則同樣是巽木之象，在甲乙時為當，（木）在丙丁為相，（火）在壬癸為生，（水）在庚辛為死。（金）看其所在之位與時的關係，以五行生剋而明其吉凶變化，則此象不但不死，並且提供了我們在觀象判斷吉凶時更多可以參考的依

18 同前註。

據。

最後一點則是談消息盈虛的變化，蓋萬事萬物無時無刻不在變化之中，故杭氏云：

> 凡言象者，不可不明消息。消則滅，息則滋。如復姤臨遯之十二卦，消息之大焉者也。……言象者必先明乎消息盈虛之故，而象始可明。凡一卦本體之消息，或因時言之，或以位論之，當其消焉，象雖吉而未可言福；當其息焉，象若凶而益長其禍。其時值消而位當息，或位據息而時見消，則須辨其輕重而異而分劑，或可亭毒均處而劑其平。或雖截短補長終莫齊其數，則又勢為之，未可泥於一端也。蓋勢之所趨，每善不敵惡，福不勝禍，一薰一蕕，十年尚猶有臭；一朝失足，而畢生之功盡棄。[19]

世間一切因時空轉換而有消息盈虛的變化，無知者是在變化已成後才看到，而知幾者則在變化開端之際便能看到那個象徵與趨勢，因能先見人所不見的，故謂「知幾」，故能趨吉避凶。否則只看到爻位之吉凶而不知卦時之消息變化，則不知凶者或因在息而更凶，而吉者或因在消而不吉。蓋不能消息盈虛以觀象，則象是死象，更遑論吉凶禍福之預知趨避也。

以上七點是在提醒我們觀象時，必須注意卦爻體用主從的分別與時間空間變化的相應關係，從這些變化當中去論卦爻象所含的意義，方能明白聖人寓於《易》中之道。所以他說：

19　杭辛齋：《易學要理妙訣筆談》，頁 73。

> 言象之大要如此，故夫陰陽之順逆，五行之休廢，氣數之盛衰，均不可不辨焉。嚮之言《易》者，曰吾治經，非以談休咎，奚用此術數為？而不知《易》以道陰陽，原本天地之數，以著天地之象，以通神明之德，以類萬物之情。非數則無以見《易》，非數則無以見象，未有象不明而能明《易》者也。舍象以言《易》，故宋儒之性理往往流於禪說而不自知；舍《易》以言象，方士之鼎爐每每陷於魔道而殺其身。唯之與阿，相去幾何？然方士之說不足以惑人，尚其為害之小者也。[20]

對於空談義理，鄙視象數的傳統學者，杭氏以為他們並不知道「《易》以道陰陽」，乃是原本於天地之數與天地之象的，而聖人寓於《易》中之道，所以能通神明之德，類萬物之情的方法，正是本於天地之數與天地之象的推演觀察。所以我們一旦屏棄了以象、數探求《易》理的方法，便失去了解聖人寓於《易》中之道的階梯了。方士不知《易》而空談象數，其說雖然有害，但人知其本非聖賢大道，故為害尚小。但是治經讀書之人，如只以性理天命談《易》而全然不顧象數，則不只可能失去《易》中聖人所寓之道，更可能誤導大眾以為象數只是方士之術而無關《易》道，對於《易經》的傷害則較方士就更為巨大了。

（二）象非一義，因時空變化與對應關係而不同

杭氏在〈學易筆談・145 象義瑣言〉對於象的觀察說：

---

20 同前註。

> 〈說卦〉一篇，當為歷代相傳之卦象，有為占筮用者，有不僅為占筮用者，其取象之精之妙，非言語可盡。間有為經文所未見者，而無不悉具於卦象。即象以求經，而意固可通；即經以求義，而象無不合。書不盡言，言不盡意，故聖人立象以盡意。經有不得者，當求諸象，非僅卦自為象也，有宜比而觀之者，有宜從方位以合之者，有實象，有虛象，有主象，有附象，有正象，有反象，有變象，有兼象，有意象。（日本講《易》悉宗漢學，有所謂意象者，如震為舟，巽為剪，皆中國所無）用各不同，務通其意而不泥其跡，庶物物而不囿於物，可窺象於萬一矣！[21]

「書不盡言，言不盡意，故聖人立象以盡意。」言語（包含文字）不能說盡心中所想表達的意思，因此聖人在《易經》中隨著卦爻變化，安立了各種天地萬物人文之象，讓我們能夠藉著這些象徵而探得《易經》中所蘊藏的語言文字所無法道盡的意思，進而能夠冥契於心，這是杭氏何以認為象那麼的重要的原因。而他說「經有不得者，當求諸象」，求諸於象的是人，而象不似文字語言那麼清楚。象不言不語，全賴觀象之人能看到多少，便是多少。因此，學《易》之人的學養德行深淺如何，就成了他能理解冥契《易經》之象多少的關鍵了。蓋《易經》是以八卦象徵八種基本自然現象，再逐漸擴為各種不同時空境遇人文動植等象徵，而所以會有這些象徵被記錄流傳下來，自然是與當時所用的占卜之法及當時所知所見的天地萬物人文自然等環境有關。就如同朱

21　杭辛齋：《易學要理妙訣筆談》，頁 232。

伯崑先生認為的，「其關於八卦所代表物象的說明，應與春秋戰國時的筮法有關。」[22]杭氏認為其中的卦象更有不僅為占筮之用而已的，凡我們對於經文所不能明白之處，都可藉象以求之。而象的觀察方法則如上節所言，共有七點；象的表現方式則有實虛、有正反、有主附、亦有兼有意。一般人或許認為紛亂不經的，杭氏有可能看作是非言語可以形容的精妙。蓋其認為《易》既為聖人所作，則我們自應由此而通聖人之意，不可泥跡，也不可囿於個別事物之中，而這能「不泥、不囿」的關鍵，全在人自己身上。

於是他舉例說明觀象角度不同時，卦象便會展現出不同的意義，如：

> 卦之取象，各有其源。〈說卦〉乾為木果，巽為木，艮為果，乾兼巽、艮二體，故曰木果。……艮為石，坤土之堅其外也。巽為近利市三倍，反巽為兌，則為義矣！……故同一卦也，因時因地因人其象互異，甚者或畫反焉，烏可執一以求之哉？[23]

以巽、艮二卦來說，巽為木，艮為果，而乾之卦象兼巽、艮二卦，(巽下一陰而艮上一陽，二者合之則為乾卦三陽之象)故乾為巽與艮合的木果。又如艮為石，乃因其上爻為陽，是坤土之上爻由陰變陽而堅其外者，是坤土外之堅硬者，故為石。巽一陰在二

22　朱伯崑主編：《易學漫步・第二章・易傳》（臺北：臺灣學生書局，2010 年），頁 48。

23　杭辛齋：《易學要理妙訣筆談》，頁 147-148。

陽之下，其象與兌一陰在二陽之上正好相反，故巽為利，則兌為義也。因此，某卦之所以有某種意思，亦可視其時空位置或與其他卦的對應關係如何來看，絕不可以死執一象言之。所以杭氏才說「烏可執一以求之哉？」又如他以五行生剋談《易》象，云：

> ……離其於木也為科上槁，離為火，火生於木，火旺則木休，故槁。海南為離方，多文木，而木火之精，蘊結則為香，故沈香茄南，皆產於木，然香生而木即槁矣！曰科上槁，其槁在上，而其木之生氣固未嘗絕。胥鬱結凝積而為香，歷年愈多，則其香愈厚愈純。凡重而降者為沈香，輕而升者為茄南，沈香得其陰者多，茄南得其陽者多也。[24]

南方為離，離為火，火生於木，故南方之木多槁，蓋火旺則木休也。離又為文，故南方多文木。木生火，與火相互作用則蘊結而為香，為木火之精，是以沈香皆生於木也。像這把沈香多在南方溼熱處成長，且蘊結於木之底部的情形與《易》象結合的看法，可以表現出杭氏說《易》象，「務通其意而不泥其跡，庶物物而不囿於物，可窺象於萬一矣！」與「烏可執一以求之哉？」是如何真切深刻且能見人所未見了。或許有人認為這樣說象過於牽合，杭氏則回應道：

> 或曰：「子之所言，雖似偶合，然經傳未嘗明言，終不免出於附會。」曰：「西人發明之新學新器，雖風靡全球，

24　杭辛齋：《易學要理妙訣筆談》，頁 234。

利溥區宇，當其創制之始，何一非出附會者？蘋果之墜地，與重學何關？瓦缶之水蒸，又與機器何關？……以彼本無所憑藉，故不得不就天地自然之現象，以觸悟其靈機，而我則先聖已極象而明其用，極數而通其變，成書具在，視彼所尚之象，其難易勞逸相去不可以道里計。……」[25]

杭氏身處清末民初西風強烈影響中國的時刻，對於他人的疑問，也直接以最先進的西方，因某個象徵物的刺激而發展成各種進步的科學為例做回應，要我們不可固步自封，囿於傳統之見，而不敢就聖人於《易》中早已創立的象與數做更進一步的探索。不論我們看待杭氏詮解《易》象的立場如何？其所舉西方發明之例，不也給了我們一個值得深思的提醒嗎？[26]

四、以數結合象、圖探求《易》理，而歸本於人心

（一）數至三而用生，五為體用生成之樞紐

杭氏在〈學易筆談・45 一生二二生三〉中說道：

天地之數，一生二，二生三。《老子》曰：「一生二，二

[25] 杭辛齋：《易學要理妙訣筆談》，頁 236。

[26] 關於《易經》與科學關係的說法，讀者可參看朱伯崑《易學漫步・第五章・易學與中華傳統文化・四・易學與科技》，頁 178-184。

> 生三，三生萬物。」蓋物一者，自无而有，未為數也。至二而成數矣！然猶為一奇一偶之名，而未著乎數之用也。至三，則數之用生，以此遞衍，可至於無窮。故一不用，二為體，三為用。《易》有太極一也，陰陽二也，陰陽之用三也。（二其三用六，三其三用九）[27]

這是杭氏論數的根本，一是自無而有的發生，所以不是一般可以計算意義的「數」，就如同《易》中所謂的「太極」。由一到了二，可以算是數了，卻仍只是與一對比的一個偶數，是一組對比奇偶之數的「體」，如《易》之陰陽對比概念的符號意義，所以是「體」，仍不是可以「用」的「數」。一直要從陰陽之體的二發展到陰陽開始發生作用的三，才開始有所謂「數的用」。他又將《易經》占卜時，遇六遇九則變爻的規則，拿來與他論數的「二為體」與「三為用」之說搭配來看，二的體與三的用結合則正好為數學之三乘二得六，三之用的自我相互結合則為數學之三乘三得九，由此可得六九占變之數的變化，來進一步證成其一為太極不用，二為陰陽之體仍不可用，至三方始為陰陽之大用之說，是冥契於《易》道的。杭氏在〈學易筆談・125 數之體用〉中，更專文對上述觀念作詳細說明：

> 天一地二，天三地四，天五地六，天七地八，天九地十。天數五，地數五，五位相得而各有合，天數二十有五，地數三十，凡天地之數五十有五。此天地體用大數之全，凡

---

27 杭辛齋：《易學要理妙訣筆談》，頁 52。

言數者莫能外也。五位相得，以示天數地數之各有定位；相得而各有合，以示天數地數之化合而各極其變也。故數有體用，互相交錯，……以一二三四為體，六七八九為用，惟五則介於生成體用之間，生數得之，其體始備；成數得之，而其用始全。此其數為生成所不能外，體用所不能離，是以為建中立極之數，陰陽變化之中樞，兩其五則為十。合之為三五，貫三才之中，備五行之全，而立其極，此〈洛書〉縱橫所以無不合於十五之數也。……是以《周易》用六七八九，而不用一二三四。卦用七八，爻用六九，皆成數也。七八為數之正，九六為數之變，合七八九六而陰陽錯綜之變化無不盡矣！[28]

這裏杭氏將數與傳統〈河圖〉、〈洛書〉結合起來，並解釋了〈繫辭傳〉「大衍之數」的問題。蓋以〈洛書〉「戴九履一，左三右七，二四為肩，六八為足，而五居中央」的圖式來看，不論縱橫如何相加，其得數皆為十五，故以五為居中之數，是連結生數與成數，體數與用數的關鍵數。（此亦可由數之變化看到傳統對於「中」這個概念的強調）五代表著五行，十五為三個五的結合，可合乎所謂天人地三才的概念，再與《易》卦六爻兩兩一組，五上為天，三四是人，初二為地的模式來看，是將數與《易》巧妙結合，更遑論其卦用七八，爻用六九的「六七八九為數之用」，正合乎《易經》卦爻變化中的變易與不易等法則。（八卦與乾、坤〈文言〉之用九用六說）因此，杭氏才會再三強

28　杭辛齋：《易學要理妙訣筆談》，頁 191-192。

調離開象數而只談理，是不能真知聖人在《易》中所花的心血，是不能真明白《易經》的。

（二）數是心動的符號，與心所見的象、理恆不相離

當我們明白數其實只是一種符號，那麼對於其表達的形式就不必太過執著。杭氏在〈易楔・卦數第七〉中云：

> 夫邵子先天數，非不合也，特邵子別有妙悟，以一二三四五六七八為主，如算學之數根，乾兌離震巽坎艮坤，祇為其數之符號耳，故用乾兌離震巽坎艮坤可也，用日月星辰水火土石亦無不可也。因邵子未嘗以此注《易》，但借卦爻以演其數，而所得之數理，變化分合，仍能與《易》相符，所謂殊塗同歸，法異而實不異也。[29]

他以宋儒邵康節《皇極經世》中之數為例，說明數只是符號，符號本身形式是什麼並不重要，重要的是形式後面所要表達的理，故謂「法異而實不異也」。我們如果明白表面上看，象、數、圖三者雖各有其不同面貌，然而其所以要表達的都只是那個理、那個道，那麼分門別派的執著也就能減少許多了。因為杭氏重視數的認知、理解與運用，故在〈易數偶得 1・數由心生〉中說：

> 有天地然後有萬物，盈天地之間惟萬物，萬物之數，皆天地之數也。然萬物之數，非人不明，故參天兩地而生人，

29　杭辛齋：《易學要理妙訣筆談》，頁 313。

> 人即參天兩地而倚數。是惟人心之靈於萬物，心動而數以生，物無窮盡，數無窮盡，而人心之限量，亦無窮盡。……人第知一二三四之為數，而不知善惡是非之亦為數也；人第知加減乘除之為數，而不知進退往來之亦為數也。數以紀事，亦以紀物，物生無盡，事變無窮，惟數足以齊之壹之。《易》之有象，以表數也；象之有辭，以演數也。乾坤坎離震巽艮兌，亦代數之符號，與幾何之甲乙丙丁亦相類耳！……《易》數則根於心，心生象，有理有氣，非特表其數之多寡、象之簡繁而已，而吉凶情偽、醇漓善惡，莫不奇偶陰陽而判別之，故八卦不足，因而重之為六十四；又不足，益之以天干地支六十甲子；又不足，更益之以星宿神煞諸名，無非皆為代數之符號而已。五運六氣，相為經緯，八卦九章，相為表裏。於是物無遁形，事無隱情，燭照數計，執簡御繁，而皆出乎一心。故邵子之日月星辰、水火土石，以配八卦，取象不必與《易》同也。楊雄方州部居，其用數亦不必與《易》同也，要皆能合於《易》理相資為用者，則以明乎數之本源，惟在於一心之運用。名辭符號，可不必泥也，太乙六甲，亦復如是。是故學者必能返求之心，明乎心之體用，然後可以言數，然後可以言《易》。[30]

杭氏以為天地間萬物便是天地之數，人生天地之間而最靈，故能參天兩地而倚數。心動則數生，物無窮則數無窮而心之限量亦無

30 杭辛齋：《易學要理妙訣筆談》，頁 390-391。

窮，故能記天地無窮之事與物也。明白數之本源惟在一心之運用，則人之吉凶善惡皆能倚數而判之。因要判別天地事物之吉凶善惡，故生出各種名辭符號，不論陰陽八卦、天干地支、星宿神煞、五運六氣、日月星辰、太乙六甲，凡此種種，都只是表理之用，它們與數字一樣，都只是符號而已。知道數、象、氣、理之互為體用，只是符號，則可不必泥於何種符號為是，何種符號為非，因為這些都只是為了表進退得失、是非善惡之推演的符號而已。是故當吾人能返求己心，知數由心生，則不只可以言數，可以言天地萬物，亦可以言《易》也。在杭氏心中，「心動而數以生」，數是由於吾人之心動而生，善惡是非與進退往來亦無不起於人心之動，二者皆起於人心之動，則二者自然是相互符應的。

杭氏認為論《易》時，象與數是不可分開的，否則都只得其偏而已。其於〈學易筆談・125 數之體用〉中說道：

> 蓋《易》之為書，合象數而言，言數必兼象，言象必兼數，二者恆相互而不相離。象也者，形也。其不曰形而曰象者，形僅以狀其物質，而象則並著其精神；形僅能備陰陽之理，而象則兼備陰陽之氣也。《易》數既兼象，而又與陰陽之理及天地流行之氣無不相合，故言數之體用者，亦必能與象及理氣相準，而後能融會貫通曲暢無遺。[31]

他認為《易》並言象、數而不分，故與數相合的象便能充分表達天地萬物陰陽之理氣，故真能談象者，必能明數之體用；能明數

---

[31] 杭辛齋：《易學要理妙訣筆談》，頁 192。

之體用者，亦必能與天地萬物之理氣所表現的象相合。是以象與數不僅是詮解《易經》不可分開的方法，更可進一步做為相互勘驗是否能準解《易》義的工具。因此，他在〈易數偶得・緒言〉也明白的說：

> 自《易》道不明，數與理離析為二，數乃流於小道，理亦等於虛車。[32]

數與理分，就好比術與學分，[33]則兩者皆無著落，一流於小技，一流於虛空，《易》數與《易》理兩者特殊的價值也就因此而失去了。

五、圖書倚數，完整詮釋《易》之理、象

（一）太極絕待，即是數一

杭氏在〈易楔・圖書第一〉裏把圖書與《易》的關係發展經過簡單的說了出來，他說：

> 《易》注自宋以前未嘗有圖也，逮周濂溪傳陳希夷「太極

---

[32] 杭辛齋：《易學要理妙訣筆談》，頁 389-390。

[33] 這裏談的術，指的是方法、技巧。就如同《莊子》庖丁解牛裏技進乎道的那個技，或者如《韓非子・定法》（臺北：黎明文化事業公司，1996年）頁 4083 所云：「術者，因任而授官，循名而責實，操殺生之柄，課群臣之能者也。」所說的術。

圖」而為之說，遂開理學之宗，但圖與《易》猶不相屬也。至朱子《本義》，取邵子先後天八卦、大小方圓各圖，與其改訂之卦變圖，弁諸經首，歷代宗之，自是圖之與《易》，相為附麗，後之說《易》者，無不有圖。[34]

杭氏認為圖書與《易》發生關係大約是從宋初周濂溪傳了陳希夷的太極圖才開始的，而讓這些圖書與《易經》真正發生密切關係的，則是從朱子的《本義》將各種圖放在書前開始的，由於元明以來學人多宗朱子之說，故自此以後學人說《易》無不有圖。[35]杭氏將「太極圖」的來源看法說完之後，接著也表達了自己對於所謂太極的理解，他說道：

太極者，立乎天地之先，超乎陰陽之上，非言詞擬議所可形容，蓋狀之以言則有聲，有聲非太極也；擬之以形則有象，有象亦非太極也。《詩》曰：「上天之載，無聲無臭。」庶或似之。然無字為有字之對，有對亦非太極也。孔子於無可形容擬議之中，而形容擬議之曰太極，可謂聖人造化之筆，更無他詞足以附益而增損之矣！……自周子而後，相傳之圖有三，於是太極圖三字流播寰宇，幾於婦孺皆知，以訛傳訛。……周子〈太極圖說〉曰：「無極而太極，太極動而生陽，動極而靜，靜而生陰，靜極復動，一動一靜，互為其根。分陰分陽，兩儀立焉。陽變陰合，

34 杭辛齋：《易學要理妙訣筆談》，頁 241。

35 關於《易》圖的發展與內容，朱伯崑在《易學漫步・第三章・易學・三・易圖學》，頁 119-138 中有詳細且清楚的說明，讀者可參看之。

> 而水火木金土五氣順布，四時行焉。五行一陰陽也，陰陽一太極也，太極本無極也。」……周子此圖出自希夷，宋儒諱之甚深。然希夷亦非自作也，實本諸《參同契》。……然則此圖自道家傳出，已無疑義，周子但為之說，僅將上下次序略為修改而已。首曰无極而太極，終有語病。[36]

杭氏認為太極是立乎天地之先，超乎陰陽之上，是非語言文字可以形容，亦非聲音形象所可表示，因為只要一落言詮，一有形象，便有對待，一有對待，即非太極。只是為了表意的必要，乃不得不以「太極」二字表之。是以周濂溪在〈太極圖說〉裏，將「太極」前放一無極，即使朱子為之迴護曲說，亦終是語病。蓋「太極」乃一絕對的狀態，其前面自不可能還有一個所謂的「無極」，這如同上節杭氏論數時所說的一，一與「太極」都是那個絕待的狀態。至於陰陽、四時、五行等，皆只是「太極」之作用而已，但它們都不是「太極」。（杭氏所論「太極」之義與其談數字之一相同，皆是代碼符號）他接著在〈易有太極是生兩儀圖〉中，引清人端木國瑚之圖而進一步闡述這個絕待的「太極」云：

> 〈繫傳〉曰：「形而上者謂之道，形而下者謂之器。」太極者，實超乎道與器之上，而立乎其先者也。故分言之，形而上者有太極，形而下者亦未始無太極也，故曰：「天地一太極」、「萬物各有其太極」。後儒以太極為形而上

36 杭辛齋：《易學要理妙訣筆談》，頁 242-243。

> 者，是與形而下者對待，實失太極之本義也。是以天下之事事物物，凡有對待者，皆太極所生之兩儀，非太極也。以質言之曰柔與剛，而太極超乎柔剛之外；以氣言之曰陰與陽，而太極立乎陰陽之先；以事理言之曰動與靜、曰善惡吉凶，而太極實幾於動靜善惡吉凶之微，無有而無不有，無在而無不在。……宋儒言太極，不離乎動靜陰陽，已落言詮，牽及五行，則更遠矣！[37]

他認為大至天地，小至萬事萬物，皆各有自己的「太極」，故形而上的道中有「太極」，形而下的事物中亦有「太極」。並對將「太極」視為形而上的看法做出批判，因為一旦如此看待，則「太極」亦有對待，成了一組相對關係的一邊而已，而非絕待的狀態，則已不是真實的「太極」了。「太極」是個絕對存在的狀態，不可言、不可說，可言可說的動靜、善惡、陰陽、剛柔，皆非太極。

（二）以〈河洛〉、〈圖書〉之數與方位說《易》之理、象

《易經》中最重要的圖，除了「太極圖」外，便是〈河圖〉、〈洛書〉了。杭氏在〈易楔・圖書第一・6 河圖洛書〉中說道：

> 〈繫傳〉曰：「河出圖，洛出書，聖人則之。」《書・顧

37　杭辛齋：《易學要理妙訣筆談》，頁 247-248。

> 命》曰：「〈河圖〉在東序。」《論語》曰：「河不出圖。」《禮記‧禮運》曰：「山出器車，河出馬圖。」鄭康成《易》注引《春秋緯》：「河以通乾出天苞，洛以流坤吐地符。河龍圖發，洛龜書成，〈河圖〉有九篇，〈洛書〉有六篇。」揚雄〈覈靈賦〉曰：「大《易》之始，河序龍馬，洛出龜書。」《漢書‧五行志》劉歆曰：「伏羲氏繼天而王，受〈河圖〉，則而畫之，八卦是也。禹治洪水，錫〈洛書〉而陳之，〈洪範〉是也。聖人行其道而寶其真，〈河圖〉、〈洛書〉，相為經緯；八卦九章，相為表裏。……」〈河圖〉、〈洛書〉之見於經傳者如此，而其內容如何，則無可考。至宋初陳希夷始有龍圖之數，邵康節因之，以五十五、四十五兩數，分為〈河圖〉、〈洛書〉，當時頗多爭議。……相傳至今，復經丁易東、張行成、熊良輔及清朝江慎修、萬彈峯諸氏之推演，義蘊畢宣。所謂神變化而行鬼神者，無不與《易》義悉相貫通，而彖、象之不可解者，亦得以數、象相證以通其義。雖未敢謂此即為古之〈河圖〉、〈洛書〉，而數理之神化，則固建諸天地而不悖，質諸鬼神而無疑，百世以俟聖人而不惑者也。自明季以來，言漢學者雖盡力攻擊，但只能爭〈河〉、〈洛〉之名，而其於數，則無能置喙焉。欲探《易》道無盡之蘊，發千古神秘之扃者，端在於是。[38]

杭氏並不認為《尚書》、《論語》中所謂的圖、書就一定如今日

[38] 杭辛齋：《易學要理妙訣筆談》，頁 248-249。

模樣，所以〈河圖〉、〈洛書〉雖自春秋戰國以來，乃至於漢人楊雄、劉歆、鄭玄及《漢書》諸說，都似各有所見，但實際上其內容如何？已無法知曉。杭氏並不在這個已經無法追究真相的〈河圖〉、〈洛書〉的內容或圖式究竟為何上打轉，他探究的是〈河圖〉與〈洛書〉裏，那個以圖樣的外形所承載的數字組合方式，所能表現出建諸天地不悖、質諸鬼神無疑，而由聖人所觀察體會出的天地之理。因為這個以數與圖所表現出的「理」，即是我們所探求的《易》中之道，而這個圖與數也正是我們所以能論命知世、貼合聖道的方法與階梯。

那麼今日所見〈河圖〉與〈洛書〉的樣式是如何發展出來的呢？杭氏接著說道：

> 揚子《太玄》曰：「一六為水，二七為火，三八為木，四九為金，五十為土。……」鄭康成曰：「天地之氣各有五，五行之次，一曰水，天數也；二曰火，地數也；三曰木，天數也；四曰金，地數也；五曰土，天數也。此五者，陰无匹，陽无耦，故又合之地六為天一匹也，天七為地二耦也，地八為天三匹也，天九為地四耦也，地十為天五匹也。……」〈繫傳〉曰：「天一地二、天三地四、天五地六、天七地八、天九地十。天數五，地數五，五位相得而各有合。天數二十有五，地數三十，凡天地之數五十有五，此所以成變化而行鬼神也。」揚子《太玄》與鄭玄所演，其方位與生成之數，均極明晰，雖未繪為圖，已與圖無異矣！陳、邵但按其說而圖之耳！五行之次，始見於〈洪範〉，而坎水、離火、乾金、巽木均備載於〈說

> 卦〉，經傳之互見者，更不勝枚舉。故毛西河雖攻擊〈河圖〉、〈洛書〉之說最力，終不能蔑去此數，謂應改名曰「天地生成圖」，然其數之體用自在，名稱之同異，抑其末耳！[39]

從這段敘述可以知道，大約在〈說卦傳〉、〈繫辭傳〉流行而逐漸集結的時代裏，配合著陰陽五行思想的盛行，再到了漢代，隨著揚雄、鄭玄等人的述說，這相傳曾經出現的〈河圖〉與〈洛書〉的形貌，正慢慢的在形成著。雖然今日所見〈河圖〉與〈洛書〉的完整樣貌是到了宋初的陳希夷、邵雍等人的手上才正式出現，但其流傳調整的過程恐怕已有一段時間。而其重要性也並不在它們的出現是如何神秘？而是這樣的數字排列組合圖式在搭配上陰陽五行與八卦方位之後，遂形成了一整套中國探究生命與預測未來的可操作的模式。[40]所以杭氏雖極贊其數其圖之理，卻與術家故神其說者大不相同，他在〈易數偶得‧24 龍圖之分合〉中說：

> 〈河圖〉、〈洛書〉為數之祖，……惟天地之數五十有五，陽統於陰，實祇天數之二十五，所謂生數。地數三十，即由生數衍而成之者也。故未衍之前，二十五之數本合也。合而分之，有一三五七九之序，天地神化，理無終秘，故造化自泄化其機。龍馬龜圖，雖傳者故神其說，要

---

39 杭辛齋：《易學要理妙訣筆談》，頁 249-250。

40 關於圖的發展說明，請參看註 35。

> 亦理亦有之。……河之圖、洛之書亦若是焉而已，固無足異也。[41]

他雖將〈河圖〉與〈洛書〉所呈現的數字排列方式視作可以理解《易經》的手段之一，並與五行干支等配合，而有了各種可以預測吉凶災異的可能。然而在杭氏的眼裏，這術家所神而秘之的〈河圖〉與〈洛書〉，也只不過是天地造化自然泄露的數字排列組合的消息，並沒有什麼好特別神秘的。

前面說的都是圖與數合的論述，至於圖與象合方面，杭氏在〈學易筆談・6 象數一得〉裏說道：

> 今按之六十四卦之象爻，其取象之所由，無不原本於先天、後天兩圖，苟明其例，則逐卦爻象義相合，如按圖而索驥。否則各爻之象，有決非本卦與互卦及旁通所有者，如山風蠱，六爻有四爻言父，一爻言母，而父母之象，從何而來？不於先、後兩圖求之，雖輾轉穿鑿，終不能得。迨考諸先、後天，則知先天艮、巽之位，即後天乾、坤之位。乾父坤母，其所由來瞭如指掌矣！又如象傳天火同人，九五曰「同人之先，以中直也。」先字從何而來？無從索解。考諸先、後天，則後天離位即先天乾位，更明晰矣！故先、後天二圖，實闡發全《易》，非但無可駁議，而先、後二字，亦決不可易，……兩圖實體用相生，不能

41 杭辛齋：《易學要理妙訣筆談》，頁 421。

離折。[42]

杭氏認為卦爻象裏，有許多非本卦、互卦或旁通等經由卦爻變化之法所可以解釋的，這時如果我們能用先、後天圖去思考探求，則自能明白其間含義。如山風蠱卦，其卦有四爻言父，但山與風之象與父並無相關，何以四爻言父？我們一旦將先、後天圖配合這些爻象來看，就可以發現先天圖裏艮卦的方位正好與後天圖裏乾卦的方位相同，而巽卦在先天圖中的方位則正是坤卦在後天圖裏的方位。乾、坤為六卦的父母，是故蠱卦雖是上艮下巽的山風之象，而其六爻之中之所以有四爻言父，一爻言母，乃在於組成蠱卦的艮卦與巽卦方位正好與其父母之乾卦與坤卦方位重疊，所以聖人才會在蠱卦爻象之中特別以父母二字表現之。天火同人卦之例亦然。其九五爻中之「先」字乃正好表現出組成同人卦的下卦離卦，其後天圖的方位恰好是乾卦在先天圖中的方位。在重視象、數與圖的杭氏看來，先、後天圖相互參看，可謂體用相生，正可以補足我們用其他卦爻變化之法，仍無法解釋某些象、辭何以出現在某些卦中的有效工具。

我們由此也可看出，〈河圖〉與〈洛書〉與先、後天八卦圖固然是《易》中的圖書之學，但其實際的內容展現方式與邏輯卻是數字與卦爻的推演與變化的各種排列組合，這種排列組合工具越完整，其所能詮釋與說明的範圍與效用就越龐大，所以我們才說在杭氏眼裏，數、象與圖都是理解《易》理不可分離的階梯。[43]

42　杭辛齋：《易學要理妙訣筆談》，頁 73-74。

43　在圖書的理解上，另有趙中緯註譯的《易經圖書大觀》（臺北：洪葉文化事業公司，1999 年）可供參考。但由於其全書以劉牧與朱子之圖的

六、藉象、數、圖書之術以求經義

（一）從術到學，人與天地參，故能消息以時，感召氣數

理解了杭氏《易》學中的象、數與圖的梗概之後，我們便能明白杭氏之所以一生窮究這些看似漢《易》術數之法，除了是要結合此三者以求實用的占卜之驗外，更是想要進一步的技進於道，以求《易》中的經義。故其於〈學易筆談・26 讀易之次序〉中云：

> 夫《易》占往察來，斷無占而不驗，驗而無以知其所以然之理，特占法未明，《左傳》等書所載，但如紀算數者，祇載得其數，而未演其細草也。既無細草，則安能知其方式；不知其方式，又安知其數之從何而得哉！……故火珠林術以及六壬、太乙、奇門三式，其操術精者，尚無不驗，獨宋賢筮儀之揲蓍求卦，其驗否茫無把握，豈孔子知來藏往之說為欺人哉！是未得其法也，斷可識矣！蓋京、焦之術，大儒所薄為方技而不屑道者，而不知西漢去古未遠，其飛伏世應、五行順逆之法，必有所受，故以之推

說明為主，前後共收 73 個圖式，詳則詳矣！但筆者通讀此書後，卻發現排列了如此繁複的圖式，卻反而沒能達成其〈序〉中所云圖書《易》學能「簡明化、符號化、系統化」《易》說的效果，這是我們運用圖、象、數等方法以解《易》時，所應深自警惕的。工具的存在意義乃在於目的的達成，千萬不可以喧賓奪主的為了詳細解釋工具的細節，竟反而讓目的（「簡明化、符號化、系統化」《易》說）墜入五里霧中。

算，非但吉凶確有可憑，而遠驗諸年，近徵之日，雖時刻分秒，亦均有數之可稽。管輅、郭璞等占驗，亦均有準的，皆是術也。自王弼掃象，後之言《易》者，以性理為精微，凡陰陽五行九宮星象，皆目為蕪穢而絕口不談，不知《易》道廣大悉備。況占筮本術數之一端，陰陽乃《易》道之大綱，既言《易》，而屏除陰陽，既不明術數，而仍欲言占卜，豈非至不可解之事乎！故余以為欲明象占，宜求諸術數，更由術數而求諸經義，方可謂技焉而進於道，必超出尋常而為術士所不及者。蓋術者但知其當然而不知其所以然，果能一一以經義證之，以明其所以然之理，此正吾輩之責任。[44]

他明白說出自己的看法是「欲明象占，宜求諸術數，更由術數而求諸經義，方可謂技焉而進於道」，這正可以看出像他這樣身處清末民初，遇見中國三千年來未有之大變局的經學者的思考。他想要在實用上去證明聖人所說的道，因為實用效驗才能說服所有人，聖人之道是真實存在的，（這正是當時西風東漸，中國之所以遭受列強侵略，乃是在實用的科學上不如人的反思，所以連講《易》中的道理，也必先由日常可用以占驗的術數進入，以證明《易》道之廣大可信）而不能只是像傳統宋明學者那樣的空談義理，卻無法讓人在日常生活中實際使用。

他以為《易經》乃聖人仰觀俯察天地萬物後所留下來的心得，確實可以占往知來，而其間的運行方式則是透過數的推演、

44　杭辛齋：《易學要理妙訣筆談》，頁 35。

象的觀察與圖的方位變化三者的配合所展現。所以如何操作活用數、象與圖書方位的組合變化，便成為如何求得《易》理、《易》道的重要技術。道與理當然是最後的目標，但若沒有可以達道得理的數、象、圖書等技術作為路徑，則要到達《易》理、《易》道的目標，便成了書生空談。自古以來的命算之術很多，其間自有不少荒誕不經之物，可是學人往往只因看到荒誕不經的不好，所以一聽到奇門遁甲、火珠林等，便斥為迷信，全然不去理解其所以流行之故。杭氏認為，陰陽五行、九宮世應等法，自西漢以來便有，而漢人去古未遠，所以這些術法必有所受，我們豈可簡單的鄙視其為方技之術而不屑？[45]杭氏不能接受不懂占筮命算，只會空言性命理氣的《易》學家，這是他論《易》的角度與立場。他想要從術數的實用上探求《易經》的經義，以此來證明《易》道廣大無所不包，並且可以以科學的精神來論證之。所以真正的《易》學家不只要能像術數家那樣的精於占驗之術的只知其然，更要知其所以然的體悟聖人寓於《易》中之道，如此方可謂「技焉而進於道」，方可稱得上真正了解《易經》。

杭氏這樣的《易》學家與一般術數家在論命時的不同，〈學易筆談・45 一生二二生三〉裏的有一段話可以說明之：

> 道不準諸象數則失其鵠，德不原於道則失其統，占卜不合

45 其實在知名學者裏，如錢穆先生這樣的當代史學大儒，其一生精讀《易經》，更嘗以火珠林之法兩次占筮家國大事，卻甚少人知之。可見這占卜之術的確驗，連今之大儒也不得不有所依恃，故簡單就把這些占筮之術一概斥為異端迷信，是多少有欠思考的。關於錢先生與《易經》的關係，讀者可詳參本書第七章〈錢穆先生與其《易》學〉。

> 乎道德則惑世誣民而已矣！[46]

他認為象數是探求《易經》所含聖人之道的方法，所以沒有象數做為指引，我們根本無法正確找到《易經》的真諦；但若不以道德為根本，只是為了占卜而占卜，或炫奇技，或為個人名利，則占卜反而成了惑世誣民的工具，更遑論有任何積極正面的意義。做為現代的《易》學家，杭氏有不同於傳統經學家與術數家的看法，他不只要談《易經》的「學」，也要用《易經》裏的「術」，因為只有這樣，《易經》豐富的面貌與特殊之處才能完整呈現出來。

杭氏於〈學易筆談・108 變理陰陽〉中談到關於占筮命算的大原則：

> 聖人觀變陰陽以參天兩地，天地所缺憾者，惟人能補之；陰陽所乖戾者，亦惟人能和之。故執兩用中，消息以時。天地五十有五之數（〈河圖〉）為體，以之入用，變為四十有五（〈洛書〉），則陽數得二十有五，陰數衹二十，陽少而陰多者，一轉移間陰少而陽多矣！體不可變，而變其用；數不可變，而變其象；理不可變，而消息之以時。此陰陽變化之妙用，象數消長之綱領也。[47]

蓋人與天地參，故能補天地之缺憾。天地總數五十五為體，體不

---

[46] 杭辛齋：《易學要理妙訣筆談》，頁 53。

[47] 杭辛齋：《易學要理妙訣筆談》，頁 157。

可變，則變其所用之數四十五；數是定數不可變，則變其數所代表或相應之象；理不可變，但卻因時之消息變化而有不同，故陰陽變化與象數消長之妙，其最重要的關鍵在於「時」字，人因時之變化而隨之以補天地之缺憾與陰陽之乖戾。可見在吉凶災異的相應中，人的地位與作為是最重要的。杭氏在〈易楔・運氣第十七〉中說：

> 世運升降由於氣，氣之盛衰由於數，數之進退在乎人。聖人作《易》，立人極以明人道，言天言地，皆為人言而為人謀。人在天地中，為善為惡，為君子為小人，皆在人之自為，而氣機之感召，陰陽進退，而數即隨之而消長。積氣成運，積運成象，為殃為祥，皆視所積。積之以漸，非一朝一夕之故，及其至焉，則為泰為否。……後儒不察，空言性命，而莫知其象，莫悉其數，反以聖人垂示之陰陽氣運為小道、為術數，棄置不言。[48]

杭氏認為世運升降可由氣機變化來觀察到，氣機之盛衰變化則可以從數的變化來推演得知，最後則說數之進退全在乎人。所以表面上來看，杭氏彷彿是以象數氣機近似玄虛的東西在談人世間的興衰變化，但說到底，掌握這象數氣機變化的卻是人。所以他才說聖人作《易》，是為人言為人謀，氣機感召，陰陽進退，數則隨之消長，其變化關鍵全在於人之行為合理合道與否，而最後在占筮中呈現出來的吉凶殃祥之象，其所以準確而可以驗證，並不

48　杭辛齋：《易學要理妙訣筆談》，頁 362-363。

是那套占卜的技術多麼高明神秘，而是因為這一切的吉凶殃祥全來自於人自身日積月累的行為所致，吉凶殃祥只是自我行為所積累而成的反映。所以不明原理的人，把所謂象數陰陽氣機召感看作神秘無比，真知《易》理的人，則明白這一切不過只是人自身行為所累積的現象，根本沒有什麼神秘可言。人在表面充滿象數氣機與陰陽殃祥的文字描述中，其重要性不僅沒有被取消，反而成為最核心的關鍵。這才是杭氏論《易》談命的核心觀念。

（二）星曜神煞、六親爻辰，皆是五行生剋的代數符號

杭氏以《易》論命之原理大概如上，而其細節者，如其於〈學易筆談・143 星曜神煞釋義〉中說道：

> 蓋陰陽五行之氣不可見，藉其行度之數，以覘其順逆往來及盈虛消息，故推算首重在數，但數能無誤，雖立法各異，而收效亦同。象以代數，已可更易，若神煞星曜諸名，則更以補象之不足，而藉以為符號耳！陰陽者，如代數之負與正也；五行者，加減也。但加減與正負不誤，其代數之名詞符號，不妨以意為之也。惟代數為單純之數，故方式尚簡，而此則數與象兼，且五行又有其氣，是不啻於正負之外又有正負，加減而後又有加減，且互相加減，而順逆生克，又生吉凶。是以不能不設種種之名稱以為符號，而名稱亦不能不略含意義，以辨吉凶，此星曜神煞之名所由來也。必取其人以實之，或禱祀其人以祈禳之，愚

矣！[49]

蓋陰陽五行運行的狀態不可得而見，所以必須藉助可見可測的經緯度數以算其往來盈虛的變異。因此只要能在度數的推算上準確無誤，則自能推測出陰陽五行消長狀態，進而得知生於天地間的人的吉凶順逆。只要我們能夠明白所有看似複雜的星曜神煞諸名，只是用以表示陰陽五行生剋變化的符號，所以他說「陰陽者，如代數之負與正也；五行者，加減也。但加減與正負不誤，其代數之名詞符號，不妨以意為之也。」代表數的符號不論如何千變萬化，都是為了在識別上有所需要，所以在名詞的取用上多少有了各種不同。由此可知，看似繁複的各類命算之術，其最主要的核心只在數的推算使用上，推算使用無誤，則以之推算吉凶禍福，自可確驗。

此外，杭氏在〈易楔・爻辰第十五〉中，進一步談到命算的細節，其云：

> 京氏六爻納辰圖：卦納甲而爻納辰，京氏以陽順陰逆，交錯為用，以乾坤為綱，六子分乾坤之爻，以次相推，仍以本宮為體，而六爻所納之支，視其與本宮生克，以為親疏遠近利害之分。陽卦納陽，於陽支皆順行；陰卦納陰，於陰支皆逆行。乾內納甲，外納壬；支起子，子寅辰午申戌順行。坤內納乙，外納癸，支起未，未巳卯丑亥酉逆行。陰陽交錯，以相合為用者也。故乾生震，震為長子，長子

49　杭辛齋：《易學要理妙訣筆談》，頁 157。

> 代父納庚，而六爻之支與乾全同，子寅辰午申戌皆順行也。坎中男，得乾中爻，乾內中寅，坎納戊，故初爻自寅起，……[50]。

在爻辰裏，乾坤父母生兌離震巽坎艮六子，天干有十，卦只有八，故乾坤父母各納二天干，乾內卦納甲，外卦納壬；坤卦內納乙，外卦納癸。在地支部分，陽卦納陽而順行，故乾納地支依序為子寅辰午申戌；陰卦納陰而逆行，故坤納地支依序為未巳卯丑亥酉。其他六子卦亦如乾坤父母之狀各有其所納之干支，而干支各有其所代表的五行，八卦本身亦有其自身的五行，因此每卦之爻各有其干支所表五行，遂與卦體本身五行發生生剋，生剋一起，則吉凶禍福便可因之而推得。在〈易楔・爻徵第十六〉中杭氏又云：

> 六爻制用，肆應不窮，皆以五行陽幹陰支為綱領，以生剋刑害少壯盛休廢類別去取，以徵吉凶。以其與卦爻象數相為統係，足以推六十四卦變化往來之跡，且有與經傳互相發明者，亦初學所不可不知。……（一）六親：京氏曰：「八卦，鬼為繫爻，財為制爻，天地為義爻，福德為寶爻，同氣為專爻。」此五者，今術家謂之六親，蓋與本身為六也。相傳甚古，義簡而賅，言占者所不能廢。朱子《周易本義》以周、孔之《易》為教人卜筮之用，而焦、京之言卜筮者，反悉廢之，僅以六爻之動靜為占，宜其無

50 杭辛齋：《易學要理妙訣筆談》，頁 355-356。

徵驗之可言也。……同氣為專爻，今稱兄弟。福德為寶爻，今稱子孫。天地為義爻，今稱父母。財為制爻，今稱妻財。鬼為繫爻，今稱官鬼。……凡言兄弟，則比肩者可類；言子孫，則後我者可類；言父母，則庇我者皆其類；言妻財，則奉我者皆其類；言官鬼，則制我害我者皆其類。遠近不同，則親疏自異，而為利為害，爰有輕重之別，是在察其爻之所在而鑒別之，非可概論也。[51]

依著五行生剋與卦中各爻本身干支的相互關係，便可發生刑害壯少休廢等情狀，既有此等情狀，便給予名稱以表其相互關係，即此處所說的六親。（即所謂符號）其爻之五行與卦體五行相同的曰兄弟，我生者為子孫，生我者為父母，我剋者為妻財，剋我者是官鬼，所有關係，皆可依此類推。如此除了卦爻本身的當位與否、乘承比應，以及爻變狀態的推斷外，又加上了以陰陽五行生剋變化來做判斷吉凶災祥的參考，自然更能肆應不窮而徵驗吉凶了。除了六親之外，他也提及六神：

神也者，妙萬物而為言，過化存神，有非可以跡象求之者。六親徵其實，六神徵諸虛。……震東方木，木之神青龍，甲乙日起青龍。離南方火，火之神朱雀，丙丁日起朱雀。兌西方金，金之神白虎，庚辛日起白虎。坎北方水，水之神玄武，壬癸日起玄武。坤、艮中央土，土之神勾陳、騰蛇，戊己日起勾陳、騰蛇。傳曰：「前朱雀而後玄

51　杭辛齋：《易學要理妙訣筆談》，頁357-358。

> 武，左青龍而右白虎。」古者五行各有專官，官世其守，功德在民，民不能忘，即假人名以神號，舉其名知其用，所以便事也。吉凶神煞之名，皆此類也。必求其人以實之，愚也；必妄其名而斥之，亦詎足為智哉！六壬太乙遁甲之言神，舉可隅反矣！[52]

陰陽宅風水之說常談左青龍、右白虎、前朱雀、後玄武、中勾陳、騰神，其所談的便是這六神所代表的五行八卦方位間的生剋關係，以此生剋來論吉凶禍福，與六親的論點相同，只是名稱不同。要之，不論名稱為何，皆只是代數之符號，方便推算或說明而已。在杭氏看來，後人不明此理，必徵諸實物實象，自是迷信；然而不知這些都只是代數符號，必以其名稱之少見或怪異而申斥之者，也稱不上是有智慧的人。

七、小結——杭氏通論象、數、理、圖，乃欲藉《易》以經世致用

杭氏固然是以象、數論《易》的知名學者，然其根本立場仍如傳統，認為《易》是聖人所作，其中有聖人所以通神明之德、類萬物之情、窮理盡性的大道。這種對《易經》的基本看法，杭氏幾乎與以義理論《易》者沒有兩樣。然而，對於要如何得見《易》道的方法，杭氏則強調「道不可見，以一陰一陽之象顯之，以參天兩地之數倚之，於是無形之道，儼然有跡象之可求，

---

52 杭辛齋：《易學要理妙訣筆談》，頁 358-359。

釐然有數度之可稽。」因此象、數成了我們探求《易》中聖人之道的階梯，唯有「下學」《易》中象、數之法，才能「上達」聖人在《易》中所談之道。這便是他與義理《易》家所不同之處。

就象而言，杭氏提醒觀象須注意體用主從與時間空間的相互關係，因為象會因時空變化與對應關係不同而有所變化，這樣的說法解決了許多人對同一卦爻為何會有諸多不同之象的疑惑。就數而言，杭氏以為天地間萬物皆是數，人生天地之間而最靈，故能參天兩地而倚數。心動則數生，物無窮則數無窮而心量亦無窮，能明白數之本源惟在人心之運用，則吉凶善惡皆能倚數而斷之。又因要判別無窮事物的吉凶善惡，故生出各種名稱符號，不論陰陽八卦、天干地支、星宿神煞、五運六氣、日月星辰、六親六神，皆與數字一樣，都只是表理之符號而已。就圖而言，〈河圖〉、〈洛書〉與先、後天八卦圖固然是《易》中的圖書之學，但其實際內容的展現方式與邏輯思考，卻是數字與卦爻象及五行方位生剋關係的推演變化，故在杭氏眼裏，數、象與圖書三者，實是我們探求《易》理不可分離的階梯。

最後，因為杭氏特別注重如何求得《易》理的數、象與圖書的運用，故對各種因五行生剋關係而建立起的各種命算之術，也都看作是因《易經》而衍出，是以雖是小道，亦可觀《易》之經義，甚而由此推及各類宗教、各種思想學說、各種科學政治等等，皆能為《易》道所涵攝。在他眼中，《易經》實是聖人所以教人經世致用之書也。[53]

53　關於杭氏的《易》學研究，本文之前已有兩篇碩士論文發表，但對杭氏卻形成兩種截然不同的評價。早一年發表的張青松：《杭辛齋易學研究》（臺北：臺灣大學中國文學研究所碩士論文，2002 年）從杭氏身處清末民初動盪時代與投身革命反袁的激烈生命特殊形態談起，分數、圖、象與現代四個大方向分析杭氏《易》學內容，並整理了前人對杭氏《易》學的各種評價，而其本身則說他「深深感受到那幾乎貫穿全部《杭氏易學七種》的『圖書象數學派』的強烈色彩！」（頁 118）「在信仰式的激情下將《周易》與作《易》之聖人『神化』的大前題之下，……結果把雪球滾得愈來愈大，愈來愈繁複與龐雜；而這種作法，我們今天會覺得它實在是近於某種圖象游戲和文字游戲，且往往得出極為牽強乃至荒誕、令人不可究詰而不可置信的種種『想當然耳』的『推論』過程及其結論來。」（頁 118-119）張氏說「以上這些都是本人在研讀與思索之過程中，經過重重的困頓、徬徨、迷惑與多重的反復曲折之後終於確定下來的由衷之想法與定論，不敢試圖為賢者諱，（雖本人自始自終乃深自欽佩，杭辛齋真是中國近現代的一位非常之志士，偉大的豪傑也！）或為之曲為迴護乃致於作無謂的溢美之言，以免於『自欺欺人』也。」（頁 121）因為他覺得「進入『杭氏《易》學』的具體內容，就彷若進入一座無比繁複，『參伍錯綜』的圖書象數名物之迷宮。」張氏覺得杭氏《易》學實在「可愛而不可信」，他雖展現出研究者的思考反省與批判精神，卻恐怕也同時告訴了我們，他或許多少陷入了無法讀通杭氏《易》學的困境。而後他一年取得碩士學位的張耀龍：《杭辛齋研究》（臺北：政治大學中國文學研究所碩士論文，2003年）則對於杭氏《易》學七種內容條分縷析，細說杭氏對秦、漢以來《易》家所作評述及對西方新學的引介，並整理前人對杭氏《易》學的正反評價，謂辛齋「舉凡當世流行新名詞：愛克司光、飛機、十字架、來復線等；新概念：新式教育、勞動神聖、自由、平等、博愛、共和政治等；新學科：物理學、化學、生物學、考古學、地理學等，辛齋《易》學旁徵博引，與傳統《易》學之象數、義理、圖書諸法融會貫通，為後世《易》學研究另闢蹊徑，此則辛齋《易》學精彩之處。」（頁 271）對杭氏做了十分正面的評價，與上篇碩論看法正好相反。然而卻在論文中謂杭氏《易》學可以「象數為體，義理為用」一語涵蓋之。（頁 129）蓋杭氏《易》學特色正在「義理為體，象數為用」，他欲用象數之推演變化以證經中所含聖人之義理，與張氏所謂「象數為體，義理為用」實正好相反。兩篇論文寫作都可謂十分用功，所引前人

本文曾發表於臺北市中央研究院中國文哲研究所「民國以來經學研究計畫」，後收錄於《變動時代的經學與經學家・第一冊》（臺北市：萬卷樓圖書股份有限公司，2014年）

論杭氏之資料與整理杭氏《易》學內容也都十分詳細，只是贊之者則將杭氏《易》學體用關係搞成相反，而非之者又自云如入迷宮。是筆者所以在兩本碩士論文後仍試著再談杭氏《易》學，乃希望從術與學，用與體的角度，論述杭氏看待象、數、圖書與義理的真實關係，並特開一節論「小道」之術數運用模式，希望藉此說明杭氏「技進乎道，從術到學」的治《易》心路，及其由小用而至大用的論《易》心聲，略補前人論杭氏《易》學所未見之處。

第三章　以象解《易》的尚秉和《周易尚氏學》

一、四十年苦心學《易》後有脫然放下的體悟

尚秉和先生（1870-1950）在民國 28 年時為自己的一生寫下一篇〈滋溪老人傳〉，可做為我們了解其生平之大概，其云：

> ……自通籍後，處京師，出入於各座師之門。凡王公貴人，及當世宰相，莫不親接其顏色，習見其昏接僚屬承奉輦轂之勞，而為時勢所拘，皆不克行其志，慨然於崇高富貴者如斯。至四五品以下朝士，能酬應奔走，趨附形勢者，即可超遷，否則庸碌不足數也。其煩勞、其情狀，自料非孱軀所能堪。而文學者，吾所素習也，始欲以著述自見矣！……乃集《古文講授談》十二卷，凡文章家講求義法，傳授心印之言，靡不輯錄，而於敘事之法講論尤詳。……自此書出，河北大儒王晉卿先生、桐城姚仲實、姚叔節諸名士，皆叩門來訪，引為同氣。
>
> 至辛亥革命，國體變更，私忖此變為數千年所未有，蹶然興曰：「是吾有事之日也。」乃搜集傳記，存錄報章，凡

> 百七十餘種，以十年之力，成《辛壬春秋》四十八卷。繼又思中國歷史，皆詳於朝代興亡，政治得失，文物制度之記載，至於社會風俗之演變，事物風尚之異同，飲食起居之狀況，自三代以迄唐宋，實相不明。一讀古書，每多隔閡。……因即經史百家，及晉唐宋以來小說，凡人所習焉不察，而於事物之歷史有關者，詳細輯錄，解說原委，連綴成篇，成《歷代社會風俗事物考》四十四卷。[1]

我們由此可知尚秉和並非一開始就專研《易經》的學者，而是先從官場上的不能適應，轉往他所熟習的文學典故上發展，輯錄了古人的文章家法成《古文講授談》，並與當時大儒名士如王晉卿、姚仲叔等人相往來。而後受辛亥革命的影響，知此為千古所未有的變化，用十年的時間輯錄編成《辛壬春秋》一書，記錄了開國兩年間的社會事件與變化。繼之又對社會事物風尚、飲食起居等人所習焉而不察，卻與歷史發展有關的一切發生興趣，欲補記政治得失以及文物制度歷史的不足，輯成《歷代社會風俗事物考》一書。也因為尚秉和在研究《易經》前，先經歷了這些人事、文學、歷史及社會觀察等生命經驗，遂使得他在進入《易經》領域時，能很快的看見《左傳》、《國語》等書中的筮例對於《易經》研究的重要性，不會只在道德義理上宣說《易經》教義，而能在《易經》的筮案中學得實用的《易經》學問。這「實用」的探求《易經》方式，便成為我們認識尚氏《易》學最重要

1 尚秉和：《周易尚氏學》（北京：九州出版社，2005 年），頁 582-583。

的核心。他在〈滋溪老人傳〉中接著說出自己研《易》的過程：

> 老而學《易》，自古如斯，亦不知其所以然也。欲學《易》，先明筮，然古筮法皆亡，乃輯《周易古筮考》十卷，羅古人筮案，以備研討。象者，學《易》之本，而《左傳》、《國語》為最古之《易》師，乃著《左傳國語易象解》一卷。漢人說《易》，其重象與春秋人同。然象之不知者，浪用卦變或爻辰以當之，初不敢謂其非，心不能無疑也。
>
> 初在蓮池時，讀《焦氏易林》而愛之。繼思即一卦為六十四繇詞，必有所以主其詞者，無如《易林》所用之象，與漢魏人多不同，故仍不能通其義。……於是著《焦氏易林注》十六卷、《焦氏易詁》十二卷，以正二千年《周易》之誤解。
>
> 卦氣者卜筮之資，乃必與時訓相附。初莫明其故，久之知七十二候之詞，皆由卦象而出。……初以為偶然耳，既求之各卦無不皆然。且用正象、覆象、半象，靡不精切。……乃著《周易時訓卦氣圖易象考》一卷。文王演《易》，本因二《易》之辭，而改易舊卦名者，約二十餘卦。……又二《易》繇詞，雜見於傳記者，其卦名雖異，其取象則同，可考見《周易》之沿革，乃著《連山歸藏卦名卦象考》一卷。
>
> 《易》理之真解既明，《易》象之亡者復得，於是由漢魏以迄明清，二千年之誤解，遂盡行暴露，非前人知慧之不及，乃《易》象失傳之太久也。因之及門諸友環請注

> 《易》，乃復成《易注》二十二卷，以其與先儒舊說十七八不同，而又不敢自匿其非也，因名曰《周易尚氏學》。[2]

尚氏本不知為何古人云「老而學《易》」的真諦，然而在他自己有了前述的生命經歷之後，方漸能體會古人此語的深意。蓋《易》中所含之道，不是僅只於文字訓詁的意義，更深刻而豐富的乃在它所飽含的生命智慧，皆蘊藏在其豐富多變的卦爻象與簡短且看似語意未明的卦爻辭的變化配合中。所以當讀者的生命經歷不夠豐厚或生命體悟不夠深刻時，其所能讀到的東西也就相對簡單淺薄。但隨著其對生命經歷的體悟有所不同之後，那飽含詮釋空間的卦爻象與簡短的卦爻辭，由於充滿了詩意，遂有足夠的空間容許讀它的人以自我的生命經歷與體悟自在發揮，驗證蘊藏在《易經》卦爻象辭中的未說出的深意。所以尚氏研《易》前的生命經歷與體悟，遂使得他對於《易經》的「看見」別具自信的深意。

尚氏所以找古代筮案研究，找《左傳》、《國語》中的占筮做為解說《易經》的例子，都來自於其原本仕途的不順，再加上經歷了國家民族的重大變化，所以他從歷史上有紀錄的各種筮案中，尋找各種生命際遇之所以變化的蛛絲馬跡，一方面是研究《易經》，另一方面也是用來安慰自己。而《易經》中什麼最充滿蛛絲馬跡可以尋覓呢？恐怕沒有比傳統《易》學中的「象」更有蛛絲馬跡可以尋覓了。是以對於《易經》中「象」的詮釋，遂成為尚氏《易》學的重要特色。在這個探索過程中，他認為「欲

---

2 同前註，頁 583-585。

學《易》，先明筮，然古筮法皆亡，乃輯《周易古筮考》十卷，羅古人筮案，以備研討。」然後在歷史中尋找筮案最古的源頭，於是他認為「象者，學《易》之本，而《左傳》、《國語》為最古之《易》師，乃著《左傳國語易象解》一卷。」又因讀到《焦氏易林》中充滿各種在其他書籍中無法見到的《易》象，「於是著《焦氏易林注》十六卷、《焦氏易詁》十二卷」，這是他對於《易》象的研究歷程，也是他之所以如此自信於《易》象之故。他對於《易》象的理解，不是建立在自己個人的玄思空想上，而是建立在斑斑可考的古代典籍記載中。在這樣紮實的研究後，他接著善用各種正象、覆象、半象，會通融合了卦氣與《易》象，而有《周易時訓卦氣圖易象考》一卷。又為了「考見《周易》之沿革，乃著《連山歸藏卦名卦象考》一卷。」於是最後在友朋的請求下，而有了完整從頭到尾注解《易經》的《易注》二十二卷，名之為《周易尚氏學》。

尚氏所著關於《易經》之書，除了上文所提及之外，還有《易林評議》十二卷、《讀易偶得錄》二卷、《太玄筮法正誤》一卷等。[3]又有在其七十以後所作而未及寫入此傳中者，如《洞林筮案》、《郭璞洞林注》、《易卦雜說》、《易筮卦驗集存》、《周易導略論》等書。[4]由此可見尚氏對於《易經》的研究與探索是相伴終生的。尚氏云其學《易》的甘苦則謂：

> 而《易》學十種，其伏根在二十年前，其考求遺象而成

3　尚秉和：《周易尚氏學》，頁 586。

4　尚秉和：《周易尚氏學》，頁 588-589，尚氏之子尚驥所補記之文。

> 書，則在二十年後。其念茲在茲之艱苦，有非言語所能形容者。蓋《易林》既通，以《易林》注《易》，而《易林》未通以前，實以《易》注《易林》，嗚呼困矣！[5]

其前後四十年間，念茲在茲的把《易經》放在心中。前二十年的辛勤用功，才累積出後二十年得以用考求遺象的方式，更全面完整的詮釋《易經》。在還不明白《易林》之象時，是千辛萬苦的在《易經》中尋找可以解釋得通《易林》所說卦爻象的證據。在有限的《易經》中尋找無窮無盡的《易林》之象的辛苦積累之下，終於有了日後以《易林》注《易經》的自在。最後他在談及自己老年的體會時說道：

> 凡吾儒謗佛者，皆不知佛之實際與吾儒同，且不知吾儒中庸之道與佛無異也。……禪語既會，再讀諸經，立知歸宿，然仍不能解脫也。十四年冬，因時局兀臬不能去懷，偶閱馬祖與百丈觀野鴨因緣，遂脫然放下。因說偈曰：「參得江西過去禪，應無所住得真詮。森羅萬象飛飛過，不許些微把眼穿。」因發棄時事，安心著書。後讀僧璨信心銘曰：「大道無難，惟嫌揀擇。但莫愛憎，洞然明白。」又曰：「才有是非，紛然失心。」凡著書不能無揀擇、無是非，於是著書之念亦放下。放下再放，回思舊夢，盡是雲烟，歷歷數之，真多事也。[6]

5　尚秉和：《周易尚氏學》，頁 587。
6　尚秉和：《周易尚氏學》，頁 588。

這裏的「脫然放下」、這裏的「惟嫌揀擇」、這裏的「但莫愛憎」、這裏的「放下再放」，都是尚氏五十五歲後的生命體悟。而這段歲月（1925-1950）的體悟，也正好是強調西方科學精神研究的《古史辨》運動（1926-1941）風起雲湧之際。在這個巨大的風潮中，我們卻看見尚氏清楚了解讀書的知解是無法給予生命歸宿的安定，必須進一步把知道的做到，才能於自我生命起作用，因而有了脫然放下的感觸與生命練習，於是有了從關心時局到安心著書的生命轉變。接著又因〈信心銘〉中「惟嫌揀擇」一語而驚醒，遂有連著書之念也都放下的生命體悟。由此可知五十五歲後的尚秉和其生命體悟與高度正與時俱變的在轉化著，這也暗暗呼應孔子「五十以學《易》，可以無大過」，以及「五十而知天命」的生命感悟。如果我們在此稍停片刻，回想一下本書第一章所描述《古史辨》運動中，那些學者所急於討論的問題，就可以深刻感受學術發展在同一歷史時間中的多樣性與複雜性了。所以我們探討研究尚氏《易》學，如果只落在其分析筮例與占象運用表面上的千變萬化，那就會與尚氏在這些象數占筮運用背後所積累出的生命智慧擦身而過了。

二、《周易尚氏學》之〈自序〉、〈說例〉及〈總論〉

《周易尚氏學》為尚氏一生《易》學結晶，全書將《易經》從頭到尾梳理一遍，對於六十四卦三百八十四爻的詮釋分析，無不費心考究，詳加說明。雖為一家之學，但如果我們深入探究，自可見其獨到的《易》學心得與實用的卦爻分析。全書首列〈自序〉，尚氏總論《易》學二千餘年來傳承的得失大概。次為〈說例〉，大約是將其注釋整部《易經》的心得簡要摘出，並且以例說明。再次為〈總論〉，是他對《易經》傳統周邊問題的看法，如《周易》誰作？《易》傳誰作？等問題的簡說。最後則為《周易尚氏學》的核心，是對《易經》各卦爻的逐一注釋與說明。自卷一至卷八為上經三十卦，自卷九至卷十七為下經三十四卦，另有卷十八至卷二十的〈繫傳〉、〈說、序、雜卦傳〉等解說。在進入其逐一詮釋《易經》六十四卦之前，讓我們先對此書前三部分加以簡單說明，因為這三個部分可說是他治《易》多年的簡述。

（一）〈自序〉——學人說《易》之誤，乃因《易》理與《易》象失傳

這篇〈自序〉是尚秉和對《易》學發展兩千餘年來得失如何的體會，他說：

> 《易》理至明也，而說者多誤。說何以誤？厥有二因：一因《易》理之失傳。太史公曰：「《易》以道陰陽。」陰陽之理，同性相敵，異性相感。〈艮・傳〉云：「上下敵應，不相與也。」謂陽與陽，陰與陰為敵也。〈中孚・六三〉云：「得敵。」〈同人・九三〉曰：「敵剛。」謂陰比陰，陽比陽為敵也。陰遇陰，陽遇陽，既為敵而不相與，則不能為朋友為類明矣！〈咸・傳〉曰：「二氣感應以相與。」〈恒〉曰：「剛柔皆應。」夫陰陽相與相應，則必相求而為朋為類明矣！……同性相敵，異性相感之理

> 一失，于是初四二五三上陽應陽，陰應陰者謂之失應，人尚知之。至于陽比陽，陰比陰，如夬、姤之三四，如頤之六二，說者茫然。于是全部《易》，如「征凶」、「往吝」、「往不勝」、「壯于趾」、「其行次且」及「慎所之」等辭，全不知其故矣！又如陽遇重陰，陰遇重陽而當位者，所謂「往吉」、「征吉」、「利涉」、「利往」、「上合志也」。……又如陽爻，下乘重陰者亦多吉，與前臨重陰同也。……有此一因，于是《易》解之誤者，十而四五。[7]

這段話是解說二千餘年來說《易》者之所以往往有誤，乃因「同性相敵」、「異性相感」的陰陽之理失傳。尚氏認為一般《易》家雖仍知初四、二五、三上三組對應之爻若陰陽相遇則吉，若陰遇陰、陽遇陽則不吉的相應、失應之理，卻不知爻與爻之間的上下關係的陰陽相遇相敵，也是爻辭中之所以有吉凶悔吝厲无咎等差別之故。以其所舉夬卦三、四爻為例，澤天夬卦，是除了上爻為陰之外，其他五爻皆陽，故夬之九三、九四二爻前後所遇為九二與九五之陽爻，陽遇陽則為敵不相與，非為類、為朋，故九三爻辭云「壯于頄，有凶，君子夬夬獨行，遇雨若濡，有慍，无咎。」[8]其所以「有凶」，所以「夬夬獨行」，乃因上下皆陽，是同性相敵之故。而之所以「遇雨无咎」，則是與上六爻相應，上卦兌為澤，故「遇雨」，是以九三爻雖當位且有應，但因前後

7　尚秉和：《周易尚氏學》，頁 1-2。

8　尚秉和：《周易尚氏學》，頁 263-264。

皆遇陽爻難行，故僅能因與上六相應而无咎，沒有吉的可能。又九四爻辭云「臀无膚，其行次且，牽羊悔亡，聞言不信。」[9]九四與九三爻情形類似，前後二爻皆陽相敵，故「其行次且」，然而又與初九爻不相應，是以九四爻之「悔亡」不只因其不當位且失應，亦因其前後皆陽爻而同性不相與，與九三爻之「无咎」又不同也。

又如天風姤卦，除初爻為陰之外，其他五爻皆陽。其九三爻辭云「臀无膚，其行次且，厲，无大咎。」，九四爻辭云「苞无魚，起凶。」[10]九三向前遇九四、九五，皆陽而同類，故是「其行次且」，雖厲，无大咎。乃因其九三爻當位，九四前亦遇二陽爻同類，雖與初應，但中間已隔九二、九三兩陽爻。尚氏謂「初已為二所擄，已无魚，故四與之應則動而凶也。」這裏正所以可看出相比之爻的同類異類與否，與卦爻的吉凶判斷也有著緊密關係。

又如山雷頤卦，除初上爻外，中間四爻皆陰。六二爻辭云「顛頤，拂經，于丘頤，征凶。」[11]六二往前所遇三、四皆是陰爻，與其相應的五爻亦陰，是比應皆為同類的陰爻，故「征凶」。舉此三例說明，可見凡陰陽相遇則為吉，陰遇陰、陽遇陽則為凶，不只有相應關係而已。故尚氏又謂「陰遇重陽，陽遇重陰而當位者亦多吉也。」此為尚氏所謂人所不知之陰陽同性相敵，異性相感之《易》理。其實此理千古《易》家盡知，有不同者，乃在前後爻的陰陽其影響本爻吉凶悔吝的判斷分量如何耳。

---

9 尚秉和：《周易尚氏學》，頁 264。

10 尚秉和：《周易尚氏學》，頁 269。

11 尚秉和：《周易尚氏學》，頁 181。

他接著又說：

> 其則象學失傳，〈說卦〉乃自古相傳之卦象，只說其綱領，以為萬象之引伸，並示其推廣之義。如乾為馬，坤、震、坎亦可為馬。乾為龍，震亦可為龍。巽為木，艮、坎亦可為木。非謂甲卦象此物，乙卦即不許再象也，視其義如何耳。至文王時，又歷數千年，其所演《易》象，必益廣益精，故《周易》所用象，往往與〈說卦〉不同。〈說卦〉以坎為月，《經》則多以兌為月。月生西，坎、兌皆位西也。〈說卦〉以離為龜，《經》則以艮為龜。離為龜，取其外堅。艮亦外堅也。……自東漢迄清，于此等義例，都未能明。見《經》所用象為〈說卦〉所無，則用卦變、爻變或爻辰以求之，謬法流傳，二千年如一日。加此一因，于是《易》解之誤者，十而七八矣！[12]

此段最重要的，是他不但以象解《易》，並且認為《易》卦取象不是死板板的「甲卦象此物，乙卦即不許再象也。」他認為古人之所以取象，乃是視其義如何而取的，也就是取象說卦的目的在於當下如何運用，只要能用、堪用，則隨時隨地、萬事萬物皆可以取象。而且《易》象的取用是與時並進的，不是一成不變，所以他才說「至文王時，又歷數千年，其所演《易》象，必益廣益精。」我們不知類似《易經》這種卜卦以解決人類疑惑的方式已經使用多久？但可以知道的是在西周初年已經規模化、組織化的

12 尚秉和：《周易尚氏學》，頁 2-3。

《周易》，必然不會是一時一地突然發生的，它應該是在長久的發展下，與時俱進的產物。因此，尚氏以為〈說卦〉之象傳之久遠，較文王演《易》時所取之象，更早數千年的說法，以今日學界共識以為〈說卦〉應為戰國晚期產物雖有所抵觸，[13]但他所強調的《易經》隨卦而取象的解釋方式，不能以死板板的方式看待，以為甲卦象此則乙卦不得再取此象，是可以給我們一個提醒的。尚氏橫跨清末與民國，其正好生存在對一切傳統價值有所懷疑的民國時代，不可能不知道當時學人對於《周易》經傳傳統說法的諸多懷疑與批評。[14]然而，他對於同樣《易》象重複出現在不同卦爻的現象，非但不認為這是雜錯，非一人所作的證據，反而認為這正是《易經》取象與時俱進的特色，蓋其關鍵乃在《易》象是「實用」的。取象是為解釋卦爻之義，給予問者一個

13 如朱伯崑在《易學漫步・第二章易傳》（臺北：臺灣學生書局，2010年）中說：「〈說卦傳〉主要解釋八卦的卦象與卦義……應與春秋戰國時代的筮法有關。……它應是漢初就已存在的文件，……其上限不會早於戰國中期。該傳可能也是戰國後期的作品。」（頁 48-49）這指的是〈說卦傳〉最後成書時間的可能推測，但〈說卦傳〉中的內容到底先後已流傳多久？經過多少人與多少時間的傳授揀擇？我們自然可以再多加省思。就如同馬一浮在《爾雅臺答問・卷二・示語二》（臺北縣：廣文書局，1979 年）中說：「〈禮運篇〉首大同小康，蓋本老氏之旨，……七十子後學在六國時，各記所聞，其間不免依託，襍以異家言。然其說禮義，實有精處。亦不得因一兩段有疑，而遂疑其全篇。讀先秦書，直是難理會，要之於義理熟，自知揀擇。」（頁 19）其所說雖指〈禮運篇〉，然「不得因一兩段有疑，而遂疑其全篇」的提醒，也是受疑古運動影響以來的我們所應深自警醒的。

14 關於民國早期古史辨運動對於《易經》的研究與看法，可參看本書第一章〈《古史辨》中討論《易經》相關問題之省思〉。

方向指示，而不是讓後人排比成書，拿來研究用的。因此，隨時、隨地、隨物、隨事、隨人取象來用，便成了尚氏《易》學的重要核心，也是他與兩千年來《易》家最大的不同之處。故乾、坤、坎、震皆可象馬，巽與坎、艮亦皆可為木，這非但沒有淆亂的問題，占筮之人如何取用這些象以正確的預示未來，正是我們評斷占筮者高下的憑據。

（二）〈說例〉——尚氏治《易》多年的心得整理

這是於在全書正文前二十一條分別獨立的說明，類似今日的「凡例」，在每條說明中皆舉例，故謂之〈說例〉。簡單摘要於下：

(1)韓宣子適魯，見〈易象〉與〈魯春秋〉，(2)《易》理无不相通，(3)乾坤二卦為六十四卦根本，(4)《易》辭本為占辭，故其語在可解不可解之間，(5)卦名皆因卦象而生，(6)說《易》之書，莫古于《左傳》、《國語》，其所取象，當然無訛，(7)〈時訓〉為《逸周書》之專篇，其所準《易》象與《易經》所關最鉅，(8)《焦氏易林》後儒皆知其言《易》象，然以象學失傳之故，莫有通其義者，(9)凡《易》之古文，必仍其舊例，(10)古書多音同通用，而《易》尤甚，(11)《易》用覆象，(12)卦有卦情，(13)同此一爻，而爻辭吉凶不同，(14)《易》辭與他經不同，他經上下文多相屬，《易》則不然，因《易》辭皆由象生，(15)卦爻辭往往相反，(16)《易》辭皆觀象而生，故不能執其解，(17)解經惟求其是而已，無所謂派別，(18)漢儒以象數解《易》，與春秋士大夫合，最為正軌，(19)《易》義有絕不能解者，先儒雖強說之，實皆無當，(20)吳摯父先生《易說》，(21)

眼前事物，皆為《易》理，俯取即是。此二十一條可分下列幾類理解：

1、陰陽相遇相敵之《易》理類，共三條：

(2)「《易》理无不相通」條云：

> 如〈大壯・初九〉「征凶」，以陽遇陽也，而〈夬・初九〉之「往不勝」，〈大有・初九〉之「无交害」可知。又如〈隨・初九〉「出門交有功」，〈无妄・初九〉「往吉」，以前遇陰也，而〈大畜・九三〉之「利往」可知。[15]

(20)「吳摯父先生《易說》」條云：

> 吳摯父先生《易說》于〈大畜〉云：「凡陽之行，遇陰則通，遇陽則阻，故初二皆不進，而三利往。」于〈節〉云：「《易》以陽在前為塞，陰在前為通，初之不出，以九二在前，二則可出而不出，故有失時之凶。」此實全《易》之精髓，為二千年所未發。[16]

(21)「眼前事物，皆為《易》理，俯取即是」條云：

> 例如雄雞與雄雞見則死鬥，驢馬尤甚，若有宿仇者，是何也？陽遇陽也。〈大畜・初九〉曰「有厲利己」，

---

15 尚秉和：《周易尚氏學》，頁2。

16 尚秉和：《周易尚氏學》，頁9。

> 「厲」，危已止也。初有應，但為二三所隔，遇敵故曰「有厲」，止而不動，則災免矣！……豈知〈大壯・初九〉「壯于趾，征凶。」〈夬・初九〉「壯于前趾，往不勝。」壯，傷也，其故皆在陽遇陽。[17]

以上雖分三條，但其內容皆在陽遇陰則吉，遇陽則阻而凶。陰遇陽則吉，遇陰則阻而凶。故雖不同條例，但可歸於一類。

2、取義而用之《易》象類，共十一條：

(1)「韓宣子適魯，見〈易象〉與〈魯春秋〉」條下云：

> 夫不曰見《周易》，而曰見〈易象〉，誠以《易》辭皆觀象而繫。〈上繫〉云：「聖人觀象繫辭焉而明吉凶」是也。故讀《易》者，須先知卦爻辭之從何象而生，然後象與辭方相屬。辭而吉，象吉之也。辭而凶，象凶之也。故甲卦之辭不能施之乙，乙卦之辭不能施之丙，偶有同者，其象必同。……至王弼掃象，李鼎祚目為野文，誠以說《易》而離象，則《易》辭概無所屬，其流弊必至如宋人之空泛謬悠而後已。茲編所釋，首釋卦爻辭之從何象而生。辭與象之關係既明，再按象以求其或吉或凶之故，還《易》辭之本來。[18]

此條所強調的乃在象在辭先，故辭之所以吉，乃是象吉之故，辭

---

17 尚秉和：《周易尚氏學》，頁 9-10。

18 尚秉和：《周易尚氏學》，頁 1-2。

之所以凶，自是象凶之故，若不同卦爻之辭相同者，則必是其象相同之故。如此，則對於相同《易》辭重複出現在不同卦爻上的問題，提出「象在辭先，辭同乃因象同」的解釋。也因為「象在辭先」的緣故，所以他對於王弼掃象之後，使得《易》辭無所歸屬，造成後世空泛謬悠以說《易》之風，表示了深刻不滿。

(5)「卦名皆因卦象而生」條下云：

> 卦名不解，因之卦爻辭亦不解，如睽為反目，謂兩目不相聽，故一目見為此，一目見為彼，三、上爻辭是也。此義不知，遂多誤解。……茲綱所釋，先及諸卦得名之義，其名有沿革者，亦並考其異同。[19]

此條則說卦名亦因象而來，要之，「象在辭先」，卦名之義也須由象而方能得解。

(6)「說《易》之書，莫古于《左傳》、《國語》，其所取象，當然無訛」條下云：

> 坎變巽，左氏曰「夫從風」，以坎為夫也。曰「震車也」、曰「車有震武」，以震為車為武也。……尤要者，明夷之謙，即離變艮。左氏曰「當鳥」，是以艮為鳥也。鳥，黔喙也，于是小過「飛鳥」之象有著。……故茲編所取象，除以《易》證《易》外，首本之《左傳》、《國

---

[19] 尚秉和：《周易尚氏學》，頁 3。

> 語》，以明此最古最確之《易》象。[20]

此條則說明《左傳》、《國語》之象是今日可見最古最確《易》象之例，故其釋《易》取象，除《易經》本身之外，亦最重《左傳》、《國語》二書。

(7)「〈時訓〉為《逸周書》之專篇，其所準《易》象，與《易經》所關最鉅」條下云：

> 如于屯曰「雁北鄉」，以屯上互艮為雁。于巽曰「鴻雁來」，亦以巽為鴻雁，而漸之六鴻象得解。……《易》而用覆象、半象尤精，如于復曰「麋角解」，震為鹿，艮為角，角覆在地，故曰「解」。于鼎下曰「半夏生」，離為夏，巽為草，初二半離，故曰「半夏」，而昔儒无知者。茲編所取象，除《左》、《國》外，多以〈時訓〉為本。[21]

此條與上條相同，除引用《左傳》、《國語》之象外，再加上〈時訓〉之象，不過在本條中又多敘述了《易經》用半象、覆象尤精之語。

(8)「《焦氏易林》後儒皆知其言《易》象，然以象學失傳之故，莫有通其義者」條下云：

> ……說者因誤解經，而失其象，故于《易林》亦不能解。

20　同前註。

21　尚秉和：《周易尚氏學》，頁 4。

> 愚求之多年，亦无所入。後讀蒙之節云「三夫共妻，莫適為雌，子无名氏，翁不可知。」因節中爻震、艮，上坎三男俱備，故曰「三夫」，只下兌為女象，故曰「三夫共妻」。震為子，艮為名為翁，上坎為隱伏，故曰「无」、曰「不可知」，字字皆從《易》象生。由此以推，凡《林》詞皆豁然而解。故茲編取象，除《左傳》、《國語》、〈卦氣圖〉外，多本《易林》。[22]

此條可做為上述三條之總結，說明《周易尚氏學》一書之取象，除上列諸書外，多本《焦氏易林》。以上諸書，亦正是尚氏取象解《易》最大的參考依據。

(11)「《易》用覆象」條下云：

> 如〈大過・九五〉之「枯楊」，用覆巽，〈豐・上六〉用覆艮，「重門擊柝」以豫上震為覆艮，荀爽及虞翻皆知之，而不能推行。……凡正反震、正反兌相背者，不曰「諍訟」，即曰「有言」，于是困、震之「有言」皆得解。此似我創言之，然仍左氏及《易林》所已言。[23]

此條說《易》用覆象，《左傳》、《易林》中已有之，非其所獨創之見解。尚氏要表達的是他所說皆自古以來有所依據，並非自己為了以象解《易》而生的空想之說，與今人動輒以自我創見為

22　尚秉和：《周易尚氏學》，頁 4-5。

23　尚秉和：《周易尚氏學》，頁 5-6。

上者不同。

(12)「卦有卦情」條下云：

> 中孚之「鶴鳴子和」，以中爻正反震相對也，故下之震鶴一鳴，三至五即如聲而反，故曰「子和」。又如兌「朋友講習」，以初至五，正覆兌相對，若對語然，故曰「講習」、曰「商兌」。[24]

此條雖說卦有卦情，但舉例說明時，亦是以象說之，蓋《易》之一切，準於象而言之，故卦之情如何？亦依於卦之象如何。

(13)「同此一爻，而爻辭吉凶不同」條下云：

> 豈知爻有上下，由此爻上取，而象吉者，下取或凶。下取而象吉者，上取或凶。如〈漸·九三〉「婦孕不育凶」，下又曰「利御寇」是也。[25]

此談同一爻而爻辭上下吉凶不同之故，如此解釋之法，可以為吾人詮釋《易經》每有同一卦爻辭，卻見上下吉凶悔吝不同時的一個解說之道。而此解法，亦依《易》象做判斷。

(14)「《易》辭與他經不同，他經上下文多相屬，《易》則不然，因《易》辭皆由象生」條下云：

24　尚秉和：《周易尚氏學》，頁 6。

25　尚秉和：《周易尚氏學》，頁 6-7。

> 觀某爻而得甲象，又觀某爻而得乙象，故《易》辭各有所指，上下句義不必相聯。如〈損・象〉曰「利有攸往」，指上九也。下又曰「曷之用」、「二簋，可用享」。……舊解無知者，故于上下句，常強為聯屬，致柍枒不合。茲編遇此，先指明《易》辭之說何爻何象，至其意義之不相屬者，亦必指明。[26]

此條解釋《易》辭多有上下不相接連的現象之故，乃在因觀爻所取之象不同，故所繫之辭不同，因而時有同一卦爻辭而上下不相聯屬的情況。這樣的看法與解釋之法，無疑也提供了我們如何解釋《易》辭多有上下不相接連現象的新角度。而尚氏的這個看法，也是依於《易》象的。

(16)「《易》辭皆觀象而生，象之所有，每為事之所無，故不能執其解」條下云：

> ……又若〈豫・九四〉之「朋盍簪」，震為髮，艮為簪，而坎為穿，陰以陽為朋，以一陽橫貫于群陰之間，有若簪之括髮，故曰「朋盍簪」。為事之所必無，理之所難有，而在《易》則為維妙維俏之取象。……故讀《易》只可觀象玩辭，而不可泥其解。[27]

此條亦在說明解卦爻辭時，應以觀象為先，即使看來「為事之所

26 尚秉和：《周易尚氏學》，頁 7。
27 尚秉和：《周易尚氏學》，頁 7-8。

必無，理之所難有」，但反覆觀玩其象，則反而可見《易》象之精妙，所以讀《易》只可觀象玩辭而不可泥於辭而解之也。

(18)「漢儒以象數解《易》，與春秋士大夫合，最為正軌」條下云：

> 乃鄭玄于象之不知者，則用爻辰，取象于星宿。虞翻則用爻變，使變出某卦，以當其象。若此者，亦不敢從也。[28]

此條表明以象解《易》與春秋習慣相合，故其說自是最古。鄭玄、虞翻諸家於象未有深知，所以變出各種為後世所沿用以解《易》的方法，如爻辰、卦變等，為其所不取。了解尚氏的這個立場十分重要，因為一般以象數解《易》者，多以卦爻變化來談某卦某爻何以有此象；但尚氏卻不以這種方法為是，而是以卦爻本身的狀態來探求其可能之象，是以有覆象有半象，但卻沒有陰陽變易之後而取的象，故不可簡單籠統的將其與一般象數《易》家混為一談。

總的來說，以象解《易》為自古以來解《易》之法，而目前可見之《易》象，又以《左傳》、《國語》中所載為最古最確，《易林》則是最多最廣。易辭既然皆是觀象而生，則讀《易》時自當觀象玩辭，方能得《易》義之真，不可執於《易》辭以解《易》，以免遇到同一卦爻辭而上下吉凶不同、上下意義不相聯屬時，硬要望辭生義，而有穿鑿附會之病。

---

[28] 尚秉和：《周易尚氏學》，頁 9。

3、其他類，共七條：

除了可以其治《易》核心的「《易》理」、「《易》象」歸類之外，其他又可分為論《易》辭者，如：

(4)「《易》辭本為占辭，故其語在可解不可解之間」條下云：

> 惟其在可解與不可解之間，故能隨所感而曲中肆應不窮，所謂仁者見仁，智者見智也，此《易》理也。《易》理與義理不同，……此編只明《易》理，至其用則任人感觸之。[29]

此條雖亦謂《易》理，然此《易》理與陰陽相相敵、相應之理無關，而是指《易》辭之所以在可解不可解之間，乃正是讓人能隨所感而釋之，此所以《易》理肆應不窮也。而這種看法與其論《易》象的與時俱進的說法是一致的。

(15)「卦爻辭往往相反」條下云：

> 如〈履・彖〉曰「不咥人」，爻曰「咥人凶」，〈无妄・彖〉曰「不利有攸往」，爻曰「往吉」是也。……先儒無知其故者，豈知卦有卦義，爻有爻義，彖有彖義，絕不同也。[30]

---

29 尚秉和：《周易尚氏學》，頁 2-3。

30 尚秉和：《周易尚氏學》，頁 5-6。

此條則謂卦辭、爻辭、象辭往往相反之因，乃在其義各各不同，而其之所以能各各不同而存在同一卦中，正因為當時所見象不同，故所繫之辭自不相同耳。若能明白辭由象生，則便不會因此相反之義在一卦爻中而有所迷惑了。此條亦可與(19)「《易》義有絕不能解者，先儒雖強說之，實皆無當」條同看。

其他尚有直接談論《易經》相關問題者，如(9)「凡《易》之古文，必仍其舊例」、(10)「古書多音同通用，而《易》尤甚」、(17)「解經惟求其是而已，無所謂派別」，以及最後(3)「〈乾〉、〈坤〉二卦為六十四卦根本」，都是明白說出自己對《易經》的看法，本文不再贅述。

（三）〈總論〉——對《易經》傳統周邊問題的看法

這部分總共分為十二項，大約都是對《易經》傳統問題的看法，較重要的有：

1、論《周易》二字本詁——「易」是占卜，「周」是《易》道周普之義

關於《周易》二字的看法，尚氏大致採取了他的老師吳摯父的意見，其云：

> 吳先生曰：「《易》者，占卜之名。〈祭義〉『《易》抱龜南面，子卷冕北面。』是《易》者占卜之名，因以名其官。……說者以『簡易、不易、變易』釋之，皆非。」愚案：《史記・禮書》云「能慮勿《易》」，亦以《易》為占，「簡易、不易、變易」皆《易》之用，非《易》之本

> 詁，本詁固占卜也。[31]

他認為把《易》字解釋為「簡易、變易、不易」的說法，都只是在《易》的作用上說，並非其原本之義。並引《史記・禮書》說法證明《易》之原義乃是占卜。至於「周」字，他是贊成鄭康成與賈公彥「《易》道周普」的說法，而不贊成孔穎達將周看做朝代名。[32]

2、《周易》卦爻辭為文王一人所作，〈十翼〉為孔子所說，門人所記

他認為《周易》卦爻辭為文王所作，其云：

> 〈繫辭〉云：「《易》之興也，其當殷之末世，周之盛德邪？當文王與紂之事邪？」是孔氏以文王演《易》。後太史公、揚子雲之屬，亦以文王演《易》於羑里，既曰「演《易》」，則卦爻辭皆文王所作，自西漢以前，無異議也。……至東漢王充、馬融、陸績之儔，忽謂文王演卦辭，周公演爻辭，孔穎達、朱子等信之，而究其根據，則記載皆無。……今謂不合自稱為王，以文王追謚為說，故疑為周公，其謬一也。至〈明夷・六五〉之「箕子」，與

---

31 尚秉和：《周易尚氏學》，頁 11。

32 關於這個問題，尚氏弟子黃壽祺先生在〈《周易》名義考——六庵讀《易》叢考之一〉，《周易研究論文集第一輯》（北京：師範大學出版社，1988 年）中亦有詳論之。文中引及尚氏此段文字，其結論為「《易》主變易，周為代名」。視占卜為《易》之用，而非《易》之本義，（頁 155-156）並不同意其師之說，讀者可參看之。

〈象傳〉之「箕子」絕對不同。〈象傳〉之「箕子」，紂臣也，六五之「箕子」，則趙賓讀為「荄茲」，劉向、荀爽讀為「荄滋」，王弼讀為「其茲」，蜀才讀為「其子」，而《焦氏易林》讀為「孩子」。「孩子」指紂，與《論衡》讀「微子之刻子」為「孩子」同也。且以六五之君位，而使紂臣居之可乎？……其謬二也。至〈既濟・九五〉之「東鄰、西鄰」，原以離坎為東西，以離為牛，以互震為祭，純是觀象繫辭。乃漢人忽有「東鄰指紂，西鄰自謂」之曲說，在文王固不合，在周公尤不合也。周公時何來與紂為鄰？且語意之膚淺，聖人有若是者乎？其謬三也。[33]

尚氏認為《周易》卦爻辭皆為文王所作，引〈繫傳〉與西漢人如司馬遷、揚雄之說證之，此三證據皆西漢以前說法無疑，其又對把爻辭歸於周公作的說法予以駁斥。不論此訟論多時的卦爻辭作者是非為何？尚氏引經據典的解釋以建立自己的看法，與一味只信《易》為聖人所作者的態度是不同的。

至於卦爻辭的時代與作者問題，學界討論實在甚多，說法或有如林炯陽之卦辭為文王所作，爻辭為周公所作；[34]其時代或如詹秀惠謂在西周初葉，成於太卜之流；[35]或如陸侃如謂寫定約當

33 尚秉和：《周易尚氏學》，頁 16-18。

34 黃壽祺主編：《周易研究論文集第一輯・周易卦爻辭之作者》，頁 438。

35 黃壽祺主編：《周易研究論文集第一輯・周易卦爻辭之著成年代》，頁 454。

東周中年，起源或在商周之際；[36]或如李漢三謂在武王克殷之後，東周中葉之前；[37]或如王開府云卦爻辭之編集為定本，當在春秋前。[38]大約在時代上都不早於殷周之際，不晚於東周中葉。

在〈十翼〉作者這個問題上，尚氏始終相信與孔子有關，其云：

> 自太史公、揚子雲、班孟堅諸儒，皆以為孔子所作，無異論也，至宋歐陽公始疑之。……蓋《周易》若無〈十翼〉左右推測，與二《易》等亡耳！人仍不知其義蘊也。惟〈十翼〉解釋「元亨利貞」之義，〈彖、象傳〉與〈文言〉不同，又或〈彖傳〉與〈象傳〉，〈文言〉與〈文言〉亦不同，由是知〈十翼〉之義，有采集古《易》說者，……如〈文言〉一再釋〈乾〉六爻之義，疑亦采集古說，故義不同。蓋自伏羲至孔子，有數千年之久，前後筮法，雖有不同，而理則無二。其間《易》說必多，其為夫子所常常稱述者，門人從而輯錄之也。有薈萃夫子之說者，夫子之說，如〈彖傳〉言「時乘六龍以御天」、言「雲行雨施」，〈文言〉亦言之，而上下〈繫辭〉意重複者尤多，蓋皆夫子所說，前後不一時，而記錄者亦未必為一人，故辭重複如是，而非夫子自為也。……朱子云「有文王之《易》，有孔子之《易》。」孔子之《易》即〈十

36 黃壽祺主編：《周易研究論文集第一輯·論卦爻辭的年代》，頁254。

37 黃壽祺主編：《周易研究論文集第一輯·周易卦爻辭時代考》，頁302。

38 黃壽祺主編：《周易研究論文集第一輯·周易經傳著作問題初探》，頁459。

> 翼〉，故〈十翼〉非孔子不能為、不敢為，而紀錄〈十翼〉者，則孔子之門人也。[39]

尚氏認為自古皆謂〈十翼〉為孔子所作，宋人歐陽修因見其間有重複者，而疑其非出自一人之手。對歐陽修這樣的說法，尚氏並沒有像一般傳統護古派的直斥其非，而是更深刻的進入〈十翼〉的世界，仔細觀察思考其間或有重複者，或對同一字詞而有不同見解之處的各種可能性，於是有了自己對〈十翼〉的看法。基本上，他認為〈十翼〉與孔子必然有關，其中有孔子自己所說的，亦有採集自古以來不同的《易》說而在與門人討論時稱述引用者，而把這些對話或教授之語記錄下來的則為孔子門人。然因孔子說《易》非只在一時一地，其間斷續記錄孔子《易》說的門人亦非只有一人，因此〈十翼〉中雖時有重複或不同之處，卻正可以說明孔子說《易》非只在一時一地的推測，所以記錄自不可能是統一而沒有重複的。這樣的看法，即使在出土文物如此頻繁的現代研究來看，也與今日許多學人對於《易》傳時代與作者的看法十分相近的。如廖名春在對帛書等出土文物做了研究之後就說：

> 《易》傳各篇非成於一時，它的作者自然也並不只一個人，說它們都是孔子親手所著的傳統觀點，今天已經被大多數人所否定了。……總體來說，《易》傳的思想源於孔子，孔子與《易》傳有著密切的關係。但戰國時期的孔子

39 尚秉和：《周易尚氏學》，頁 20-21。

後學對《易》傳各篇也作了許多創造、發揮工作，因此《易》傳的作者主要應是孔子及其後學。[40]

這種認為《易》傳與孔子及其門人相關的看法與數十年前的尚氏相同，學界雖對孔子與《易》的關係仍有不同意見，然而尚氏在無出土文物可以佐證的情況下，以其深心研《易》所得而有了與今人引用出土文物所研究的相近看法，實可見其數十年一心研《易》的功力。[41]

3、對漢、宋《易》派皆表不滿

由於尚氏對於所謂《易》理的陰陽相比、相應關係與《易》象的極度重視，因此對於虞翻卦變、王弼掃象之後的《易》學發展有如下的看法：

凡春秋人說《易》，無一字不根于象，漢人亦然。惟古書

---

40 廖名春：〈第十五章・易傳概論〉，《周易經傳與易學史新論》（濟南：齊魯書社，2001 年），頁 282-284。

41 關於近人對《周易》經傳作者及成書年代的研究與看法，如疑古最力的顧頡剛、錢玄同認為《周易》卦爻辭成於周初卜筮之官之手，《易》傳則應在戰國末至西漢末之間。張善文先生則引用諸多出土資料，一方面肯定《周易》卦爻辭成於周初的看法，另一方面將《易》傳出現的時間提早到春秋末至戰國中期，並認為孔子與《易》有密切關係，《史記》、《漢書》孔子晚而喜《易》，以《易》傳授弟子之說是可信的。黃沛榮先生亦認為孔子雖未作《易》，卻有讀《易》、傳《易》的事實，《易》傳乃孔門弟子傳其師之讀《易》心得。何澤恒先生則仍對孔子與《易》的關係採取保留的態度，並引陳鼓應先生之說，對這些出土文物提出出於秦漢儒生之手的質疑。關於此等討論，可參看本書第一章〈《古史辨》中討論《易經》相關問題之省思〉。

> 皆竹簡，本易散亡，王莽亂起，中原經兵燹者十數年，至漢末，西京《易》說皆亡，獨存孟京二家，以無師莫能傳習，於是韓宣子所謂〈易象〉者，頗多失傳。東漢儒者，知說《易》不能離象也，於象之知者說之，其不知者，則當敬闕其疑。乃虞翻浪用卦變，鄭玄雜以爻辰，虛偽支離，使人難信。王輔嗣遂乘時而起，解縛去澀，掃象不談，唐李鼎祚所謂野文也。自是《易》遂分為二派，其以輔嗣為宗者，喜其無師可通，顯于晉，大于唐，而莫盛于宋，所謂「義理」之學也。實所謂義理者，于《易》理無涉。朱子晚年，深悟野文之非，詆訾《程傳》先辭後象之顛倒，然卒不敢改其《本義》，以違忤時尚。《易》學之衰落，蓋莫甚于此時。其以荀虞為宗者，號為「漢《易》」，以別于野文家，極力復古，惟其所宗，適當〈易象〉失傳之後，于象之不知者，仍用卦變爻變，奉虞氏遺法，為天經地義，于是焦循變本加厲，于象之不知，義之不能通者，以一卦變為六十四，以求其解，其弊遂與空談者等。然漢學家于訓詁必求其真，無空滑之病，少越軌之談，一洗元明以來講章之霾霧，于初學較便也。[42]

此文雖表面同是對漢、宋《易》派，動輒以象數、義理為研《易》學核心表示不滿，然而其對於這兩派的不滿，乃是基於他對於《易》象的重視。因為不論漢、宋派《易》家各自所著重的是什麼？尚氏對於他們沒有看到《易》象才是解《易》核心的無

42 尚秉和：《周易尚氏學》，頁 28。

知，同樣是十分不以為然的。因此，對於不論是如虞翻的卦變，焦循的旁通，這些變化卦爻以解《易》的象數《易》大家；或者如王弼、程頤等掃除象數而只談義理的義理《易》代表人物，他都同樣視為不能探求《易》學核心的。所以我們不能看到尚氏以《易》象為解《易》核心，遂誤將其視為漢《易》一派，因為他對於傳統漢《易》派的卦變爻變之法是全然不同意的。

除了上述幾個對《易經》相關問題的看法之外，其他還有如：他認為《周易》之大義是「否泰往來、剝復循環」的，故吉時不必喜而凶時亦未必憂，天地人間皆此循環往復之理。而古《易》有三，《連山》、《歸藏》亡於永嘉，重卦之人為伏羲，〈彖〉、〈象〉附於經文下者始於鄭康成，並認為消息卦之說非出自漢人，而是在《左傳》裏已有，自古已用以注《易》了。[43]

三、《周易尚氏學》之分析

在對尚氏《易》學有了前述的理解之後，本節將進入其逐一注釋《易經》六十四卦內容方法的討論，基本上就是《易》理、《易》象這兩個核心解《易》理念的充分運用，在通讀《周易尚氏學》後，筆者有以下的分析：

（一）《周易尚氏學》所建立的《易》例

除了前述尚氏說明自己注《易》的凡例——〈說例〉之外，其在逐一注釋《易經》卦爻辭時，亦有或者自覺的、或者不自覺

43 尚秉和：《周易尚氏學》，頁 14-25。

的在字裏行間，建立了一套自己的《易》例。將之與〈說例〉同看，可以幫助我們更全面了解尚氏《易》學。茲將之歸納整理如下：

1、「陰陽相遇」之《易》理類

陰陽相比、相應的關係是尚氏《易》學的核心《易》理之一，所以他在注釋《易經》卦爻辭時，多以此論之，並因之而建立起《易》例，如：

(1)《易》凡言「有慶」者，皆謂陰遇陽

其注釋〈坤・象〉曰「先迷失道，後順得常。西南得朋，乃與類行。東北喪朋，乃終有慶。」時云：

> 純坤與純乾相遇，天地合德，萬物由此出生，故曰「有慶」。《易》凡言「有慶」者，皆謂陰遇陽。[44]

此條明說《易》凡言「有慶」者，皆謂陰遇陽。其注〈大畜・六五・象〉曰「六五之吉，有慶也。」時云：

> 六五承陽，故「有慶」。〈晉・六五〉、〈睽・六五〉皆上承陽，皆曰「往有慶」，茲與之同。[45]

謂六五爻因上承上九之陽，故為「有慶」，與〈晉・六五・象〉曰「矢得勿恤，往有慶也。」及〈睽・六五・象〉曰「厥宗噬

44　尚秉和：《周易尚氏學》，頁 55。

45　尚秉和：《周易尚氏學》，頁 178。

膚，往有慶也。」等的「有慶」皆同因上承陽爻也。又其注〈兌・九四・象〉曰「九四之喜，有慶也。」時亦云：

> 九四獨履陰，履陰故有喜，故曰「有慶」。[46]

是兌之陰爻在三上，故只有九四能獨履陰爻，因六三陰爻上遇九四之陽爻，故曰「有慶」。由此數例可知尚氏《易》學有一《易》例謂：《易》凡言「有慶」者，皆謂陰遇陽。

(2)凡陰得陽應必吉，陽得陰應不必吉

如其注〈否・六二〉「苞承，小人吉，大人否亨。」時云：

> 「苞承」者，言下三爻皆承陽有應也，小人謂二，二得中有應，故「小人吉」。凡陰得陽應必吉，陽得陰應皆不吉。而否卦陽氣上騰，不能下降，故大人否亨。大人謂五。否，不。言五雖得二應而不亨也。[47]

其謂此爻辭之所以小人吉，乃是六二得中且與九五相應也，而所以大人否亨，則大人指九五爻，九五下降與六二相應，雖應，但因是陽得陰應，故否亨也。是以其謂「凡陰得陽應必吉，陽得陰應皆不吉。」但其注既濟卦辭「亨，小利貞，初吉終亂。」時則云：

---

46 尚秉和：《周易尚氏學》，頁 334。

47 尚秉和：《周易尚氏學》，頁 114。

> 蓋《易》之為道，以陽為主，陰與陽絕不平等，故陰得陽應必吉，陽得陰應則不必吉，且有以為凶者。如大過四爻、中孚初爻皆是。既濟二、四承乘皆陽，又三陰皆有陽應，故小者亨。〈彖傳〉專以亨屬小，亦謂大者不然。大何以不然？凡陽遇重陰必吉，一陰則否。既濟三五皆陷陰中，雖三陽皆得位有應，然所應者陰，固與柔爻異也。此〈傳〉所以專以亨屬之小也。[48]

此條則說《易》之為道，以陽為主，故陰與陽絕不平等。由於陽主陰副，故陰（副）得陽（主）應必吉，是副得主之眷顧也；而陽（主）得陰（副）應則不必吉，是主已是主，得副之助亦未必是吉，而且也有凶的可能。因其為主，故或吉或凶主要還是看自己。如其注〈大過・九四〉「棟隆，吉。有它吝。」謂「『有它吝』者，言四應在初，四若它往應之，則為二、三所忌，而致吝矣！……若四只不與初應，則吉也。」[49]是四陽與初陰應反而吝也。又如其注〈中孚・初九〉「虞吉，有它不燕。」時云「初陽遇陽不宜動，與〈節・初九〉『不出戶庭，无咎』同。即謂安吉也。『它』謂四，四巽為隕落，『有它』謂不安于初，不顧二阻，而它往應四，則不燕也。燕與宴通，亦安也。」[50]是謂中孚初九陽爻若不顧九二陽爻之阻而應六四陰爻，則反而不安也。所以陰應陽則吉，陽應陰不必吉也。

因此我們可以得知，此條《易》例乃因尚氏認為《易》以陽

---

48 尚秉和：《周易尚氏學》，頁 355。

49 尚秉和：《周易尚氏學》，頁 187。

50 尚秉和：《周易尚氏學》，頁 344-345。

為主陰為副，陰陽絕不平等，而其之所以如此看《易》，實與傳統上本為男重女輕，陽重於陰有關。故此為其注《易》特殊處，與一般只要陰陽相應就為吉的觀念不盡相同，此為尚氏《易》例二也。

(3)《易》以陰陽相遇為類（朋、友），反之為敵

如其注〈同人・象〉曰「天與火，同人，君子以類族辨物。」時云：

> 《易》以陰陽相遇為類。族，《正義》云「聚也。」聚居一處，故曰同人。然所以能聚者，以其類也，設失類而為純陽或純陰，則不能聚矣！……《易》之道，同性相違，異物相感，自類字失詁，義遂不明。[51]

此條明謂陰陽相遇方為類，純陰純陽則為失類。其注〈頤・六二・象〉曰「六二征凶，行失類也。」時亦云：

> 二无應，前遇重陰，陰遇陰則窒，故曰「征凶」。陰陽相遇方為類，今六二不遇陽，故曰「失類」。象義如此明白，乃二千年《易》家，皆以陰遇陰為類，于是〈文言〉之「各從其類」、〈坤・彖傳〉之「乃與類行」、〈繫辭〉之「方以類聚」，乃此皆失解，與「朋」、「友」同。[52]

---

51 尚秉和：《周易尚氏學》，頁 120。

52 尚秉和：《周易尚氏學》，頁 182。

此亦舉陰遇陰為窒則「征凶」，以說明其失類也。又如其注〈繫辭上傳〉「方以類聚，物以群分，吉凶生矣！」時則云：

> 方以類聚，言萬物能聚于一方者，以各從其類也。陰陽遇方為類。〈頤・六二・象〉曰「行失類」，言陰不遇陽也。〈坤・傳〉曰「西南得朋，乃與類行。」〈中孚・六四〉曰「絕類上」，言陰遇陽也。陰陽遇為類，類則聚，聚則和合而吉矣！物者陰物陽物，純陽或純陰為群，乾曰「見群龍无首」，以純陽（案：書中誤印作陰）為群。〈否・二・象〉曰「不亂群」，以純陰為群。純陽純陰則不交而陰陽分，分則類離，離則凶矣！《九家》注「死生之說」云：「陰陽合則生，離則死。」自類字失詁，舊解不知吉凶之故何在，可喟也。[53]

此又是集中數例而申述其陰陽相遇為類為吉之理，並且說「純陽或純陰為群，乾曰『見群龍无首』，以純陽為群。〈否・二・象〉曰『不亂群』，以純陰為群。」把群字表陰與陰或陽與陽在一起，以與類字做區分。又其注〈中孚・六三〉「得敵，或鼓或罷，或泣或歌。」時云：

> 〈子夏傳〉「三與四為敵，故曰『得敵』。」荀爽曰：「三四俱陰，故稱敵也。」中四爻艮震相反覆，震為鼓，艮止故罷。……震為歌，震反則泣矣！與艮為山陽，艮反

53　尚秉和：《周易尚氏學》，頁366。

> 為山陰義同也。蓋三不當位而遇敵，故不當如此也。得敵與頤二之失類，艮之敵應，為《易》義之根本，所關甚大。乃「得敵」韓子夏與荀知之，「失類」則无知者，致陰遇陰，陽遇陽之處皆失解，可喟也。[54]

其注〈兌・象〉曰「麗澤兌，君子以朋友講習。」時云：

> 陰陽相遇相悅為「朋友」。兌口故曰「講習」。初至五正反兌相對，正朋友互相講習之象，故君子法之。虞翻謂兌二陽同類為朋，夫陽遇陽，陰遇陰，則為害為敵，艮與中孚皆言之，豈得為朋友。又云「伏艮為友」，蓋取義于〈損・六三〉「一人行則得其友」，豈知艮之為友，以一陽上行，遇二陰為友，與兌之以一陰下降，遇二陽為朋友同，皆取義于陰陽相遇。[55]

此則喟嘆陰遇陰、陽遇陽為敵之理，前人雖已知之，但卻不知陰陽相遇方謂類之理，並以兌之「君子以朋友講習」，說明朋友講習之象乃是陰陽相遇之故，故知陰陽相遇方為類、為朋友而為吉，此為尚氏《易》例之三也。

(4)凡言「志在外」、「志在內」者，皆謂應爻

如其注〈繫辭上傳〉「是故列貴賤者存乎位，齊大小者存乎卦，辨吉凶者存乎辭，憂悔吝者存乎介，震无咎者存乎悔。是故

---

54 尚秉和：《周易尚氏學》，頁 346。

55 尚秉和：《周易尚氏學》，頁 332。

卦有小大，辭有險易。辭也者，各指其所之。」時云：

> 之，往也。辭也者，各指其所之。言凡《易》辭，皆視其爻之所在而定吉凶也。此有二義，一、初之四，二之五，三之上，其爻在此，而其辭往往指應爻，應爻即所之。例如〈蒙・六三〉曰「見金夫不有躬」指上爻象也，〈泰・九二〉曰「朋亡得尚于中行」指六五言。有應故所之皆利，无應則不利也。又凡言「志在外」、「志在內」者，亦指所之也。二、凡爻之所比，得類失類，所關最大。例如〈頤・六二〉前遇重陰，〈象傳〉曰「行失類也」。〈中孚・六三〉前亦遇陰，爻辭曰「得敵」，皆以陰遇陰為敵、為失類，故所之不利也。又鼎九二曰「慎所之」，革九三曰「征凶又何之矣」，皆以陽遇陽，敵剛，所之不利。[56]

此條論所之者，乃指爻之去處。爻之去處有應有比，應者如初四、二五、三上，比者則為爻與其前後爻之關係。要之，皆指爻的變動去處而言，其理亦是陰陽相比、相應為吉，反則為凶。而又特別提出「志在外」、「志在內」者，皆謂應爻之《易》例。又如其注〈臨・上六・象〉曰「敦臨之吉，志在內也。」時云：

> 言頓止之故，因陽息即至三，有應也。《易》之道貴將來，將來有應，故吉。不然內无應，何吉之有？凡云「志

---

56 尚秉和：《周易尚氏學》，頁 370-371。

> 在內」、「志在外」者，皆謂應爻。[57]

其注〈復・六五・象〉曰「敦復无悔，中以自考也。」時云：

> 向秀曰：「考，察也。」五中位，應在二，亦中位，陽息即至二，五有應，故「无悔」。「中以自考」者，釋敦之故。《易》之道貴將來，言頓止以待中二之陽息，自考省也，與〈臨・上〉之「志在內」義同。[58]

此二條皆謂「《易》之道貴將來」，故將來有應則吉。並謂「志在外」、「志在內」者，皆謂應爻，此為尚氏《易》例之四也。

(5)凡「我生」皆謂應與

其注〈觀・六三〉「觀我生，進退。」時云：

> 凡我生皆謂應與。《詩・小雅》「雖有兄弟，不如友生。」《易》以陰陽相遇為朋友，故謂應與為「我生」。三應在上，故曰「觀我生」。[59]

此雖為孤例，但因尚氏謂凡「我生」皆謂應與，而應與即陰陽相遇之義，故亦是尚氏《易》例之一也。

(6)凡云「得志」、「得願」、「上合志」謂陽往遇二陰，或陰往遇二陽也

---

57 尚秉和：《周易尚氏學》，頁 146。

58 尚秉和：《周易尚氏學》，頁 168。

59 尚秉和：《周易尚氏學》，頁 148。

其注〈无妄・初九・象〉曰「无妄之往，得志也。」時云：

> 「得志」，謂往遇二陰也。〈大畜・九三〉云「上合志」、〈渙・九二〉云「得願」，上皆无應，皆以前遇二陰。虞翻不知此為《易》不刊之定理，命四爻變陰，初應釋得志，清儒從之，訛誤至今。[60]

此條明舉〈大畜・九三〉云「上合志」與〈渙・九二〉云「得願」，上皆無應，但皆前遇二陰，故謂「合志」、「得願」，為往遇二陰也。又其注〈大畜・九三・象〉曰「利有攸往，上合志也。」時云：

> 三遇重陰，陽遇陰則通，故曰「上合志」。上謂四五，此與〈升・初六〉之「上合志」同。初六之上謂二三，陰遇陽則通，與陽遇陰同也。虞翻謂上為上爻，故《易》本一失，說无不誤。[61]

此舉〈大畜・九三・象〉之前遇二陰為「上合志」，並舉〈升・初六〉之「上合志」為前遇二陽之故，是知陽前往遇二陰與陰前往而遇二陽皆可謂「上合志」也。又其注〈渙・九二・象〉曰「渙奔其機，得願也。」時云：

60　尚秉和：《周易尚氏學》，頁 172。
61　尚秉和：《周易尚氏學》，頁 177。

> 陽遇重陰志行，故曰「得願」，舊解无有知其故者。[62]

其注〈革・象〉曰「革，水火相息，二女同居，其志不相得曰革。」時云：

> 息，長也，言更代用事也。但兌離皆陰卦，《易》之道陰遇陽，陽遇陰方志得，若陰遇陰，陽遇陽，則為敵矣！[63]

此數例皆申說陰陽相遇得志、得願，故知此為尚氏《易》例之六也。

(7)孚之故在陽遇陰

其注坎「習坎，有孚，維心亨，行有尚。」時云：

> 孚，信也。「有孚」，謂二五居中，遇陰，陽孚于上下陰也。舊解不知孚之故在陽遇陰，故說皆不當。[64]

此直說孚之故在陰陽相遇。又如其注〈豐・六二・象〉曰「有孚發若，信以發志也。」時云：

> 有孚故信。巽為志，「信以發志」者，言陰孚于陽，得行其志也。[65]

---

62 尚秉和：《周易尚氏學》，頁 337。
63 尚秉和：《周易尚氏學》，頁 288。
64 尚秉和：《周易尚氏學》，頁 190。
65 尚秉和：《周易尚氏學》，頁 318。

此亦言孚信之故在陰陽相遇，又其注〈兌・九二〉「孚兌吉，悔亡。」時云：

> 孚于三，陽遇陰故吉，得中，故悔亡。[66]

注〈中孚・九五〉「有孚攣如，无咎。」時云：

> 五下乘重陰，得類，故曰「有孚」，言孚于二陰也。[67]

皆一再申說孚之故在陰陽相遇，故知此為尚氏《易》例之七也。

(8)凡爻有正應者，初雖有阻，終必相合

其注〈井・九三〉「井渫不食，為我心惻，可用汲，王明，並受其福。」時云：

> 三應在上，上居坎水上，故曰「井渫」。……初為泥則上為渫，正上居坎水上之象也。夫水潔宜食矣！乃竟不食者，以五亦陽為阻，三不得應上也。兌為食，為使也。坎為心，為憂。「為我心惻者」，言三被阻，不能汲上，使我心憂也。然三與上究為正應，上水既渫而清，三儘可汲，五豈能終阻之。王謂五，五坎為隱伏，故不明。然王終有明時，王明則三上汲引，養而不窮，天下普受其福矣！凡爻有正應者，初雖有阻，終必相合。〈同人・九

66 尚秉和：《周易尚氏學》，頁 333。
67 尚秉和：《周易尚氏學》，頁 347。

> 五〉曰「先號咷而後笑，大師克相遇」，言五克去三四之阻，終能遇二也。〈漸・九五〉曰「終莫之勝吉，得所願也」，言五終能勝三，與二相合也。[68]

此舉〈井・九三〉之終必與上六相應，而九五之陽不能始終阻之之理，故謂凡爻有正應者，初雖有阻，終必相合。並引〈同人・九五〉曰「先號咷而後笑，大師克相遇」，言五克去三四之阻，終能遇二，與〈漸・九五〉曰「終莫之勝吉，得所願也」，言五終能勝三，與二相合之例以證之。又其注〈鼎・九二〉「鼎有實，我仇有疾，不我能即，吉。」時云：

> 乾為實、仇、匹也，指五。五乘陽勢逆，不能即二，故曰「有疾」。〈豫・六五〉乘剛曰「貞疾」，茲與之同。我謂二，二為三四所隔，既不能即五，五因乘剛有疾，亦不能即二。然我與我仇，究為正應，始雖阻，終必合也，故結之曰「吉」。〈象〉曰「終无尤」，即謂二五終合也。[69]

其注〈漸・九五〉「鴻漸于陵，婦三歲不孕，終莫之勝，吉。」時云：

> 巽為高，五應在二，二艮體，五居艮上，故「漸于陵」。巽為婦，震為孕，震伏，下敝漏，故不孕。又五應在二，

---

68 尚秉和：《周易尚氏學》，頁285。

69 尚秉和：《周易尚氏學》，頁293。

> 為三所阻，不能應二，故「三歲不孕」。坎為三歲，言其久，然五與二為正應，三豈能終阻之，故終勝三，得所願而吉也。[70]

此二例皆申說若是正應，則始雖有阻而終必相合相應，故知此為尚氏《易》例之八也。

(9)六十四卦言「利貞」者，亦指陰陽相遇

其注〈兌〉「亨利貞。」時云：

> 兌，悅也。兌何以悅？以一陰見于二陽之上，陽得陰而悅也。剛中柔外，與泰義合，故亨。陰陽相遇，故利貞。[71]

此處直謂「陰陽相遇故利貞」。又其注〈中孚〉「豚魚吉，利涉大川，利貞。」時云：

> 「利貞」，〈傳〉釋為應乎天，五天位，三四皆陰爻，陽得陰則通，陰順陽，故曰「應乎天」。[72]

此是以〈中孚・九五〉之「應乎天」、之「利貞」，乃是遇三四之陰爻也。是知「利貞」乃陰陽相遇之故，故知此為尚氏《易》例之九也。

(10)遠謂應，近謂比，遠近不能兼取

---

70 尚秉和：《周易尚氏學》，頁 310。
71 尚秉和：《周易尚氏學》，頁 331。
72 尚秉和：《周易尚氏學》，頁 344。

其注〈同人・六二〉「同人于宗，吝。」時云：

> 乾為主為宗，二五正應，故「同人于宗」。但卦五陽皆同于二，今二獨親五，則三四忌之，致吝之道也。〈下繫〉云「遠近相取而悔吝生」，遠謂應，近謂比，遠取應則不能近取比，如〈无妄・六二〉往應五而利，則不繫初。近取比，則不能遠取應，如〈中孚・六四〉「絕類上」則不應初，而馬匹亡是也。是故遠近萬不能兼取。〈同人・六二〉遠應五，則有近不承陽之嫌，近承陽則失遠應，故吝也。彼夫〈咸・六二〉、〈遯・六二〉皆有應，象皆與此同。乃〈咸・六二〉曰「居吉」，〈遯・六二〉曰「執之」，皆戒其動，俾遠近皆不取，不取則悔吝免也。舊說皆不知其故在三四，故鮮有得解者。[73]

此舉〈同人・六二〉「同人于宗，吝。」為例，說明其吝之故在六二獨應五而為三四所忌，並舉〈咸・六二〉曰「居吉」與〈遯・六二〉曰「執之」，皆與其九五爻相應之例同看，而謂遠應近比不得兼取之《易》例。又其注〈繫辭下傳〉「遠近相取而悔吝生，情偽相感而利害生，凡《易》之情，近而不相得則凶，或害之，悔且吝。」時云：

> 凡萬物之象，皆包括于八卦之中，筮得某卦，必有四象，上下卦並上下互是也。至于卦爻辭則明卦情，占者以象為

73　尚秉和：《周易尚氏學》，頁 121。

> 本，以情為用。……陽遇陰，陰遇陽，則相求相愛。……陽遇陽，陰遇陰，則相敵相惡。……「遠近相取則悔吝生」者，遠謂應，近謂比。例如〈同人・六二〉，遠取五為正應，近又比三，故吝。〈咸・六二〉亦然，故遠近不能兼取。〈中孚・六四〉曰「絕類上」，近取也。近取上則不能遠取初，故曰「馬匹亡」也。[74]

此例除亦說明遠應近比不得兼取之義外，更直接告訴學人「凡萬物之象，皆包括于八卦之中，筮得某卦，必有四象，上下卦並上下互是也。至于卦爻辭則明卦情，占者以象為本，以情為用。」是知占卜之時要以所占得卦之四個象為斟酌思考之本，然後再活用做為表現卦情之卦爻辭，這樣方能得到所占之事的正確指引。此處雖釋〈繫傳〉之文，然則其所舉之例與上例皆同，故知此亦為尚氏注《易》之例十也。

以上十例是筆者細讀《周易尚氏學》全文後摘出的《易》例，而這看似繁瑣的十種《易》例，總而言之，皆在陰陽相遇相敵之《易》理的運用而已。其間較為特別者有如：「遠應近比不能兼取」、「爻有正應者，初雖有阻，終必相合」，以及「凡陰得陽應必吉，陽得陰應不必吉」等例，是我們在理解尚氏《易》學時，應該特別注意之處。

2、「以象解《易》」的《易》象類

「以象解《易》」是尚氏《易》學最為核心之處，所以他在注釋《易經》卦爻辭時，幾乎皆以象論之。其因之而建立起的

---

74 尚秉和：《周易尚氏學》，頁 409-410。

《易》例有：

(1)凡《易》取象，不于本爻必應，爻在此而象在應，為《易》之通例

其注〈小過・六五〉「密雲不雨，自我西郊，公弋取彼在穴。」時云：

> 蓋五應在二，二巽為繩，艮為矢，以繩繫矢，弋象也。而艮為穴為狐，艮手為取，穴居之物，豈能弋取，言二不應五，有如此也。凡《易》取象，不于本爻必于應，應爻有應予，如明夷初爻應在四震，則曰「飛」、曰「翼」、曰「攸往」、曰「主人有言」，全取震象而直言之。應爻无應予，亦往往取其象而明其不應，如〈歸妹・上六〉應在三兌，則曰「女承筐」、曰「士刲羊」，女與羊皆兌象，而三不應上，故又曰「无實」、「无血」，及此爻皆是也。舊解不知其例，見象无著，則用卦變以當之，于是《易》義遂亡于講說矣！[75]

此例舉〈小過・六五〉「密雲不雨，自我西郊，公弋取彼在穴。」之辭在五而象在二，明夷初爻之辭在初而象在四，〈歸妹・上六〉之辭在此而象在三，皆是辭不必象于本爻，亦多有象于應爻者。且若應爻不相應，則亦可取象以明其不應也，如〈歸妹・上六〉與六三不應之例。又如其注〈豫・初六〉「鳴豫，凶。」時云：

---

[75] 尚秉和：《周易尚氏學》，頁 352-353。

> 初應四，四震為鳴，故曰「鳴豫」。爻在此而象在應，如〈蒙・三〉之「金夫」、〈泰・二〉之「包荒」、「憑河」及此，為《易》之通例。自此例不明，于是〈明夷・初九〉之飛及翼，皆以離為象矣！初六得敵，不能應四，故凶。[76]

此舉〈豫・初六〉「鳴豫，凶。」之象在四震為例，明說爻在此而象在應為《易》之通例，並舉〈蒙・三〉之「金夫」、〈泰・二〉之「包荒」、「憑河」以證之。又其注〈噬嗑・上九〉「何校滅耳，凶。」時云：

> 坎為校為耳，上應在三，三坎體亦艮體，艮為背為何，坎校為艮背上，耳則遮矣，故曰「滅耳」。《易》爻在此，而象全在應，此其一也。[77]

其注〈明夷・初九〉「明夷于飛，垂其翼，君子于行，三日不食，有攸往，主人有言。」時云：

> 此與〈師・六五〉義同也。辭在五而象全在應，初應在四，四體震，震為飛為翼，坤在下，故曰「垂其翼」。震為君子，為行，數三，離日，故曰「三日」。震為口為食，坤閉，故「三日不食」。震為往，為主人，為言，故

---

76 尚秉和：《周易尚氏學》，頁 131。
77 尚秉和：《周易尚氏學》，頁 153。

> 曰「有攸往」、「主人有言」。蓋初雖應四，而為三所阻隔，故飛則不能高，行則不得食，凡有所往，而為主人所惡，責讓不安。[78]

注〈既濟・初九〉「曳其輪，濡其尾，无咎。」時云：

> 初應在四，四坎為曳、為輪、為濡，四居坎下，故曰「曳」、曰「尾」，所有象皆在應爻。舊解苦于本爻求，胡能合乎？曳濡當有咎，得正故无咎。[79]

以上三例引〈噬嗑・上九〉「何校滅耳，凶。」〈明夷・初九〉「明夷于飛，垂其翼，君子于行，三日不食，有攸往，主人有言。」及〈既濟・初九〉「曳其輪，濡其尾，无咎。」等，以明辭在此而象在應為《易》之通例也。

(2)象每以相反見義

其注〈賁・象〉曰「山下有火，賁。君子以明庶政，无敢折獄。」時云：

> 山下非山旁，火在山下，與地下同，直明夷耳！後儒謂明不及遠者誤也。艮為君子，明庶政，象每以相反見義，如同人曰「類族辨物」、无妄曰「時育萬物」、蠱曰「振民育德」皆是。茲因賁不明，君子反以明庶政。坎為獄，折

---

78 尚秉和：《周易尚氏學》，頁 224-225。
79 尚秉和：《周易尚氏學》，頁 356。

獄須明，離在下不明，故「无敢折獄」。而「无敢折獄」尤賁為无色无明之確徵。[80]

此處除舉〈賁·象〉曰「山下有火，賁。君子以明庶政，无敢折獄。」為例，說明君子以明庶政，而折獄須明，但因離在下，故不明，而有辭曰「无敢折獄」。因此而知《易》中有「象每以相反見義」之例。並舉同人曰「熕族辨物」、无妄曰「時育萬物」、蠱曰「振民育德」等例置此處，以明此為通例。又如其注〈大過·象〉曰「澤滅木，大過。君子以獨立不懼，遯世无悶。」時云：

> 不曰「澤中有木」，而曰「澤滅木」，此漢人死卦之說所由來也。滅者人之所懼，君子則獨立不懼。巽為寡，故曰「獨」。乾為惕，故曰「懼」。兌悅，故「不懼」。陽陷陰中，陰伏不出，故曰「遯世」。遯世宜有憂矣！乃君子則遯世无悶，以兌悅在終也。〈大象〉每反以見義，此亦其一也。[81]

其注〈大壯·象〉曰「雷在天上，大壯。君子以非禮弗履。」時云：

> 震為履，震履乾，即卑履尊，非禮甚矣！陸績曰「君子見

---

80 尚秉和：《周易尚氏學》，頁 155。

81 尚秉和：《周易尚氏學》，頁 185-186。

> 卑履尊，終必消除，故以為戒。」〈大象〉每相反為義，此其一也。[82]

此二例引〈大過・象〉曰「澤滅木，大過。君子以獨立不懼，遯世无悶。」及〈大壯・象〉曰「雷在天上，大壯。君子以非禮弗履。」皆云「〈大象〉每以相反見義」，可知此實為《易》之通例。

其他尚有如其注〈无妄・象〉曰「天下雷行，物與无妄，先王以茂對時育萬物。」時云：

> 艮為時，震、巽皆為草莽，而震為生，故曰「時育萬物」。即嚴畏天命，順時育物也。〈象〉有以相反為義者，如蠱曰「振民育德」、剝曰「上以厚下安宅」、明夷曰「用晦而明」，及此皆是也。[83]

其注〈夬・象〉曰「澤上于天，夬。君子以施祿及下，居德則忌。」時云：

> 祿謂恩澤，澤在天上无用，故君子思以下施。乾為富，故為德。德，得同。《荀子・禮論篇》「貴始得之本也。」注「得當為德。」居，積也。下乾，二至四，三至五，皆乾，乾多故曰「居德」。「居德則忌」者，言蓄積太多，

82 尚秉和：《周易尚氏學》，頁 216。
83 尚秉和：《周易尚氏學》，頁 171。

> 多藏厚亡，為人所忌也。〈象〉辭每相反以取義，此亦其一也。[84]

直舉數例同明「〈象〉每以相反為義者」，實是《易》之通例也。

(3)象同故辭同

其注〈渙・初六〉「用拯馬壯吉。」時云：

> 震為馬，初承之，故曰「拯馬」。鄭云「拯，承也。」拯馬即承陽，震健故壯吉，此與〈明夷・六二〉象同，故辭同。故〈象傳〉皆以順釋之，拯，順也。[85]

蓋〈明夷・六二〉云「明夷于左股，用拯馬壯吉。」是與〈渙・初六〉「用拯馬壯吉。」同，而其辭相同之故乃在其象相同。又如其注〈渙・上九〉「渙其血去逖出，无咎。」時云：

> 血，古文恤字。逖與惕音同通用。〈小畜・六四〉「血去惕出。」與此同也。[86]

此舉〈小畜・六四〉「血去惕出。」與〈渙・上九〉「渙其血去逖出，无咎。」辭同之例，以說明象同故辭同亦為《易》之例也。

---

84 尚秉和：《周易尚氏學》，頁 262-263。

85 尚秉和：《周易尚氏學》，頁 336。

86 尚秉和：《周易尚氏學》，頁 338。

(4)《易》凡于人名地名，无不從象生

其在注〈明夷・彖〉曰「內文明而外柔順，以蒙大難，文王以之。……內難而能正其志，箕子以之。」時，謂「坤為文，震為王，故曰『文王』。文王囚羑里，幾經艱難，而後出之，故曰『以蒙大難』。……震為子為箕，故曰『箕子』。《易林・賁之屯》云『章甫荐屨，箕子佯狂。』以屯震為箕子也。箕子紂諸父，故曰『內難』。紂囚箕子，箕子佯狂為奴，晦明不用，僅以身免，故曰『箕子以之』。以，用也。」後，自作小注云：

> 《易》凡于人名地名，无不從象生。除焦延壽外，无知此者。震箕象形，《易林》屢用。[87]

直謂《易》凡于人名地名，无不從象生之《易》例。

以上四者為尚氏《易》學以象注《易》之《易》例，而《易》象之運用與探索，實為尚氏與其他《易》家不同之處，亦為其勾合全《易》方法之核心。[88]

3、專論爻之吉凶類

尚氏還有專論某爻之吉凶悔吝者，如：

(1)三本多凶

其注〈兌・六三〉「來兌凶。」時云：

---

87 尚秉和：《周易尚氏學》，頁 224。

88 自古以來，治《易》名家多在《易》辭相同之處找尋所謂「聖人一貫之旨」，如焦循以卦爻變化之法以貫通全《易》，請參閱筆者：《清焦循易圖略易通釋研究》（桃園市：中央大學中文研究所碩士論文，1994年）。

> 在內稱「來」，來就二陽以為悅，行為不正則有之，无所謂凶。但三本多凶，又不當位，來而不正，遂不宜矣！[89]

此處直謂〈兌・六三〉之凶在三本多凶之故。

(2)凡五皆謂中行

其注〈夬・九五〉「莧陸夬夬，中行无咎。」時云：

> 孟喜云「莧，陸獸名。」夬有兌，兌為羊也。《說文》亦云「莧，山羊細角。」諸家說此二字，人人異辭，獨孟氏于象密合。凡五皆謂中行。又「夬夬」，于羊行貌獨切。[90]

此例謂中行指第五爻也。

(3)凡九四比六五，例終升五

其注〈旅・九四・象〉曰「旅于處，未得位也。得其資斧，心未快也。」時云：

> 凡九四比六五，例終升五。〈歸妹・九四〉曰「有待而行。」待升五也。〈豐・九四〉曰「遇其夷主，吉行也。」六五曰「來章。」亦言四來五也。茲曰「未得位」，因未得五位，故處以俟也。下六五曰「終以譽命。」即謂四終升五也。[91]

89　尚秉和：《周易尚氏學》，頁 333。
90　尚秉和：《周易尚氏學》，頁 265。
91　尚秉和：《周易尚氏學》，頁 324。

此處以〈歸妹・九四〉與〈豐・九四〉為例，說明若九四比六五，則終升五之《易》例。

(4)凡巽體上爻多不吉

其注〈蠱・九三〉「幹父之蠱，小有悔，无大咎。」時云：

> 三震體，故亦曰「父」。按：九三上雖无應，然當位，前臨重陰，與〈大畜・九三〉象同，當吉。乃〈大畜・九三〉「利往。」此云「小有悔，无大咎」者，以體下斷也。凡巽體上爻多不吉，先儒不知其故在本弱，故多誤解。[92]

此謂〈蠱・九三〉與〈大畜・九三〉象同，當與其一樣為吉。然而卻謂「小有悔，无大咎」者，乃是因為蠱之下卦為巽，巽風象，體弱，故九三爻雖前臨重陰且當位，卻只能无大咎者，實因巽風體弱之故也。故謂「凡巽體上爻多不吉」乃為《易》例。

(5)凡中爻不通利者，上九必利

其注〈離・上九〉「王用出征，有嘉，折首，獲匪其丑，无咎。」時云：

> 〈大有・上九〉云「自天祐之，吉无不利。」〈鼎・上九〉云「大吉。」蓋大有、鼎中爻皆不利，凡中爻不通利者，上九必利。大畜中爻為艮所畜，至上九忽亨，則以上九高出庶物，不為所畜也。大有、鼎、離與大畜理同也。[93]

---

92 尚秉和：《周易尚氏學》，頁 142。

93 尚秉和：《周易尚氏學》，頁 79-80。

此條舉大有、鼎、離與大畜四卦中之「吉无不利」、「大吉」、「无咎」與「亨」，說明此四卦之中爻不曰利，故上九必利，其為《易》例也。

(6)凡上六多不吉

其注〈復・上六〉「迷復，凶，有災眚，用行師，終有大敗。以其國君凶，至于十年不克征。」時云：

> 凡上六多不吉，上窮也。坤為迷為死喪，故「有災眚」。坤為眾，故為師。坤為死喪，故「行師終有大敗」。坤為國，震為君，故曰「國君」。坤為十年，震為征，「不克征」，言不能興起也。〈比・上六〉「後夫凶」，〈師・上六〉「小人勿用」，皆以其不承陽也。不承陽則背叛君命，而殃及國君，故曰「以其國君凶」。[94]

此以〈復・上六〉之凶，說明凡上六多不吉之《易》例，乃因上六無法承陽之故也。

(7)《易》之旨，陽剛不宜在外，在外則氣窮，有陽九之厄

其注〈无妄・彖〉曰「无妄，剛自外來，而為主于內。……无妄之往，何之矣！天命不祐，行矣哉！」時云：

> 乾為天，巽為命也。〈臨・傳〉云「大亨以正，天之道也。」天命與天道同也，故當時元亨而動，時當利貞，即不宜動，不宜動而強動，違天者也。違天而行，天所不

[94] 尚秉和：《周易尚氏學》，頁 168。

> 福。右，福也。「何之」者，言時值无妄，无往而可也。蓋《易》之旨，陽剛不宜在外，在外則氣窮，有陽九之厄，故卦辭以行為戒，以貞定為主。[95]

此以〈无妄・上九〉之「无攸利」說明《易》中有陽剛不宜在外之例，因陽在外則氣窮，而會有陽九之厄。蓋此例與上六多不吉之例之義近似，上之為亢，故《易》多有警惕之義也。

4、其他各自獨立類

其他還有尚氏在注《易》時，隨其所注而云之例，如：

(1)凡《易》云「有言」、「聞言不信」、「有言不信」，皆爭訟也，非言之有无

如其注〈需・九二〉「需于沙，小有言，終吉。」時云：

> 「有言」者，爭訟也。乾為言，見《左傳》。「兌口亦為言」，見《易林》。乃兌言向外，與乾言相背，故爭訟。〈夬・四〉之「聞言不信」，即如此取象也。兌為小，故「小有言」。有言不吉，然而吉者，〈象〉曰「衍在中」，以居沙衍之中也。……〈象〉曰「雖小有言，以終吉」者，明有言本不吉，然而吉者，以得中位也。虞翻用半象，謂三四震象半見，為小有言，穿鑿之說也。凡《易》云「有言」及「聞言不信」、「有言不信」者，皆爭訟也，非言之有无也。[96]

---

95 尚秉和：《周易尚氏學》，頁 171。

96 尚秉和：《周易尚氏學》，頁 199-200。

此處以〈需・九二〉及〈夬・九四〉說明凡《易》云「有言」、「聞言不信」、「有言不信」者，皆爭訟也，非言之有无之《易》例也。

(2)重剛與爻位無涉，乃謂上下爻之關係

如其注〈乾・文言・九三〉「重剛而不中，上不在天，下不在田，故乾乾因其時而惕，雖危无咎矣！」時云：

> 「君子終日乾乾夕惕若」，是自朝及夕，无不乾惕也，故曰「因時」。所以然者，初二剛，三仍剛，故曰「重剛」，陽遇陽則窒。[97]

此處以〈乾・九三〉說明重剛者，乃指初二剛，三又為剛，陽遇陽而窒，故謂重剛，非指九三陽爻居陽位之故。這與一般《易》家對重剛的理解不同，是尚氏十分特別之處。又其注〈乾・文言・九四〉「重剛而不中，上不在天，下不在田，中不在人，故或之。或之者，疑之也，故无咎。」時云：

> 侯果曰：「〈下繫〉云『兼三才而兩之』，謂兩爻為一才也。」初兼二地也，三兼四人也，五兼六天也。四是兼才，非正，故言不在人。朱子疑四非重剛，豈知重剛與卦位无涉，乃謂上下爻也。[98]

97　尚秉和：《周易尚氏學》，頁 50。

98　同前註。

此處直謂重剛與卦位無涉，乃指上下爻皆剛也。我們也可以由此推測，尚氏對重剛的解釋之所以與傳統《易》家以「爻位與爻象同為陽」的看法不同，正是來自於乾九四爻位為陰，何以〈乾・文言・九四〉有「重剛而不中」之說的疑問，所以進而得出「重剛與爻位無涉，乃謂上下爻之關係」的結論。

(3)爻例上為角，下為趾

其注〈晉・上九〉「晉其角，維用伐邑，厲吉，无咎，貞吝。」時云：

> 爻例上為角，故曰「晉其角」。[99]

而其注〈艮・初六〉「艮其趾，无咎，利永貞。」時云：

> 爻例在下稱趾，足趾不動，故无咎。利永貞，利于永遠貞定也。蓋初失位无應遇敵，故貴于无為也。[100]

此二條明言《易》中有上爻為角，下爻為趾之例也。

以上皆為《周易尚氏學》中之《易》例，是尚氏注《易》時所立的體例，其有自覺而整理出者，已在〈說例〉中明言之，而其未在〈說例〉中明言者，筆者則在此節中補述之，以求能了解尚氏《易》學之全貌而無遺。

---

99 尚秉和：《周易尚氏學》，頁 223。
100 尚秉和：《周易尚氏學》，頁 303。

（二）《周易尚氏學》非議與贊同前人之說者

筆者在從頭到尾細讀《周易尚氏學》而隨手筆記其注釋《周易》經傳時，隨文寫下其對前人《易》說的一些質疑與不滿後，做了初步的統計，發現尚氏雖對於《易》學傳統漢、宋二派皆表示許多不滿，但其實還是有著輕重不同的批判。其最贊同者自是以象為主的《焦氏易林》，其次，則對於清代的茹敦和表示了很高的敬意。茲將其非議與贊同前人之說統計如下：

1、非議前人之說統計表

茲依尚氏非議與不滿前人之說依數量多寡，製表如下：

人名	頁碼	總計	附錄
虞翻	28，45，54，55，58，60，68，75，77，79，91，94，96，97，98，99，100，105，108，115，121，122，127，128，137，138，143，147，160，161，165，167，170，171，172，173，174，176，177，178，179，180，183，184，187，188，194，195，196，206，214，218，220，221，222，234，235，239，241，243，247，252，253，254，260，265，270，273，274，280，289，291，292，294，296，299，300，304，305，309，312，313，316，318，323，325，332，339，342，349，371，378，394，404，408，417，422，429	98	

荀爽	52，54，60，62，64，97，100，102，114，115，127，128，129，188，217，232，243，253，269，270，276，283，303，304，410	25	
王弼	28，62，66，75，82，87，88，100，109，142，161，173，178，190，216，238，245，287，289，295，368，401，411，412	24	
惠棟	53，65，75，81，91，110，119，121，129，160，199，203，226，235，245，252，254314	18	
朱子	16，28，32，39，50，62，74，75，92，136，178，221，243，266，294，417	16	
鄭玄	28，87，161，172，179，206，216，232，245，265，266，282，298，359，422	15	
孔疏正義	12，16，56，57，62，69，71，87，92，116，190，229，321	13	
馬融	16，41，54，88，142，161，245，411，412，422	10	
九家	36，55，62，100，146，226，275，416	8	
俞樾	84，88，92，105，161，187	6	
宋衷	65，91，291，349，350	5	
李鼎祚	52，63，129，131，178	5	
程子	28，256，295，401，432	5	
朱震	74，114，121，348，371	5	
焦循	28，81，121，312，367	5	
侯果	62，156，254，321	4	
干寶	58，62，92，408	4	

王肅	136，142，162，247	4	
毛奇齡	61，81，121，129	4	
王引之	56，120，162，194	4	
陸績	16，87，245	3	
崔憬	88，170，203	3	
惠士奇	72，97，349	3	
王充	16，41	2	
許慎	121，423	2	
何妥	170，408	2	
劉瓛	41，388	2	
孔安國	386，388	2	
釋文	84，171	2	
姚配中	121，252	2	
朱升	114，115	2	
端木國瑚	53，348	2	
孟喜	66	1	
子夏傳	269	1	
京房	45	1	
郭京	155	1	
歐陽修	20	1	
王宗傳	74	1	
王安石	74	1	
臧琳	86	1	
項安世	86	1	
楊慎	86	1	
王夫之	92	1	
朱芹	86	1	
姚信	41	1	
張軌	324	1	

李道平	110	1	
王陶廬	32	1	
雅雨堂集解	314	1	
陸道平	246	1	
毛大可	75	1	
孫堂	246	1	
宋翔鳳	132	1	
張惠言	252	1	
馬國翰	246	1	
來知德	304	1	
杭辛齋	416	1	
共記		**330**	
諸家、後儒、舊解、清儒等，未實指其名者	3，37，38，46，47，48，49，59，60，63，80，95，99，105，111，116，117，121，129，137，138，142，144，146，155，157，158，163，168，172，176，181，182，183，185，190，218，220，221，225，226，227，228，230，235，236，237，240，243，244，246，247，250，252，253，258，263，264，268，269，270，274，276，278，280，286，290，294，296，299，302，304，309，310，316，319，320，321，324，329，335，337，348，350，351，352，353，359，366，378，388，396，405，414，416，419，426	97	

上表乃以《周易尚氏學》中所引前人之說次數多少而先後排列，由此表所統計，我們可得幾個結論：

(1)因其法近漢《易》派，所以反而對漢《易》派的批駁最多

在總共57人，330條對前人個別《易》說的不滿中，較多被他引來批評的分別是：虞翻的98條、荀爽的25條、王弼的24條、惠棟的18條、朱子的16條、鄭玄的15條及孔疏正義的13條、馬融的10條、九家的8條，其他尚有俞樾6條及宋衷、程子、朱震、焦循的5條等。此外，其所引文而批駁的，尚有自漢的孟喜、京房乃至晚清民國的杭辛齋等數十人。在這些不滿的引文中，他光批判虞翻的就高達98條，將近全部的三分之一。而荀爽、王弼的比例也各近十分之一。若將他們以後人所謂的漢《易》、宋《易》派（此指以義理解《易》者，與時代無關）分開比較，則其對虞、荀、惠棟三個漢《易》家的批判共有141條，佔了總數的將近二分之一。而對王弼、朱子、程子等三個宋《易》家的批判則共有45條，近總數的七分一。以此二者比例來看，可知表面上尚氏雖批判漢《易》象數家的次數較多，卻不是因為他比較贊同義理《易》之說，而是因他專門以象解《易》的方法，與傳統漢《易》派象數之說相近有關。就因他的方法後人很容易將其視為漢《易》一派，所以他反而要特別著重批判漢《易》家的說法，以清楚表示自己與他們的不同。其實，他對宋《易》學派以義理說《易》的方式，更是覺得謬悠而不值一駁，因此反而只稍為引而批之，所以才會與其批判漢《易》派之次數相較起來有不成比例的現象。

(2)因後代漢《易》學家多以荀、虞為宗，故對此二人批駁最多

尚氏批駁虞翻一人之說者就高達98條，將近全部的三分之一；而對荀爽的批駁亦有25條之多，其比例也近總數的十分之一。尚氏對虞翻與荀爽之所以批駁最多者，自是因為後代漢

《易》學派，每多基於荀、虞二人之說而發展有關。

(3)其所引之人自西漢至民國都有，另有不具名指出誰說者97條

尚氏另有以「諸家」、「後儒」、「舊解」、「清儒」等未具名指出何人所說的不滿引述共有 97 條，佔全書批判他人之說者有五分之一，與其批駁虞氏一人之說相近。總計全書共引前人之說而批判者約有 427 條，其所引之人自西漢孟喜、京房以降至民國杭辛齋都有，由此統計來看，尚氏治《易》之勤之深之廣之細，已清楚展示在我們眼前。

2、贊同前人之說統計表

茲依尚氏贊同前人之說之數量多寡，製表如下：

人名	頁碼	統計	附錄
揚雄太玄	29，33，38，39，41，55，56，413	8	
虞翻	70，269，338，404，410，412	6	
王弼	71，83，96，235，252	5	
荀爽	119，359	2	
焦延壽	55，56	2	
九家	45，119	2	
端木國瑚	67，292	2	
俞樾	49，129	2	
焦循	336，371	2	
吳（先生）摯甫	70，341	2	
鄭玄	336	1	
乾鑿度	413	1	
王肅	70	1	
李鼎祚	41	1	
孔疏正義	83	1	

朱子	361	1	
惠士奇	62	1	
宋衷	419	1	
來知德	416	1	
茹敦和	46	1	
沈善登	432	1	
馬國翰	414	1	
王引之	70	1	
共計		**46**	

上表乃以《周易尚氏學》中所引及次數多少先後排列，由此表之統計可知，在《周易尚氏學》中，尚氏引前人之說而贊同者共有 23 人 46 條，然而卻沒有特別著重引用漢《易》家或宋《易》家者，蓋因其本對漢《易》家卦變爻變之說及宋《易》家純以義理說《易》之法，都表示了不敢苟同的意見，因此對他們過去解《易》之處，自然贊同的地方就相對較少了。相較之下，也就呈現出他的《易》學實有別於傳統漢、宋《易》家了。

最後，如果簡單的把《周易尚氏學》全書批駁他人之說 427 條與其稱引他人之說 46 條相比，可知尚氏批駁他人者較同意他人者多了 381 條，批駁次數是同意次數的近十倍，可見尚氏對於兩千年來傳統《易》家不滿之處是遠勝於同意之處的，而這或許正是他不得不寫出《周易尚氏學》，以明《易經》真諦之故。

四、小結——尚氏《易》學皆源於實用

總結上面的分析與說明，我們可以清楚了解尚氏《易》學之

所以獨特於二千年來治《易》諸家，乃在其治《易》數十年後體會的《易》理與《易》象之法。如他的：陰陽為類為朋，陰陰、陽陽為敵失類的看法。又在論斷爻之變化時，除了傳統初四、二五、三上的應敵關係外，兼論初二三四五上諸爻上下相比的關係，二者在吉凶悔吝的論斷上皆佔有極為重要的關鍵因素。又如其謂「凡《易》之情，近而不相得則凶或害之」，[101]此與一般《易》家著重應爻關係者已稍有不同。再加上其論《易》最重《易》象，甚至云「《易》辭皆觀象而生」，[102]「辭由象生，故上下句不必相屬」，[103]「說《易》而不求象，未有能當者也」，[104]「《易》无一字不由象生」，[105]「正象之旁尚有伏象，故曰索隱、曰鉤深、曰旁行」，[106]「象覆，即于覆取義，《易》通例也」，[107]「《易》字不能定者，當定之以象」，[108]「象同故辭同」[109]等等，可知其特重以象解《易》，絕不似漢《易》家以卦變爻變取象之法，實最為其《易》學的核心要義。然而他為什麼處處以象論《易》呢？最大的原因還是在「實用」二字而已。參之以其附錄於《周易尚氏學》後的《周易古筮考》，可見其在判斷卦爻吉凶時，不論是靜爻或者動爻，他的看法都與一般

---

101 尚秉和：《周易尚氏學》，頁 204。
102 尚秉和：《周易尚氏學》，頁 397。
103 尚秉和：《周易尚氏學》，頁 368。
104 尚秉和：《周易尚氏學》，頁 178。
105 尚秉和：《周易尚氏學》，頁 348。
106 尚秉和：《周易尚氏學》，頁 49。
107 尚秉和：《周易尚氏學》，頁 136。
108 尚秉和：《周易尚氏學》，頁 193。
109 尚秉和：《周易尚氏學》，頁 336、338、357。

說法不同，而是以實用為主。如其於朱子曰：「六爻不動，占本卦辭」後做〈按語〉云：

> 古人成例，固以占象辭為常，然象辭往往與我不親，則視其所宜者而推之，斯察象為貴耳。茲將古人占得六爻全靜之推匯錄于左，固不拘一法也。[110]

雖遇靜爻以占象辭是常例，但在實用時卻常發現象辭與其所占的事情不相吻合，而謂「不可泥於此例，而要視其所宜，並察象為貴」。為什麼察象為貴呢？自是因為象是由觀天地萬物而隨處隨時隨人所取用的。其於動爻條下亦云：

> 卦有一爻動、二爻動、三爻動，甚至四爻、五爻、六爻全動，吾人遇之，如何推斷乎？茲按古人成例，及朱子所論定以為法式，然不可泥也。蓋《易》占貴變，象與辭之通變，及事實之拍合，神之所示，千變萬化，有不可思議者，故不可執也。須就事以取辭，察象而印我，棄疏而用親。[111]

本來占卦常例，多如朱子所謂「一爻動則以本卦變爻辭占」、「二爻動則以本卦二變爻辭占，並以上爻為主」、「三爻動則占本卦及之卦象辭，以本卦為貞，之卦為悔，貞我悔彼」、「四爻

---

110 尚秉和：《周易尚氏學》，頁 444。

111 尚秉和：《周易尚氏學》，頁 459。

動則以之卦二不變爻辭占，以下爻為主」、「五爻動，以之卦不變爻占」、「六爻動，則乾坤占兩用，餘占之卦彖辭」[112]，然而尚氏卻仍強調《易》占以變為貴，不可泥於一式，須就事以取辭，察象而印我，棄疏而用親，可見其所高舉《易》學最核心的《易》理、《易》象，實則都來自於《易》占實用的要求。有此理解，自然也就可以清楚尚氏為何要搜羅古來所有筮例，並一一研究說明，且將自己為他人所占筮之例列入《周易古筮考》中，而有〈筮驗輯存〉一章，以證其所說之法可以實用。而其更略舉古來斷卦之法，如〈納甲〉、〈六親〉、〈世應〉、〈五行生克〉、〈天干地支沖刑合〉、〈五行生旺墓絕〉、〈六神〉等法，以備讀其書者可以實際操作，以實證斷卦之準確與否。凡此種種，皆呈現其一生治《易》重在求得「實用」，此為尚氏治《易》最核心的要求。

回到《易經》發生最初，若不是源於實用所需，又何以需要《易經》？至於後來《易》學之發展及內容，固然有其一定的價值，然而尚氏對於《易》學實用的要求，無寧是給了後代《易》學研究者，一個重要的提醒。[113]

---

112 尚秉和：《周易尚氏學》，頁 459-519。

113 對於尚氏《易》學的研究，過去雖然少見，但自西元 2000 年以後已有不少，學位論文如：李皇穎：《尚秉和周易注釋案語析論》（彰化：彰化師範大學國文研究所碩士論文，2005 年）；賴怡如：《尚秉和易學研究》（臺北：銘傳大學應用中國文學研究所碩士論文，2006 年），二者皆有篇幅達一百四、五十頁的論述。單篇論文則有如：劉光本：〈尚秉和《易》學思想初探〉，《周易研究》1995 年第 4 期總第 26 期（1995 年 4 月），頁 27-33；黃壽祺：〈庸言〉，《周易研究》2002 年第 1 期總第 51 期（2002 年 1 月），頁 78-80；黃黎星：〈以象解筮的探

本文曾發表於臺北市中央研究院中國文哲研究所「民國以來經學研究計畫」，後收錄於《變動時代的經學與經學家・第一冊》（臺北市：萬卷樓圖書股份有限公司，2014年）

索——論尚秉和對《左傳》、《國語》筮例的闡釋〉，《周易研究》2002年第5期總第55期（2002年5月），頁30-41；趙杰：〈本《易》理以詁《易》辭，由《易》辭以準《易》象——試論尚氏《易》學的特色及其對《易》學史的貢獻〉，《周易研究》2002年第6期總第56期（2002年6月），頁40-45。已有一連串對尚氏《易》學各角度的研究。其他還有如楊慶中亦在《二十世紀中國易學史・第一章・第三節・尚秉和及其尚氏易學》（北京：人民出版社，2000年）亦做短結云：「尚氏《易》學，主《易》象而反對東漢以後的卦變、爻變及爻辰之說；主《易》理而反對王弼以至宋儒所謂義理之學，頗有清代『正統派』之遺風。但他對宋《易》中的圖書之學，先天、後天之學又很認可，故較『正統派』的視野為寬。與同時代的杭辛齋相較，則嚴謹有餘而開新之氣勢不足。」（頁59）前人所說雖多，然本文全為筆者細讀尚氏《易》學所獲之心得，故敢將此等或前人已說出者，或前人未明說之處詳細寫出，並拈出「實用」二字，以供對尚氏《易》有興趣之方家參考。

第四章 《續修四庫全書總目提要·易類》中的尚秉和《易》學

一、《續修四庫全書總目提要》背景

在第三章對尚氏《易》學有了完整的認識之後，本章要接著探索存在於《續修四庫全書總目提要》中，一個特殊的尚秉和現象。首先談談《續修提要》的背景。

在《四庫全書》整理後，我國傳統典籍得到了一次較完整總結，而順著這個對傳統典籍總整理的發展，便有了補足傳統典籍因各種原因而沒被收進《四庫全書》的需求。《續修四庫全書》就是在這樣的歷史發展下出現的。本文所討論的《續修四庫全書總目提要·經部·易類》（後文提及此書時一律簡稱作《續修提要·易類》），便是對《四庫全書》未收《易經》類書籍的總整理與說明。筆者想透過民國以來的《易》學大家尚秉和在《續修提要·易類》中對各種《易經》相關著作的評論，探究尚氏在其本身談《易》時與其在此處為他人《易》學作〈提要〉時，其論《易》立場是否一致？並藉此呈現某種角度的清代《易》學發展現象。

首先，對《續修提要》的背景做基本說明。據中國科學院圖書館古籍組羅琳執筆《續修提要・整理說明》所云：

> 清乾隆年間由紀昀總纂的《四庫全書總目提要》，是一部重要的書目工具書，但因時代局限和條件限制，這部書仍存在著諸如對重要書籍的失收、未收，以及部分內容和評價的失當等缺陷。自嘉慶年間阮元為《四庫》未收書一百七十餘種補《提要》之後，直至近代，許多學者在個人著述中對這部《提要》做了許多匡謬補遺工作，如近人余嘉錫所撰《四庫提要辨證》。嘉慶、道光以後，隨著學術文化的發展，各類著述和輯佚書日益增多，新發現的古籍及各種版本亦有不少。這樣，《四庫全書總目提要》也就難以滿足學者的需要了。……
>
> 一九二七年十二月，「北京人文科學研究所」成立，確定由柯紹忞任總裁，以日本退還的部分庚子賠款為經費，先行纂修《續修四庫全書總目提要》。據研究所〈暫行細則〉記載，該項工作分兩層進行：一、搜集《四庫全書總目提要》失載各書；二、搜集乾隆以後至宣統末年名人著作，今人生存者不錄。具體工作為：選定著錄書目。凡所著錄，以平允為主，不可有門戶之見。然須擇要典雅記，其空疏無用之書一概不錄。至釋道二氏暨小說諸書，有關於文學考訂及有裨人心風俗者，均可著錄。各研究員所擬的著錄書目須注明卷數、已刊、未刊及刊本之種類，提交全體研究員開會決定後，再由研究員分別纂擬。……擬定

> 書目工作從一九二八年開始，至一九三一年六月結束，共擬出書目二萬七千餘種。此後續有增補。《提要》的撰寫工作從一九三一年開始，至一九四二年基本結束，共撰成《提要》稿三萬二千九百六十餘篇。
>
> 根據檔案及現存原稿統計，參加撰稿工作的共七十一名學者。……現從原稿上作者簽名時間所見，有部分作者在一九四五年七月還在呈繳《提要》稿。[1]

由此我們可以知道，《續修提要》基本上是針對《四庫全書總目提要》的缺失與不足做補強工作，而其主要工作分為：一、搜集《四庫全書總目提要》失載各書；二、搜集乾隆以後至宣統末年名人著作，今人生存者不錄。又其所擬書目須提交全體研究員開會決定，光擬書目就花了三年的時間（1928-1931），而《提要》的撰寫則花了十一年（1931-1942）才大體完成。然而，根據資料顯示，一直到 1945 年 7 月還有人在交稿，可見這是一件多麼巨大的工程。

當然，受了八年抗戰及國共內戰的影響，這部書完成過程的坎坷與不易是可以想見的。羅琳在〈整理說明〉中這樣寫著：

> 一九四九年以後，鄭振鐸、葉公綽、李根源、梁啟雄等學者先後多次建議整理出版《續修四庫全書總目提要》稿，但由於各種原因，一直未能實現。一九八零年初，原中國

1　中國科學院圖書館整理：《續修四庫全書總目提要》（北京：中華書局，1993 年），頁 1-2。

> 科學院副秘書長張文松建議整理出版該書稿，同年七月，科學院圖書館古籍組開始進行整理工作。一九八二年該項目正式列為國務院古籍整理出版規劃項目。[2]

他並沒有直接明說《續修提要》未能順利出版的「各種原因」是什麼？但由歷史的發展來看，我們可以推知與 1949 年後大陸的各種政治運動脫離不了關係。因而一直延遲到 1980 年後，大陸在各種對傳統文化的批評或討論運動較為平息之後才開始整理，並於 1993 年全部完成。在此，羅琳也對臺灣較早出版的《續修提要》提出了看法，他說：

> 臺灣商務印書館曾於一九七二年出版了一套《續修四庫全書總目提要》（十二冊，附索引一冊），關於這套書與本書的關係，特加以簡要說明。一九三五年後，「北京人文科學研究所」曾陸續將《提要》原稿打印分送給日本「東方文化學院京都研究所」（日本京都大學人文科學研究所的前身），在分送了一萬零八十餘種書目《提要》後便告中止，這部分《提要》稿僅及原稿的三分之一。臺灣本即是以此稿整理出版的。由於打印稿既非完本，又錯漏較多，整理時無原稿覈對，工作亦失之倉促，錯字、錯簡和句讀、分類方面的疏誤頗多，使利用價值受到相當大的局限。
>
> 應當指出的是，《續修四庫全書總目提要》原稿本身存在

2　同前註，頁 3-4。

> 著不少缺陷，主要原因是當時沒有進行總纂工作，擬目分類不盡完善合理；《提要》成於眾手，學術水平和工作態度上的差異，使原稿精粗詳略不一。[3]

由此可知，原稿本身就有擬目分類不完善及書寫《提要》者態度水平不一的問題，而臺灣在 1972 年出版的《續修提要》又只有原稿件三分之一左右，故臺灣出版的《續修提要》使用價值自然不如握有原稿的中國科學院在 1993 年出版的版本。因此，中國科學院這個版本至少在目前看來，是最能彌補我們對《四庫全書總目提要》之外，中國傳統學術發展總體現象所知不足的最佳工具書之一。

二、尚秉和在《續修提要・易類》中的論《易》狀況

尚氏在《續修提要・易類》前後一共作了三百篇〈提要〉，從第一、二篇的《三墳、古三墳》，直到最後一篇為日本東都講官物觀纂修的《周易改文補遺》，在這些〈提要〉裏，我們除了可以看出尚氏對於《易經》研究的深度與廣度，也可以看到他的治《易》方法與論《易》態度。尚氏有自己對《易經》核心理念的堅持，也對《易》學史的發展提出自己的看法，他對《易》學家與其著作提出褒貶，也受這些人的《易》學觀念或深或淺的影響。這些觀念、立場與褒貶、影響，我們將於下文陸續說明。

3　中國科學院圖書館整理：《續修四庫全書總目提要》，頁 4-5。

(一) 以象解《易》立場的一再宣誓

「以象解《易》」一直是尚氏《易》學的最大特色，這個特色筆者已在本書第三章〈以象解《易》的尚秉和《周易尚氏學》〉中加以分析說明。而這種治《易》方法的堅持，尚氏在《續修提要・易類》裏也不斷加以強調與說明。如他在為清甘泉黃奭輯《京房易章句》一卷（《漢學堂叢書》本）作的〈提要〉中說：

> ……受《易》於梁人焦延壽，延壽《易》傳自孟喜，喜事田王孫，獨得陰陽災變嫡傳，為施讎、梁丘所不及，故焦京亦深於陰陽災變。觀《漢志》有《孟氏京房》十一篇，又有《孟氏京房》六十六篇，知京之學同於孟喜。……阮孝緒《七錄》有《京房章句》十卷，《隋、唐志》同，今皆佚。歷城馬國翰輯之，除幾世卦外，得三十九條；平湖孫堂輯得八十條，後黃奭復輯之，增七條，共八十七條。今觀其注，如復朋來无咎，朋來作崩來。山覆曰崩。剝窮上反下，謂艮山下覆為震也。覆象人知之，至象覆，《易》即於覆取義繫辭，如困之有言不信，以正覆兌也。震之婚媾有言，以正覆震也。泰城復于隍，以三至上艮覆為震也。頤之慎言語節飲食，以正覆震相對也。中孚之鳴鶴子和，或鼓或罷，或泣或歌，以正覆艮震也。凡如此等《易》辭，漢魏人說之，無不誤者，獨其師焦延壽知之。《易林》屯之蒙云：「山崩谷絕。」蒙二至四艮覆，故曰山崩。又蹇之屯云：「作室山根，人以為安，一夕崩

> 顛。」屯初至四亦復體，艮覆為震，故崩顛。然則朋讀為崩，自其師已如此。又京氏以无妄為大旱之卦，萬物皆死，无所復望。蓋无妄亢陽在上，艮火在下，巽為草莽為禾稼，而巽為枯，為隕落，故曰萬物皆死。自巽枯巽隕落及艮火之象失傳，故虞翻不知京氏之所謂，詈為俗儒。豈知《易林》復之无妄云：「踦牛傷暑，不能成畝，草萊不闢，年歲无有。」又无妄之革云：「枯旱三年，草萊不生。」皆以无妄為大旱。故京氏承其師說，盡與之同。昔劉向目京氏為異黨，蓋焦、京所用之象，在西漢儒者，已不能知，至用覆象，如朋讀為崩之類，尤為駭怪，而不知其象其義，無一字不本於經。自經義不明，後之人不於經求其象，昧厥本原，第見焦、京所言，不與眾同也，目為異黨，何足怪乎？觀焦氏《易林》，自漢迄清，無一人知林辭用象，盡本於經，即可知其故矣！且劉向本非《易》家，班氏不知其言之謬，動採其說，以為定評，斯亦過矣！[4]

其以艮與震為覆象，而艮為山，震乃震動之象，故復之「朋來作崩來」，山崩之義也，而此義在《易林》屯之蒙，因蒙二至四艮覆，故云：「山崩谷絕。」蹇之屯，因屯初至四亦復體，艮覆為震，故云：「作室山根，人以為安，一夕崩顛。」是朋讀為崩，漢時已然。而兌、震皆有言象（卦象上斷有缺，故有言象），故「困之有言不信，以正覆兌；震之婚媾有言，以正覆震；頤之慎

4　中國科學院圖書館整理：《續修四庫全書總目提要》，頁 5-6。

言語節飲食，以正覆震相對；中孚之鳴鶴子和，或鼓或罷，或泣或歌，以正覆艮震」。又謂京氏以无妄為大旱之卦，萬物皆死，无所復望。乃因无妄亢陽在上，艮火在下，巽為草莽為禾稼，而巽為枯，為隕落，故曰萬物皆死。然此艮為火象之義失傳，（艮卦象下斷，故有火象）无妄下火上木，木被火燒，故萬物皆死，无所復望之義遂因之而不傳。尚氏「以象解《易》」多以《易林》為參考，實乃因其研《易》多年卻不洽於心之後，忽受到《易林》之象啟發，於是如打通其讀《易》任督二脈，「以象解《易》」，並用於自身為他人占卜經驗而屢試不爽，故自信若此。謂不知「以象解《易》」者，如劉向、班固、虞翻等人乃是昧於《易經》之本原也。

又如他在《陸績易述》一卷（《漢學堂叢書》本）〈提要〉中說：

> 《隋書・經籍志》陸績《易注》十五卷，……注《易》釋玄，皆傳於世。其原書久佚，〈隋志〉祇言《易注》，《釋文・序錄》則云陸績《周易述》十三卷，由是後之輯陸注者，皆以《周易述》為名。其始輯者為明姚士粦，……其所輯《周易述》一卷載《鹽邑志林》。……又嘉慶間平湖諸生孫堂字步升，復就姚本補輯之，得二百零五條，較姚本增四分之一，載《漢魏二十一家易注》中。阮元盛稱其博洽。……大抵陸注之最要者，莫過於巽為風。注云：「風，土氣也。巽，坤之所生，故為風。」由陸說，則坤本為風。〈文言〉云：「雲從龍，風從虎。」即謂坤從乾，陰從陽也。此象知者甚鮮。故風從虎句，詁者無不

> 誤，獨《易林》與陸注闇合，其有裨於經學甚大。[5]

此條除可見陸績《周易述》之輯佚過程外，亦可知尚氏引陸績注「巽為風」云：「風，土氣也。巽，坤之所生，故為風。」而謂巽為坤所生，故坤亦為風象，（土氣）因之而云「雲從龍，風從虎。即謂坤從乾，陰從陽。」蓋雲、風皆指坤，陰象；龍、虎皆指乾，陽象。《易》象因時、地、人、物而不同，是以一卦可有許多象徵，端視占者之活用而已。其他如在為《孫輯虞翻周易注》十卷（《漢魏二十一家易注》本）作的〈提要〉中說：

> 平湖諸生孫堂輯。……翻奏上獻帝《易》注云：「家世傳孟氏《易》，前人通講，雖有秘說，於經疏闊。臣祖父鳳、先考故日南太字歆，世傳其業，為之最密。潁川荀諝，號為知《易》，乃解西南得朋，東北喪朋，顛倒返逆，了不可知。馬融復不及諝。若北海鄭玄、南陽宋忠，雖各立注，皆未得其門。」頗自高稱許。今按其注，以考其言。孟喜《易》於陰陽災變，獨得其傳，為施、梁所未及。而焦延壽親問《易》於孟喜，凡《易林》所用之象，如坤為水、為風、為疾病，坎為夫、為矢，及以正反兌、正反震為有言，與《易》極有關之象，何以虞氏皆不知？世傳孟《易》之言，寧足信乎？《易》象至東漢多失傳，象失故《易》多不能解。先儒遇此，闕疑不解，《易》說疏闊，職是之由。翻則反是，於象之不知者，則強命某爻

5　中國科學院圖書館整理：《續修四庫全書總目提要》，頁 11。

變以就其象。如利涉大川，《易》本以坤為大川，陽遇陰則通，故曰利涉。乃虞翻不知坤水象，必以坎為大川，坎陷坎險，胡能利涉？然如需、訟、謙卦有坎，猶可強以此為說；他若蠱、頤、大畜、益，卦無坎象，則強命某爻變成坎，以當大川，否則用卦變，如頤以艮為龜，翻不知艮堅在外亦為龜，則謂頤從晉來，晉離為龜；中孚以震為鶴，翻不知震鶴象，則謂中孚從訟來，訟互離為鶴。夫一卦可變為六十四卦，於象所不知，語所不解者，若盡以卦變當之，尚何求而不得？尤異者，虞令某爻變，以之正為說也。乃家人、漸三爻本正，而亦命之變，使之不正，又大過因不知巽為少女，兌為老婦象，令初應五，二應上，以使其私。惡例一開，群視為方便，於是自唐迄清，治《易》者雖號稱復古，如李鼎祚、朱震、晁以道、毛大可、惠士奇、惠棟、張惠言、姚配中、俞樾等人，無不用之，而焦循尤甚。於是《易》象、《易》理之混雜虛偽，其害遂過於王弼之掃象矣！以上所舉，特見存虞注中，千百之一二。以焦氏用象考之，十六七皆強不知以為知，不強命某爻變，不曰某卦從某卦來，不能解也。……蓋《易》學之晦，厥有二因：一、虞翻不知〈說卦〉之象，略引其端，又不知經之取象與〈說卦〉常相反，不知而不闕疑，盡恃爻變卦變以為解，後之人以其便利無所不通，遂相率祖述之，而《易》象失真。一、王弼掃象，以空虛說《易》，唐、宋人以其易也，學遂風行。有此二因，人遂不知《易》為何物矣！今錄之者，一則因其注古，古訓尚存；一則因其注多，學者不知其謬妄而惑之，故詳為論辨焉。[6]

尚氏以《易林》所用之象如坤為水、為風、為疾病，坎為夫、為矢，及以正反兌、正反震為有言等，虞氏皆不知，而云「世傳孟《易》之言，寧足信乎？」蓋以為孟喜所傳之象，於今日所言孟喜《易》中已不得見，可知象至東漢多已失傳，也因為象失而《易》多不得其解。即使如此，先儒遇此不可解處，則闕疑不解，雖然《易》說因而疏闊，但還不致於有胡亂解《易》之病。但虞翻不知象，卻於其不可解處開始以卦變爻變解之，如解利涉大川，不知《易》本以坤為大川，陽遇陰則通，故曰利涉。虞翻不知坤有水象，必以坎為大川，然坎有陷險之義，怎能利涉？又如蠱、頤、大畜、益等卦無坎象，虞翻則強命某爻變而成坎，以當大川；否則用卦變，如頤以艮為龜，虞翻不知艮堅在外亦為龜，而謂頤從晉來，晉的上卦為離，故有龜象；中孚以震為鶴，虞翻不知震有鶴象，則謂中孚從訟來，訟互離，離為雉為鶴。他對虞翻這種不知在占卜時，卦爻本因時、地、人、物、事之不同，故所取之象亦因之而有所不同的原理，反而毫無原則的強以卦爻變化，以配合其所知之象來解《易》的方式大表不滿。然而由於這種隨意令卦爻變化以就己說的方式十分方便好用，所以隋、唐以後的《易》學家雖號為復古，但只是方便的使用這種隨意變化卦爻的方式，來解釋他們所無法理解的《易經》之處，且不知以「《易》理」節制其各種卦爻隨其所需的變化，其弊實更甚於以義理解《易》的王弼。

6　中國科學院圖書館整理：《續修四庫全書總目提要》，頁 11-12。

尚氏對虞翻所代表的強命某卦爻變化以就其象的漢《易》派，以及王弼所代表的以義理解《易》的宋《易》派之說皆表不滿，並謂此二者是讓《易》學湮晦的重要因素，清楚的表達了尚氏《易》學自立於此二派之外的宣言。在《九家周易集注》一卷（《漢學堂叢書》本）的〈提要〉中，他也說：

> 昔管輅謂何晏《易》美而多偽，由其說考之，其王弼以來野文家說，固無不有此病。其言象若虞翻，可謂密矣！然象不識則用爻變，義不知則用卦變，乍觀似密，實按皆非，則偽而亂矣！獨《九家注》樸實說理，原本《易》象，無虛偽之美談，無卦變之惡習，猶不失春秋古法。[7]

除謂《九家注》中所載《易》象，不失春秋古法之外，對虞翻與王弼之《易》同樣表示了不滿。對於王弼掃象以來，不知「以象解《易》」之法的「義理派」之說，他視為「野文」（即與《易》理無涉）；但對於虞翻等似知用象，卻因對於象的認知有限，便隨意變化卦爻以就其所知之象的「漢《易》派」，他更覺得其偽而亂，於《易》之為害更大。而在《周易傳義音訓八卷》（光緒刊本）中的〈提要〉，他則舉朱子晚年亦以象為《易》本原之說，對自己「以象解《易》」的立場做了佐證，其云：

> 毛大可極力攻《本義》，謂其解說籠統，失詁經體。豈知朱子常自謂《本義》簡略，以義理《程傳》既備故也。蓋

7　中國科學院圖書館整理：《續修四庫全書總目提要》，頁 15。

> 宋時《程傳》，家讀戶誦，故《本義》中，往往言《程傳》備矣，而不再詳。及其後以《本義》為宗，《程傳》少讀者，於是《本義》遂有渾括不明之病。至程子不言象，《本義》亦不言，程子誤解，《本義》往往從之少正者，此則《本義》之病。然朱子晚年，云：「《易》出門便是象。」又云：「程子謂明辭則象數在其中，吾以為先見象數，方說得理，不然事無實證，虛理易差。」又云：「《易》別是一箇道理，某枉費多年工夫。」是朱子晚年，深知程子之說，本末顛倒，而自悔其盲從。後世不察，反以本人極不滿意之書為宗主，是定此功令者之失考，於朱子何尤？[8]

可見尚氏除不滿程子專以義理言《易》外，更引朱子晚年亦云：「《易》出門便是象。」「吾以為先見象數，方說得理，不然事無實證，虛理易差。」等以象為《易》之根本，做為自己「以象解《易》」實是於《易》深有所見之證。

（二）「《易》理」與「義理」不同

其實尚氏並不是對以義理解《易》有特別不同意的態度。他既認為《易》為聖人所作，當然也同意《易》有聖人特別想說的義理在。只是，《易》中有《易》中的義理，它和聖人放在其他經書中的義理，其表現方式定是有所不同的。否則聖人何苦特別作《易》呢？因此，尚氏不同意義理派那種沒有將《易經》的特

8　中國科學院圖書館整理：《續修四庫全書總目提要》，頁 30。

殊性展現出來，就隨意大談聖人義理的解《易》方式。他認為正確解釋《易經》義理的方式，應是在合乎《易經》原理及其特殊性的情況下所談的義理。也就是說，《易經》的義理必須在合於《易》理的前提下，才能顯現出聖人於其中所含藏的深意，展示出其獨特存在的價值。這點是大家在只以漢、宋《易》派來分判《易》家時，對看似細部不同，而實在根本大異的學人（如尚秉和），便容易有認識錯誤的情況發生。比如一般人在尚氏「以象解《易》」的外貌認識下，便將他視為漢《易》一派，所以必定反對宋《易》派的義理解《易》，殊不知這種看法根本是對尚氏《易》學真相的誤解。如他在《古易匯詮》無卷數分四冊（雍正刊本）中的〈提要〉說：

> 清劉文龍撰。……按不訓詁章句而衍空理，自王弼開其端，然尚及《易》理。至《程傳》則專以演其聖功王道之學，不惟舍象數不談，並《易》理不顧，此風一開，宋人除朱震等數人外，無不以義理言《易》。至明、清八比興盛，又雜以高頭講章之濫語，凡事宋《易》者，皆不識《易》為何物矣！劉氏僻處山邑，獨能靜悟其非，則卓識獨優也。[9]

他雖對王弼專以義理解《易》的方式有所不滿，但王弼仍在《易》理的範圍下說《易》，所以仍是《易》學；而《易程傳》專以講聖人義理為目的，不管象數，不論《易》理，只講義理，

9　中國科學院圖書館整理：《續修四庫全書總目提要》，頁 49-50。

其影響所至，乃有不管《易》理為何的宋《易》一派興起。尚氏對這種沒有《易》理的義理《易》，覺得是「皆不識《易》為何物」的。他在《周易》三卷（《九經白文》本）〈提要〉中亦云：

> ……祇有正文，無注，題錫山秦鏷訂正。……自元、明以來，學者承南宋之餘風，以《程傳》、《本義》為學《易》之正宗，而於《周易》大本大源象數之所在，反忽忘之，乃漢儒所言《易》象、《易》理不知何也。左氏內外傳，春秋人說《易》者，無一字不根於象，凡學者皆誦習之矣！亦茫然不知其所謂，殊可異也。[10]

對於元、明以來以《易程傳》、《易本義》為正宗，對象數全然忽視的狀況，大表不滿。然而，是不是只要以象解《易》，尚氏就贊同推揚呢？此又不然。如他在《周易闡象》五卷（嘉慶庚申刊本）的〈提要〉中說道：

> 清蔡首乾撰。……今按其書，以闡象為主，其闡象之法，有正對、有反對、有上下互、有總互、有移置上下等。……夫《易》者象也，象不明，則辭皆不能通，後世言《易》者多捨象言理，既已無據，而或者談象，又往往不根於古，任意比附，致流於泛濫無歸，是二者皆未能無

10　中國科學院圖書館整理：《續修四庫全書總目提要》，頁3。

> 弊。[11]

尚氏雖然認為象不明則不能通《易》辭，以象為我們認識《易經》的根本，但對於不根於古，任意比附以談象的《易》家，同樣是給予評擊的。蓋不論是以義理談《易》，或者以象數解《易》，若未能合於《易》中的原理法則，在尚氏眼中，皆是泛濫無歸不可相信之說。因此，對於以義理解《易》而能合於《易》理者，尚氏也表示了他的欣賞。如在《虞氏易言》二卷（《張皋文全集》本）的〈提要〉中，他說道：

> 清張惠言撰。……通體舍象變而談義理，雖未知其悉中虞氏之旨與否，要其說理樸實，遣辭典雅，无穿鑿附會之弊，支離轇轕之習，較其他書，特為平正。苟能合劉氏補完之說而行之，雖未足以輕視王、程，要亦為言義理者所必當取資焉爾。[12]

對於張惠言雖舍象、變而談義理，於虞氏之說是否相合猶未可知，但其說理樸實，且無穿鑿附會之弊，故謂之說《易》平正，並說此書「亦為言義理者所必當取資焉爾。」可見尚氏並非對凡是以義理解《易》的流派有所偏見，他只是對漫無《易》理的《易》學家感到不滿而已。所以他在《周易平說》二卷（咸豐刊本）的〈提要〉中便說：

---

11 中國科學院圖書館整理：《續修四庫全書總目提要》，頁 74。

12 中國科學院圖書館整理：《續修四庫全書總目提要》，頁 75。

> 清郭程先撰，……咸豐十年進士，治《易》甚有名，……因尚理學，故說《易》純以義理為主。……至所謂《易》理者，不惟不詳，且多違背，而象數更不待言矣！故夫借《周易》以為束身寡過之助，或習八比者，閱此書當有益。若欲治經，則疏陋無涉矣！[13]

對郭程先純以義理論《易》，全然不懂象數且違背《易》理，則深表不滿。故若只在束身寡過上談道理，自然無妨；但若以這樣的方法治《易》，就是疏陋無比了。

那麼，什麼是尚氏所謂的《易》理呢？簡單的說，即是指卦爻之陰陽與時位等基本運行原則而已。我們可以在《荀爽周易注》一卷（《漢魏二十一家易注》本）〈提要〉中看到他談陰陽關係，其云：

> 乾隆間平湖諸生孫堂輯。……爽字慈明，……其注之最要者，如坤「龍戰于野」云：「消息之位，坤行至亥，下有伏乾，陰陽相和。荀《九家》云：『乾坤合居，故言天地之雜。』」夫曰和曰合，則所謂戰者乃交接，非戰爭。知侯果謂「窮陰薄陽故戰」，干寶謂「君德窮至于攻戰」者非。凡「月幾望」，幾皆作既，知荀以兌為月，以巽為十六日也。中孚六三「得敵」云：「三四俱陰，故稱敵也。《易》，同性者為敵。艮傳云：『上下敵應不相與』是也。」此實全《易》之大綱。凡陰陽爻之吉凶，以此義求

13 中國科學院圖書館整理：《續修四庫全書總目提要》，頁 121。

之，無或有爽。大過以初六巽為女妻，以上六兌為老婦，明經用象，不盡與〈說卦〉同，與焦氏《易林》合若符契，知虞注最妄。[14]

他以荀爽注中孚六三「得敵」云「三四俱陰，故稱敵也。」而謂「《易》，同性者為敵。」尚氏以為同性為敵，異性為友，是全《易》大綱，而《易》之陰陽吉凶皆應以是敵是友的狀況推闡，不可以離此基本《易》理而牽扯附會。以尚氏著作來看，我們可以整理出他所謂的《易》理最主要可分兩類，一是專指《易》中卦爻之陰陽相遇相敵，同性為敵，異性為友。依此原則又可分為：凡言「有慶」者，皆謂陰遇陽；凡陰得陽應必吉，陽得陰應不必吉；《易》以陰陽相遇為類（朋、友），反之為敵；凡言「志在外」、「志在內」者，皆謂應爻；凡「我生」皆謂應與；凡云「得志」、「得願」、「上合志」謂陽往遇二陰，或陰往遇二陽也；孚之故在陽遇陰；凡爻有正應者，初雖有阻，終必相合；六十四卦言「利貞」者，亦指陰陽相遇也；遠謂應，近謂比，遠近不能兼取也等。另一則是專以《易》象之用而論，此又可分為：凡《易》取象，不于本爻必應，爻在此而象在應，為《易》之通例；象每以相反見義；象同故辭同；《易》凡于人名地名，无不從象生等。[15]

---

14 中國科學院圖書館整理：《續修四庫全書總目提要》，頁 9-10。

15 對於尚氏《易》學的理解，請者可參看本書第三章〈以象解《易》的尚秉和《周易尚氏學》〉。

（三）考訂前人之誤

除了上述兩個《易》學內部問題與立場的說明外，我們也可以由尚氏在為各類《易》學著作寫〈提要〉時，看到他時時糾正那些著作中的一些錯誤，以省去我們在引用時的麻煩。如他在《三墳》無卷數（《天一閣叢書》本）的〈提要〉中云：

> 此本題明范欽訂。欽字堯卿，一字安卿，號東明，嘉靖進士，有《天一閣集》。案《三墳》之名，見《春秋左氏傳》云：「楚左史倚相，能讀《三墳、五典、八索、九丘》。」其次則為孔安國《尚書・序》云：「伏犧、神農、黃帝之書，謂之《三墳》，言大道也。」據此則古有《三墳》其書，然自《漢書・藝文志》以迄隋、唐二志，並未著錄，而周、秦以來經傳子史，亦從無一引其說者，則是書之亡佚蓋已久。且據劉熙《釋名》及〈偽孔序〉之言觀之，則是書乃《書》類非《易》類。今此書首曰〈山墳〉，為天皇伏犧氏之《連山易》；次曰〈氣墳〉，為人皇神農氏之《歸藏易》；末曰〈形墳〉，為地皇軒轅氏之《乾坤易》。《三墳》均有卦爻大象，由八卦重為六十四卦，……〈皇策〉及〈政典〉之辭，大氐模仿《尚書》之意，〈太古河圖代姓紀〉則純是摭拾讖緯諸書，雜湊而成。……前〈提要〉（指班書閣為《三墳》書一卷《說郛》本所作〈提要〉）謂古來偽書之拙，莫過於是。[16]

16　中國科學院圖書館整理：《續修四庫全書總目提要》，頁 1。

直接指出此書即使存在，亦非《易》類，既明其分類之誤，也道出了其為偽書之證。又如在《古三墳》無卷數（明天啟丙寅刊本）〈提要〉中云：

> 案此書題明新都唐琳訂。其本正文與各本均無異同，惟有圈點及眉批。眉批采錄之說凡三家，一劉辰翁、一茅坤、一孫鑛。……察辰翁之意，既疑朱子謂伏犧以上無文字之說，而又以《周易》及《乾鑿度》皆出其後，似篤信此書，不疑其偽。而茅氏與孫氏則均極贊嘆其文辭，……是茅、孫二氏均不疑其偽。夫此書偽作，昭然若揭，而歷代賢士尚有篤信若此者，足見世之好奇者之多。[17]

則亦直指此書為偽。又如在《仲軒易義解詁》三卷（鈔本）〈提要〉中云：

> 鈔寫本，卷上首尾不具，中下兩卷均題江都焦循定稿。……其家有仲軒，因藏仲長統石刻得名，則仲軒誠為循之軒名。惟按循子廷琥所撰事略，述循先後著作甚詳，……獨未聞有《易義解詁》之說，此其可疑者一。……是循于漢儒納甲卦氣五行十二辟之術以及宋儒先後天之說，皆所不信，而此書於納甲卦氣五行十二辟之術，既屢屢稱述，而於先後天之說，尤篤信不惑。……此其可疑者三。……可知此書乃鄉曲俗士所為，久而殘闕，佚其名氏，作偽者

17 中國科學院圖書館整理：《續修四庫全書總目提要》，頁 1-2。

> 乃嫁名於循以圖射利明矣！不足重也。[18]

以焦循「于漢儒納甲卦氣五行十二辟之術以及宋儒先後天之說，皆所不信」，而此書卻「屢屢稱述，而於先後天之說，尤篤信不惑。」，及焦循之子「廷琥所撰事略，述循先後著作甚詳，獨未聞有《易義解詁》之說」，證其非焦循之作，指出《仲軒易義解詁三卷》乃俗士欲藉焦循《易》家大名而圖利。[19]

（四）顯示清人整理前人《易》說潮流，並指出其問題

尚氏所作〈提要〉，除了表現出清人對於前人各類《易》說有整理統合的想法與作法外，同時也指出某些強要整理前人《易》說潮流下所易犯的錯誤。如他在《周易梁丘章句》一卷（玉函山房本）〈提要〉中說道：

> 梁丘賀字長翁，瑯邪諸人，與孟喜、施讎同受《易》於田王孫，得田何嫡傳。西漢所謂施、孟、梁丘三家《易》也。晉永嘉亂後，施、梁丘二家皆亡，獨孟喜尚存，故《集解》、《釋文》，有時引之，不能指為誰也。故輯《易》注者，如孫堂、黃奭之流，搜羅廣博，於施、梁二家，獨付缺如，誠以其不能輯也。馬氏勉輯之，或據蔡邕

18　中國科學院圖書館整理：《續修四庫全書總目提要》，頁 85-86。

19　關於焦循《易》學之梗概，筆者已在《聖者的訊息——清焦循易圖略易通釋研究》（新北市：花木蘭文化出版社，2010 年）中詳論之，讀者可參看。

《五經異義》，或據漢碑，或據石經，共得十七條，除「童蒙來求我」等九條，與施義相同，不能確指外，餘多據〈王莽傳〉，及蔡邕碑文，強定為梁丘《易》，皆不可信。歎馬氏好古之篤，用心之勤，而所獲之少也，故辨明之。[20]

指出馬氏強輯古書之問題。又如在《費氏易》一卷（玉函山房本）〈提要〉中云：

……長於卦筮，亡章句，故李氏《集解》無有費說。陸氏《釋文》云：「某字古文作某字。」亦未言費氏，徒以劉向云：「以中古文《易》校三家，或脫去无咎悔亡，惟費氏經與古文同。」夫曰「與古文同」，明費氏非古文也。同者，言其字之多寡，同於中古文，無脫缺也。其校《尚書》，亦專重脫簡，豈謂其字皆從古文乎？如費《易》字皆古文，凡東漢馬融、荀爽、鄭玄皆習費《易》者，胡為其讀不盡同？且不盡用古文乎？今馬氏悉依《釋文》，及晁氏古《易》所列古字，悉以屬之費氏，其不當可知矣！然喜其將全《易》古文輯錄無遺，如坤古文作巛、凝古文作疑、恤作血、墉作庸、砎作介、趾作止、場作易、狩作守、箕作其之類，共百三則，彙萃成篇，檢查甚易，故過而存之，以便後學焉。[21]

---

20 中國科學院圖書館整理：《續修四庫全書總目提要》，頁 7。
21 同前註。

與前條〈提要〉同樣指出馬氏強輯古書之問題，但又「喜其將全《易》古文輯錄無遺，如坤古文作巛、凝古文作疑、恤作血、墉作庸、砎作介、趾作止、埸作易、狩作守、箕作其之類，共百三則，彙萃成篇，檢查甚易，故過而存之，以便後學焉。」對於其間之功過皆明言而無保留，正可以提供我們引用這些說法時的參考。在《向秀周易義》一卷（《漢魏二十一家易注》本）〈提要〉中則云：

> 清孫堂輯。……世傳郭象《莊子注》，是向之本書，而《易》則罕傳。〈隋、唐志〉皆不著錄，張璠採二十二家《易》為《集解》，依秀為本，……《釋文》及李氏《集解》閒有徵引，堂輯為一卷。其書採拾精審，較之馬國翰所輯《周易向氏義》殊勝。蓋馬氏之弊，在貪多務得，故往往不免濫取。[22]

在馬國翰與孫堂所輯的前人《易》說中，尚氏對二人的優劣有所判斷，亦可做我們採取何人所輯之說時的參考。而在《周易鄭氏注》三卷（道光刊本）〈提要〉中則云：

> 清張惠言輯。……嘉慶四年進士，……曾著《虞氏易》、《周易鄭荀易》，復輯《鄭氏注》三卷。按《鄭氏注》初輯者為王應麟，作三卷，刊於《玉海》中。至明胡孝轅附刻於李氏《集解》後，後姚叔祥增補二十五條，刊於《津

22　中國科學院圖書館整理：《續修四庫全書總目提要》，頁 16-17。

> 逮秘書》中。清惠棟復加審正，刻於《雅雨堂叢書》中。其王輯下皆不著其所本，惠棟於每條下注之。至惠言又即惠氏本，參以歸安丁小疋後定本，盧抱經、孫頤谷、臧在東各校本，復為上中下三卷。蓋每輯而加詳，至惠言而審正益精備，視前者愈詳焉。書內之善者，如惠氏好改經，雅雨堂李氏《集解》經惠氏審定，擅改經文，不可勝數，後儒頗罪其亂經，乃輯鄭注注文，為惠氏增改者尤多，初學不知，幾疑經文注文原即如是，最淆亂耳目。惠言於惠氏改字，皆為指出。如謙字惠皆改作嗛、逸皆改作佚、……賁卦注艮止于上，坎險于下，作坎險止于下，擅加止字，致于卦象不協，……致義皆背戾，失鄭注本義，就一己私說。書內遇此，並為指出，以正惠氏之妄，則此書之功也。[23]

則指出惠棟輯鄭氏《易》擅改之誤外，亦言及鄭注輯佚的流傳經過，給予學者引用時揀擇之重要參考，避免學人誤引惠棟擅改之字而以為古說。

（五）對清代《易》學著作各種淺陋現象表示可惜與不滿

清代《易》家如焦循在尚氏的眼中是有褒有貶的，他在《雕菰樓易學》四十卷（《焦氏叢書》本）〈提要〉中云：

---

23 中國科學院圖書館整理：《續修四庫全書總目提要》，頁9。

> 清焦循撰。……蓋循生平，邃於天文算學，因以測天之法測《易》，以數之比例，求《易》之比例，而悟得《易》學有三，一曰旁通，二曰相錯，三曰時行。……然今考循所破漢儒卦變、半象、納甲、納音、卦氣、爻辰之非，咸能究極其弊。至其所自建樹之說，則又支離穿鑿，違於情理，實有較漢儒諸術過之而無不及焉者。……初觀其法似密，實按其義皆非，牽合膠固，殆過於虞翻遠甚，而竟不自知其謬，豈非明於燭人，而暗於見已乎？[24]

他對焦循所破漢儒卦變、半象、納甲、納音、卦氣、爻辰之非，表示了讚賞；而對其所自建之說，（旁通、相錯、時行、當位失道、比例）以測天之法測《易》，以數之比例求《易》之比例，則批為支離穿鑿，違於情理。而尚氏此處所批者，正是焦氏《易》學所以名家者，其中是非，自因對於《易》學立場角度的不同所致。然尚氏之論，亦可作為吾人了解焦氏《易》學時的參考。[25]

除此之外，他對清代《易》學著作雖多，卻有許多淺陋不堪的現象，表示了不滿與可惜。如在《通宗易論》無卷數（《唱經堂才子叢書》本）〈提要〉中云：

> 清金人瑞著。……又名喟，字聖嘆，為人狂傲，評點演義小說，頗為世俗所稱，清初以抗糧哭廟案被誅。……至謂乾內一筆為電光三昧，坤內一筆為首楞嚴三昧，尤怪誕謬

24　中國科學院圖書館整理：《續修四庫全書總目提要》，頁 83。

25　請參看拙作：《聖者的訊息——清焦循易圖略易通釋研究》。

> 妄。……至謂《易》中有樓閣卦，有光影卦，有沐浴卦，則又不知其所謂。第三篇論五十之數，謂五十合一，即是世尊胸前卍字輪。第四篇論乾坤之義，謂讀〈周南、召南〉而能事畢。第五篇論乾坤震巽坎離艮兌否泰損益咸恒既未濟十六卦之義，謂大雄氏有《十六觀經》，《尚書》有十六字，《妙法蓮華經》有十六王子，其義一也。末篇謂屯蒙卦達磨遇神光時也，需卦香巖辭撝山時也。又謂達磨大師東來，只為得一屯卦，一部《五燈會元》都是弄粥飯氣。凡此各篇，時或引《詩》、《論語》、《孝經》以相參證，時或引佛書禪學以相比附，支離轇轕，語無倫次，苟非病狂者決不至此，知其陷于刑辟有由矣！其書本不足論，恐俗士不識，詫為奇妙，故具詳之。[26]

對以評點演義小說聞名的才子金聖嘆「時或引《詩》、《論語》、《孝經》以相參證，時或引佛書禪學以相比附，支離轇轕，語無倫次」的情況，大表不滿。蓋金聖嘆本是才子，其於《易》之卦爻有所體會時，便隨其體會與其當下所思之物相比附，故或有「乾內一筆為電光三昧，坤內一筆為首楞嚴三昧」之語，或謂「《易》中有樓閣卦，有光影卦，有沐浴卦」，或道「五十之數，謂五十合一，即是世尊胸前卍字輪」，或論「乾坤震巽坎離艮兌否泰損益咸恒既未濟十六卦之義，謂大雄氏有《十六觀經》，《尚書》有十六字，《妙法蓮華經》有十六王子，其義一也」，或說「屯蒙卦達磨遇神光時也，需卦香巖辭撝山時

---

26 中國科學院圖書館整理：《續修四庫全書總目提要》，頁 42。

也。又謂達磨大師東來，只為得一屯卦」，皆是心血來潮之語，所以在尚氏看來，實在是胡言亂語。故其之所以為此書寫〈提要〉，乃是因害怕俗士不識，好奇賞怪而有礙《易》學發展的考慮下刻意加以提出說明的，而這也正足以給好奇炫異，胡亂比附者一個警惕。又如其在《易義選參》二卷（翠薇峰易堂刊本）〈提要〉中云：

> 清寧都三魏著，邱維屏評選。三魏者，魏伯子際瑞、叔子禧、季子禮是也。……其注頗留心《易》象，惜未能根據〈說卦〉及漢、魏諸儒所傳逸象，往往以臆測推，致漫衍無經。……蓋《易》自元、明以來，皆空談心性，循至流于狂禪，其能鉤稽象學者，自吳澄、熊過、陳士元、來知德、魏濬數家外，鮮知窮究。三魏兄弟，極知其弊，而思有以匡正之。其用意可嘉，惜其用力太淺耳。[27]

對於魏家三兄弟雖知《易》自元、明以來，空談心性，流于狂禪之弊，而能鉤稽象學以注《易》表示肯定，但也因其未能根據〈說卦〉及漢、魏諸儒所傳逸象，往往以臆測推論，以致漫衍無經的現象表示可惜。同時我們也可以在此條〈提要〉中，看到尚氏對於前輩《易》家如：吳澄、熊過、陳士元、來知德、魏濬等能鉤稽象學予以肯定。其他如在《大易象數鈎深圖》三卷（康熙刊本）〈提要〉中則云：

---

[27] 中國科學院圖書館整理：《續修四庫全書總目提要》，頁 43-44。

清納蘭成德原著，張文炳重訂。……於數之原理，頗能鈎深闡幽。……總之此書，除於《易》數有取外，於象皆不切無關，且有誤者，名曰象數鈎深，不副其實。[28]

則對納蘭成德於數能有所闡幽，於象則全然不知表示可惜。在《周易本義闡旨》八卷（嘉慶十七年蘭桂堂刻本）〈提要〉中云：

清胡方著。……蓋方生居窮僻，潦倒棘圍，既不獲與通人達士交游，又罕觀漢、魏《易》說，故孤陋如是也。[29]

在《周易本義引蒙》十二卷（康熙刊本）〈提要〉中云：

清貢生姚章撰。……蓋自明初學者，以胡廣之《周易大全》為正宗，而《大全》以程、朱為主體，不知象數為何物。而鄉曲之士，見聞孤陋，幾不知《程傳》、《本義》、《大全》以外，尚有其他《易》解。[30]

在《易經揆一》十四卷（乾隆刊本）〈提要〉中云：

清梁錫璵撰。……其《易經揆一》，當時曾命翰林二十人，中書二十人，寫以晉呈。以此書故，以舉人遽授以翰

---

28 中國科學院圖書館整理：《續修四庫全書總目提要》，頁 46-47。

29 中國科學院圖書館整理：《續修四庫全書總目提要》，頁 47。

30 中國科學院圖書館整理：《續修四庫全書總目提要》，頁 48。

> 林清職，當時榮遇，可謂無比。……統觀全書，立說蕪雜，雅詁甚少，於所不知不甘缺疑，所創誤解，觸目皆是。不知當時君臣，何以矜重若是，豈果明《易》者無一人乎。[31]

對清代學人或由於地處偏僻，或因為交遊有限，不知前人《易》學之作，只以政府所用之《程傳》、《本義》、《大全》等論《易》，因而造成淺陋現象表示了可笑與可嘆。同時也對於梁錫璵因《易經揆一》而受皇帝榮寵，「以舉人遽授以翰林清職」，然而在細觀其作之後，卻發現錯誤百出的情況，發出難道當時舉國上下都沒有人了解《易經》的感慨。其對清代《易》學著作的評價與說明，實足以做為我們了解整體清代《易》學內容的重要參考。

三、尚秉和〈提要〉中所顯示的清代《易》學現象

從尚氏為《續修四庫全書總目提要・經部・易類》所作的三百篇〈提要〉裏，我們還可以看到清代《易》學發展中，談義理的宋《易》派主宰著《易》學絕大場域，而溝通漢、宋二家的努力也同時存在。此外，以史解《易》與道家神秘《易》的著作也不曾在清代《易》學史中缺席。

31　中國科學院圖書館整理：《續修四庫全書總目提要》，頁 63。

（一）以義理解《易》依然是清代《易》學主流

只要對中國經學史稍有涉獵，就會知道清代《易》學在朝廷科考選書的引導下，仍是以程、朱所代表的宋《易》為主流，在尚氏所作的〈提要〉裏，也證明了這種現象。現以尚氏所作〈提要〉書籍之時間先後順序說明之。尚氏在《孔易》七卷（康熙刊本）〈提要〉中云：

> 清孫承澤著，……明崇禎進士，……至於訓詁，蓋以義理為宗，而疏於《易》理，故每多歧誤。……蹈宋儒空滑之病，不足貴也。[32]

謂清初孫承澤所作《孔易》「以義理為宗，而疏於《易》理」，所以不足為貴。在《周易彙統》四卷（康熙壬午刊本）〈提要〉中則云：

> 清佟國維撰，……初任一等侍衛，康熙九年授大臣，……此書一以程朱為主。[33]

指出康熙時的佟國維的《周易彙統》一以程朱為主。在《碩松堂讀易記》十六卷（乾隆刊本）〈提要〉中云：

> 清邱仰文撰，……雍正進士，……其說《易》以宋人義理

32 中國科學院圖書館整理：《續修四庫全書總目提要》，頁 43。
33 中國科學院圖書館整理：《續修四庫全書總目提要》，頁 46。

> 為主，故極力推崇《程傳》，……蓋邱氏於《易》理甚疏淺，而自信頗堅，故其論說多浮泛不切也。[34]

指出雍正時人邱仰文所作《碩松堂讀易記》以宋人義理為主，極力推崇《程傳》，謂其於《易》理疏淺，故說《易》多浮泛不切。在《周易客難》一卷（道光刊《十三經客難》本）〈提要〉中云：

> 清龔元玠撰，……乾隆甲戌進士，……名《客難》者，設為問答，以申其義。惜所據皆《王注》、《程傳》、《本義》，及其他宋《易》而止，兩漢古注，似未寓目，故所說多疏淺。[35]

指出乾隆時人龔元玠的《周易客難》所據皆主王弼注及《程傳》、《本義》，只以義理談《易》，似未見過兩漢古注，故所說多疏淺。在《周易偶記》二卷（道光間誠意堂家塾刊《七經偶記》本）〈提要〉中云：

> 清汪德鉞撰。……嘉慶進士，……以宋《易》為宗，以義理為主，……一切訓詁，浮泛說之，蹈宋儒空疏之病，又漢人舊訓，似皆不知。[36]

34　中國科學院圖書館整理：《續修四庫全書總目提要》，頁 55。

35　中國科學院圖書館整理：《續修四庫全書總目提要》，頁 90。

36　中國科學院圖書館整理：《續修四庫全書總目提要》，頁 79-80。

指出嘉慶時人汪德鉞《周易偶記》，以宋《易》為宗，義理為主，對於漢人之說似皆不知，故蹈宋儒空疏之病。在《周易本義補說》五卷（道光刊本）〈提要〉中云：

> 清蔡紹江著，……嘉慶二十四年進士，……此書能補《本義》之闕漏，並能言象，不但為朱子之功臣，亦晚近義理家之少有者也。[37]

稱讚嘉慶時人蔡紹江之《周易本義補說》，能言《易》象，故能補朱子《本義》之缺，為晚近義理家少有。在《易經輯說》五卷（道光丁亥年刊本）〈提要〉中云：

> 清徐通久著，……道光間為陝西中部縣知縣，其所集《易》說，以朱子《本義》為主，……凡漢、魏諸儒象數之學，《周易》本原之所在，不惟不錄，似亦不知者。[38]

謂道光時人徐通久的《易經輯說》，同樣以朱子《本義》為主，但對漢、魏諸儒象數之學似乎不知，故對《周易》本原亦似不曉。在《周易玩辭》一卷（同治刊本）〈提要〉中云：

> 清王景賢著，……咸豐間舉孝廉方正，平生服膺理學，以朱子為宗，故所為《易》說……祇以成其性理之學，其於

---

37 中國科學院圖書館整理：《續修四庫全書總目提要》，頁 111-112。

38 中國科學院圖書館整理：《續修四庫全書總目提要》，頁 116。

> 《易》解，固多未能明也。[39]

謂咸豐時人王景賢《周易玩辭》只以朱子性理之學為主，故於《易》解多未能明。在《周易明報》三卷（光緒壬午家刻本）〈提要〉中云：

> 清陳懋候撰，……光緒丙子進士，……全書訓釋簡略，大抵在明義理，不取象數。[40]

謂光緒時人陳懋候之《周易明報》大抵明義理而不取象數。由上述諸例可知，有清一代《易》學發展，實為宋《易》昌盛之時代。

其次，在上述〈提要〉中，雖然表面上看去，彷彿尚氏對於以義理說《易》皆不以為然，但我們切莫因此就把他歸類到所謂漢《易》的象數派中。因為他並不是反對以義理說《易》，他所反對的是「只」以義理說《易》，而把《易》學中重要的象數放在一邊，甚至全然不理不知。因為這樣的說《易》方式將流於空疏浮泛，也將全然失去《易》學的特色。所以對於同樣是以義理說《易》的嘉慶時人蔡紹江的《周易本義補說》，他才會因蔡氏能言《易》象，兼顧象數、義理二者，故能補朱子《本義》之缺，而稱讚其為晚近少有的義理家。

---

39 中國科學院圖書館整理：《續修四庫全書總目提要》，頁 131-132。

40 中國科學院圖書館整理：《續修四庫全書總目提要》，頁 150。

（二）在《易》學史流傳中努力融合漢、宋《易》

除了宋《易》仍為清代《易》學主流外，也有一些人因見宋《易》空疏之弊而努力融通漢、宋《易》的鴻溝，如在《周易後傳》八卷（初刻本）〈提要〉中云：

> 清朱兆熊撰，……乾隆甲寅舉人，……窺其意，似欲原本象數，發為義理，治象數、義理二者於一爐，以救漢、宋二家偏勝之失，宗旨甚正，然察其實與其所志，多不相副。……雖然，義理象、數，偏勝久矣，朱氏能兼收並蓄，所采漢、宋二家之說，亦尚扼要，雖其自序之言，略失之誇，要不宜以之盡棄其書也。[41]

指出乾隆時人朱兆基欲「治象數、義理二者於一爐，以救漢、宋二家偏勝之失，宗旨甚正」，雖然未必能完全符合其所希冀，但尚氏對於其已知談《易》，義理、象數皆不能偏失，而欲兼採漢、宋二家的心志予以肯定。在《易理象數合解》二卷（道光元年刊本）〈提要〉中云：

> 清聶鎬敏撰，……嘉慶辛酉進士，……此《合解》蓋欲以義理、象數兼明，矯漢人重象數不重義理，宋人言義理不本象數之弊。其實宋人如《程傳》、《本義》，所詳者義理，非《易》理也。義理者，乃治國平天下修身齊家之事，如《程傳》動云某爻之才，皆借《易》以演其內聖外

41 中國科學院圖書館整理：《續修四庫全書總目提要》，頁91。

> 王，治人治己，經世涉世之務，而於《易》理，多不相涉，且多相背之處。《本義》大體以《程傳》為本，然義理之中，兼顧《易》理，故優於《程傳》。[42]

謂嘉慶時人聶鎬敏治《易》，欲以義理、象數兼明，「矯漢人重象數不重義理，宋人言義理不本象數之弊。」然因其「懵然莫辨，將《程傳》等書之義理，與《易》理混而為一」，故雖疏陋，仍表現出已知象數義理不能偏廢才是治《易》最好的道路。此處亦可見尚氏不滿前人者，乃在不知《易》理與義理之分，而在漢、宋二家治《易》的方法與手段上有所偏廢。在《河上易註》十卷（道光元年刊本）〈提要〉中則云：

> 清黎世序著，……嘉慶進士，……蓋皆其治河時所著，故名《河上》。黎氏蓋以義理與象數宜並重，深以《程傳》、《本義》，空演義理，不求象數為非。而《御纂周易折中》，以程、朱為主，即《御纂周易述義》，名宗漢《易》，仍於象數甚略。黎氏蓋深以為非，……揆其宗旨，蓋欲取漢、宋二家，治為一爐，甚正當也。[43]

謂嘉慶時人黎世序治《易》以義理、象數並重，深以《程傳》、《本義》，空演義理，不求象數為非，而「欲取漢、宋二家，治為一爐」的想法是十分正當的。在《易經解注傳義辯正》四十四

42 中國科學院圖書館整理：《續修四庫全書總目提要》，頁93。

43 中國科學院圖書館整理：《續修四庫全書總目提要》，頁99。

卷（光緒二十二年刊本）〈提要〉中云：

> 清彭申甫撰，……道光乙未科舉人，……自漢迄清，凡名家注皆採入書中。如李氏《集解》之古注，並《集解》所無者，皆採輯無遺。此外如《王注》、如《正義》、如《程傳》、《本義》、《漢上易》，以及楊萬里、蘇軾、陸希聲、項平甫、來知德等《易》說、《易》注皆備。而於清《易》家祗取王夫之、李光地，間及顧炎武、王引之等說。其古注有可疑者，則加案語辨正其是非可否，寒士得此一書，并苞群書於其內，省檢查之煩，收合流之益，甚便也。其所辯正，亦多可取。惜其偏重義理，忽視《易》象，略於訓詁，故所錄之注，宋人獨多。[44]

謂道光時人彭申甫之《易經解注傳義辯正》能將「自漢迄清，凡名家注皆採入書中。如李氏《集解》之古注，並《集解》所無者，皆採輯無遺。」尚氏並贊之云「寒士得此一書，并苞群書於其內，省檢查之煩，收合流之益。」雖對於其書重義理而忽視《易》象，所錄之注又以宋人居多而有所不滿，但因兼錄古說，故覺已甚有益於學者。在《周易學統》九卷（光緒刊本）〈提要〉中云：

> 清汪宗沂撰。宗沂字仲伊，歙人，光緒進士，……其說《易》以西漢為宗，而益之以唐李鼎祚之《集解》、宋

---

44 中國科學院圖書館整理：《續修四庫全書總目提要》，頁 148。

周、邵、程、朱之學，及元、明以來各家之說。……蓋說之善者，雖宋亦取；不善者，雖漢不錄。有是非之判斷，无漢、宋之區別。故凡鄭氏爻辰、虞氏卦變爻變，无一取者。……惟於《易》理，所入不深，故所采之注，往往不合。[45]

謂光緒時人汪宗沂《周易學統》，「首舉西漢《易》說，再旁及各家，雖斥王弼及宋人之義理空疏，然亦頗采其說。蓋說之善者，雖宋亦取；不善者，雖漢不錄。有是非之判斷，无漢、宋之區別。」在尚氏眼中雖仍於《易》理所入不深，但可見清代學者融通漢、宋《易》說之企圖，自乾嘉至清末未曾中斷。

（三）以史解《易》的流派仍在

除了上述兩大潮流外，以史解《易》的流派依然存在，如在《易鑑》三十八卷（同治甲子重刊本）〈提要〉中云：

清歐陽厚均撰，……嘉慶進士，……其書既盡屏棄漢、魏諸儒所用之象數，亦不專尚王弼、程子所談之義理，它如陳摶、邵子所傳之河、洛先後天諸說，亦不闌入一語。凡六十四卦三百八十四爻，皆引據古今史事，以相參證。采取於古人者以此，其自加案語者亦以此，大致蓋與楊誠齋《易傳》同。[46]

---

45 中國科學院圖書館整理：《續修四庫全書總目提要》，頁 172。

46 中國科學院圖書館整理：《續修四庫全書總目提要》，頁 109。

謂嘉慶時人歐陽厚均之《易鑑》作「凡六十四卦三百八十四爻，皆引據古今史事，以相參證。采取於古人者以此，其自加案語者亦以此。」其去取不在象數、義理之分判，大致與楊誠齋《易傳》以史解《易》相同。在《周易本意》五卷（光緒間刻本）〈提要〉中則云：

> 清何西夏撰，……道光間隱君子，……其註釋經傳之辭，大氐推闡義理，而証之史事。說理尚為平實，援引亦多切當，蓋宗法《程傳》、《本義》，而益之以李光地、楊萬里之說者歟！[47]

謂道光時人何西夏《周易本意》「推闡義理，而証之史事」，是「宗法《程傳》、《本義》，而益之以李光地、楊萬里之說者」，是以史解《易》的著作。而在《周易人事疏證》（宣統二年同文書館鉛印本）〈提要〉中云：

> 清章世臣撰，……生平致力於經學，尤好《易》，……自謂仿宋李光地、楊萬里而作。按李光地《讀易詳說》、《誠齋易傳》皆以史事徵引《易》說，而《誠齋易傳》二十卷所引尤繁多，而於經義之訓詁，及陰陽消長，《易》理原本所在，反略而不說。[48]

---

47 中國科學院圖書館整理：《續修四庫全書總目提要》，頁 122-123。

48 中國科學院圖書館整理：《續修四庫全書總目提要》，頁 157。

謂清末章世臣《周易人事疏證》「仿宋李光地、楊萬里而作」，而他們的《易》作皆是以史事徵引來推闡《易》說者，但卻有對陰陽消長之《易》理反而略而不說的問題。由上述諸例可知，以史解《易》的傳統雖然不是《易》學主流，有清一代卻未曾中斷。

（四）道教（家）與神秘主義依然附合於《易》

又有如道教神秘者仍與《易》的附合，如在《卦極圖說》（《雲南叢書》本）〈提要〉中云：

> 清馬之龍撰，……道光中出遊，寓昆明幾二十年，此《圖說》乃其在昆明時，有客見其學《易》，請其著書，傳授於人，乃援筆作〈太極圖〉，……按邵子先天方圓各圖，本出自道家，今觀馬氏各圖，全以陳、邵為本，而語涉玄虛，似祖述郭象《莊子注》，王弼《老子注》者。知馬氏隱居深山，從事道家之學。惟其《圖說》太簡略，迷離恍惚，莽不得其實際。[49]

謂道光時人馬之龍在雲南二十年，所傳《易》學以陳摶、邵雍之說為本，而語涉玄虛，迷離恍惚，似祖述郭象、王弼之《莊子注》與《老子注》，蓋因其隱居深山，從事道家之學故也。在《太極會通》六卷（鉛印本）〈提要〉中云：

---

[49] 中國科學院圖書館整理：《續修四庫全書總目提要》，頁 117-118。

> 翟衡璣撰。……然觀其書，殆近世習道教者之所為，故其自負，妄誕不經。……其篇首所謂一經六緯者，一經似謂太極，六緯訖不知其何所指。因語無倫次，故端序不明。近世假經文以文飾其雜說，如此者多矣，不足取也。[50]

謂翟衡璣乃習道教者，說《易》語無倫次，並云「近世假經文以文飾其雜說，如此者多矣，不足取也。」類似這種語無倫次的著作，尚氏仍為其作〈提要〉，目的乃為避免後人因其依於經文卻又語涉玄虛的莫測高深之狀而受其欺騙也。

四、尚秉和論杭辛齋

除了清代及前人的《易》說外，尚氏的〈提要〉中亦論及了時人之作，尤其是對民國《易》學大家杭辛齋，相較於其他人，其評價是很高的。如在《學易筆談》四卷（民國八年排印本）〈提要〉中云：

> 杭辛齋著。辛齋海寧諸生，幼好學《易》，清末常主持報社，入民國為國會議員，四年以反對帝制，被補入獄。自言在獄中遇異人，傳授京氏《易》，故於《易》所入益深邃。……民國九年卒。茲本乃其初集，其說《易》不章解句釋，不分漢宋，謂門戶之見，最為誤人。然於宋程、朱之《易》，每多微詞，謂後世所以有宋《易》之名者，以

50 中國科學院圖書館整理：《續修四庫全書總目提要》，頁 188。

> 邵子能發明先天各圖，創前此所未有，故有漢《易》、宋《易》易之名。若程、朱等《易》，仍不出王弼之範圍。至論三《易》之源流，及漢、魏、晉、唐《易》注之派別得失，及宋、元、明、清之漢、宋兩派之《易》說，博洽詳盡，足見其於《易》注搜羅之廣，涉獵之富，而能詳人所不能詳者。唯在《易》數，如一生二，二生三，及二與四，三與五，用九用六諸說，皆能自發新義，貫通透徹，與端木國瑚之《周易指》，後先媲美。而卷三中之〈象義一得〉，尤精微奧妙，合《易》理與數術，揉而為一，發前人所未發，為近代罕有之《易》家。惟其考據，頗有疏略。[51]

其謂杭氏雖自幼學《易》好《易》，但於《易》能有大長進，乃在入獄遇異人傳授京氏《易》之故。京氏《易》即漢《易》，故雖謂門戶之見最為誤人，卻對宋代程、朱《易》學多有微詞。並謂其「論三《易》之源流，及漢、魏、晉、唐《易》注之派別得失，及宋、元、明、清之漢、宋兩派《易》說，博洽詳盡，足見其於《易》注搜羅之廣，涉獵之富，而能詳人所不能詳者。」對於《易》數能自發新義，貫透通徹；對於《易》象，亦能發前人所未發，譽為近代罕有之《易》家。蓋杭氏乃能在合於《易》理的前提下言義理與象數，故備受尚氏肯定。而尚氏唯一對其考據訓詁上略有所疏稍有遺憾。在《易數偶得》二卷（民國鉛印本）〈提要〉中云：

51　中國科學院圖書館整理：《續修四庫全書總目提要》，頁 177。

海寧杭辛齋著。……辛齋所言數理，迴環往復，妙義橫生，多本之李，（善蘭）然皆算學之事。辛齋聰明，通之於《易》，如謂數皆以天地為本，凡演數皆以參天兩地為用，及數有順逆是也。[52]

亦謂杭氏聰明而精於算數，其所言數理「迴環往復，妙義橫生。」而在《學易筆談二集》四卷（民國鉛印本）〈提要〉中則云：

海寧杭辛齋著。……大抵杭氏《易》學，長於博覽，短於切詁，華美有餘，而樸實不足。[53]

指出杭氏《易》學乃「長於博覽，短於切詁。」雖有贊美，亦間有些微訶責。

蓋尚氏對於民初杭辛齋能以象數論《易》且合於《易》理，贊為近代罕有，那麼，我們不妨也由此看杭氏〈象義一得〉內容，以求尚氏所贊為何。其云：

凡言象者，不可忘《易》之義，《易》義不易者其體，而交易、變易者其用，故八卦之象，無不交錯以見義。……執片面以言象，象不可得而見；泥一義以言象，象不可得而通也。

52　中國科學院圖書館整理：《續修四庫全書總目提要》，頁 178。
53　同前註。

凡言象者，不可忘其數，天一地二天三地四天五地六天七地八天九地十，……自舍數言象，而象茫如捕風矣！

凡言象者，不可不明其體，體者用之主也，故卜筮者亦日取用。（每卦六爻，先取所用者一爻為主即體也）以所用者為主，而後察他爻之或從或違或動或靜，為利為害，吉凶始可得而斷焉。……

凡言象者，不可不視其所以，以者與也、即也。……所與者而善，乃吉之幾，所與者而不善，乃凶之兆，而善惡又有大小之殊，所與者又有遠近之別……

凡言象者，不可不觀其所由，〈繫傳〉曰：「辭也者各指其所之。」此有所之者，即彼有所由，〈文言〉曰：「臣弒其君，子弒其父，非一朝一夕之故。」其所由來者漸矣！……

凡言象者，不可不察其所安，安也者，位也。〈繫傳〉曰：「君子安其身而後動。」觀象者既定其主體之所在矣，必察其所在之處，能否得位？位得矣，必察其位之能否得時得用，後其象始可得而言。……

凡言象者，不可不明消息，消則滅，息則茲，……凡一卦本體之消息，或因時言之，或以位論之，當其消焉，象雖吉而未可言福；當其息焉，象若凶而亦長其禍。其時值消而位當息，或位據息而時見消，則須辨其輕重，……未可泥於一端也。

言象之大要如此，故夫陰陽之順逆，五行之休廢，氣數之盛衰，均不可不辨焉。嚮之言《易》者，曰吾治經，非以談休咎，奚用此術數為？而不知《易》以道陰陽，原本天地之數，以著天地之象，以通神明之德，以類萬物之情，

> 非數則無以見《易》，非數即無以見象，未有象不明而能明《易》者也。舍象以言《易》，故宋儒之性理往往流於禪說而不自知；舍《易》以言象，方士之鼎爐，每每陷於魔道而殺其身，唯之與阿，相去幾何？[54]

杭氏雖未能對《易經》章解句釋，故尚氏不免有所遺憾，然觀上述所論《易》象之義，或云「執片面以言象，象不可得而見」，或云「舍數言象，而象茫如捕風」，或謂「不可不明其體，體者用之主」，或謂「不可不視其所以，以者與也、即也」，或云「不可不觀其所由」，或云「不可不察其所安，安也者，位也」，或道「不可不明消息，消則滅，息則茲，凡一卦本體之消息，或因時言之，或以位論之，當其消焉，象雖吉而未可言福；當其息焉，象若凶而亦長其禍」，凡此論象之言，皆在《易》理之陰陽承乘比應及消息時位的關係下談，故最為尚氏所贊，蓋尚氏所堅持論《易》原則者，便是此《易》理而已。[55]至於或以象數論，或以義理言，皆聖人之道，又何有勝負優劣可言？故治經者以為談陰陽順逆、五行休廢、氣數盛衰乃休咎之術數，故略而不論，豈知反因此而蹈空論義理之弊，而與《易》漸無涉矣！由此可知杭氏論《易》之立場與尚氏極近，故在前輩《易》家中，

---

54 杭辛齋：《易學妙理要訣筆談》（臺南：龍巨書局，1985 年），頁 70-83。

55 對於杭氏《易》學的內容，讀者可參看本書第二章〈從術到學，技進於道的杭辛齋《易》學〉。

尚氏對杭辛齋特為青睞。[56]

五、小結——《續修提要·易類》中的尚秉和現象

總結上述尚氏〈提要〉所顯示的各種現象，如其一再宣誓「以象解《易》」的重要，並著重分辨《易》理與義理的不同，考訂前人著作之誤，指出了清代整理前人《易》說的努力與問題，並呈現出清代《易》學以宋《易》為主流，而融通漢、宋二家《易》學的努力也同時存在的事實，並特別對民國杭辛齋《易》學多有讚譽之外，還有一件值得一提的事是，當我們整理《續修提要·易類》後，發現此〈提要〉寫作的數量分布狀況極度不平均，大多的〈提要〉書寫只落在一兩人的身上，這是十分奇怪的現象。更特別的是，尚氏一人所寫的〈提要〉就佔了近整個《續修提要·易類》的一半。因此，筆者才說《續修提要·易類》裏可謂有尚秉和現象。此中因素可能有很多，但從這個他一人作的〈提要〉佔了近總數一半的現象來看，尚秉和《易》學上的造詣，應是民國以來被公認最為深厚精彩的《易》家之一。

另外，經筆者統記，《續修提要·易類》共收有 637 篇書

56　對於象數《易》的使用，今人亦有所討論，讀者可參見鄭吉雄：〈論象數詮易的效用與限制〉（《中國文哲研究集刊》29期，2006年9月），頁 205-236。其論說雖夥，謂「象數詮《易》有所多重要的預設，最基本的當然是預設宇宙是一個規律性的、機械性的結構，然後再運用象數理論以解釋此一結構中的規律。」並提出十種象，三種數，對其所討論的象數詮《易》的效用與限制加以說明，要之即本文所謂的《易》理。

目，分別由 19 人作〈提要〉。其中以尚秉和寫了 300 篇最多，其次是總編纂柯紹忞的 150 篇，其他較多者尚有吳承仕 47 篇、高潤生 35 篇、黃壽祺 30 篇、葉啟勳 24 篇、孫海波 18 篇，最後還有劉白村 8 篇、韓承鐸 4 篇、班書閣 2 篇、謝興堯 2 篇、劉思生 2 篇、劉啟瑞 2 篇、奉寬 2 篇、傅振倫 1 篇、羅繼祖 1 篇、張壽林 1 篇、倫明 1 篇、趙錄綽 1 篇。另外有 6 篇〈提要〉沒有註明何人所寫。此 6 篇分別為：明諸生蔡鼎《萬遠堂易蔡》（頁 39）、清洪其紳《易通》（頁 73）、清李兆元《說卦傳輯注》（頁 79）、清蕭光遠《周易屬辭》（頁 102）、清黃應麒《周易述翼》（頁 115），以及清王景賢《周易玩辭》（頁 132）。本文留下這些記錄，以供後人研究時參考。[57]

本文曾發表於臺北市中央研究院中國文哲研究所「民國以來經學研究計畫」，後收錄於《變動時代的經學與經學家・第一冊》（臺北市：萬卷樓圖書股份有限公司，2014 年）

---

[57] 這裏還有一個殊堪玩味的現象是，在《續修提要・易類》中出現的所有〈提要〉作者，竟與同時期的《古史辨》討論《易經》的作者群，無一重複。這當然可以從一群是經學家，一群是史學家的觀點論之，但此亦可推見民初以來學界恐有百花齊放卻又涇渭分明的現象。關於《古史辨》中的《易經》討論，詳見本書第一章〈《古史辨》中討論《易經》相關問題之省思〉。

第五章　以象數融通漢、宋《易》的黃元炳《易》學

一、「觀蝶樓」中黃元炳

清末民初由於國事混亂，西風東漸，傳統學人對於自身學問求真求用的急迫感與日俱增，因而在《易經》的研究上，也開始有了不同於往的反省與發展。他們不只想要擺脫學術上只以清朝乾、嘉以來考據訓詁為主的風尚，也想要進一步輔以西方的研究方法與觀點；而在《易經》的研究上，對於傳統或站在宋《易》為主的義理派，或站在漢《易》為主的象數派的壁壘分明現象，也有了重新的思考。於是在有名的古史辨運動中，許多學者企圖以歷史的角度，希望將《周易》經傳真實的發生年代與作者等真相挖掘出來；[1]也有如杭辛齋、尚秉和等人，不斷的在《易經》的實用及象數、義理兼重上大聲疾呼，並實踐於其著作與生活之中。[2]這些現象都反映著民初關心《易經》的學者們，面對世局

1　讀者請參閱本書第一章〈《古史辨》中討論《易經》相關問題之省思〉。

2　讀者請參本書第二章〈從術到學，技進於道的杭辛齋《易》學〉及第三章〈以象解《易》的尚秉和《周易尚氏學》〉。

變化的各種不同心態。

然而對於民初（此處以 1949 年國民政府播遷來臺以前，為討論時間上方便的暫定界限）以來的重要《易》學家，我們常見被提起並做為研究對象的如：章炳麟、劉師培、杭辛齋、尚秉和、李鏡池、高亨、顧頡剛、薛學潛等人，但卻從沒有人對與杭氏、尚氏同時，並以《易》名家的黃元炳做過任何研究。黎凱旋先生曾在《易學探源・序》中說道：「自民國以來，我國研究《易經》的學者，能貢獻其畢生的精力，究明《易經》的本源和體用，並有優美的著作和卓越的成就，而可當得上『《易經》大師』的，數來數去，惟有海寧杭辛齋、無錫黃元炳、薛學潛三位先生，都是抗日前的名學者。此外或限於天賦，或宥於門戶，或淺嚐即止，雖各有所見，畢竟渴飲江河，小飲小盈而已。」[3]可見黃氏《易》學的重要性絕不在上述諸家之下。

（一）黃元炳四本《易》學著作

本文所討論的黃元炳《易》學著作，乃是依據集文書局出版，統名之為《易學探原》。《易學探原》共分為四種三部分，分別是：1、《易學探原之一》，為《易學入門》及《卦氣集解》二書之合編；2、《易學探原之二》，則為《河圖象說》；3、《易學探原之三》，為對於《周易》經傳本文逐字逐句註解的《易學探原經傳解》。對於其書之原本面貌，黎凱旋先生在《易學探原・序》中有詳細說明如下：

---

3 黃元炳：《易學探原之一——易學入門、卦氣集解・易學探原序》（臺北：集文書局，1996 年）。

> 黃元炳先生字星若，江蘇無錫人，沈潛於《易》學研究，達三十餘年，綜覽《易經》千種，所著有《易學入門》、《河圖象說》、《經傳解》、《卦氣集解》四種，凡七巨冊六十餘萬言，冠名《易學探原》，插圖百餘幀。……黃氏《易學入門》一書，原線裝一冊，不分章次，插圖片、表解計五十餘幀，察其用意，無非欲以圖（〈河圖〉）、書（〈洛書〉）、卦畫，盡天地人物之象數；而以文字解說，究明其「體」「用」。《河圖象說》，原書上下兩冊，舉〈稽古〉、〈數象〉兩篇於書首，然後引而申之，提出了「一百二十觀」。……《經傳解》一書，原分上中下三冊，乃集漢以來各家的註解，取精用宏，多申已意，以解說四聖人之《易》。……《卦氣集解》一書，原書一冊內八章，尤多新見。[4]

由此可知黃氏《易》學原分七冊，分別為：《易學入門》一冊，《河圖象說》上下兩冊，《經傳解》上中下三冊，以及《卦氣集解》一冊，皆線裝，且書中插有許多圖片與表解，以做為補充文字解說不足之用。不過黎氏此處所謂《經傳解》乃集漢以來各家註解，則恐未盡事實。蓋黃氏引用前人之說以註解《周易》經傳者，上自先秦經子諸書，下逮清末晚近之人，非僅自漢以來而已。又，黃氏諸書目前仍可於上海圖書館中見其原貌。

本文即以原分七冊共四種的黃氏《易》學著作為研究範圍，藉此對黃氏《易》學做清楚剖析。除了希望可以補足今日學界對

4　同前註。

於黃元炳《易》學研究的空白之外，另一方面，也希望可以為民初的《易》學發展面貌補成一幅更為完整清晰的圖象。

（二）《蘇州民國藝文志》資料商榷

目前學界對黃元炳生平所知十分有限，據《蘇州民國藝文志》下卷記載，可得黃氏基本資料如下：

> 黃元炳（生卒年不詳）江蘇崑山人，字文之，號蔚卿。1869 年副貢，1876 年舉人。性格豪放，好飲酒，喜為詩古文詞，又好金石之學。築聞樨香室，藏書千餘卷。（王蘇玲編錄）《學易隨筆》，1921 年鉛印本，上海圖書館存。《老子玄玄解》，1925 年鉛印本，上海圖書館存。《易學探原經傳解》，黃氏觀蝶樓 1932 年鉛印本，上海圖書館存。上海醫學書局 1933 年鉛印本，上海圖書館存。《卦氣集解》，黃氏觀蝶樓 1933 年鉛印本，上海圖書館存。《河圖象說》，黃氏觀蝶樓 1933 年鉛印本，上海圖書館存。《易學探原》，黃氏觀蝶樓 1933 年鉛印本，上海圖書館存。[5]

如依《蘇州民國藝文志》所言，黃元炳似曾為清道光年間舉人，且生性豪放而好飲酒，除以《易經》名家之外，亦愛古詩文詞及金石之學，且蓋了一間藏書千餘卷的「聞樨香室」書樓。但經筆

5 張耘田、陳巍主編：《蘇州民國藝文志》（揚州：廣陵書社，2005 年），頁 734。

者仔細比對黃氏諸書中所記載內容之後，發現《蘇州民國藝文志》所記載黃元炳之事跡，恐有誤植不可信之虞。茲將此段引文所錄而仍有待商議者說明如下：

1、此處云「黃元炳字文之」，不過在黃氏著作中，只見其自稱則為「無錫黃元炳星若」，不知「文之」是否為黃氏的另一個字號？

2、此處指黃氏為江蘇崑山人，不過黃氏著作自稱多作「無錫黃元炳星若」。據查，清末民初的崑山大約為今日之徐公橋、花橋。筆者於2013年4月初曾親至徐公橋等地查訪，已全無黃氏訊息；又詢問當地居民，得知民國初年至三、四十年代，崑山與無錫間的交通仍以河運為主，兩地路程大約一日夜即可到達。若《蘇州民國藝文志》記載無誤，則黃氏亦可能是出生於崑山，曾築室名曰「聞樨香」；在成年之後則多活動於無錫，並在無錫另築樓名曰「觀蝶」，也未可知。（由於黃氏注《易》多引《莊子》之語，可推知黃氏將書房名為「觀蝶樓」，應是隱喻其對「莊周夢蝶」寓言之感受。其引《莊子》注《易》之例，詳見後文）

不過以上都只是在相信《蘇州民國藝文志》所記載內容的前提下，所做的盡力推測。然而，據筆者所得資料之推斷，恐怕崑山的黃元炳與無錫的黃元炳不是同一個人。茲詳述如下：

3、《蘇州民國藝文志》謂黃氏在 1869 年為副貢，在 1876 年中舉人。但據《易學探原之三——易學探原經傳解》中，蔣維喬在壬申春日為此書作的序文有云：「黃君年五十餘」[6]。經筆

6　黃元炳：《易學探原之三——易學探原經傳解》，（臺北：集文書局，2001 年），頁 3。

者所查，王申年為民國二十三年（1934），據與黃氏相識的蔣維喬言，當時黃元炳只有五十餘歲，以最大限度推之，即使黃氏王申年已是五十九歲，那麼他應生於 1875 年，又怎麼可能在 1869 年未生之時為副貢，在一歲時中舉人呢？由此可知，除非認識黃元炳並為其作序的蔣維喬所說有誤，否則此處所謂副貢與中舉之事恐是誤植。[7]（網路百度有黃元炳生於 1879 年資料，不知來源，可做吾人參考）

4、由目前可見集文書局據黃氏觀蝶樓本影印之黃氏《易學探原》諸書，以及上節黎凱旋先生所言可知，此處《蘇州民國藝文志》最後所錄之「《易學探原》，黃氏觀蝶樓 1933 年鉛印本，上海圖書館存」，應為《易學入門》而非《易學探原》。其誤寫恐因本書的最前面有王申孟夏王西神題的「《易學探原易學入門》」八字，故《蘇州民國藝文志》編錄者誤以為前面四字為書名，而不知《易學探原》乃是其《易》學著作總稱，而《易學入門》方是此書之專名也。同樣情況如《卦氣集解》全書前，亦有葉公綽所題「《易學探原卦氣集解》」八字；又如《河圖象說》全書之前，亦有秋浦許世英所題「《易學探原河圖象說》」

7 據筆者進一步追查，發現在清人顧廷龍編纂之《清代硃卷集成》（臺北：成文出版社，1992 年）165 卷，頁 313 中，有條目記載了另一個同名同姓的黃元炳，字燮友，又字文之、行一，道光乙未（1835）六月十三日生。如以此人生平推論，則 1869 年時其為 34 歲，1876 年時其為 41 歲，那麼《蘇州民國藝文志》所說中副貢與舉人的恐怕是這個黃元炳了。又，此處的黃元炳又字文之，亦與《蘇州民國藝文志》所謂黃元炳字文之相同，故筆者推測，《蘇州民國藝文志》應有某些黃元炳的資料是抄自於顧氏《清朝朱卷集成》，並且將這兩個不同的黃元炳誤作是同一人。

八字。皆可證明《蘇州民國藝文志》此處所寫，應為其編者錯植之誤。

筆者此處所作推測，雖是依目前所有可見資料做對比分析之後，方下之推論，但猶不敢妄下定語。乃因目前可見資料實在有限，故亦不妨兩存，有待他日資料證據更完整時再做定論。然而對於黃氏亡故至今僅數十年，而其又為當代《易》學大家，其生平卻已錯亂誤植至此，令人對於生命際遇有著不勝唏噓之感。

二、黃元炳《易》學基本立場

（一）形下以為術，不如形上以為道

一般人光看黃氏著作之名，或者謂《河圖象說》，或者云《卦氣集解》，且稍一翻看其書，眼前幾乎全是象數與各種圖解翻飛，將以為他的《易》學是象數一派。但如果我們真的這麼想，恐怕就會誤解黃氏研《易》的真意。如其於《河圖象說・八十八・七數道術觀》中云：

> 五行之理，一至三為所生，如納甲者乾，至丙而甲木生丙火是也；一至五為所克，如乾甲至戊，而甲木為戊土所克是也；一至七為所受克，如乾甲至庚，而甲木為庚金所克是也；一至九為所受生，如乾甲至壬，而甲木為壬水所生是也。餘可類推矣！其所以取受克之七數者，是克也，克己復禮，制其妄情焉。則〈河圖〉用七之象，豈非長春莫

天之赤子乎？故形下以為術，不如形上以為道也。[8]

乍讀之下，分明是八卦與五行生克、天干地支相配而說的卦氣象數一路。其舉乾卦納甲為例：甲於五行中為木，於數中為一；丙於五行中為火，於數中為三，故黃氏云「一至三為所生，至丙而甲木生丙火是也。」又戊於五行中為土，於數中為五，故黃氏云「一至五為所克，而甲木為戊土所克是也。」又庚於五行中為金，於數中為七，故黃氏云「一至七為所受克，而甲木為庚金所克是也。」又壬於五行中為水，於數中為九，故黃氏云「一至九為所受生，而甲木為壬水所生是也。」此乃一甲木生三丙火，克五戊土，為七庚金所克，又為九壬水所生的五行生克說。但黃氏講這五行之理，並不是為了闡釋卦氣象數的變化，而是為了要講接下去的「其所以取受克之七數者，是克也，克己復禮，制其妄情焉」。他是要把五行生克中所謂的「受克」之理，拿來解釋那個「受克」是「克己」之意，為的是要「克己復禮，制其妄情」。蓋一甲木為七庚金所克，站在一甲木的立場來說，是受七庚金所克，而一甲木之所以要受七庚金所克，乃是聖人寓其教人「克已」方能「復禮」之意，是為了說明制人之妄情的重要。他並因此而謂〈河圖〉用七之象，乃在教人克己之妄情方能有長春莫夭之象也。故其於此文最終，乃以「形下以為術，不如形上以為道也」做結。

由此可知，黃氏演圖書象數之術，並非如傳統象數一派，專

---

8 黃元炳：《易學探原之二——河圖象說》（臺北：集文書局，2009年），頁234。

以術數之學為高；他是想藉此說明圖書象數之學，也是為了要幫助我們理解達成聖人所寓之道的方法而已。所以我們不應以此形下術數之學為尚，而應該以形上之道為學《易》學的終極目的。這種以圖書象數證成聖人於《易》中所寓之義理的例子，在其著作中是隨處可見的。

（二）人貴虛心受益，不可以為術數小道而忽之

不過，黃氏雖然強調「形下以為術，不如形上以為道」，但卻不因此而忽視術數的重要與價值，如其於《河圖象說．六十二．納音先後五行合一觀》中云：

> 人貴虛心受益，不可以為術數小道而忽之也。……今以坎、艮、震等八卦，依次而與先天之乾、兌、離、震、巽、坎、艮、坤相接，則金、火、木、水、土之性質，自能於六十干支表示之，此其所以妙也。夫甲子乙丑海中金何謂也？……坎接乾為訟，接兌為困，乾兌皆金而坎在北方為北溟之大海也。[9]

蓋黃氏雖已於同書中的〈五十四．納音母子觀〉、〈五十五．納音干支觀〉及〈五十六．六十干支納音觀〉三文，詳論納音與五行、干支等如何相配的方法，然其猶說之未盡，怕讀者仍有不明之處，故又於此處再申而說之。納音與五行、干支如何相配？自是《易》中象數一路，仔細讀之，實在繁瑣。如本段引文所謂

9　黃元炳：《易學探原之二——河圖象說》，頁 155-156。

「甲子乙丑海中金」之意，[10]乃因後天八卦中，坎在北，其數為一，由此後天之坎一與先天八卦之乾一相接則為天水訟卦；又與先天八卦之兌二相接則為澤水困卦。乾與兌於五行中皆屬金，坎於五行屬水，位在北，故為北方之大海，所以叫做「甲子乙丑海中金」。此自為繁複的象數之說，黃氏雖不憚其煩的一再詳伸，卻又怕他人以為此乃術數小道而輕忽，故云「人貴虛心受益，不可以為術數小道而忽之也」。所以黃氏對士大夫以術數為小道而忽之的態度是深不以為然的，如他在《河圖象說・五十八・五行生克兩重觀》中云：

> 〈河圖〉南方二七火合九四金，金生水；西方四九金合三八木，木生火；北方一六水合二七火，火生土；東方三八木合一六水，水生木；中央五十土，不變不合而土生金。……後世術數家以所克者為妻財，所生者為子女，被生者為父母，被克者為官鬼，即〈河圖〉中央土所生南方之四九金為子女，所克東方之一六水為妻財，所被生北方二七為父母，所被克西方三八為官鬼，而中央之五十同行，即兄弟也。習焉者不察，士大夫又以其為術數而忽之，孰知其精妙所在，百姓日用而不知耶？[11]

這是一般算命之術的四柱八字說，將五行生克關係比喻成所生者為子女、被生者為父母、所克者為妻財、被克者為官鬼、同行者

10 此處所謂「甲子乙丑海中金」乃是引自術家納音歌訣，方便背誦之用，黃氏已在同書〈五十六・六十干支納音觀〉中詳論之，讀者可參看。

11 黃元炳：《易學探原之二——河圖象說》，頁 144-145。

為兄弟，而以此論人之吉凶禍福。「習焉者不察」，指的是拿這來算命的人，只知其然而不知其所以然；而士大夫則對此只視為術數小道，所以也不願多加理會。但命相之學本就流行於日常民間，以此術謀生之算命師不知其所以然，而讀書的士大夫們又以此為小術而不屑言之，那百姓們將何去何從呢？所以黃氏才特別在此類術數中用力說明，並鈎合之以聖人義理大道，其用心不可謂不深矣！他將此五行生克關係兩重化之後，故與〈河圖〉原本方位「一六在北方為水之數，二七在西南方為火之數，三八在東方為木之數，四九在西方為金之數，五十在中央為土之數」不同，而有了「南方二七火合九四金，金生水」，故「中央土所生南方之四九金為子女」（四九金本在西而變成南）；「西方四九金合三八木，木生火」，故「所被克西方三八為官鬼」（三八木本在東而變成西）；「北方一六水合二七火，火生土」，故「所被生北方二七為父母」（二七火本在南而變成北）；「東方三八木合一六水，水生木」，故「所克東方之一六水為妻財」（一六水本在北而變成東）的變化。而黃氏書中將八卦與五行生克方位及天干地支相互搭配變化時，之所以無定位定數，乃因其以為《易》道唯變所適，故以定位定數言《易》而不知變者，是不能真知《易》也。

三、黃氏《易》學九項自得之說

黃氏以《易》名家，嘗於《易學探原經傳解・弁言》中自謂：

> 元炳學《易》三十餘年，迨今又不厭不倦者，以其有日新月異之心得耳。如先天大象，則發明遞變、疊變與先天變天人；天人發用象，則發明无妄、升兩卦之活用，與三三結卦、變序卦、數法；雜卦象，則發明參伍大衍、先後河洛、天人太極之種種關係及一箇蠱卦；卦氣圖，則發明一箇小過卦；〈河圖〉、〈洛書〉則發明本是合一而兩名；大衍蓍數，則發明七七與加倍之關係；太極，則發明其為開闔之闔象；他如經文，則指明坤初堅冰與大、小過、中孚卦辭等之誤解；而先天變後天一法，尤非前人所能料及者。此元炳之所以嚶鳴求友而願與海內外同志共學之也。[12]

他因為自己研《易》有日新月異之心得，如引文中有許多說法都非前人所能道及，所以治《易》三十餘年而不厭不倦，故現在之所以寫下《易學探原經傳解》這本書，則是想要「嚶鳴求友而願與海內外同志共學之」，想求得大家對他三十餘年研《易》心得的了解與認同。而其《易》學中最引以為傲的則有所謂「九項自得之說」，黃氏在《易學入門》開頭所言，正可以做為此「九項自得之說」的註解，其云：

> 《易》象，可分象象、數象、似象似數之象、非象非數之象。象象者，先天象、後天象、天人象，一類也，是為純象。先天象、天人象皆有大小，天人象之大者謂之天人發用象。序卦象、雜卦象、卦氣圖，又一類也，是為雜象。

12 黃元炳：《易學探原之三——易學探原經傳解》，頁 10。

> 而象象盡此矣！數象者，〈河圖〉、〈洛書〉也。似象似數之象者，蓍數大衍五十之象也，義亦可做數象觀。然五十個一未嘗不可作小成卦於其中，則又為象象矣！是兩似也。古太極、今太極，本相通為一，特其相貌不同。如以為象也，而非爻畫也；如以為數也，而又非一二三四等也，故亦為似象似數之象也。如上所云之先天小象、先天大象、天人象、後天象、序卦象、雜卦象、卦氣圖、〈河圖〉、〈洛書〉、蓍數、古太極、今太極，皆為象數所攝，而非象非數，古人無以名之，強名之曰無極。無極者又非無也，先天攝之也，皆合象也。若夫六爻卦中觀其分象，有內卦，有外卦，有內互，有外互，有合互，有旁通參伍，有六爻分觀。[13]

基本上在黃氏的《易》學概念中，《易》經之象可分為「象象、數象、似象似數之象、非象非數之象」四大類。

首先為所謂「象象」，可分為「純象」和「雜象」兩大類。其中「純象」包含他所定義的「先天象」、「後天象」及「天人象」三種，這三種都純粹只有象而已。這三種之中，「先天象」及「天人象」又有大小之分，「天人象」之大者叫做「天人發用象」。而所謂「雜象」則包含有「序卦象」、「雜卦象」、「卦氣圖」三種。[14]

13　黃元炳：《易學探原之一——易學入門、卦氣集解合編》，頁 1-2。

14　此段所言黃氏《易》學的各種自定名稱之意義，可見於黃元炳：《易學探原之一——易學入門、卦氣集解合編》中。其內容極為繁瑣難讀，寫在正文中殊無意義，故順著文章概略註記於此，讀者若有興趣，可依筆者下面所述而詳究其書。蓋其各類圖象之頁數類別如下：1、「先天大象」即朱子所謂「伏羲六十四卦方位圖」（頁 2 附圖），2、「先天小象」即朱子所謂「伏羲八卦方位圖」（頁 2），3、「天人象」則是將陽多之卦放在圖之上半，如乾三陽在最上，而兌、離、巽則並行在乾下；陰多之卦放在圖之下半，如坤三陰而在圖之最下，震、坎、艮則並行而在坤之上（頁 4），4、「天人發用象」則是將六十四卦依「天人象」三爻卦圖的基礎上擴大，並且第一層乾卦獨立，第二層則由左至右，由上至下每遞變乾卦一爻而得一卦，共有夬、大有、小畜、履、同人、姤等六卦；第三層則遞變兩爻成卦，而有大壯等十五卦；第四層則遞變三爻成卦，而有泰等二十卦；第五層遞變四爻成卦，而有臨等十五卦；第六層遞變五爻成卦，而有臨等十五卦；第七層遞變五爻成卦，而有復、師、謙、豫、比、剝等共卦；最下第八層則為全變之坤卦。如此形成上下對稱的「天人發用象」，其實也只是卦爻變化組合成上下對稱之圖象耳。而所謂「發用」，則是三爻卦發展成六爻卦，而有了爻變成他卦的變化而已。（頁 5 附圖）5、「後天象」即朱子所謂「文王八卦方位圖」（頁 7），6、「序卦象」則是依卦序逆時針排序，其自云：「序卦象以文王所次六十四卦之次序，欲探其所以然而成此合象也。」（頁 8 附圖），此乃其欲證明《易》為聖人所作，故必有深意者，故其序卦之象又有各種不同觀看變化之法：有「序卦象（附象）」二組，（頁 10-11），有「序卦簡平象」共二十組，其中有三十八種觀法，（頁 12-30）可參見之。7、「雜卦象」則是以乾居圓象中心，大過、夬、未濟、歸妹、頤、漸、既濟、姤八卦逆時針圍繞乾卦為第二層，最外層為其他五十五卦，分兩圈圍之。（頁 31），另有「雜卦象（附象）」二組，（頁 32、34）。8、「互卦象」圓圖（頁 39）。9、「卦氣總象」圓圖（頁 42）。此外又有上述各基本圖象之運用變化者，如「先天三角大象」（頁 46）、「後天三角大象」（頁 47），以三角形變化六十四卦圓圖，以及「三十六宮交象」（頁 48）、「六體交象」（頁 49）。10、「古太極象」與「今太極象」（頁 53），前者為一般所見太極圖象，後者則為中間黑白陰陽交接處多了一個圓形的灰色圖象，據黃氏自言：「古太極、今太極，本無異也，名今名古，強名之也。」（頁 54）11、「無極象」，為一無色之圓形圖象（頁 55），其其次為所謂「數象」，即是〈河圖〉、〈洛書〉這兩個包含著數字方位的圖象。

再其次則為「似象似數之象」，指的是蓍數大衍五十之象及古太極與今太極也。又，黃氏以為蓍數大衍五十這個「似象似數之象」，也可以通於第二類的「數象」，蓋因「大衍之數五十，其用四十有九」本就是蓍數占卦時數字的變化，故自可通於第二類之「數象」也。又蓍數五十是由五十根蓍草組合而成，故謂「五十個一」，而這占蓍的過程，經三變成一爻，至十有八變可成一個六爻之大成卦。又在黃氏所謂的「象象」中還有大小之分。大成即是六爻卦，小成即是三爻卦，故「似象似數之象」的蓍數大衍五十之象，又可通於「象象」中的先天小象也。所以他說蓍數大衍五十這個「似象似數之象」，又可兩通於前兩類的「象象」與「數象」也。

最後則是說前面所分三類之「先天小象、先天大象、天人象、後天象、序卦象、雜卦象、卦氣圖」等「象象」與〈河圖〉、〈洛書〉等「數象」，以及「蓍數、古太極、今太極」等「似象似數之象」，皆為象數所攝，而又非象非數，所以特別給一個名稱叫「無極」，這「無極」便是第四類的「非象非數之象」。

云：「無極，無窮盡，無方體，無界域，是為無象之象。既為無象之象，何象？既已謂之無象之象，則非無象。非有非無，故以名之，名之曰無極。」（頁 54）以上為其所謂「合象之觀法」（頁 56）。全書最後又有所謂「分象觀法」的「旁通參伍觀象法」（原書象誤作象，今依文義改之）與「中爻互卦觀象法」兩種共四頁圖（頁 56-59），為全書之結束。

黃氏接著將六爻卦分為內外觀之，故又有了內卦（下三爻所成卦）、外卦（上三爻所成卦）、內互（二三四爻所成卦）、外互（三四五爻所成卦）、合互（中間四爻所成卦）等象，再加上旁通參伍的錯卦（六爻與原卦相異）、綜卦（原卦之上下顛倒）、由下往上每一爻變化即可成另一卦的「遞變」，以及由下往上一爻一爻累積而變所形成另一卦的「疊變」等，都可以形成各種不一樣的象。他認為這些無窮變化，提供了我們探索各種占卜可能的象徵意義。

從《易學入門》開頭第一段所言，（黃氏在此段結尾還特別小字註明「此篇宜熟讀」，可知此段文字實為其全部《易》學的基本說明，不由此入，讀黃氏《易》著如入五里霧中）並配合上述他所謂的研《易》九項自得之說，便可得知。

他的第一項所得，發明遞變、疊變與先天變天人的「先天大象」與第二項所得，發明无妄、升兩卦之活用，與三三結卦、變序卦、數法的「天人發用象」，即屬於其所謂「象象」中的「純象」一類。而第三項所得，發明參伍大衍、先後河洛、天人太極之種種關係及一箇蠱卦的「雜卦象」，及第四項所得，發明一箇小過卦的「卦氣圖」，則屬於其所謂「象象」中的「雜象」一類；而第五項所得，發明本是合一而兩名的〈河圖〉、〈洛書〉，則屬於其所謂的「數象」。又第六項所得，發明七七與加倍之關係的大衍蓍數，及第七項所得，發明其為開闔之闔象的太極，則則屬於其所謂的「似象似數之象」一類。以上七項所得，即是黃氏《易》學中的「四象」。而最後兩項所得，一是指明坤初堅冰與大、小過、中孚卦辭等之誤解，是對經傳文字的解釋；（小過、中孚可見本文下節中的討論）一是指先天變後天一法，則為其發現卦爻方位間的變換之法。

此雖黃氏所謂自得之說，然而若進入其書中探索，將會發現此亦只是黃氏依象與數的方位關係所發展的各種排列組合而已。平心而論，學人若依其揭示「四象」之法讀《易》，將感到茫無頭緒，如墜五里霧中而無法終卷。蓋黃氏研《易》雖深且勤，但卻因要刻意展現其各種研《易》心得，（或因不捨其心血之故）以及聖人寓於《易》中的各層深意，遂在各種圖象與數字之中翻來覆去，變來化去，乃至於顛來倒去，不僅不能使學者因之而更了解《周易》經傳，反有令人有茫然無措之感。愛之適足以害之，此之謂歟？！而黃氏本在民初以《易》名家，至今卻幾無人知之，與當時齊名的杭辛齋、尚秉和之境遇不可同日而語，恐怕也和這繁複解《易》，令人無從下手的方式不無關係。

四、泯除《易》家之漢、宋門戶

（一）象數、義理皆孔子玩《易》之法

從表面上看，黃氏各類《易》學著作一眼望去盡是象數之言，更夾之以許多黃氏發明的圖象，將以為其必是漢《易》一派。然而黃氏在注解〈繫辭傳〉「古者包犧氏之王天下也，……上棟下宇，以待風雨，蓋取諸大壯」一段時云：

> 孔子玩《易》，一以象數為主，義理則因象數而寓；一以義理為主，象數則因義理而通。此章自睽以上，言象數而義理在其中者也；大壯以下，言義理而象數亦不能外者

> 也。後儒讀《易》之方，濫觴於此章矣！[15]

明白指出孔子玩《易》乃是以象數為主時，義理則因象數而寓；以義理為主時，象數因義理而通。因此，後世所謂理解《易經》的象數、義理之法，皆是出於孔子，（黃氏認為《易》傳乃孔子所作）沒有所謂孰高孰低，孰是孰非的問題。可知其視後代《易》家強分漢、宋《易》之象數義理，是不能真知《易》者也。

此外，他在《卦氣集解・自序》開宗明義便說：

> 韓退之謂非三代兩漢之書不敢觀，余則融通之，而折衷於孔子。漢、宋門戶之見一去，便覺心地開朗，如撥雲霧而見青天。以三十餘年之光陰付諸《易》學、《老》、《莊》，心氣以是平和，精神以是充快。[16]

黃氏讀《易》三十餘年，且深入《老》、《莊》亦有三十餘年，只將各家之說折衷於孔子，並且要將《易》學中的漢、宋門戶之見去除之。其實，先秦之《易》，何嘗有漢、宋象數義理之分？不就只是各取所知所感而言之嗎？故黃氏研《易》三十餘年而謂「漢、宋門戶之見一去便覺心地開朗，如撥雲霧而見青天。」他在《卦氣集解・弁言》中也明白表示：

---

15 黃元炳：《易學探原之三——易學探原經傳解》，頁 527。

16 黃元炳：《易學探原之一——易學入門、卦氣集解合編》（《易學入門》）頁 1。

> 本書之宗旨，在會通漢、宋門戶之見，使之互相發明，以揭示古人學問同歸之真相。漢代學《易》諸家，有消息、有旁通、有爻辰、有卦氣，凡此等等，不過就全圖中擇其一端而表示之。本書雖舉卦氣一名為解，實則以少攝多，而於漢代諸家所學無不賅備。[17]

所以即使書名叫做《卦氣集解》，書前〈弁言〉卻也明白表示，書名雖是「卦氣」，但內容實含消息、旁通、爻辰等所有漢《易》方法，於漢代《易》學諸法無不賅備。而其所以如此理解《易經》，宗旨乃在會通漢、宋門戶之見，使之相互發明而已。蓋要會通漢、宋，去除門戶之見，若對漢人解《易》之法不能精曉說明，則會通將只是口號，無法令人心服。是以其特別作《卦氣集解》，以作為會通漢、宋門戶之橋樑。

（二）象數、義理互為徵信以脩身

黃氏既然這麼注重聖人在《易經》中所寓義理，甚至直接說：「一部大《易》，道而已矣！」[18]且如其在注大過上六「過涉滅頂，凶，无咎。象曰，過涉之凶，不可咎也。」時亦云：

> 過涉滅頂，亦澤滅木之象也。木見凶，木自无咎也。君子於此但求有濟於世，殺身成仁有所不顧，是亦大過之事也。人而不以生命為重，固為過分。然為民捐軀，為國捐

17 黃元炳：《易學探原之一——易學入門、卦氣集解合編》（《卦氣集解》）頁 1。

18 黃元炳：《易學探原之三——易學探原經傳解》，頁 162。

> 軀，險事已因之而過，而功業長留於天地之間，其過涉之凶，未可以為咎也。觀此爻，死不必畏，但求有益於世耳。[19]

全然將此爻過涉滅頂之凶所以不可咎的原因，以君子但求有濟於世，故殺身成仁而有所不顧，雖然人不以生命為重已屬過分之事，但若是為民捐軀，為國捐軀，而使功業長留天地之間，那麼死又何懼？死又有何可咎？這樣解《易》，已是義理之路。[20]

那麼，他為什麼還不斷的在各種《易》學著作中，以象數之法來解釋《易經》呢？那是因為在他看來，象數之說是可徵可驗的，他說：

> 象數合一，然後為《易》；象數明白，然後研《易》；象數入神，然後體《易》。[21]

---

19 黃元炳：《易學探原之三——易學探原經傳解》，頁 220。

20 明末來知德在《來註易經圖解》（臺北市：武陵出版社，1997 年）中，也同樣以類似的說法注解《易經》中出現的凶卻无咎的卦爻辭，如其同樣注大過上六「過涉滅頂，凶，无咎。」時云：「過澤滅頂，必殺身矣！故占者必凶。然不避艱難，慷慨赴死，殺身成仁之事也。故其義无咎。」注上六「象曰，過涉之凶，不可咎也。」亦云：「以人事論，過涉之凶，雖不量其淺深以取福。然有死難之節，而无苟免之羞。論其心，不論其功；論是非，不論利害，惡得而咎之？」來氏亦以象數名家，但如果我們仔細讀其書，也同樣會發現其以象數解《易》，根本上乃在探求聖人於《易》中所載之大道。黃炳元之說《易》，實遠有所承。

21 黃元炳：《易學探原之三——易學探原經傳解》，頁 19。

他認為要將明白象數，理解象數，其至要運用象數到入神的地步，才能夠讀《易》、研《易》、體《易》。因此如果只以義理讀《易》，反而是無法真正深入《易經》獨特而深邃的義理的。所以在《河圖象說・一百二宿座從位觀》中，他在大談星宿與六十四卦、五行方位等各種變化關係的最後，也感嘆的說道：「吾人讀《易》，可不將象數深思也哉？！」[22]

由此，我們可以知道在黃氏的看法裏，純義理或者純象數都不足以解釋《易》義全貌，只有將象數與義理合而為一，彼此相互徵驗之下，《易》義方可全面展現，並且最後才能完成人的道德性命，全然體悟聖人於《易》中所蘊藏的深意。如他在注解〈說卦傳〉「和順於道德而理於義，窮理盡性以至於命」時說：

> 和順於道德而理於義，即順從道德以行事之宜也，此就發外者言之也。窮理者，即將物情一一勘破，勘破則一概付之平常，心不妄動而性盡矣！性既盡，則在人而且然無間，在天而於穆不已焉。窮理盡性以至於命，即自脩以反本真之方也，此就脩內者言之也。夫《易》，非徒占筮之用，要為象數義理互為徵信以脩身也。[23]

此則幾為宋明理學面貌，並且說《易》非只是占筮之用，而是要將象數義理同看，且相互徵信，以拿來做脩身之用。由此可見，黃氏只是不喜專以義理空談《易》學，而以為治《易》所以一定

22 黃元炳：《易學探原之二——河圖象說》，頁 259。
23 黃元炳：《易學探原之三——易學探原經傳解》，頁 561。

要通達象數圖書者，正在於要先能徵信於人，然後才好勸人進而拿來脩身返本之用啊！

（三）合象數、義理以注《易》

融通漢、宋《易》學的說法不只是立場宣言而已，實際上，當我們進入黃氏所有《易》學著作中，就會發現其《易》學處處都在使用漢《易》方法下，證成宋《易》所不斷強調的聖人義理。如黃氏注履六三爻「眇能視，跛能履。履虎尾，咥人，凶。武人為于大君。」時云：

> 履，內互離，外互巽，內卦兌，而巽為股，離為目，皆為兌毀折，故致目眇而足跛。眇之視，跛之履，未免於妄而終以為過，是欲履虎尾而反招虎之齧也，不亦凶乎！武人為于大君，又出一義。武人者，本以毀折從事者也。上卦乾為大君，下卦兌為武人。是履者，有武人為大君使用之象也。兌反巽，又有武人為大君而咥人之象焉。六三兌主，是以繫之。[24]

直接以漢《易》之互卦與象數詮解天澤履卦六三爻辭之義。他說履卦的二三四爻為內互離卦，有目之象；履卦之三四五爻為外互巽卦，有股之象。而履卦的內卦為兌，兌有毀折之象，故謂離之目與巽之股皆為兌所毀折，所以爻辭有「眇能視，跛能履」，雖能視能履，但亦已受傷的既眇又跛了。又因為目眇而足跛，所以

---

[24] 黃元炳：《易學探原之三——易學探原經傳解》，頁 107。

未免將因妄行妄為而履虎尾而受齧咥之傷也，故爻辭曰凶。又謂爻辭「武人為于大君」，乃因澤卦上卦為乾，故有大君之象；下卦為兌，兌有毀折義，故可象徵武人。大君在上而武人在下的天澤履卦，故有武人受大君使用之象。又兌之反卦為巽，兌為口，故又有武人為大君而咥人之象也。

觀黃氏此爻之注，可見其似是漢《易》一路。但他在注解同卦九五「夬履，貞厲」中卻云：

> 夫履，禮也。履之所以成，為其有六三也。辨上下，定民志，於是攸賴。今以剛健中正之德而履帝位，一毫之私心為其疚病者，亦必去之。如是明德之君，動容周旋自然中禮矣！然以己之聖德，不察人之難能，而竟決去禮教之大防，羣龍無首尚非其時，則不可也，故貞厲也。[25]

則不只全然以宋《易》義理一路解說此爻，謂履者禮也，而辨上下，定民志皆賴此禮之一字。又謂履上卦為乾為君，九五陽爻當位居中，故是「以剛健中正之德而履帝位」，是「明德之君」。然而這樣當位居中的明德之君何以會「貞厲」呢？黃氏謂此爻之貞厲要與上舉六三爻辭同看，因為履卦全卦只有六三一爻為陰，其他五爻為陽，故謂「履之所以成，為其有六三也」，沒有六三一爻，則此卦不能成履也；但也因此爻有「眇能視，跛能履。履虎尾，咥人，凶。武人為于大君。」之象，故有「不察人之難能，而竟決去禮教之大防」之「貞厲」之疵也。

25　黃元炳：《易學探原之三——易學探原經傳解》，頁 109。

六三爻辭與九五爻辭合觀，一以象數解之，一以義理說之，可見黃氏真如其在各書之〈弁言〉、〈序言〉所說的，心心念念以會通漢、宋《易》學門戶為志也。

五、去除儒、釋、道之別

（一）兼取儒、釋、道以說《易》

黃元炳十分強調《易》中所蘊含的儒家君子之道，他說：

> 《易》學，君子之學也；其道，君子之道也。孔子云：「《易》有君子之道四焉，以言者尚其辭，以動者尚其變，以制器者尚其象，以卜筮者尚其占。君子居則觀其象而玩其辭，動則觀其變而玩其占，是以自天佑之，吉无不利。」[26]

直接引用〈繫傳〉「《易》有君子之道四焉」之語，而謂《易》學為君子之學，《易》道為君子之道。而且黃氏也曾直接在書中說：「一部大《易》，道而已矣！」[27]但他卻不認為死守儒家義理之說，便可以將《周易》經傳大義說清楚。所以在注解乾九五「飛龍在天，利見大人。象曰：飛龍在天，大人造也。」時反而說道：

---

26 黃元炳：《易學探原之三——易學探原經傳解》，頁 431。

27 黃元炳：《易學探原之三——易學探原經傳解》，頁 162。

> 造至治之世，須與《莊子》所云之「藐姑射神人」章、「建德國」之章；《列子》所云之「黃帝夢游華胥」章參觀之。今中外棣通，言論當取其是，正不當死在孟、荀、程、朱、陸、王腳下，以門戶之見而自狹矣！[28]

此處即以為治《易》如有必要，尚須與《莊子》、《列子》之說合看，但求取其是也。如若一心死守在所謂儒家門戶之中，非孟、荀、程、朱、陸、王之說不敢相信，則將因門戶之見而死於自狹。可知他所以要泯漢、宋門戶，融儒、釋、道之別，乃在於一心只求理解《易經》之真諦而已。

黃氏解《易》，不只力泯漢、宋兩家象數與義理的門戶之分，對於儒、釋、道三家皆有正面評價，並不偏於某一特定立場。如其云：

> 我國古代，儒、道不分。自漢以來，擯性與天道之學於不顧，老、莊重性道，則誣之為異端；陳、邵述先天，則斥之為丹術；百家有合於性道之學者，非偽之，即鄙之，甚至謗〈繫辭〉、〈文言〉等〈十傳〉，謂非孔子所作。剝削國粹，厚誣先哲，而忘卻倫常之根本所在焉，此皆小人之道也。[29]

他不僅開頭就說先秦本無儒、道之分，事實上老子亦不曾自稱道

28　黃元炳：《易學探原之三——易學探原經傳解》，頁 26。
29　黃元炳：《易學探原之三——易學探原經傳解》，頁 185。

家，孔子也從沒說過自己是儒家，他為老、莊與諸子百家在漢武帝罷黜百家獨尊儒術之後，被某些人誣為異端而抱不平，亦為宋初近道的陳摶與邵雍叫屈，又為歐陽修作〈易童子問〉，疑〈十翼〉非孔子所作，引起學人不斷對《易》傳與孔子是否有關係提出疑問的說法，大為抱屈，[30]指此為剝屑國粹與厚誣先哲之說，這自然是面對民國以來對於《周易》經傳作者及年代大加議論風潮的回應。[31]由此可知，黃氏解《易》，實無所謂儒、道之分。

又在黃氏書中，也不時會出現借用佛家觀念解說《易》義之處。如其注困卦象曰：「澤无水，困。君子以致命道志」時云：

> 〈大象傳〉六十四卦，各有一至當之辦法。雖凶如大過與困，亦以死生一如之大平等智了解之。此孔子至教，而非吉凶悔吝之所能囿也。[32]

---

30 黃氏亦非不知當時學人對於孔子與《易》傳關係的質疑重點在〈傳〉中有「子曰」之辭，故其於《易學探原之三——易學探原經傳解》中亦有言曰：「古之太學，其宗師皆得稱子。孔子之時，太學早已失散，乃在家設教，不墜斯文以誘後進。景仰先哲，自稱曰子，後人遂因之而為尊孔子之稱謂也。房審權《周易義海撮要．卷十二》云：『子曰二字，仲尼以《易》幾微之理難明，故自為之子曰，以設疑問，卒還自釋以盡其義，豈先儒之所加耶？蓋子曰者，直謂男子而已。聖人謙之至也。聖人既沒，門弟子記諸善言而為《論語》，亦言子曰，蓋取諸此。』又是一義也。」（頁 30）是知對於《易》傳中的「子曰」，學界雖有各種說法，但黃氏仍然以為《易》傳與孔子是有相當關係的。

31 關於民初這些對《周易》經傳的各種討論，可參看本書第一章〈《古史辨》中討論《易經》相關問題之省思〉，筆者於其中有較詳細的分析討論。

32 黃元炳：《易學探原之三——易學探原經傳解》，頁 334。

顯然以佛家唯識宗所立佛果四智（大圓鏡智、平等性智、妙觀察智、成所作智）中，觀一切法，自他有情，悉皆平等的「平等智」說明《易經》六十四卦〈大象〉不論吉凶，皆平平等等有其應當如何應對進退的辦法。而這蘊含在〈大象〉中的「死生一如」，便是孔子超越一切吉凶悔吝的現實判斷之上的無上教法。我們也因此才能明白，黃氏何以在注解世人最不願發生的訟卦〈大象〉「天與水違行，訟。君子以作事謀始。」時說道：

> 〈大象傳〉卦卦取善，滿眼春光，未嘗有少許惡事雜乎其間。[33]

他以為訟卦之意，乃是要提醒我們，作事如果能夠先謀之於始，則自不會生訟了。如此看去，六十四卦不都正是卦卦取善，滿眼春光，自他有情，悉皆平等了嗎？

又如他在注解〈繫辭傳〉「精氣為物，遊魂為變，是故知鬼神之情狀。」時謂：

> 佛書云：「生滅滅已，寂滅為樂。」歸魂如之。[34]

則是引《涅槃經》「諸行無常，是生滅法。生滅滅已，寂滅為樂。」比喻漢《易》八宮卦的歸魂之說。

又在注解〈繫辭傳〉「範圍天地之化而不過，曲成萬物而不

33　黃元炳：《易學探原之三——易學探原經傳解》，頁 82。

34　黃元炳：《易學探原之三——易學探原經傳解》，頁 469。

遺。」時謂：

> 曲成者，心如蛇蠍即使為蛇蠍，心如虎狼即使為虎狼，各如其業也。[35]

則直接以佛家業報之說來比喻萬物所以各有其模樣的原因，並且以一切法由心想生的概念，說明內心與外相是相應的。

他也在注解〈序卦傳〉「比者，比也。比必有所畜，故受之以小畜。物畜然後有禮，故受之以履。」時云：

> 履，禮行者……乾父坤母，教育之慈。……此既濟之先事，由外入內之格物。逮乎轉識以成智，克己復禮而天下歸仁，乃為究竟履禮者也。[36]

是借佛家轉識成智說儒家克己復禮之義，克己是轉識的工夫，而一旦成智，便是復禮而天下歸仁的時候，這才是履行禮的最終意義。

從上舉黃氏引佛家觀念之例，或提及治《易》應參考道家老、莊、列子之說，唯其是而取之，不當有任何門戶之見的說法可以看出，黃氏《易》學，全無門戶學派的考慮，一心只希望能將《易》中深義說的更清楚更明白而已。

---

35 黃元炳：《易學探原之三——易學探原經傳解》，頁 470。

36 黃元炳：《易學探原之三——易學探原經傳解》，頁 595。

（二）強調治《易》須與《老》、《莊》二子書同讀

雖然儒、釋、道三家之說，黃氏皆引而說《易》，但由於他個人的治學重點與偏好，其實對於道家與《易》的關係，有特別看重提醒的味道。如他在《卦氣集解・自序》中便說：

> 余生也晚，未嘗親炙於宗師碩學之門，幸蒙海內友人不我遐棄，往往以所好之《易》學書或《老》、《莊》書見示，故平生所見之《老》、《莊》書約五、六十種，而《易》學著述，或依經之疏注，或不列經文之筆記，或自成一家之專書，或獨闢蹊徑之術數，乃至十餘倍於《老》、《莊》。[37]

可知他一生用功最勤的雖是《易》學，經眼讀過約有五、六百種以上，但是對於《老》、《莊》之書，亦達五、六十種之夥，以清末民初的時代揣想，黃氏用功之勤，實叫人敬佩。也因為他一生除了《易》學之外，在《老》、《莊》中也下了很深的功夫，所以他在《易學探原經傳解》中便直接勸人：

> 《易》文、《易》象，《老》、《莊》二子書與之相通者不少，故治《易》須與二子書同讀。[38]

清楚說出「治《易》須與（《老》、《莊》）二子書同讀」，是

37　黃元炳：《易學探原之一——易學入門、卦氣集解合編》，頁 1。

38　黃元炳：《易學探原之三——易學探原經傳解》，頁 18。

他專研《易經》一生的心得。所以在他的《易》學著作中，處處都有引用道家《老》、《莊》之文解釋《周易》經傳的例子。如黃氏注小過卦辭「小過，亨，利貞。可小事，不可大事。飛鳥之遺音，不宜上宜下，大吉。」時云：

> 小指陰言，以陰陽爻之多少觀，陽二陰四，小者過於陽，故云小過。以陰陽中偏觀，偏者中之過，上下四陰皆不中而顛倒以過中者也，故云小過也。與中孚對觀，中孚之中，三四兩爻如其子，小過之中，三四兩爻如其身，而中孚之四陽分兩邊如其戢翼，小過之四陰分兩邊如其運翮也。然則小過者，已為大鳥而非大魚矣！《詩》云：「鳶飛戾天，魚躍于淵。」小過其鳶飛之象也。《莊子》云：「北冥有魚，其名為鯤，鯤之大不知其幾千里也。化而為鳥，其名為鵬，鵬之背不知其幾千里也。怒而飛，其翼若垂天之雲。是鳥也，海運則將徙于南冥。南冥者，天池也。」然則中孚可云大，小過可云化也。中孚鳴鶴在陰，有北之位焉；小過音下身上，有先天大象乾在南方之上焉。在陰，處玄也；在上之乾位，六陽而兩乾重之，乾為玄，則玄之又玄也。內卦艮止，外卦震動，止而能動於外，亨也。利貞，以正為利也。可小事不可大事，文王之戒辭。飲食男女之中而大道至德行焉。親親長長所謂孝悌慈別者，人人當為之事也，而人皆以為小事者也。孰知圖難於其易，為大於其細，天下亦豈有大事乎？若冒險而行，勞於其身，人皆以為大事，而孰知文王之所不許可也。……〇中孚小過，非將《莊》、《老》之文為解，則

千言萬語解不通，此所以翻閱數百種《易》注解，而見其飛鳥以下十二字終未有著落也歟！[39]

在這段文字中，黃氏不只是借用道家之說來詮解小過卦辭而已，他在全文最後還特別強調，為了理解中孚與小過這兩個相錯之卦的卦象與卦辭的含義，他曾翻閱數百種《易經》注解，卻也依然無法明白「飛鳥之遺音，不宜上宜下，大吉。」這十二個字為何出現在小過卦辭中的原因。最後是在《老子》首章的「玄之又玄，眾妙之門」與《莊子》的〈逍遙遊〉「北冥有魚，其名為鯤，……化而為鳥，其名為鵬。……是鳥也，海運將徒於南冥。南冥者，天池也」中，找到心中疑惑的解答。

因為雷山小過是上震下艮四陰包兩陽的卦象，初、二、五、上四陰包三、四兩陽；而錯卦風澤中孚則是上巽下兌四陽包二陰的卦象，初、二、五、上四陽包三、四兩陰。他以象說卦，把中孚包住二陰的四根陽爻看做鳥的翅膀，因中孚卦辭有「遯魚吉，利涉大川，利貞。」之語，而其注已云：「遯魚，則《莊子》所謂北冥有魚也。……《莊子》所以有鯤化為鵬之說也。」[40]且中孚九二爻辭為「鳴鶴在陰，其子和之，我有好爵，吾與爾靡之。」上九爻辭則謂「翰音登于天，貞凶。」皆有與鳥相關之文字，則卦辭之魚如何能與爻辭之鳥相關涉呢？是以其謂只有看到《莊子・逍遙遊》中鯤魚化為鵬鳥之說便爽然可解。他又在注解中孚上九象曰：「翰音登于天，何可長也？」時謂：

39　黃元炳：《易學探原之三——易學探原經傳解》，頁 432-433。

40　黃元炳：《易學探原之三——易學探原經傳解》，頁 424。

> 雞身在下，音在上，與飛鳥身在上而遺音於下之小過卦辭正相反。因其聲而殺身將及之，其能久有此音乎？大吉，貞凶，不可同日而語矣！[41]

將中孚上九「翰音登于天」之「貞凶」與小過卦辭「飛鳥之遺音，不宜上宜下」之「大吉」對比而言，說明身在上而遺音在下之「大吉」，乃因「鴻飛冥冥，弋者何篡焉」，[42]鳥飛高了，即使有人聽到鳥之聲音也射不到牠，所以「大吉」；如果相反過來，如中孚上九「翰音登于天」的聲在上而身在下，則就是引人來射之「大凶」了。所以同樣有飛鳥翰音之象，小過「大吉」，中孚上九「貞凶」，不將這一組相對的錯卦一同來看，是無法對於《周易》經傳之文有更深層的體會。再進一步說，如果沒有將《易經》的象與文字合觀，其實也無法對《易經》有更生動、更親切的認識。所以黃氏在上段注小過卦辭的引文最後，雖然又提了「飲食男女之中而大道至德行焉。親親長長所謂孝悌慈別者，人人當為之事也，而人皆以為小事者也。孰知圖難於其易，為大於其細，天下亦豈有大事乎？若冒險而行，勞於其身，人皆以為大事，而孰知文王之所不許可也。」這一段儒家義理性的文字，說明文王在卦辭「可小事，不可大事」中，已一再提醒世人，大道至德皆在飲食男女、親長孝悌等日常諸事中，不必故意去冒險涉難才叫大事。然而若沒有鯤鵬可以相化的《莊子》之說，以連結小過、中孚這一組錯卦的卦爻辭，那麼對於《周易》經傳的理

---

41 黃元炳：《易學探原之三——易學探原經傳解》，頁 430。

42 黃元炳：《易學探原之三——易學探原經傳解》，頁 433。

解，終究不能踏實明白。

舉此一例，可見黃氏泯象數、義理，融儒、道兩家以解《易》的態度和方法，實對於後人學《易》有很大的提醒與助益。其他如注解乾卦則謂「蓋乘龍者，莊子以藐姑射神人寓言於堯舜當之」（頁 16）、「喪耦、無竟，見《莊子・齊物論》，莫之夭閼見《莊子・逍遙遊》。見獨，與自古以固存句，見《莊子・大宗師》。」（頁 18）、「乾之疊變遯，遯者，陽向外而逃避去也。是以牛同人而生者當解之，莊子謂庖丁解牛，是解散盛陰而使陽不遯去也。……見龍在田，大人離於欲矣！……知至知止，物論於以遂齊，故《莊子・齊物論》之蘧然喪耦，即此九二之所云也。」（頁 20—21）、「彼〈德充符〉篇，有當於此乾卦之第四爻，……而此九三，正當見《莊子》之〈人間世〉篇。」（頁 22）、「凡君凡亡，見《莊子・田子方》篇」（頁 24）、「鯤化為鵬見《莊子》」（頁 25）、「自造大人，就家言可以謂大宗，就國言可以謂大師，如就天下言，又可謂大宗師而應帝王者也。」（頁 26）、「是以《老子》曰：『持而盈之，不如其已。』」（頁 27）、「莊子稱老子為博大真人」（頁 29）、「此言君子處世之方法，當與《莊子・人間世》篇參觀之。」（頁 33）、「是故大人者，造化之本真，人倫之一體，萬物之師宗，帝王之者應也。」（頁 43）即乾一卦，其引《莊子》之說可謂繁矣！由此可知，黃氏治《易》實如其所言，多與《老》、《莊》二子書同讀，而讀者亦可由此見黃氏《易》學特別參考道家之說的特色了。[43]

43　其實將《易經》與《莊子》相互詮釋解說者，與黃氏年代同時者亦有

六、小結——融通漢、宋《易》學與儒、釋、道三家

由以上各節所論，對於黃元炳這位民初的《易》學大家，我們可以得到如下的認識：

1、黃氏《易》學原分七冊，分別為：《易學入門》一冊，《河圖象說》上下兩冊，《經傳解》上中下三冊，以及《卦氣集解》一冊，皆線裝之，並且書中插有許多圖表，以做為補充文字解說不足之用，目前仍可於上海圖書館中見其原貌。又黃氏註解《周易》經傳所引之說，上自先秦經子諸書，下逮清末晚近之

如：鍾泰（1888-1979）著有《莊子發微》（上海：上海古籍出版社，2020 年），不只全書會通《易經》與《莊子》，他根本認為莊子其實是儒家顏子一派的傳承人。如在〈消搖游第一〉注解「北溟有魚，其名為鯤，……化而為鳥，其名為鵬。……南溟者，天池也」時說：「『冥』，一作溟。……北於《易》為坎之方，南為離之方。〈說卦傳〉曰：『離也者，明也。萬物皆相見，南方之卦也。』夫離南為明，則坎北為暗可知。鯤化為鵬，由北而南徙，象昭昭生於冥冥也。……曰『魚』者，取象於卦之中孚。中孚曰：『豚魚吉』是也。卦氣起於中孚。……『化而為鳥』者，取象於卦之小過。小過曰：『有飛鳥之象正焉。』是也。中孚旁通小過，故魚化為鳥。……」（頁 4-5）他解釋《莊子》北溟之魚化為南方之鵬鳥，全用《易經》坎北離南與中孚之有魚象，而其旁通之小過卦正好有鳥象來解釋之。其全書皆如此註解《莊子》，而在《莊子發微．序》中直云：「然則莊子之為儒而非道，斷斷然矣！……莊子之學，蓋實淵源自孔子，而尤於孔子之門顏子之學為獨契，……故竊謂莊子為孔門顏子一派之傳，與孟子之傳自曾子一派者，雖同時不相聞，而學則足以並峙。」（頁 2-3）則直接斷定莊子實是儒家傳承之人，與傳統將莊子定為道家一派的見解不同。而這樣的看法應也影響了今人楊儒賓有《儒門內的莊子》（臺北：聯經出版事業公司，2016 年）一書出版。

人。

2、《蘇州民國藝文志》中所記載關於黃元炳生平事蹟恐有誤植，仍有待商榷。黃氏大約生於道光年間（1870 年代），1934 年仍然在世，卒年不詳。無錫人，並築有名喚「觀蝶樓」的書房，由於其注《易》多引《莊子》之語，可推知黃氏將書房名為「觀蝶」，應是隱喻其對「莊周夢蝶」寓言之生平感受。

3、他認為象數、義理之法，皆出於孔子，沒有所謂孰高孰低，孰是孰非的問題。後代《易》家強分漢、宋象數、義理，是不能真知《易》者。故其《易》學立場在泯象數、義理的門戶之分，一方面認為「人貴虛心受益，不可以為術數小道而忽之」，另一方面則強調「形下以為術，不如形上以為道」，其所以強調通達象數圖書者，正在於要能先徵信於人，然後才能夠有效的拿來勸人作脩身之用。

4、雖然黃氏兼取儒、釋、道三家之說以解《易》義，但由於他個人的治學重點與偏好，實對於道家與《易》的關係，有特別看重提醒的味道。並在其《易》學著作中，大量引用道家《老》、《莊》之說，以增加讀者對於《易》義體會的深刻性。

5、黃氏所謂《易》學「九項自得」之說，乃是因象與數的方位關係所發展的各種排列組合。平心而論，若依其揭示「四象」（象象、數象、似象似數之象、非象非數之象）之法讀《易》，則必困惑如墜五里霧中而無法終卷。蓋黃氏研《易》雖深且勤，但卻因要刻意展現其研《易》心得與聖人寓於《易》中的各層深意，遂在各種圖書與象數之中翻來覆去，變來化去，乃至於顛來倒去，不僅不能叫學者因之而更了解《周易》經傳，反令人有茫然無措之感。

總結而言，對於黃氏這樣一位終生用功於《易》的清末民初大家，不論是否因其治《易》之法過為繁瑣，因而導致其《易》學成就湮沒於世。對於被黎凱旋先生稱為：「自民國以來，我國研究《易經》的學者，……可當得上『《易經》大師』的，數來數去，惟有海寧杭辛齋、無錫黃元炳、薛學潛三位先生。」的民國以來唯三的「《易經》大師」黃元炳，如今學界對其仍然十分陌生的狀況下，筆者盡力將其《易》學特色與重點書寫下來，或可使世人因此而知在近百年前的民國《易》學發展史中，曾有黃元炳這位治《易》大家，亦是告慰其一生戮力於《易》的辛勞。

本文接受國科會101年度計畫編號：NSC 101-2410-H-231-012 補助，後發表於《健行學報．第 36 卷第 2 期》（桃園：健行科技大學，2016 年）

第六章　「明理安數」的馬振彪《周易學說》

一、《周易學說》整理經過及作者生平

研究當代學人的經學著作時，由於時代太接近，若非知名學者，其個人可供研究參考的資料就會相對較少，所以做研究時，便常苦於對其生平及治學過程難以掌握。本文所研究的馬振彪先生，亦如筆者所擔心的，幾無留下什麼生平資料。即使是與其有師承關係的黃壽祺及黃氏弟子張善文等，二人都已是今日大陸知名學者，亦無法對馬振彪的生平多做什麼說明。故本文目前只能由張善文所領導整理的馬氏遺著《周易學說》前，張氏所作幾篇短文：〈整理緣起〉、〈整理凡例〉及全書最後的〈整理後記〉、〈附記〉內所載內容，對此書作者及其成書經過略作簡單說明。

此書所以整理得成，首先是因為黃壽祺先生早年就讀北平中國大學國學系時曾受教於馬振彪。後來聽聞馬先生在 1960 年代初過世後，身後蕭條，黃先生恐其師遺作散佚，故至北平將其遺稿《周易學說》買回，並藏放在福建師範大學圖書館中。直到黃先生晚年帶著弟子張善文（即本書總其成者）赴美講學時，乃提

醒張氏要注意連絡學界友人，看能否早日完成整理出版《周易學說》之事。等到 1990 年黃先生自美返國數月過世之後，此事遂成黃先生之一大遺願。後來在 1993 年 10 月 22 日，張氏與朱高正先生會面於福州西湖大飯店談及手中有馬振彪《周易學說》遺稿，謂此書能上承於清代福建安溪學者李光地《周易折中》的遺緒，故得朱氏允諾支持，開始了整理點校《周易學說》的工作。從 1993 年底開始動議整理此書，直到 2001 年 5 月完成，前後超過 8 年，參與整理的人有：黃高憲整理咸至萃共十五卦，郭天源整理隨至離共十四卦，王標整理升至未濟共十九卦，張善文自己則整理乾至豫共十六卦，以及〈繫辭上傳〉、〈繫辭下傳〉、〈說卦傳〉、〈序卦傳〉、〈雜卦傳〉等部分。最後再由張氏總覽全書，統一體例，並經連鎮標先生配合通校全書，成為今日我們所見的定稿。全書在經過六次校對之後，張氏仍感不安，到了出版前最後半個月，他又依原稿再復校一遍，時至 2002 年 1 月才脫手出版。目前馬氏手稿仍藏於福建師範大學圖書館中。

馬振彪，（具體生卒年不詳，大約生於 19 世紀末，卒於 20 世紀 60 年代初）字岵庭，安徽桐城人，為清末民初桐城派大師馬其昶後人，（馬其昶為其叔父）自幼繼承桐城派傳統，深暗經史，文學韓歐。曾執教於北平中國大學國學系，與尚秉和、吳承仕等知名學者同事。[1]其對佛學亦有深刻造詣，故曾應聘北平弘

1 筆者在本書第四章〈《續修四庫全書總目提要・易類》中的尚秉和《易》學〉的研究中發現，在共收 637 篇書目，分別由 19 人作的《續修四庫全書總目提要・易類》中，前五名分別是：尚秉和 300 篇最多，其次是總編纂柯紹忞的 150 篇，吳承仕則以 47 篇排名第三，接著的是高潤生的 35 篇與黃壽祺的 30 篇。與馬振彪同時在北平中國大學國學系

慈佛學院講學。《易》承家學，遂增補叔父馬其昶《周易費氏學》之缺略，旁徵博引，別裁體例，增刪再四而成《周易學說》七冊。此書遠承費直、王弼篇第，融合經傳於一體，凡引先秦至民國間之《易》說二百餘家，於清康熙後《易》家之說採擇尤多，故康熙後某些流散亡佚的《易》家著述，仍可因之而略見端倪。又此書所引晚近之說中，尤以劉沅（號止唐）、李士鉁（號嗣香）、馬其昶（號抱潤）居多，一方面固然由於其學術傳承之故，另一方面亦因此三家學說之精淳。馬氏此書原在增益叔父馬其昶《周易費氏學》而弘揚之，故未定書名，張善文因遺稿卷首有〈周易學說〉、〈易總易〉兩篇徵引舊說之文，故為此書取名為《周易學說》。張氏在〈附記〉中並說到他們曾經多方諮訪馬振彪先生後人線索，但終無所獲。[2]

教書，並都曾經教授知名《易》家黃壽祺先生的尚秉和、吳承仕，他們所作〈提要〉數量皆高居前三名，連做為學生輩的黃壽祺都作了 30 篇，可是馬振彪卻全然沒有參與到《續修四庫全書總目提要．易類》的工作，但他一生明明是專研於《易》的呀！而今人楊慶中所著《二十世紀中國易學史》（北京：人民出版社，2000 年）全書所提到當代較著名的《易》學家，也只有如：章炳麟、劉師培、杭辛齋、尚秉和、顧頡剛、李鏡池、高亨、聞一多、金景芳、黃壽祺、朱伯崑、余敦康或臺灣的屈萬里、高明、黃沛榮、高懷民、黃慶萱、賴貴三等人，根本未嘗提及馬振彪。由這些狀況來看，我們可以想像馬氏一生真的就像張善文與連鎮標在文章中所指出的，是個十分「低調淡泊」的人。

2　本段所言請參考馬振彪：《周易學說》（廣州：花城出版社，2002 年）全書前後由整理者張善文所寫〈整理緣起〉、〈整理凡例〉及〈整理後記〉、〈附記〉諸篇短文，以及連鎮標〈馬振彪《易》學思想考〉（山東大學《易》學與中國古代哲學研究中心網站，2005 年 6 月 25 日）。

目前可見研究馬振彪《周易學說》相關著作有：連鎮標先生的〈馬振彪《易》學思想考〉及〈馬振彪及其《周易學說》探討〉，前者刊登於山東大學《易》學與中國古代哲學研究中心網站上，後者則收進張善文主編《黃壽祺教授誕辰九十周年黃壽祺教授逝世十五周年紀念文集合編》中。[3]由於連氏本就是整理校對《周易學說》的成員之一，故在整理校對全書之後，便對馬振彪的《易》學發表了研究成果。其要點除了概述全書整理出版經過，如上述筆者引張善文所言外，大約有兩大重點：一是舉了五個例子說明馬氏「以象數為立足點，觀卦析辭」的特色；一是分「以孔解《易》」與「以老釋《易》」兩部分，說明馬氏「以義理為歸宿，雙管齊下」的第二個特色。然後他指出馬氏徵引史家評論與史實，以及運用當時新科技成果（如汽車、機器）以說《易》的特色，[4]最後也不免大陸一般學者窠臼，批評了馬氏宣揚聖人孔子地位，降低百姓能力智慧的落後迷信思想。連先生對馬氏《易》學所做的研究大抵都是正確的，尤其是指出了「以象數為立足點，以義理為歸宿」這個重要特色。然而筆者細讀馬氏全書，反覆再三，深覺連先生之文雖已將馬氏《易》學的大概面貌呈現出來，卻對其《易》學核心思想與最大特色未能全面且深

---

3 張善文等編：《黃壽祺教授誕辰九十周年黃壽祺教授逝世十五周年紀念文集合編》（福州：福建教育出版社，2010 年）。

4 關於《易經》與科學關係的說法，讀者可參看朱伯崑《易學漫步．第五章　易學與中華傳統文化．四易學與科技》》（臺北：臺灣學生書局，2010 年），頁 178-184。而這種藉現代科學以說《易》的方式，民國以來，西風東漸，所在多有，其中杭辛齋更是擅長，讀者請參見本書第二章〈從術到學，技進於道的杭辛齋《易》學〉。

入說明，故力成此文，希望能讓大家更清楚馬氏一生苦研《周易》的努力與價值。

二、植基於「《易》為聖人所作」的核心理念

馬振彪《周易學說》全書充滿聖人垂戒示人、勸人的教育意味。因他認為《易》為聖人所作，所以在其書中，處處可見類似的言語。如在總結乾卦時云：

> 彪謹案：……聖人畫卦，以象天地萬物之形狀，……卦有彖辭，斷其本然之象。爻有象辭，擬議其將然之象。皆文王所作，所謂經也。孔子既釋卦彖，又釋兩卦相重之象（大象），又釋六爻之象（小象），所謂傳也。彪初讀抱潤先生所著《易費氏學》，一再過而茫然。既而請業，尋其從入之途。……特伏羲畫卦於三畫中，分陰陽而成為八，又重之為六十四，其象至簡，其理至賅備。惟文王能繫彖爻之辭，惟孔子能釋其辭而成〈十翼〉。外〈十翼〉以解《易》，其於《易》旨無當也。……學者取抱潤之書而讀之，庶知學《易》之方矣。千古之文，莫大於孔子之言《易》。[5]

這伏羲畫卦，文王繫卦爻辭，孔子作〈十翼〉的說法，十分傳統而無絲毫特別。就民國以前傳統治《易》之人而言，《易》為聖

5　馬振彪：《周易學說》，頁 31-32。

人所作，幾乎是多數人一致的定論，雖偶有學人出來挑戰，仍無法掀起太大波瀾。這一方面可以說是傳統學者囿於時代風氣與尊經崇古的思想所限，不敢向權威挑戰；另一方面也有可能正是因為深研《易經》，所以不敢妄發誑語。但不論如何，馬氏身處民國之後，直到六十年代才過世，他身經古史辨運動翻天覆地對經典價值重新評估的激盪，卻不受絲毫影響，始終深信「《易》為聖人所作」這個當時被不斷挑戰的守舊之說。我們除了簡單將他視作「囿於時代風氣與尊經崇古的思想，不敢向權威挑戰」外，有沒有可能是他「因為深研《易經》，所以不敢妄發誑語」呢？此中三昧，非深治《易經》而有會心者，難以言說也。

筆者在本書第一章〈《古史辨》中討論《易經》相關問題之省思〉中說過：

> ……他們大多以解構《周易》經傳與聖人間的關係為主要論述，否定了孔子與《周易》經傳的一切關係，也離析了《易》傳與《易經》的關聯，將《易》傳的成書年代延至戰國末至西漢末年之間，而在近二、三十年出土資料，如帛書《周易》及郭店楚簡的出現下，許多學者如張善文、廖名春、黃沛榮等人，皆以此證明了孔子與《易》之間的關係，同時，《易》傳便成為孔子弟子們記載孔子對《易經》的看法之書了。當然，仍有學人仍持不同意見。但《古史辨》學派其對《周易》經傳的作者、時代等看法，已不若昔年那樣讓人堅信，今人提出諸多質疑與修正則是事實。……本文之所以如此不憚煩瑣的論述《古史辨》學者對於《周易》經傳的各種看法，並且以疑古、反古的學

> 術傳承脈絡（與晚清學者的關係）做說明，正是為了證成某一個時代的某一些看法，不論如何的標新立異，其內在都有不可抹滅的歷史傳承。在各種或者贊同，或者反對的聲音下，歷史依然以他自己的步調，緩緩向前走去。[6]

因此，筆者自然也不會將馬氏這種「《易》為聖人所作」的看法，簡單的視為他只是依循傳統而已。畢竟《易經》今天之所以還如此有朝氣、有力量的存在，如此的受人討論與重視，正因為在它的發展過程中，已經過秦、漢以來，各朝各代學人由於肯認其為聖人所作，所以才更加不斷的深刻閱讀、理解、研究、詮釋，然後才會有今日這般豐富多樣的文化意涵與深刻價值。如果沒有「《易》為聖人所作」這樣的價值理念，那麼，我們今日所見的《易經》又將會是怎樣的面貌呢？對本篇論文來說，更重要的是，馬氏《易》學核心的建立與發展，正是植基於這個傳統理念的認同下，一步步發展出來的。[7]

6　讀者可詳參本書第一章〈《古史辨》中討論《易經》相關問題之省思〉。

7　其實像早於馬氏數十年的民初《易》學大家如：杭辛齋、尚秉和等人，他們雖以象數圖書知名，卻也一樣都是立基於《易》為聖人所作，有聖人含藏深義的理念，去發展象數圖書等《易》法的，這個理念似為當時《易》界所普遍認同。如筆者在本書第二章〈從術到學，技進於道的杭辛齋《易》學〉中所云：「……杭氏對《易》中所含的聖人之道的看法與尚氏其實是極為類似的，所不同的只是尚氏專以象去讀《易》中聖人之道，而杭氏則如引文所言，『道不可見，以一陰一陽之象顯之，以參天兩地之數倚之，於是無形之道，儼然有跡象之可求，釐然有數度之可稽。』是將象與數同時視作《易》中聖人之道之所以可求可稽的階梯，而這象與數便是《易》與其他經書表現聖人之理的不同處。（但象與數本身並不是道，這與一昧以談象論數為《易》之核心的觀點是有所不同的）」。

三、全書皆以象數解《易》為手段

馬氏雖以「聖人作《易》」為其核心理念，但卻深信象數之法為探索聖人含藏於《易》中義理的最佳手段，故通讀《周易學說》全書，處處可見其使用象數之說解《易》的痕跡。今分析如下：

（一）每卦開頭，兼標本卦與互卦

馬振彪治《易》極信象數之學，光看《周易學說》全書從頭到尾在標示每一卦的卦名時，都會直接標出此卦互卦之後將變成什麼卦的體例就可知曉。如屯卦，他會在開頭畫上卦畫之後標明：

震下坎上
中爻坤艮[8]

上行的「震下坎上」是雲雷屯卦的本卦卦象，但下行的「中爻坤艮」則是以中間四爻做為互卦後，則原卦的六二、六三、六四爻成坤，原卦的六三、六四、九五爻成艮，於是變成坤下艮上的山地剝卦。因此，在占者占得屯卦的同時，馬氏便告訴占者，此卦可互成剝卦，所以我們在理解屯卦時，亦應參考剝卦的各種狀況。

又如豫卦，他會在開頭畫上卦畫之後標明：

8　馬振彪：《周易學說》，頁 54。

坤下震上

中爻艮坎[9]

上行的「坤下震上」是雷地豫卦的本卦卦象，但下行的「中爻艮坎」則是以中間四爻做為互卦後，則原卦的六二、六三、九四爻成艮，原卦的六三、九四、六五爻則成坎，於是變成艮下坎上的水山蹇卦。因此，在占者占得豫卦的同時，馬氏便告訴占者，此卦可互成蹇卦，所以我們在理解豫卦時，亦應參考蹇卦的各種狀況。最後在未濟卦，他首尾如一的在開頭畫上卦畫之後標明：

坎下離上

中爻離坎[10]

上行的「坎下離上」是火水未濟卦的本卦卦象，但下行的「中爻離坎」則是以中間四爻做為互卦後，則原卦的九二、六三、九四爻成離，原卦的六三、九四、六五爻則成坎，於是變成離下坎上的水火既濟卦。在占者占得未濟卦的同時，馬氏便告訴占者，此卦可互成既濟卦，所以我們在理解未濟卦時，亦應參考既濟卦的各種狀況。這種全書首尾一致的直接以互卦教導讀者讀《易》方法，全然是漢《易》的象數特色。

除此之外，他在注解《易經》卦爻辭中，不管是引前人之說，或者是他自己所加案語，更是常用互卦來做說明。如在風雷

9　馬振彪：《周易學說》，頁 169。

10　馬振彪：《周易學說》，頁 615。

益六四「中行告公從，利用為依遷國。象曰：告公從，以益志也。」引馬其昶之說曰：「復、益、夬皆利有攸往，其爻皆曰中行。鄭注復四，云度中而行。五為卦主，所謂國，五之國也。當否之時，以初遷四，九五乃得所承，而撰為艮、坤，以止於國邑，是轉否為益之道也。此論成卦之象。初利用陽，四利用陰，故初、四皆不可復變。」後加上案語云：

> 彪謹案：此解為依遷國四字，從互卦中看出，天然精確。[11]

他直接說以互卦來看，謂其叔父所解釋的「為依遷國」天然精確。反過來看，如果不以互卦來解，則此爻「為依遷國」四字就很難明白其所指為何了。

（二）用卦氣，談遊魂，說爻變

除了互卦，他也以卦氣解《易》，如在乾九四「或躍在淵，无咎」，引李士鉁注：「九四不中不正，出下卦就上卦」，後加案語云：

> 彪謹案：二居下體之中，五居上體之中，得卦氣之純，最吉。[12]

蓋乾九二「見龍在田，利見大人」，乾九五「飛龍在天，利見大

---

11 馬振彪：《周易學說》，頁 410。

12 馬振彪：《周易學說》，頁 5。

人」，二爻爻辭皆無馬氏所謂「吉」字，然馬氏以為二、五兩爻各居下卦與上卦之中，得純陽之氣最純粹不雜，故爻辭雖無吉字，卻不礙其因「得卦氣之純」而為最吉的判斷。此馬氏以卦氣解《易》之例。

另外，關於遊魂、歸魂之說，我們可看影響其《易》學最深的叔父馬其昶在注釋〈繫辭傳〉「精氣為物，遊魂為變，是故知鬼神之情狀。」時云：

> 鄭注，精氣七八也，遊魂九六也，與《易緯》同。精者光也，光氣合而成形成質謂之物。乾陽物，坤陰物，物相雜故曰文，皆指卦畫言，謂其陰陽有定形也。及其變而之他，則遊魂之所為也。是故九六之爻為現在，溯卦所由變為既往，變之他卦為未來，每爻自成三際。其變也有善有惡，故所遭有吉有凶，卦爻與鬼神之情狀一而已矣。延陵季子曰，骨肉歸復於土，命也，若魂氣則无不之也。骨肉即光氣所化之物，魂氣乃離光之氣，又將變而之他也。以其无定在，故曰遊魂。[13]

他承鄭玄及《易緯》之說，將七、八不變之爻稱為精氣，是合形成質之物，而九、六將變之爻則為遊魂，蓋取其須變之義也。當我們精氣飽滿時，是有定形也；當我們血氣已衰變而之他時，便是九、六遊魂了。這是以「卦爻氣」的觀點來談論生命的變化。因此以九、六為現在當下，則成九、六之前為既往的過去，九、

13 馬振彪：《周易學說》，頁 635。

六變化之他的則是未來。如此一來，每爻皆有其過去、現在、未來三種變化可以探索，而這過去、現在、未來間的吉凶禍福，也就可以從卦爻間的變化探求而得了。因為這變來化去的魂氣居無定所，是離了精光方會如此，所以就稱為遊魂，與七、八不變的精氣不同。馬振彪則接著推闡說明其叔父之說云：

> 彪謹案：七八為少陽少陰之數，少者氣聚而為精。九六為老陽老陰之數，老則氣散則浮遊為魂。故云然。
>
> 又案：老子云：「其中有精，其精甚真。」蓋六十四卦之真氣，皆由乾元坤元之真精而生。……六十四卦之遊魂，衍而為三百八十四爻，變動不居，周流六虛，其魂氣無不之也。真氣變而為魂，浮游無定，惟變所適，故曰遊魂為變。由此推之，凡物之不變者，皆有精氣為之主也。凡變者，皆此遊魂為之用也。[14]

七、八是少陽、少陰之數，因年少故精氣仍十分具足，故為精，不變；而九、六已是老陽、老陰之數，已到氣息渙散之時，故成浮遊而變的遊魂。然後他直接明說：「蓋六十四卦之真氣，皆由乾元坤元之真精而生。」也就是六十四卦、三百八十四爻皆有其卦氣、爻氣，乃因他們都是乾坤二卦的陰陽之氣所變化而成的。因此六十四卦、三百八十四爻皆有其不變之七、八精氣，亦有其須變之九、六遊魂。而《易》以變為主，故須變之九、六遊魂遂成為關鍵，是故乾坤各有用九用六，而漢人說《易》的八宮卦

---

[14] 馬振彪：《周易學說》，頁 635-636。

中，亦有遊魂、歸魂也。

不只互卦與卦氣，馬氏解《易》更有依爻變而說者，如天水訟九四「不克訟。復即命，渝，安貞吉。象曰：復即命渝，安貞不失也。」引馬融曰：「渝，變也。」虞翻曰：「渝，動而得位，故安貞吉。變而成巽，巽為命。」項安世曰：「九四變六四，則以柔居柔，既安且正，長无好訟之失。此以渝字發逐爻自變之例。」後加案語云：

> 彪謹案：四不中不正，不能敵中正之五，故不克訟也。惟變而得位，聽命於五，則吉。五有中正之德，可化四使之無訟。二之不克訟，是理不正，為上所竄；四之不克訟，是心服從，為上所感。變而成巽，則下之順上，惟命是聽，何失之有？故渝而後吉。[15]

蓋渝字此處作變，自古如此解之。九四一變而為六四，陰爻居陰位，則如項氏所云「以柔居柔，既安且正，長无好訟之失。」再者，此爻一變，上卦由乾而成巽，巽有命之象，是心悅誠服聽命於上之九五也。九五既中且得正位，比起九四原本之不中不正，又為陽爻，而與九五陽爻相敵，不如化而為陰，變為六四，本身既居位而安貞，且又上承九五陽爻而順命，則如馬氏所云「變而得位，聽命於五，則吉。」「變而成巽，則下之順上，惟命是聽，何失之有？」馬氏引前人將渝字做變字解，以九四變為六四來申說訟卦九四之「不克訟，安貞吉。」可見其深信漢《易》爻

15　馬振彪：《周易學說》，頁 85。

變之說。當然，變或不變，吉或者凶，仍在於人之自身。

（三）象數治《易》自有師承

馬振彪這種慣以象數解《易》的方式，自有師承。蓋其《易》學崇尚劉沅（1767-1855），並師承李士鉁（1851-1926）及馬其昶（1855-1930）。馬氏全書引前人之說中，對其稱「先生」的劉沅、稱「嗣香師」的李士鉁，以及親身請教的叔父馬其昶（抱潤先生）三人最為尊敬，所引數量也最多。如馬氏引他們對小畜九三「輿說輻，夫妻反目。象曰：夫妻反目，不能正室也。」注語如下：

> 劉沅曰：輻，車轑也，輪中木之直指者。乾為圜，車輪象。互兌為毀折，脫輻象。巽長女，乾剛近之，有夫妻象。然三苟合，反為四所乘而畜制之，是不能正室也。凡剛之失己而制于柔者準此。離為目，巽為多白眼，反目象。反目，不相對視。
>
> 李士鉁曰：三、四陰陽比合，有夫妻象。下卦乾為夫，上卦巽長女為妻。三、四當兩卦相接之際，一陰一陽，互卦巽離成家人，亦夫妻象。互離為目，動而上行，目象不正，巽又為多白眼，反目象。妻當在內，夫當在外；妻當在下，夫當在上。今夫在內而妻在外，妻又乘夫，反目之道。三不中正，不能以夫正妻，而反見制於妻，是以兩均不服而反目也。曰不能正室，蓋以責夫也。
>
> 馬其昶曰：輻，《子夏傳》、馬、鄭、虞竝作輹。輿脫輹，制之使不行也。巽婦乘乾夫，又三四互火澤睽，故有

> 夫妻反目之象。初之畜以應四，二之畜以在中，三之畜以迫近於陰，為其所制。曰不能正室者，罪三之不自斂而受制於陰也。凡《易》例，兩爻切比，柔乘剛皆不利；若異體相應，距離遠，柔在上，則无所嫌。[16]

以上是對馬振彪《易》學影響最深的三個人，他們注釋風天小畜九三爻辭「輿說輻，夫妻反目。象曰：夫妻反目，不能正室也。」皆一致的用各種象數之說。如劉沅以乾有圜狀象車輪，而所以脫輻，是因為「互兌」，（此取本卦風天小畜中間之二、三、四爻為兌，故為互兌）而兌為毀折之象；又巽在〈說卦傳〉中本有長女之象，而乾為夫，故有夫妻象。又謂離為目，小畜上巽下乾，本無離象，但互卦之後，三、四、五爻成離。離有目象，本卦之上卦為巽，巽有多白眼象，眼露多白，不相對視，故為反目。

李士鉁之說與劉氏相近，除乾夫巽長女為夫妻象外，又以三、四爻當兩卦相接之際，一陰一陽，互卦巽離成風火家人，（此取三、四、五、上成一卦，上巽不變，下變成離，故為風火家人）亦夫妻象。又以原卦上巽下乾而謂：「妻當在內，夫當在外；妻當在下，夫當在上。今夫在內而妻在外，妻又乘夫，反目之道。」

馬其昶則以二、三、四、五爻為互卦而謂：「巽婦乘乾夫，又三四互火澤睽，故有夫妻反目之象。」（風天小畜互卦之後為火澤睽卦。）象曰之所以謂不能正室，三者皆謂以六四陰乘九三

16　馬振彪：《周易學說》，頁 108-109。

陽之故也。

在這三位馬振彪所尊崇的師長皆以象數之法解小畜九三爻辭後，他最後總結小畜全卦云：

> 彪謹案：畜有兼容並包之義，聖德含弘光大，量无不容。……若三近外卦，體巽而互離，巽風離火為家人，齊家難於治國。……四柔得位，雖下互成兌，兌為毀折，有血傷之象；上互成離，離為甲胄戈兵，時有戒心，有惕懼之象。[17]

不斷以漢《易》互卦及卦象變化談全卦卦爻辭所含之義，也就理所當然了。

由此例可知馬振彪之師承皆善以象數治《易》，故其說《易》雖以聖人義理為基本理念，卻從未忘記象數乃《易》學不同於其他經典之最特殊處也。[18]

---

[17] 馬振彪：《周易學說》，頁 112。

[18] 關於此節所談漢人象數《易》法，如：互卦、卦氣、爻變、八宮等相關變化，高懷民：《兩漢易學史》（臺北：中國學術著作獎助委員會，1983 年）在〈第四章・前期占驗派象數易家〉論孟喜、焦延壽與京房之《易》及〈第五章・後期注經派象數易家〉論鄭玄、荀爽、虞翻時，頁 104-249，其中解說詳細，讀者可參看之。

四、時時扣緊義理說《易》

（一）變與不變在已

然而，我們如果只因看到馬振彪解《易》，處處皆是互卦、爻變、卦氣、卦象的運用，而將其歸為象數一派，那就大錯特錯了。馬氏《易》學已無傳統所謂象數、義理的門戶之分，他運用《易經》特有的象數之說，其一在保有《易經》與其他經典的特別不同處，其二更在藉此方法深入探討聖人於《易經》中所含藏的義理之說，勸人之言。所以《周易學說》表面雖然盡是傳統漢《易》之法，但骨子裏卻全是為了傳達聖人義理而說《易》的。例如他在總結復卦時說道：

> 彪謹案：此卦證明知性知天之學，有存心養性之實功。顏子心齋，即閉關之義也。盡人道以合天道，乃能復還其固有之天。天道七日一來復，此自然之運行也。人不盡道未易有來復之期，後世以星期為來復日，此七日中究能反復其道，知善之當為與惡之當去否耶？觀復卦義，當返已思之。……微陽初復乃一線之生機，平旦之氣與人相近者幾希，有放心而不知求，則元陽之生機將絕。是知克已乃能復禮，當先用四勿之功。孔教顏求仁，即以此為閉關之妙訣。學者涵養性天，精神不誤用，思慮不妄動，亦至日閉關之義也。為仁由己，不遠而復，即誠意正心以備其身，本體原自光明；心若外馳而日遠，則光明頓失。於此而偶有恢復之機，則當實用其力，戒歡求慊。君子之慎獨，即

> 閉關也。慎之則覺，反復者能休能敦；不慎則迷，不復者為災為敗。
>
> 又案：……七日來復，操之則存，舍之則亡，進退在人自為之。[19]

若僅看此段，或者言「知性知天之學」、「養心養性之功」，或者以復卦「反復其道」為「知善之當為與惡之當去」，以孔子教顏回求仁、君子之慎獨及「涵養性天，精神不誤用，思慮不妄動」為復卦「閉關」之義，並謂進退存亡全在人自為之，則分明義理《易》家的說法，何曾有一絲象數《易》的面貌呢？

又如他引叔父馬其昶注乾初九潛龍勿用：「卦辭皆斷其本然之象，可以決言，故謂之彖。彖者，斷也。爻辭皆擬議其將然之象，進退未定，故第曰象也。初九，陽氣在初當潛，動而化陰則失正。勿用，言其不可化也。」後，加一案語云：

> 彪謹案：陰陽可變，然變不變其權在己。聖人觀象繫辭，示人以當化不當化，陽不善則變陰，陰不善則變陽，玩其辭可知也。[20]

可知其談《易》雖言卦變爻變，如漢《易》家，然而最後卻明言聖人設卦繫辭的目的，全在示人以當化不當化，陽不善時須變為陰，陰不善時則須變為陽，這個「應然」的道理而已。但要不要

---

19 馬振彪：《周易學說》，頁 252-253。

20 馬振彪：《周易學說》，頁 3。

變的「實然」之權，則全在吾人身上，並不在未知的天地鬼神命數之中。故所謂吉，亦只是不善變善；所謂凶，則是善變不善而已。這種將《易經》卦爻變化、吉凶禍福等全都放在人的自我決定上，是馬氏《易》學在漢、宋兩派《易》家相爭千年之後的最佳融合。這不拘於傳統漢、宋《易》學之分，不獨沽義理、象數、圖書某一味來說《易》的立場，也正是民國以來所有《易》學大家的重大特色之一。

（二）扣緊義理說《易》亦有師承

馬振彪以象數為治《易》手段固然來自師承，其時時扣緊義理說《易》也是自有師承的。如他的叔父馬其昶注乾九二「見龍在田，利見大人」時云：

> 揚子雲言亨龍潛升，其利貞乎。時未可而潛，不亦貞乎？時可而升，不亦利乎？潛升在己，用之以時，不亦亨乎？[21]

馬振彪一生《易》學受其叔父教導啟蒙影響最深，觀其叔父此處亦謂「潛升在己，用之以時」，則可知馬氏《易》學，以「人的自我決定」為吉凶禍福關鍵，乃是自有家風傳承。至於如何決定？則又與《易》的另一核心「時」相關了。

而他在未濟九四「貞吉，悔亡。震用伐鬼方，三年有賞于大國。象曰：貞吉悔亡，志行也。」亦引馬其昶注曰：

21　馬振彪：《周易學說》，頁 4。

> 《易》示人趨吉避凶之方。所謂吉凶，不任之天而主之人，故尤嘉言貞吉、貞凶。可見禍福无不自己求之者。未濟一卦三言貞吉，其勸深矣。[22]

其叔父直言《易》所以示人趨吉避凶之方，正在提醒我們，上天並不能決定我們的吉凶禍福，決定我們吉凶禍福的其實是自己。因此，《易經》裏有許多在吉、凶之前加上貞字之例，這貞，便是漸或者正的意思，（見同書頁 64）是具有道德意涵的，而此正是聖人作《易》勸人深意之所在。

不只是馬其昶以義理說《易》，另兩位他所景仰、師承的劉沅與李士鉁也一樣。如他在震象曰「洊雷，震；君子以恐懼脩省。」後引劉沅之說云：

> 人心非不震不惕，君子畏天之威，恐生於心，懼見於象，脩飭其身使事事合天理，省察其過使事事遏人欲，雖震有不來之時，而恐懼脩省必無間斷之候，此人心洊雷之震也。[23]

明白指出洊雷震一卦，在君子因天雷之象而知恐懼脩省其心其身，使事事合天理、遏人欲，故震雷之來或不來雖不一定，但人因之而時時自我恐懼脩省則無有間斷，這也是在義理上談《易》。馬振彪則在總結此卦時也說：

22 馬振彪：《周易學說》，頁 620。
23 馬振彪：《周易學說》，頁 494。

> 彪謹案：此卦以恐懼脩省為訓。惟因恐懼時切，乃能脩省。外藉雷震之可懼，以提醒此心之無往而不知戒懼，則自修罔懈，而旦明內省之念無一時一事可以即安。人當顛沛造次之時，如履薄臨深之可懼；國際風雨飄搖之會，有內憂外患之交乘，其危乃光。懲前毖後，必如此卦之爻象，始終戒懼，乃可免禍而致福。洊震之象，大難迭興，隱憂未已。[24]

馬氏順承劉沅之說，認為震卦全在戒人應時時刻刻恐懼脩省自己，不能有一時一事懈怠，時時如臨深淵，事事如履薄冰，則即使風雨飄搖，內憂外患之際，亦可因此而免禍致福。由此可知，馬氏說《易》雖時時以象數為手段，但他最終目的其實都扣緊在順天理、遏人欲的義理上。

（三）《易》中處處都是聖人勸人苦心

馬振彪《周易學說》全書從頭到尾都明白展現出他以義理為體（目的），以象數為用（手段）的治《易》理念，不論是義理或者象數，一切都只歸於人的身心運用上。因為，《易》中有著聖人深深的勸人苦心，也只有能為人所用，才是聖人作《易》的目的。如他在總結蒙卦最後的案語表示：

> 彪謹案：子思言，君子之中庸也，君子而時中；小人之反中庸也，小人而無忌憚也。治蒙之事，時中為難，舉世類

24 馬振彪：《周易學說》，頁 499-500。

> 多蒙昧，往往恣肆而無忌憚，非有陽剛明決之才，不足破群陰之昏翳。二與上皆以陽勝陰，包蒙者主寬，擊蒙者主嚴，寬嚴相濟，治蒙之道備矣。惟二獨得乎中，能包初與五之蒙而施其化。初承乎二，蒙可發則發之；五應乎二，蒙可養則養之。此皆育德之事，可包而不可擊，合乎君子之時中也。若三之蒙，不有躬而行不順，狂惑極矣；四之蒙，困而遠實，陷溺深矣；萬无可包之理，所謂瀆蒙不告者也。然愈瀆而愈蒙，世道人心寖以大亂，聖人深憂之，不忍坐視其狂惑終於陷溺，則不得不擊其蒙。包之無可包，故以擊之者濟其窮也。欲之寇人勝於兵革，上九擊蒙，擊三與四之人欲橫流，拯生民之陷溺，動其固有之良，復歸於人道之正。此則果行之事。所以救小人反中庸之禍也。於是知聖人啟蒙之苦心，因時而用，無往非中庸之道矣。[25]

此段全講聖人於蒙卦中所含之苦心。君子知聖人苦心，故治蒙深暗時中之道。當以仁愛包養之心對待時，則「包蒙」以養之，如九二得中，故可包與其相比之初六，「發蒙」其蒙之猶未深者；亦可養與其相應之六五，化其猶只是「童蒙」的狀態。然而六三陰爻在九二陽爻上，是其蒙為躬行不順之狂惑；六四之蒙則不僅位不當，且離九二主爻已遠，與上之六五又不相比，（陰陽方能相比相應）是困而遠實，陷溺已深。此二爻之蒙深，與初九、六五之蒙淺不同，故只能「擊之」，是以有上九之「擊蒙」也。

---

25 馬振彪：《周易學說》，頁 71。

馬氏認為上九之「擊蒙」，正是擊天地人三才六爻中，代表人的中間兩爻六三、六四的人欲橫流，是明決果行之事，與九二的寬柔育德之事不同。雖然此二者所做的事表面看似不同，（「包蒙」、「發蒙」與「擊蒙」）但實際上卻都是君子時中之道的展現，都能貼合聖人「啟蒙」因時而用的苦心。

整段蒙卦結語以陰陽爻的時位及比應關係，談君子順承聖人果行育德的時中之道，可視為馬振彪治《易》核心理念的展現，因為唯有這樣將象數放在聖人勸人教人的義理上說，方不致於因全書時時出現的互卦、爻變、卦氣等字眼，而讓人誤以為這只是漢《易》象數之學；同時也不致於因常常出現的伏羲、文王、孔子三聖作《易》教人的苦心等語，而誤認作他是宋《易》義理之學。蓋馬氏主要生存於民國之後，治學已不再如前人般的拘拘於漢、宋門戶之中矣！

五、「明理安數」的馬振彪《易》學

（一）「明理安數」以俟命

「明理安數」這四個字最可以代表馬氏一生治《易》學的心得與結晶。他在无妄彖曰「无妄，剛自外來而為主於內，動而健，剛中而應。大亨以正，天之命也。其匪正有眚，不利有攸往。无妄之往，何之矣？天命不祐，行矣哉！」後加案語云：

> 彪謹案：五之剛中與二之柔中相應，皆得其正位，所謂天命之謂性也。至有匪正者乃數之窮，眚不能免。聖人知天

> 命不祐，在理不宜行，行之即違乎天理，論理非論數也。此卦教人明乎理而安於數，非只拘拘於數而不論理也。君子居易以俟命，不敢有所妄行。居易則不敢行險以徼幸，是无妄而不願乎其外也。孟子言莫之為而為者天也，莫之致而致者命也。莫為莫致，即自然而然，无所希望也。[26]

此段馬氏以天雷无妄之九五與六二相應，且九五陽爻居陽位，六二陰爻居陰位，各得其正位，謂此為「天命之謂性」；而所謂「匪正有眚」則是運數之窮的緣故。是以即使是聖人君子遇到此境，災眚亦不能免。若刻意尋求方法以免此當受之災，是不宜且違乎天理的行為，是故聖人君子明知有災眚，亦不會刻意去逃避的。這便是在性理上去談運數之變化，與一般術數家在命運的吉凶禍福上去做僥倖趨避，是截然不同的。正因為清楚明白天理性命的應然，故能靜定淡然看待運數變化的實然，而不致於終日惶惶於自己的禍福吉凶上而妄動妄靜，此即君子不敢行險以僥倖。

馬氏在此段文字中所云「明乎理而安於數」，正是最能代表其治《易》一生所獲的心得結晶。也因為這個心得，所以他既擅長象數之學，又時時扣緊義理派所談的天道性命而言《易》。只有在明乎理的前提之下，才可能真的安於數，而不致為術數之技巧紛云所亂；也只有在安於數的情況下，《易》理才有可能被正確的充分實踐，而不落於玄虛空談之中。「明理」與「安數」就如鳥之雙翼，缺一不可。「明理」是宋《易》的安心肯認，「安數」則是漢《易》的清楚明白。

---

26 馬振彪：《周易學說》，頁 256。

其所景仰的嗣香師李士鉁則在注无妄九五「无妄之疾，勿藥有喜。象曰：无妄之藥，不可試也。」時說：

> 九五中正自葆，本无致疾之道，苟以无妄之疾而輕試无妄之藥，或反變為痼疾，不可治矣。君子義命自守，我无取禍之道，雖禍至而不懼。若懼而求解免，則必違道而生妄，喪所守矣。故无妄之疾，惟勿藥所以有喜。[27]

這段話實可視為馬氏《易》學講求「明理安數」的傳承之據。李氏此處所謂君子以義命自守，本無取禍之道，但是否就因為以義命自守便能無災無禍呢？當然不是。災禍來與不來，和我們是否以義命自守並無絕對關係，此中除了理之當與不當外，還關乎運數的變化，故以義命自守的君子也可能會碰上災禍突然降臨。不同的是，知《易》的君子可以做到禍至而不懼；但不知《易》者，則將因恐懼害怕災難來到，而妄動以追求避免之道，並因此而患得患失、怨天尤人。

无妄卦處處在申說這種天理與命數的問題，故李士鉁注无妄象曰時也有一段「受命、安命、俟命」的話云：

> 无妄一卦，闡明天命。元亨利貞，君之所以受命；匪正有眚，所以安命；不利有攸往，所以俟命。不知命无以為君子，《易》固明示之矣。[28]

27　馬振彪：《周易學說》，頁 260。
28　同前註。

這裏所謂的天命有「受命」、「安命」與「俟命」的分別，何時受命而行？何時安命以守？何時俟命以動？這個時字，便是我們當靜當動的關鍵。君子學《易》以知命，知命，便是知如何觀時應機以「受命」、「安命」與「俟命」。整部《易經》談來談去的，無非是在談這個時，這個機。所以一個人若懂得「明理安數」，自然便能明白「受命」、「安命」與「俟命」的時與機了。由此亦可見馬振彪所提出「明理安數」這個治《易》心得，實亦有其傳承的內在線索可尋。

（二）理不變而數變，故即數以觀理，窮理以合道

為什麼人要「明乎理而安於數」呢？其原因便在天理雖然恒常不變，永可遵循，但運數卻是變動無常的。所以若不能先「明乎理」，則心不能定，心不能定就無法「安於數」之變化無常。於是就會在運數變化不盡如人意之時，或者怨天，或者尤人，然後在怨天尤人之後，依然惶惑終日而無法自處。

馬振彪在頤六三「拂頤，貞凶，十年勿用，无攸利。象曰：十年勿用，道大悖也。」引王夫之注「《易》屢言十年，要皆終竟之辭。筮不占十年以後，《春秋傳》謂筮短龜長以此。蓋聖人不終絕人，而天道十年一變，得失吉凶通其變，使民不倦，其意深矣。筮之短愈於龜之長。」後加案語談理與數云：

> 彪謹案：天不變道亦不變，蓋以理言。若吉凶得失之數，未有十年不變者，在人自為之，故曰聖人不終絕人。[29]

---

[29] 馬振彪：《周易學說》，頁 276。

明白說出在生命中本有理與數的不同。天道恒常不變的說法雖沒有錯，但這只是就理而言；然而生命中的吉凶禍福卻無時無刻不在變化，因為這是運數的問題，與天理無關。在天理的定與運數的不定之間，要怎樣拿捏其中的進退分寸，則還是在人自己而已。

那麼，馬振彪眼中的變指的是什麼狀態？又是如何進行？他在引朱子《周易本義》注乾彖曰「乾道變化，各正性命，保合太和，乃利貞。」後加案語云：

> 彪謹案：變者，化之漸。化者，變之成。物所受為性，天所賦為命。[30]

可知變與化的差別只是觀察事物角度的問題。所謂突然變成某個樣子，其實並不真的是突然，而是漸化而成的。這就與性命這兩個字的分別一樣。在馬氏眼中，此分別也不過是角度問題，以接受者本身來看，那是他的性；就賦予者天而言，那便叫做命了。故性與命就不變恒常的應然之理而言，是相同的；而當性命落在人的身上之後，其之所以變化不同，那就是運數的積漸使然了。

在革上六「君子豹變，小人革面。征凶，居貞吉。象曰：君子豹變，其文蔚也。小人革面，順以從君也。」後，則引述他深深敬佩的劉沅之說：

> 劉沅曰：……變者時，不變者道。……

30　馬振彪：《周易學說》，頁 10。

> 又曰：六爻第陳人事，若非其德與位與時，未易與言革也。[31]

將變不變與德、位、時合觀。變不變要因時，那是運數的問題；但在這與時俱變的數上，仍有不可變之理存在，於是德與位與時合而言之，方能真正進入聖人作《易》的深意中，讓義理與象數在此相遇，相融為一。

劉沅在注〈繫辭傳〉「顯道神德行，是故可與酬酢，可與祐神矣。子曰：知變化之道者，其知神之所為乎？」時，也談到類似問題，其云：

> 道不外陰陽。陰陽變化不測，莫窺其妙，皆神為之也。道德者，術數之原，非此不足以言數。數所在，莫非理所在。即數以觀理，窮理以合道，德行備於身，而天地陰陽不能外。
>
> 彪謹案：《易》為君子謀，不為小人謀，亦在所筮者有道德與否。[32]

劉沅直謂道不外陰陽，但陰陽變化是莫之能測的，因為它是神（道）的自然運行。然而就因為它原是神（道）的自然運行，所以反推回去，也只有能合乎這個自然運行的神（道），方有探尋預測陰陽變化的可能。因此，他才說道德是術數之原，沒有道

---

31 馬振彪：《周易學說》，頁 479。

32 馬振彪：《周易學說》，頁 660。

德，就沒有術數可說；而如果術數能夠預測神準，則其中必有其道其理存在。所以，我們應學會「即數以觀理，窮理以合道」，先將自身道德修養好，方具備了談論術數，預測變化的可能。這個「理在數先，數在理存」的觀念，其實亦是遠承劉沅《易》學的馬振彪，將「明理安數」成為其《易》學心得的重要來源。因此馬振彪在劉氏注語後附上一段自己的話，強調《易》為君子謀，不為小人謀，故占筮之要乃在筮者本身所具道德如何？本身若不具一定的道德修養，那麼理既不在，數又安存呢？

（三）在「明理安數」上，行止動靜，隨時處中

任何事物，若只是空言，則說的再天花亂墜也和沒說一樣，故馬氏《易》學特別拈出「行」字的重要，只是這個「行」是要在「明理安數」上行，才有可能隨時處中的。

他在引馬其昶注乾〈文言〉「君子體仁足以長人，嘉會足以合禮，利物足以和義，貞固足以幹事。君子行此四德者，故曰乾，元亨利貞。」後加案語云：

> 彪謹案：君子上法天德，貴能行之。天行健，君子法天亦行健。一行字最重要，在盡人道以合天道。此即發明天人合一之旨。天人一貫，君子即天也。[33]

君子之所以可以合天而完成天人合一，其關鍵便在上法天德而「行」之。那麼天德是什麼呢？《易經》乾卦明白指出「天行

---

[33] 馬振彪：《周易學說》，頁 16-17。

健」三字，並以「君子以自強不息」申釋之，可見天德在「行之不已」，而君子法天德之「行之不已」，故說「自強不息」。由此可知，行之一字，實乃天人合一的最關鍵，亦是《易》中大人所以能夠「與天地合其德，與日月合其明，與四時合其序，與鬼神合其吉凶」的根基。

那麼如何「行」才能合乎天德之「健」呢？馬氏在未濟「上九，有孚于飲酒，无咎。濡其首，有孚失是。象曰：飲酒濡首，亦不知節也。」引李士鉁之注：

> 至甘之中藏有至苦，厚味之中伏有厚毒，若飲酒而不知節，至於濡首，則恃其有孚而失其是矣。上為首，遇坎水，故濡。《易》以時中之道示人，故終之以既未。既，太過也；未，不及也。未濟為不及，上九則在卦又為太過。〈象傳〉繫一亦字，意謂不及固非也，太過亦非也。故知《易》之道一中而已。不易者，《易》之中也；變易者，《易》之時中也。[34]

李氏謂未濟上九之「濡首」乃因「恃其有孚而失其是」之故。本來「有孚」，已是中道，然而一旦恃之，便失其中了，故《易經》以上卦之坎水象首濡於酒之狀也。其謂「《易》以時中之道示人」，以為不及固非，但太過亦非，故直說《易》道就是一個中字而已。所謂不易，即是中；所謂變易，則是時中。不易的中，即是「明理安數」的理，而變易的時中，就是「明理安數」

34 馬振彪：《周易學說》，頁 622-623。

的數了。在不易的理上要中，在變易的數上更是時時要中。這種不失其時與中的自強不息之行，便是馬氏所謂「明理安數」之行。

這種看法，馬振彪在總結既濟卦的案語也一樣提到，其云：

> 彪謹案：既濟之道在於防，未濟之時貴於慎。此二卦居下經之終，以應上經之坎離。一交互中，顛之倒之，治亂循環，互相為用。既濟中含未濟，不防則功敗於垂成；未濟中含既濟，不慎則不能轉亂而為治。防之於未然，慎之於將然，則既濟者可常濟，未濟者可終濟也。水火有利，人知之，至其為害，人多忽之。苟不能慎，而倚於一偏，譬水懦人狎而玩之，火烈人望而畏之，益深益熱，失其相濟之用，則害多而利寡矣。劉先生言，人事往往不濟，非天之厄也。《易》終于未濟，聖人未嘗教人急于於求濟，蓋可濟與否，審于其時。聖人維持天運人心，未嘗不在于慎，弟即日用常行，求其實理，辨物居方，因物無心，然後未濟者可濟，既濟者常濟。本此說以求之，濟不濟蓋有天焉，君子弟隨時處中以觀大化之升沈而已。未濟非不幸也，歲窮於冬而一陽來復，已肇其機，正可於涸陰沍寒之極，卜來春之旋轉，而默見天心矣。[35]

其認為聖人將既濟、未濟二卦置於全書之後，必有聖人教人示人之深心，所以於此二卦特別深求。而此爻又為全《易》六十四

35　馬振彪：《周易學說》，頁 623-624。

卦，三百八十四爻中的最後一爻，是最後的最後，更應有聖人含藏深理，故在此更反復言之。

前面先申說下經最終兩卦既濟與未濟之義，謂既濟之道在防，未濟之道則在慎。故人面對事物之已成或未成，其心態是要防、要慎，要因時制宜，不可偏於一邊。就如同上經最後兩卦為坎、離，一為水，一為火，水與火既有其用，但危害亦在其用之中，端看我們如何運用對待而已。至於如何運用對待方不會出錯？便是要時時處中了。他說《易》終於未濟，乃是聖人教人莫要急於求濟之意，故謂「可濟與否，審于其時」。這句話裏的「時」字，便是《易》學核心之一。變或不變，動或者靜，濟或不濟，都在審其「時」而已，故引劉沅喟嘆「人事往往不濟，非天之厄也」。何以非天之厄？蓋人事之濟與不濟，端在人之能否審時度勢，時止時行，時靜時動，隨時而處中也。隨時處中，則無事不吉；不能隨時處中，則吉亦將成凶。這能否隨時處中的關鍵，便在是否能懂得「明理安數」之道了。能在「明理安數」上隨時處中，則日用常行之中，便能隨時都在適當的角度去看待處理，做到「辨物居方」。同時也會提醒自已應時時放下固執之已見，了解「應物無心」之理，如此則未濟者可濟，既濟者可常濟。而馬氏最後云「君子弟隨時處中以觀大化之升沈而已」，君子所以能「隨時處中」，便是因能深知「明理安數」之道，此為其一生治《易》的最終結晶。

六、擅長引用道家、佛家及史事注《易》

馬氏《周易學說》除了注井卦六四時說：「彪謹案：《中

庸》與《易》相通，九經中言修身尊賢，最為要。」[36]，在總結家人卦之案語上說：「《學》、《庸》所發明者，有合乎家人卦意。」[37]等如傳統《易》家，引儒家經典詮釋《易》義外，更時時處處可見其引用道家之語以引伸解釋《易》義。他在注解坤卦〈文言〉時已直接說「《易》、《老》之理相通」。[38]而這樣的作法，其實也是來自於師承。他《易》學傳承的老師們都有這樣的作法，而且他們這樣的解《易》之法，是有意在補充前人注《易》多只引儒家之說的不足。

（一）引用道家語注《易》，以豐富化、深刻化《易》辭

如馬氏在注家人卦「六四，富家，大吉。象曰：富家大吉，順在位也。」時，引他最尊敬的劉沅語：

> 劉沅曰：……四在他卦臣道，在本卦妻道。夫主教一家，婦主養一家，《老子》所謂教食父母是也。（彪謹案：《道德經》下篇云，人之所教，我亦教之。強梁者不得其死。吾將以為教父。又上篇云，我獨異於人而貴食母。焦竑解之曰，母，主養，曰食母。父，主教，曰教父。）[39]

劉沅先以「《老子》所謂教食父母是也」解家人六四爻義所以

36　馬振彪：《周易學說》，頁 466。
37　馬振彪：《周易學說》，頁 367。
38　馬振彪：《周易學說》，頁 47。
39　馬振彪：《周易學說》，頁 365。

「富家，大吉」，乃因六四為陰爻居陰位的當位之故，所以他以「婦主養一家」來詮釋象辭所云「順在位也」。然後馬振彪再順著劉沅的指引，找出《道德經》中劉沅所云「老子所謂教食父母是也」的相關原文，而有「彪謹案：《道德經》下篇云，人之所教，我亦教之。強梁者不得其死。吾將以為教父。又上篇云，我獨異於人而貴食母。」之語。可見其引用道家語釋《易》義是有所傳承的。又如在注艮卦「九三，艮其限，列其夤，厲薰心。象曰：艮其限，危薰心也。」時，引劉沅語後，接著附上自己的案語：

> 劉沅曰：人身之限，陰陽二氣所流行，不當止而止，或強制其心，或強馭其氣，皆反為害。（彪謹案：此言可悟養生之學。道家運氣，是聽其自然之運行，非強制搬運之謂。老氏言人法天，天法道，道法自然，旨哉言乎！）[40]

在劉沅說「人身之限，陰陽二氣所流行，不當止而止，或強制其心，或強馭其氣，皆反為害。」之後，馬上引用《老子》「人法天，天法道，道法自然」之說，以說明「道家運氣，是聽其自然之運行，非強制搬運之謂。」來糾正後世附隨在道家之流的道教或神秘家所謂氣功的各種強制搬運之法，是與《老子》之言不合的。而這些詮釋都更豐富且形象化了艮卦九三「象曰：艮其限，危薰心也。」之意。又如在注損卦「上九，弗損益之。无咎，貞吉，有攸往。得臣无家。象曰：弗損益之，大得志也。」時，引

40 馬振彪：《周易學說》，頁 508。

用他的老師李士鉁之語：

> 李士鉁曰：上居損之終，損道之成。《老子》云：損之又損，以至於无為，无為而无不為矣。上不在位而居乎外，故无家；言能得民心以為國，不以為家也。[41]

其師李士鉁已引《老子》「損之又損，以至於无為，无為而无不為」語，詮釋損卦上六所以能成就損之道，乃在於損己之私意，以至於无為而无不為之境地，故能以去私之「无家」，而得民心之「大得志」也。又如在注困卦卦辭「困，亨，貞，大人吉，无咎。有言不信。」時，引其師李士鉁語：

> 李士鉁曰：……困也者，小人視之為凶，大人當之為吉。……兌口為言，在上无應，故不信。處困之時，欲以言語解免，難矣哉！《老子》曰，多言數窮，不如守中。[42]

將困卦卦辭「有言不信」，除了以《易》理及卦象「兌口為言，在上无應，故不信。」解釋外，又引《老子》之「多言數窮，不如守中。」說明「處困之時，欲以言語解免，難矣哉！」並且伸釋即使處在困時，大人依然可以吉而无咎之故。又如在注萃卦「初六，有孚不終，乃亂乃萃。若號，一握為笑。勿恤，往无咎。象曰：乃亂乃萃，其志亂也。」時，引馬其昶語：

41　馬振彪：《周易學說》，頁 401。

42　馬振彪：《周易學說》，頁 450-451。

> 馬其昶曰：……當眾人志亂之時，初獨號召求萃，以為志不可亂，宜為同井之所笑。《老子》云，下士聞道大笑之，不笑不足以為道，故勿恤也。失位為悔，義當應四，故往无咎。[43]

馬其昶解釋萃卦初六在眾人志亂之時（「乃亂」），還獨自號召求萃（「若號」、「乃萃」），雖為眾人所笑（「一握為笑」），但依然不必擔憂（「勿恤」」）之故，乃因為老子曾說「下士聞道大笑之，不笑不足以為道」，這些下士們的大笑，正證明了自己所行合道。這樣的解說，令人對於萃卦初六爻辭所云，理解又更為深刻矣！

馬振彪在看到他最尊敬的劉沅，以及他的老師李士鉁、馬其昶這三位《易》學大師，皆已不斷引用道家之語以伸說《易》義，而使得《易》義更讓人有深刻體悟之感後，所以在他的《周易學說》中，便常出現引用道家之語以更完整詮釋《易》義之例，可見這個注《易》之法也是自有師承的。如他在注乾卦〈文言〉「乾元者，始而亨者也。利貞者，性情也。乾始能以美利利天下，不言所利，大矣哉！」時云：

> 彪謹案：《老子》云「无名天地之始」，又云「有物渾成，先天地生。」此即乾始之義。云「有名萬物之母。」此即美利利天下之義。又云「視之不見名曰希，聽之不聞名曰夷，摶之不得名曰為。」此即不言所利之義。《中

43 馬振彪：《周易學說》，頁 437。

> 庸》言「上天之載，無聲無臭，至矣。」亦此意也。[44]

拿《老子》中關於天地之始的文字，如「无名天地之始」、「有物渾成，先天地生」注解乾卦〈文言〉中的「乾始」之義。又拿《老子》「有名萬物之母」來注解乾卦〈文言〉「美利利天下」之義。蓋因「萬物之母」是讓天地開始不斷生成的力量，故名之曰「有」，而這正可以詮釋乾卦〈文言〉乾之始能「美利利天下」的力量。然後再以《老子》「視之不見名曰希，聽之不聞名曰夷，摶之不得名曰為。」來注解乾卦〈文言〉中的「不言所利」之義。蓋視之所以不見，聽之所以不聞，摶之所以不得之故，乃在於吾心之沒有預設價值判斷的取捨，因此對於所視、所聞、所摶，沒有「我」的得失之心，此正可以詮釋乾卦〈文言〉中的乾元「不言所利」的無私大公之心。馬振彪引《老子》注解乾卦〈文言〉，實若合符契，沒有絲毫牽扯勉強，反而能讓《易經》與《老子》相互發明，引人做更深刻的思考。他接著再引《中庸》「上天之載，無聲無臭」的天地無聲無息，無我大公的給予萬物來做小結，直將傳統儒、道之分隔泯除，呈現出民國以來學者試圖融通儒、釋、道三家的學術發展氛圍。如他在總結夬卦時云：

> 彪謹案：……卦象只一陰將退，決去非難，然苟稱兵相激，恐困獸猶鬪，或有意外之變。惟時有危厲之心，不求勝陰，而求自勝；不以陰消為汲汲，而以剛長為務；陽日

44 馬振彪：《周易學說》，頁 26。

> 進而已，合同而化，終乃有勝陰之一日。此老氏所謂柔勝剛，弱勝強，所以為自勝而永其終也。[45]

說明即使如在夬卦卦象為下五陽決上六一陰之必勝之時，也要以《老子》「柔弱勝剛強」警語為惕，只求自勝，不求勝他，以免有困獸猶鬪的意外發生。又如他在總結豫卦時云：

> 又案：人生順逆之境，卦爻互發，可以豫不豫兩途括之，學《易》者當明其理而通其道。惟六五一爻所示猶尤精，更教人以修身立命存心養性之功，意尤深切。大抵豫樂之境最易致疾，惟專氣致柔，乃能卻病，故因五之乘剛而惕之。剛強者死之徒，惟善養其中，則血氣和平而壽命長。五既虛己居中，故示以谷神不死之道。去身疾易，去心疾難，身不死固非易，而心不死尤為難。知貞疾之在身而不可去，憂懼無益，蓋有轉憂為豫焉。[46]

他在這裡所說，對於人生順逆之境，《易》中以卦爻之辭互相發明，而「學《易》者當明其理而通其道」，其實就是他研《易》所得的「明理安數」的另一種說法。而在講如何在豫不豫之境得以修身立命、存心養性，則活引《老子》之語，如以「專氣致柔」最能對治吾人在豫樂之境時所易產生的疾病。又以「剛強者死之徒」警惕六五不可因居高位而自滿，並以「谷神不死」來說

45 馬振彪：《周易學說》，頁 423。

46 馬振彪：《周易學說》，頁 177。

明六五應學習谷神虛中之道。此正可以解釋豫卦六五爻，雖居九五之高位，然其本身是陰柔的，此時卻乘全卦唯一陽爻的九四之剛，不免有因九五之位高，反而會生豫樂輕慢之心，而有可能發生致疾之事。故在六五爻辭有「貞疾」之警惕。全然將《老子》之語融入《易》經之中。這樣詮釋《易》中卦爻含義，實令人有《易》義因之而更深化之感。

（二）引用佛家語注《易》，令人更能體悟《易》辭深義

馬振彪除了常引道家語注解《易經》，豐富化、深刻化《易經》卦爻的義理外，也會引用佛學概念來詮釋《易》義。如在注離卦「九四，突如其來如，焚如，死如，棄如。象曰：突如其來如，无所容也。」時，引劉沅之語：

> 劉沅曰：卦以養德繼明為美。四當兩火相繼之際，剛而不中，見逼于三，見棄于五，故凶。非人不容，自失其所以容之道也。俗謂无明業火。无明，不明；業，罪也。子言辨惑而曰一朝之忿，即此意。聖人深戒剛暴之流，而極其禍如此。[47]

劉沅談離卦九四爻之所以「焚如，死如，棄如」，乃因其在上下兩火相繼之際，並且剛而不中，所以非他人所不能容，而是自己失所容之道。然後引佛法所說「无明業火」來形容九四之凶，是

---

[47] 馬振彪：《周易學說》，頁 304。

來自於自己的无明所造之業。因為九四在兩離火之中，所以用佛法「无明業火」來形容，有更貼切生動之感。又如在為離卦總結時云：

> 彪謹案：……嗣香師於坎、離二卦，悟及《中庸》誠明之理，是為轉識成智。心本自誠明，因蔽於物欲之私，至失其誠明之本體。然其本體自在，並未嘗失。謂二卦為聖人之心學，坎中實不虛故誠，離中虛不實故明，此物理之自然易曉者，非別有神奇也。然惟慧眼能見之。[48]

馬氏指出其師李士鉁（嗣香）於坎、離二卦中所悟《中庸》誠明之理，即如同佛法中所謂的「轉識成智」。因為心本是誠明的，只因物欲的蒙蔽而掩蓋了原本的誠明，只要物欲一去，其原本的誠明之體自顯，並不是有另一個誠明出現。這就如同佛法中的「轉識成智」一樣，識與智都在人身上，一念迷即是識，一念轉即成智。識與智本無分別，分別只在人的一念之間。所以並不是有一個識在，然後又另外有一個智在，識與智是一體的兩面而已。馬氏以佛法「轉識成智」來伸說其師李士鉁在坎、離二卦中的體悟，可見其對佛學亦有一定的造詣，故能隨手拈來，毫不刻意。又如在注咸卦「九四，貞吉，悔亡。憧憧往來，朋從爾思。象曰：貞吉悔亡，未感害也。憧憧往來，未光大也。」時，引李士鉁語云：

---

48 馬振彪：《周易學說》，頁 307。

> 李士鉁曰：……一念起則念念相續，此起彼應，有若朋從，莫知其何所往，莫知其何所來。雖然，浮雲變幻不礙太空，鏡中之影有往來，而鏡無往來；心中之思有往來，而心無往來。惟聖人私欲淨盡，廓然大公，虛靈不昧之中，無所有亦無所不有，無所感亦無所不感。何者謂往？何者謂來？莫非天理之流行，自然之因應，何思而何慮也？（彪謹案：此說獨開妙竅，直示本心，可謂甚深第一義諦。）[49]

可見先是其師李士鉁直引佛家用語，以「一念起則念念相續，此起彼應，有若朋從，莫知其何所往，莫知其何所來。」及「浮雲變幻不礙太空，鏡中之影有往來，而鏡無往來；心中之思有往來，而心無往來。」來詮釋咸卦九四「憧憧往來，朋從爾思」之義，既形象又深刻了《易經》這八個字給予讀者的意義。而身為弟子的馬振彪，在看了老師此處引佛法之說以詮釋的方式之後，便用佛法之語「獨開妙竅，直示本心，可謂甚深第一義諦。」來回應讚嘆。又在總結咸卦時云：

> 彪謹案：咸卦以相感取義。……嗣香先生解四爻，渾化精透，洞見真髓，所謂超以象外，得其寰中者也。是為甚深第一義諦。[50]

49　馬振彪：《周易學說》，頁 315。

50　馬振彪：《周易學說》，頁 317。

謂其師李士鉁引佛法解咸卦九四爻義，是「渾化精透，洞見真髓，所謂超以象外，得其寰中」，所以又再一次的以佛法中的最後最上真諦「甚深第一義諦」來再次讚嘆，可見其引佛法解《易》，也是有所師承的。

（三）引用史事注《易》，以增《易》辭給人的實際感受

他也常引用史事來說明《易》中卦爻含義，希望讀者能有更清楚而切身的感受，如在注比卦「六二，比之自內，貞吉。象曰：比之自內，不自失也。」時云：

> 彪謹案：貞吉者，守正而吉，不自失其所守。如太公於文，尹於湯，諸葛於先主，皆以中正之道應上之求親相比輔，內不失己，有自內貞吉之象。[51]

直接以姜太公與周文王、伊尹與商湯、諸葛孔明與劉備之君臣相互對待，來做為此爻所以貞吉，乃在於以中正之道與上相應而內不失己之故。又如在總結蹇卦時云：

> 彪謹案：睽、蹇之時可以造英雄，以英雄有能造時勢之用也。湯於伊尹、文於呂尚、光武於子陵、先主於孔明，皆當大蹇之時而得朋來之力。[52]

---

51 馬振彪：《周易學說》，頁 100。

52 馬振彪：《周易學說》，頁 384。

引用商湯、周文王、漢光武帝及劉備等帝王與伊尹、呂尚、嚴光及孔明等君臣相遇而造一時之時勢為例，申說即使人生在睽、蹇之時，亦無須沮喪。又如在總結損卦時云：

> 至於出而應世，亦必有大公无私之志。如孟獻子與五人為友，皆无獻子之家者也。楚子文毀家紓難，可謂得臣无家。若光武以嚴陵為友，可謂大得志也。[53]

引用孟子回萬章問交友之道時，舉孟獻子與五人為友之例，說明交友之道在公而不在私。引春秋時代楚國名相令尹子文為公避私毀家紓難之例，說明為臣之道亦在公而忘私。再引東漢光武帝與嚴陵曾為同學，而嚴陵卻在光武帝即位後避入深山不受官位之例，說明君臣朋友之間為公去私之美談。以此三例闡釋說明損卦在損一己之私的深意。又如在注困卦「象曰：澤无水，困；君子以致命遂志。」時云：

> 彪謹案：古之君子無求生以害仁，有殺身以成仁。如夷吾之求仁得仁，以遂其志，而致命非所恤也。後世若文信國、楊椒山、左忠毅、史閣部、鹿忠節之流，後先相望，皆致命以遂志，真困而能亨者也。[54]

除了引被孔子稱譽其「桓公九合諸侯，不以兵車，管仲之力也。

53　馬振彪：《周易學說》，頁 401。

54　馬振彪：《周易學說》，頁 452-453。

如其仁。如其仁。」以遂志為考量，而不在生死上計較的管仲外，又引如宋亡後，於五坡嶺兵敗被俘，寧死不降，在柴市從容就義的文天祥、明代因彈劾權臣嚴嵩而死的楊繼盛、明末遭到閹黨魏忠賢下獄拷打而死的東林黨六君子之一左光斗、輔佐南明君王的史可法，以及明末抗擊入關清兵，城破殉國的鹿善繼等人，「皆致命以遂志」之例。這些人都代表了君子處困卦而能亨通其志的歷史實例。又其注恒卦「初六，浚恒，貞凶，无攸利。象曰：浚恒之凶，始求深也。」時云：

> 彪謹案：諸葛公以三顧而始論天下大計，是信而後諫也。文王以民力為臺沼，是信而後勞也。賈宜新進而上治安策，立談之間遽為人主痛哭，以求其信任，此求深而凶也。[55]

直接以諸葛亮是在劉備三顧茅廬之後才暢論天下大計，所以是信而後才諫之。文王用民力以建高臺與深池，是在人民相信了他是要與民同樂之後才做的，所以是信而後勞之。然後再舉賈誼新進之始，就痛哭以求人君之信任，是根本還沒有取得對方的信任，便希望對方接受自己的建議，與上述二例正好相反，故有「浚恒之凶」。這樣舉歷史中的正反例子，來說明卦爻辭的含意，是很能讓讀者有更清楚而貼切的真實感受。

最後如在注升卦「上六，冥升，利于不息之貞。象曰：冥升在上，消不富也。」時，引馬其昶之語：

---

55 馬振彪：《周易學說》，頁 321。

> 馬其昶曰：升元亨，至五上而升道已成，且利貞矣。……君子之德之純，其生也不息，則死亦不息。子曰：朝聞道，夕死可矣。不息之貞，其聞道之效歟？蓋死生若晝夜，未知生焉知死？通死生為一貫，是謂通乎晝夜之道而知。[56]

馬其昶引孔子「朝聞道，夕死可矣」、「未知生焉知死」，來解釋升卦上六即使是「冥升」，只要能「不息之貞」，則必然是「利」之故。因為就像他所說「君子之德之純，其生也不息，則死亦不息。」在君子來看，生死與晝夜只是同一件事。於是馬振彪在看到既為叔父，又為老師的馬其昶之注引孔子之語後，便接著作案語云：

> 彪謹案：升卦前五爻皆言人間世所升之大者。上一爻升之終極，則言出世間之升。升之於冥，故死而不死。冥而能升，故不生而生。是何也？以其生其死，皆有不息之貞存乎中也。孔子曳杖逍遙，夢坐殿於兩楹之間，是誠冥升在上也。明王不興，天下其孰能虛予？是亦消不富也。《莊子・大宗師》篇云，已能外生矣，而後能朝徹，朝徹而後能見獨，能見獨而後能無古今，無古今而後能入於不死不生。又〈養生主〉篇云，適來夫子時也，適去夫子順也，安時而處順，哀樂不能入也。指窮於為薪，火傳也，不知

---

56 馬振彪：《周易學說》，頁 448。

其盡也。是即所謂不息之貞也。[57]

則是不只延續馬其昶引孔子之語，而有「孔子曳杖逍遙，夢坐殿於兩楹之間」之例，來解釋「冥升在上」，使得升卦上六「冥升，利于不息之貞。」的形象更為深刻動人。接著更引《莊子・大宗師》「已能外生矣，而後能朝徹，朝徹而後能見獨，能見獨而後能無古今，無古今而後能入於不死不生。」及〈養生主〉「適來夫子時也，適去夫子順也，安時而處順，哀樂不能入也。指窮於為薪，火傳也，不知其盡也。」之語，更深化了我們理解升卦上六「冥升，利于不息之貞。」之深義。此外，他謂「升卦前五爻皆言人間世所升之大者。上一爻升之終極，則言出世間之升。」以前五爻為人間世，上六爻為出世間，則又是引用佛家語來做說明。故馬氏於此爻之案語，可做為我們了解他在《周易學說》中慣引道家語、佛家語，以及史事來詮釋《易》義，而且都是有所傳承的最佳範例。

七、全書可再斟酌處

如前所云，馬振彪《周易學說》全書在經過六次校對之後，總其事的張善文仍感不安，到了出版前最後半個月，他又依原稿再復校一遍，可說用盡全力，希望能將此書臻於完善。此書兼融義理、象數，毫無門戶之見，凡引先秦至民國間之《易》說二百餘家，於清康熙後《易》家之說採擇尤多，治《易》別有會心，

57 馬振彪：《周易學說》，頁 448-449。

提出「明理安數」的酌見，洵為難得的重要當代《易》學著作。然而再美好的玉石也不能避免一些小小瑕疵，所以在筆者通讀全書兩次後，發現仍有些可再斟酌之處，故在此提出，希望能對此書的更臻完美做出些許貢獻。筆者所見仍可斟酌處如下：

（一）每卦最後結語「彪謹案」未能統一體例

《周易學說》在每卦最後必有結語「彪謹案」，但筆者逐卦細讀，發現馬氏此處案語似乎未能統一體例，有些是逐爻分而細釋，有些卻只概言大義。也許馬氏寫作此書之初，本無統一體例的想法。但以全書整體而言，不無讓人有所遺憾。如總結隨卦時云：

> 彪謹案：……處隨之位，以下隨上，以後隨前，不敢為天下先，乃得隨時之義。初隨二，三隨四，五隨上，以相偶為隨，既各有其道矣；……初論交道，……二論婦道，……三論節烈之道，……四論取與之道，……五論婚姻之道，……上爻則論去就之道，……因時為義，要不外乾坤大中至正之道。[58]

每爻皆詳而釋之，僅此一案語，即有八百字之多。

但亦只有統論大義，不分爻而釋之者。這種現象似乎是從第二十一卦噬嗑之後才開始的，如在總結噬嗑云：

58　馬振彪：《周易學說》，頁 185-186。

> 彪謹案：聖世彰善憚惡，明威並用，道在雷厲風行。……老子善用柔，經言民不畏死，奈何以死懼之，蓋得柔中之道矣。中四爻抱潤先生及陳氏引淩氏之說證以禮經，皆旁推交通之義。而在卦象取譬，仍以用刑為主。[59]

全部案語說明火雷噬嗑大義，前後不過百餘字。又如總結頤卦時云：

> 彪謹案：需有養義，……《老子》云，知足不辱，知止不殆，凡辱且殆者，皆由不知止足故也。靜以止動，既自得其所養，養身以及天下，而天下之人亦遂各得其養，慶莫大焉。[60]

全部案語亦只大概說明山雷頤卦大義，僅兩百字左右。

就筆者觀察，似乎從乾卦至觀卦的前二十卦案語中，馬氏皆細細逐爻而釋。但自第二十一噬嗑卦之後，除了第四十九革卦詳細逐爻而釋，五十鼎卦、五十九渙卦、六十節卦、六十二小過卦亦分爻而說，但漸顯簡略，其他各卦在總結案語時，便只概略言其大義而已。全書中最簡單的總結案語為第四十七的困卦，其原由乃因劉沅（止唐先生）之說備矣，所以他便不再多言。

這個現象，到底是因為馬振彪本就沒有體例的想法，所以在書寫過程中，隨其本身感受不同，而有時繁時簡的差別？還是因

---

59 馬振彪：《周易學說》，頁 224。

60 馬振彪：《周易學說》，頁 279。

為書寫當時生命狀態的變化不同，所以才造成這種體例不統一的情況？或者是還有其他原因？就目前資料而言，我想答案是不得而知了。

（二）全書爻辭、象辭多放一起，並同引前人之說而釋之。但仍有少數爻辭、象辭分開而釋之例

《周易學說》全書體例都是爻辭與小象放在一起，然後再引前人各家之說，依時代先後之序釋之的。可是筆者卻發現有時在同卦之中，亦有爻辭與小象分開而釋之例。如火澤睽：

> 九二，遇主于巷，无咎。象曰：遇主于巷，未失道也。
> 王弼曰：處睽失位，將无所安。……
> ……[61]

將九二小象直接放在爻辭之後，合而注之，這是《周易學說》慣例。但在下一爻卻作：

> 六三，見輿曳，其牛掣。其人天且劓。无初有終。
> 虞翻曰：坎為車，為曳。
> ……
> 象曰：見輿曳，位不當也。无初有終，遇剛也。
> 馬融曰：剠鑿其額為天。……[62]

61　馬振彪：《周易學說》，頁 372。
62　馬振彪：《周易學說》，頁 373。

將六三的爻辭與小象分開注之。又如雷火豐：

> 六五，來章，有慶譽，吉。象曰：六五之吉，有慶也。
> 蘇軾曰：六五來章，謂虛己以來二陽。（彪謹案：此二陽指三四兩陽爻而言，非謂二爻也。）
> ……[63]

在六五爻時，將小象直接放在爻辭之後，合而注之；但在下一爻卻作：

> 上六，豐其屋，蔀其家，闚其戶，闃其无人，三歲不覿，凶。
> 《左傳》云：鄭公子曼滿與王子伯廖語欲為卿，伯廖告人曰無德而貪，在《易》豐之離，弗過之矣。（彪謹案：豐之離謂上爻變則為離。）
> ……
> 象曰：豐其屋，天際翔也。闚其戶，闃其无人，自藏也。
> 石介曰：始顯大，終自藏。……[64]

卻將接著的上六爻辭與小象分開注釋。又如兼山艮：

> 六二，艮其腓，不拯其隨，其心不快。象曰：不拯其隨，

63 馬振彪：《周易學說》，頁 540。
64 馬振彪：《周易學說》，頁 541。

未退聽也。

蘇軾曰：下止而不聽於上，則上之所不快也。

張浚曰：坎，心病，為不快。

……[65]

將小象直接放在六二爻辭之後，合而注之；但在下一爻卻作：

九三，艮其限，列其夤，厲薰心。

馬融曰：夤，夾脊肉也。

……

象曰：艮其限，危薰心也。

《韓詩外傳》引孔子曰：口欲味，心欲佚，教之以仁；……[66]

又將接著的九三爻辭與小象分開注釋。又如水地比：

初六，有孚比之，无咎。有孚盈缶，終來有它，吉。

《子夏傳》云：非應稱它。

李賢曰：坤為土缶之象。

……

象曰：比之初六，有它吉也。

劉牧曰：居順之首，為比之先。

65　馬振彪：《周易學說》，頁 506。

66　馬振彪：《周易學說》，頁 507。

《程傳》云：言比之初六者，比之道在始也。……[67]

將比之初六爻辭與其象辭分而釋之，但在接下來的其他五爻，卻都是把爻辭與象辭連放在一起而引前人之說釋之。

全書類似這樣的地方雖僅十例左右，卻仍為其小疵之處。若有再版的機會，宜統一體例，將使此書更為完善。

（三）並錄不同意見，而無去取之言

在《周易學說》中，有些地方馬氏摘錄了不同的說法，而最後卻沒有放上自己的去取之言，以供讀者參考。這樣的狀況全書約有二十處左右，如：頤卦「初九，舍爾靈龜，觀我朵頤，凶。象曰：觀我朵頤，亦不足貴也。」後列出數人之注語云：

項安世曰：上九卦主，故稱我。……

王宗傳曰：爾謂初，我謂上。

劉沅曰：……爾謂初，我謂四，初與四應，因其動而慕外，設為四語初之詞。……

李士鉁曰：……朵，頤垂下動貌。初仰觀上九，貪口腹之欲，失本體之明，故凶。……

馬其昶曰：頤有自養、養人、待養於人三義。初陽在下，當自養，上九位在上，當養人，其四陰爻，則皆待養於人者也。……[68]

---

67 馬振彪：《周易學說》，頁 98-103。

68 馬振彪：《周易學說》，頁 274。

除了劉沅直接明白的說「爾謂初，我謂四」之外，王宗傳則說「爾謂初，我謂上」，項安世也稱上九為我；至於李士鉁及馬其昶二人雖沒有明說我指的是六四還是上九，但通讀其注語，李氏謂「初仰觀上九，貪口腹之欲，失本體之明，故凶」，馬氏謂「初陽在下，當自養，上九位在上，當養人」，皆將初九與上九並列而言，故似亦將我做上九看。因此，全部注語除了劉沅將我當六四看之外，其他四人皆將我當上九解。筆者通讀全卦，卻未見馬振彪自己到底認為我謂四？還是上？此為一例。

其次如大過卦「九四，棟隆，吉。有它，吝。象曰：棟隆之吉，不橈乎下也。」後列出劉沅與馬其昶不同之注語：

> 劉沅曰：……又三在下卦，為上實下虛；四在上卦，為上虛下實也。四乃大臣之位，以柔濟剛，能肩大事，故隆而吉。若舍五而應初，是有它則吝。
>
> 馬其昶曰：……有它謂上六也。三之患在本，四之患在末，上危可扶，下虛則其患立至。民為邦本，此之謂也。[69]

在這段注語中，劉沅認為九四「有它，吝」的那個「它」指的是初爻，所以他說：「若舍五而應初，是有它則吝」。但接著所引馬其昶的注語，卻直接明白的說「有它謂上六也」。馬氏說有「它」是上六，乃因為上六為九四之患，而初六則是九三之患也。這是以上卦與下卦分而觀之的立場。大過全卦只有初、上兩爻為陰，陰為小為患，故下卦之患在初六，而上卦之患則在上六

69　馬振彪：《周易學說》，頁 285。

也。九四為上卦之初，其患當在上卦之末的陰爻也。而劉沅則是以全卦六爻來看，認為九四與初六陰陽相應，但在大過之中，陰是其患，故九四若不與九五同類相引而上，舍五而應初，則便是「有它吝」了。這兩種說法都有其合於《易》理之處，但馬氏到底贊同何者？通讀全卦，亦未見其取舍。此其例二。

又如漸卦「九三，鴻漸于陸，夫征不復，婦孕不育，凶。利禦寇。象曰：夫征不復，離群醜也。婦孕不育，失其道也。利用禦寇，順相保也。」後引程頤與劉沅、馬其昶等人不同之說：

> 《程傳》曰：夫謂三，婦謂四。（李士鉁曰：以陽承陰，不和之象。）
>
> 劉沅曰：……夫指上九，上卦在外，不與三應，為夫征不復。
>
> 馬其昶曰：中爻三、四互坎離，夫婦也。[70]

此段所引，程頤與馬其昶皆將夫當作九三，婦當作六四，夫不復與婦不孕，皆是夫婦不和之象，其原因乃在六四乘九三，陰在陽上，故謂不和。又馬其昶以互卦看此卦，則又另成上離下坎之卦，上離為次女為婦，下坎為次子為夫，又是女上男下的不和不順之象。可是劉沅卻從爻與爻之間的應不應來做解釋。此時與三爻相應者為上爻，九三為陽，上九亦為陽，二陽爻不相應，故夫指上九與九三之不相應，是為「夫征不復」之意。那麼，爻辭中的夫指的是九三還是上九？雖說這兩種看法皆合於《易》理，但

---

70 馬振彪：《周易學說》，頁 517。

馬振彪亦無取捨之說。此其例三。

由上舉三例可知，如果類似的問題在書中多次出現，對於全書價值的完整性，仍不免將造成一些缺憾。也許馬氏這樣做，是為了將不同說法留存，以待後人自己選擇。但筆者以為，如果馬氏發現這種矛盾時，能將自己的看法也列之於後，一方面可供讀者參考，另一方面也表達了自己的看法，這樣既可讓讀者清楚他的看法，又可留存不同之說以待來者，是兩全且不相妨礙也。

（四）錯置注辭

這種例子，全書雖僅有一處，但若能在再版時改善，亦為佳事。在雷山小過卦辭「小過，亨，利貞。可小事，不可大事。飛鳥遺之音，不宜上，宜下，大吉。」下，馬振彪將李士鉁注辭放置於此云：

> 李士鉁曰：大過中有四陽，二五之陽，據有中位，而不相遇，以陽為主，故大過。小過外有四陰，二五之陰，據有中位，而不相遇，以陰為主，故小過。二五柔小，陰小陽大，陰得中，故可小事；三四剛大失中，陽失位不中，故不可大事。……[71]

這看似李氏在解釋卦辭中的含義，但李氏此段所言「二五柔小，陰小陽大，陰得中，故可小事；三四剛大失中，陽失位不中，故不可大事。」其實是在解釋接下來的小過〈彖曰〉「……柔得

71　馬振彪：《周易學說》，頁 596。

中，是以小事吉也。剛失位而不中，是以不可大事也。」雖說〈彖曰〉本就在解釋卦辭，然李氏此語，實是接著〈彖曰〉而說，所以如果把它放在小過〈彖曰〉之下，其實是更加妥當的。

（五）其他錯誤之處

如文中明顯錯字，如注比卦初六「有孚比之，无咎。有孚盈缶，終來有它，吉。」引劉沅語云：

> 劉沅曰：……終對始言。終來，人來比我。凡比之不絡者，由始之不慎。[72]

其中「凡比之不絡者」，「絡」字明顯為「終」字之誤。又如在總結地天泰卦時的案語：

> 彪謹案：乾坤形體，上下本有定位。……歸妹女之終，婦之始，造端於夫婦，及其至也察乎天地。五以陰從陽，下應九二，陰陽配偶，取帝乙婦妹之象，曰以祉元吉，蓋坤元資生，何莫非乾元資始？……[73]

其中「取帝乙婦妹之象」，「婦妹」顯然為「歸妹」之誤。又如注噬嗑六三「噬腊肉，遇毒。小吝，无咎。」象曰：「遇毒，位不當也。」引馬其昶語：

---

[72] 馬振彪：《周易學說》，頁 98。

[73] 馬振彪：《周易學說》，頁 130-131。

> 馬其昶曰：……二噬膚滅鼻，以甘美而不貪；三腊肉過毒，以味苦而見棄，皆勤於禮而戒謹者。[74]

其中「三腊肉過毒」，「過毒」顯然為「遇毒」之誤。又如注歸妹六三「歸妹以須，反歸以娣。」象曰：「歸妹以須，未當也。」引李士鉁語：

> 李士鉁曰：三遠於五而近於二，不能從五以歸，反從二以歸，故反歸以姊。[75]

其中「故反歸以姊」，「以姊」顯然為「以娣」之誤。如在注咸卦「九四，貞吉，悔亡。憧憧往來，朋從爾思。象曰：貞吉悔亡，未感害也。憧憧往來，未光大也。」時，引李士鉁語云：

> 李士鉁曰：心為全體之主，……。推聖人私欲淨盡，廓然大公，虛靈不昧之中，無所有亦無所不有，無所感亦無所不感。[76]

其中「推聖人私欲淨盡」，「推」字顯然為「惟」字之誤等等。

另外，筆者在細讀並筆記《周易學說》所引前人注解時，發現馬振彪所引的劉沅之注語，有極多與《來註易經圖解》中，來知德之注一模一樣。不知是劉氏援引自來知德之說而沒有說明出

74　馬振彪：《周易學說》，頁 221。

75　馬振彪：《周易學說》，頁 528。

76　馬振彪：《周易學說》，頁 315。

處？還是劉沅援引時有標明出處，但馬振彪在引用整理劉沅的注解時卻沒有注意到？然而由於這種狀況遍及全書，雖然本文因為篇幅的關係，無法就這問題多做討論，但亦想在此留下一個紀錄，以供往後也許可另作一專文討論之。[77]

八、小結——引衆說成一家之言，「明理安數」低調一生

總結以上所述，我們首先可以了解，在張善文等人整理出版《周易學說》以前，馬振彪這個名字在整個《易》學史中，幾乎是處於一個被湮沒的狀態；而在 2002 年初出版此書之後，也只有張善文等一些與此工作相關的朋友知道他，討論過他。相較於和他同時在北平中國大學國學系教書的尚秉和、吳承仕，以及做為學生輩的黃壽祺等人，都在學術界中享有一定的聲譽與評價，對一生用心精研《易經》的馬振彪而言，無疑是有失公允的。

其次是此書所引前人《易》說，自先秦至民國間共二百餘家，且於清康熙後《易》家之說採擇尤多，對於康熙後某些流散

77 如馬振彪引劉沅注屯卦上六爻辭，劉沅曰：「坎為加憂，為血卦，為水，泣血漣如之象。」（《周易學說》，頁 61），與來知德《來註易經圖解》（臺北市：武陵出版社，1997 年）注屯卦上六一字不差（頁 175）。又如引劉沅注臨卦卦辭云：「天下之物，密近相臨者，莫如地與水，故地上有水則為比，澤上有地則為臨。」（頁 199）與來知德注臨卦卦辭語，亦一字不差（頁 233）。又如引劉沅注謙卦彖曰云：「天下濟，謙也，而光明則亨矣。地卑，謙也，而上行則亨矣。此釋謙之必亨也。」（頁 160）與來知德注謙卦彖曰之辭，亦只有一字之差（頁 219）。如此之類，不勝枚舉。

亡佚的《易》家之言，我們今日仍可因此書而略見端倪，這是馬氏《周易學說》的重要貢獻。

而在其治《易》的手段與目的上，他繼承並吸取了一生最景仰的劉沅、李士鉁及馬其昶三人《易》學精華，沒有漢、宋之分，也泯除了象數、義理之別，更融通儒、釋、道三家之說以注《易》，深刻化、豐富化了《易經》的含意，而且常引史事來讓人對《易》中卦爻辭有更實際的感受。與民國以來諸大《易》家如杭辛齋、尚秉和等人一樣，將象數、義理等傳統治《易》方法融而為一，並在《易》為聖人所作，有聖人教人勸人深義的基本理念上，以象數中的互卦、卦氣、爻變等為手段，清楚的拆解說明《易經》卦爻辭中讓人難以理解之處，並進而探索聖人所寓之理，強調了人的自我抉擇在《易》中吉凶禍福變化上的重要性與價值。

最重要的是，他提出「明理安數」這個一生治《易》的心得與體會，提供了矛盾於不變的天理與常變的運數之間，生存在應然義理與實然象數的疑惑之中的人們，應當如何隨時處中，方能在行止動靜，順境逆境之中，皆有無入而不自得的生命。

最後，在希望能對此書的完美性做出一點貢獻的前提下，筆者也指出全書體例不一、錄不同之說而無去取之言，以及錯置注辭、書中明顯錯字等，尚待斟酌修正之處，但願馬氏一生用心治《易》的努力，能因此而被後人清楚看見。

走筆至此，筆者忽然發現，馬氏一生低調，身後蕭條少有人知的情況，或許正是他治《易》所得「明理安數」的真實體現與寫照。他既強調「行健」的重要，那麼把自己治《易》所得真切實踐於生命之中，「明於理而安於數」的自在一生，不正是在活出一個真正學行一致的模樣給我們看嗎？於是，即使在本文發表後，馬氏《易》學依然沈默於歷史長流中，那也只是運數而已，完全無礙於他治《易》所得的深邃真理啊！

本文曾於臺北市中央研究院中國文哲研究所「新中國六十年的經學研（1950-2010）」第三次學術研討會發表，後發表於《經學研究論壇・第三期》（臺北市：蘭臺出版社，2016 年 12 月）

第七章　錢穆先生與其《易》學

一、前言

林慶彰老師在 1990 年 11 月 1 日於臺北市中研院文哲所籌備處演講〈錢穆先生的經學〉時說道：

> 研究錢穆先生的著作雖有多種，但針對錢先生經學研究貢獻作深入研究的，可說尚未見到。何以經學界對錢穆先生所作的經學研究如此冷漠呢？這主要是學術分科所帶來的後果。[1]

其雖非專論錢先生（1895-1990）《易》學的文章，故只對錢先生《易》學成果，如「（一）《周易》的時代問題，（二）卦爻辭新解，（三）論〈十翼〉非孔子所作」加以介紹，[2]並於 15 年後再於《漢學研究集刊》上發表此文。但其呼籲學人注意錢先生經學貢獻的成果，到了 2005 年終於有孫劍秋老師在「錢穆先生思想學術研討會」中宣讀〈融通以達變——論錢穆先生對〈易

1 林慶彰：〈錢穆先生的經學〉，《漢學研究集刊》第 1 期（2005 年 12 月），頁 2。

2 林慶彰：〈錢穆先生的經學〉，頁 4-5。

傳〉的詮釋〉，並在修訂後發表於《周易研究》2005年第3期，後收錄在其著作《易學新論》中。孫老師將錢先生有關《易經》的專門研究篇目羅列出，謂：

> 對《周易經傳》的研究，也正是錢先生重建新儒學的重要內涵之一。他自一九二九年開始提出研究成果：是年六月發表〈易經研究〉、〈論十翼非孔子作〉；一九四二年發表〈論太極圖與先天圖之傳授〉；一九四四年發表〈易傳與小戴禮記中之宇宙論〉；一九五五年發表〈王弼郭象注易老莊用理字條錄〉；一九八二年發表〈朱子之易學〉。在研究態度上是從全面宏觀到細微深入的發掘，在研究步驟上是從文獻辨正到形上思想的釐析，可見其用力之勤。[3]

總結錢先生治《易》之語為：「在研究態度上是從全面宏觀到細微深入的發掘，在研究步驟上是從文獻辨正到形上思想的釐析」，應可被所有曾細讀過錢先生關於《易經》的各種論述者所認同。全文詳細的討論了錢先生對〈易傳〉的重要看法，除了延伸發明錢先生的意見，如「〈易傳〉作者吸收融通道家宇宙論，轉而建立屬於儒家的宇宙論，這是值得肯定的轉變」，並以「融通以達變」標幟出錢先生的治《易》精神外，[4]亦對其待斟酌處，如關於孔子「五十以學《易》，可以無大過」的討論加辨以

---

3 孫劍秋：〈融通以達變——論錢穆先生對〈易傳〉的詮釋〉，《易學新論》（臺北：中華文化教育學會，2007年），頁153-154。

4 孫劍秋：《易學新論》，頁177。

指正，[5]是目前可見對錢先生《易》學研究最專精的文章。

另有蘇琬鈞在《國文天地》第268期（2007年9月）中發表〈錢穆研究的最新成果——《錢穆先生學術年譜》簡介〉一文，對於韓復智先生的《錢穆先生學術年譜》做了適當的介紹，亦為吾人了解錢先生一生著述與生命提供了詳實細密的資料。

本文在孫劍秋老師對於錢先生〈易傳〉的深入討論與研究的基礎上，以素書樓文教基金會與蘭臺出版社於錢先生辭世後合刊之數十本各類叢書（《中國學術小叢書》、《中國文化小叢書》、《中國思想史小叢書》、《中國史學小叢書》、《孔學小叢書》）及錢先生晚年全憑追憶所寫的自傳《八十憶雙親師友雜憶合刊》為研究範圍，（此中多為錢先生一生發表於各類報章雜誌之單篇論文、各種場合演講稿及上課講稿等）試圖透過對於錢先生一生的各類文章講稿的研讀、比較與歸納、分析，更完整的拼湊出錢先生的《易》學面貌，亦為其《易》學研究留下一個真切而深刻的歷史足跡。

二、另一種面貌的錢穆先生

錢先生雖為當代國學大師，然其一生實亦與常人一樣，有其年輕好奇的經驗，亦有其身心修鍊的深刻過程。這些生命片段都是逐漸構成我們所認識的國學大師的生動歷程，並或多或少影響了他如何看待《易經》的態度。他曾在《經學大要．第十九講》中說道：

5　孫劍秋：《易學新論》，頁164-170。

諸位要懂得我上課，不是和你們講一門學問，我等於在和你們講我自己一輩子的生活，甚至可以說在講我自己的生命。我自己認為我的生命，就是跑進了學術裏去，是與學術結合的。……學問是要和「生命」合在一起的；如與功利合在一起，一輩子不會得意的。我們要懂得從「性情」出發來做學問。[6]

錢先生一再對學生強調，不要把他所說所寫只當做一門學問來看，要把這些學問與他的生命合起來看，因為他的生命與他的學術已經合在一起了，他要學生懂得從「性情」來做學問。這是錢先生再三強調要大家這樣看待他的學問，（其實這也才真的是中國的學問）因此，在討論他的《易》學之前，我們當然也應該藉著錢先生一些較不為人知的生命經驗，讓大家能在親切其人的狀態下，了解其《易》學面貌。

（一）好戲曲音樂，愛古文學，治乾嘉考據之學，亦曾愛陸王

在《八十憶雙親師友雜憶合刊・常州府中學堂》一文中，錢先生記載了他少年時喜愛戲曲的經歷：

……余學崑曲，較之學校中其他正式課程更用心，更樂學。余升四年之上學期，一日，忽嗓音驟啞，不能唱，……乃

6 錢穆：《經學大要》（臺北：素書樓文教基金會，2000 年），頁 338、356。（此為民國 63 年至 64 年暑先生為中國文化學院研究生所開「經學大要」一課之講堂記錄稿。）

> 以吹簫自遣。自後遂好吹簫。遇孤寂，輒以簫自遣，……年逾七十，此好尚存。……余自嗜崑曲，移好平劇，兼好各處地方戲，如河南梆子、蘇州灘黃、紹興戲、鳳陽花鼓、大鼓書，一一兼好。年少時學古文，中年後古文不時髦，閒談及之，每遭恥笑，乃欲以所瞭解於中國文學之心情來改治戲劇。[7]

他對崑曲的愛好勝過各種正式課程，從愛崑曲到愛平劇、愛各種地方戲；他因不能唱了便學吹簫，並以此排遣心情；同時自幼學習古文，對古典文學有深刻體會，即使遭人恥笑，也想要以自己所了解中國文學的心情，來研究探討他所愛的各種戲劇。這種形象的錢穆先生是甚少為人所知的，不過這個願望最終因為國共內戰而沒能完成。接著他在〈在臺定居〉中說道：

> 余之自幼為學，最好唐宋古文，上自韓歐，下迄姚曾，寢饋夢寐，盡在是。其次則治乾嘉考據訓詁，藉是以輔攻讀古書之用。所謂辭章、考據、訓詁，余之能盡力者止是矣。至於義理之深潛，經濟之宏艱，自慚愚陋，亦知重視，而未敢妄以自任也。不意遭時風之變，世難之殷，而余之用心乃漸趨於史籍上。[8]

他原喜古文學，而所以用心研究乾嘉考據訓詁之因，也在為了攻

7　錢穆：《八十憶雙親師友雜憶合刊》（臺北：素書樓文教基金會，2000年），頁54。

8　錢穆：《八十憶雙親師友雜憶合刊》，頁354。

讀古文之用而已，但對於所謂的經濟義理等學問，其實是不敢企求能有所成就的。只是世事難料，這個原本喜愛文學戲曲的年輕人，最終卻成為以史學及學術思想享大名的國學大師，命運的際會與變化，又豈是我們所能預料？而這位大家所熟知最信奉朱子的學者，在年輕的時候，也曾是喜愛陸王的。他在《經學大要·第三十講》中說道：

> 我年輕時喜歡講陸王之學，簡單、直接、痛快，我在鄉村小學教書，教得很開心，為甚麼？幸而靠陸象山、王陽明之學，我想不識一字也可以堂堂做個人，現在我認識了這許多字，還不能堂堂做個人嗎？可是到年齡慢慢大起來，尤其看到今天這個社會，大家不讀書了，怎麼辦？我才逐漸感覺到程朱的道理是顛撲不破的。[9]

錢先生年輕時在鄉間教小學那段歲月，陸王的直接痛快，曾給了他可以堂堂正正做個人的無比勇氣與信心。然而在日漸成長後，看到人們不好讀書的現實狀況，才更深刻的體會到程朱的路子，恐怕才是更顛撲不破的道理。錢先生的這個生命轉折與體會，對於我們想要完整了解他的生命面貌，是非常重要的。因為我們將明白錢先生之所以一生篤信朱子之說，其實是基於他年輕時曾對陸王有著深刻的感受與理解之後，才能夠如此坦然而自信的。而且，他的篤信朱子之路，其實是針對今人不喜讀書而好說空話的應病予藥的慈悲。

9　錢穆：《經學大要》，頁 563。

（二）治佛學，於靜坐有身心體會，最後仍回歸於中國文化

錢先生在23、4歲時開始研治佛學，其因緣在於好友朱懷天喪母之故，他〈四・私立鴻模學校與無錫縣立第四高等小學〉中說：

> （1918）年假後，懷天回校，攜帶佛書六七種，皆其師公之為之選定。蓋因懷天喪母心傷，故勸以讀佛書自解耳。……懷天攜來之佛書，余亦就其桌上取來一一讀之。尤愛讀《六祖壇經》。余之治佛學自此始。[10]

而在接觸佛學之前，錢先生實已學習靜坐數年，並身心漸有感受，其在同文中云：

> （1918-1919）余時正學靜坐，已兩三年矣。憶某一年之冬，七房橋二房一叔父辭世，聲一先兄與余自梅村返家送殮。屍體停堂上，諸僧圍坐頌經，至深夜，送殮者皆環侍，余獨一人去寢室臥牀上靜坐。忽聞堂上一火銃聲，一時受驚，乃若全身失其所在，即外在天地亦盡歸消失，惟覺有一氣直上直下，不待呼吸，亦不知有鼻端與下腹丹田，一時茫然爽然，不知過幾何時，乃漸恢復知覺。又知堂外銃聲即當入殮，始披衣起，出至堂上。余之知有靜坐佳境，實始此夕。念此後學坐，儻時得此境，豈不大佳。

10　錢穆：《八十憶雙親師友雜憶合刊》，頁86。

回至學校，乃習坐更勤。雜治理學家及道家佛家言。尤喜天台宗《小止觀》，其書亦自懷宗桌上得之。先用「止法」，一念起即加禁止。然余性躁，愈禁愈起，終不可止。乃改用「觀法」，一念起，即返觀自問，我從何忽來此念。如此作念，則前念不禁自止。但後念又生，我又即返觀自問，我頃方作何念，乃忽又來此念。如此念之，前念又止。初如濃雲密蔽天日，後覺雲漸淡漸薄，又似得輕風微吹，雲在移動中，忽露天日。所謂前念已去，後念未來，瞬息間雲開日朗，滿心一片大光明呈現。縱不片刻此景即逝，然即此片刻，全身得大解放，快樂無比。如此每坐能得此片刻即佳。又漸能每坐得一片刻過後又來一片刻，則其佳無比。若能坐下全成一片刻，則較之催眠只如入睡境中者，其佳更無比矣。余遂益堅靜坐之功，而懷天亦習其自我催眠不倦。……時余七房橋家遭回祿之災，……而先慈病胃，積月不能食。……余乃辭縣四職回鴻模任教，以便朝夕侍養。時為民國七年之夏季。此下一年，乃余讀書靜坐最專最勤之一年。余時銳意學靜坐，每日下午四時課後必在寢室習之。……其時余習靜坐工夫漸深，入坐即能無念。然無念非無聞。……余在坐中，軍樂隊在操場練國歌，聲聲入耳，但過而不留。不動吾念，不擾吾靜。只至其節拍有錯處，余念即動。但俟奏此聲過，余心即平復，余念亦靜。即是坐中聽此一歌，只聽得此一字，儘欲勿聽亦不得。余因此悟及人生最大學問在求能虛此心，心虛始能靜。若心中自恃有一長處即不虛，則此一長處正是一短處。余方苦學讀書，日求長進。……求讀書日多，此心日虛，勿以自傲。[11]

文中所提「七房橋二房一叔父辭世」時，「乃若全身失其所在，即外在天地亦盡歸消失，惟覺有一氣直上直下，不待呼吸，亦不知有鼻端與下腹丹田，一時茫然爽然，不知過幾何時，乃漸恢復知覺。」的靜坐特殊經驗，是第一次讓錢先生感受到靜坐的佳境與妙處，也因為這個特殊生命經驗，錢先生對於靜坐愈加的專心用功。他治理學、道家、佛家之言，以天台「止觀」方法練習靜坐，如此在文字與實際修行上，同時對生命的究竟進行探問，在多次修止觀法後，終有「初如濃雲密蔽天日，後覺雲漸淡漸薄，又似得輕風微吹，雲在移動中，忽露天日。所謂前念已去，後念未來，瞬息間雲開日朗，滿心一片大光明呈現。」的「小悟」狀態，並且漸能掌握靜坐工夫，時有「全成一片」之境，故益堅信靜坐之功。最後並在靜坐的真實體驗裏，「因此悟及人生最大學問在求能虛此心，心虛始能靜。若心中自恃有一長處即不虛，則此一長處正是一短處。」這對於錢先生一生的待人處世與治學態度，起了決定性的深刻影響，故若不稍加論述錢先生這些生命經驗，恐對其學問生命的了解流於皮相。當然，這樣深刻的虛靜經驗對於其治《易》時，對「觀象玩辭，觀變玩占」的體會，自然更有加分之效。

然而先生終究是儒家的信仰者，而非佛門的信徒。故雖藉佛家靜坐之法而有悟境，然而亦要分別佛家的涅槃寂滅終非吾儒所謂的靜。其在〈略論中國音樂・四〉中說道：

11　錢穆：《八十憶雙親師友雜憶合刊》，頁 88-90。

> 余在對日抗戰期中，曾返蘇州，侍奉老母，居耦園中。有一小樓，兩面環河，名聽櫓樓。一人獨臥其中，枕上夢中，聽河中櫓聲，亦與聽雨中燈下草蟲情致無殊。乃知人生中有一「音」的世界，超乎「物」的世界之上，而別有其一境。
>
> 余又自幼習靜坐，不僅求目無見，亦求耳無聞。聲屬動而靜，色則靜而動，無聲無色，又焉得謂此心之真靜。佛法言涅槃，乃人生之寂滅，非人生之靜。中國人理想所寄，在「靜」不在「滅」。在中國禪宗必重「無所住而生其心」。心生則聲自生，故中國佛法終至於「禪淨合一」。一聲「南無阿彌陀佛」亦不得不謂中國文化人生中一心聲矣。但中國文化人生尚有其最高第一層心聲，讀者幸就本文再審思之。[12]

是知錢先生在四、五十歲的中年之際，對於靜坐又有了一種不同的體悟。他說「人生中有一『音』的世界，超乎『物』的世界之上，而別有其一境。」至於此境為何？已難以言語道斷了。而其謂「中國人的理想在靜不在滅」，則靜並非是無，故與佛氏不同。因此而說中國禪宗之所以與淨土合而為一，之所以是中國的佛教，正在於禪宗所謂「應無所住而生其心」的「生心」。既須「生心」，故知其只是中國的「靜」，而不是佛法的「滅」，故那一聲「南無阿彌陀佛」，不再只是一句往生西方的寂滅嚮往的

12 錢穆：《現代中國學術論衡》（臺北：素書樓文教基金會，2000年），頁 294。（此節原刊民國七十二年十月十二日中華日報副刊）

佛號，而是代表了中國文化中人生的一個心聲。是對現世安穩的祈願，是心境平和的追尋，亦是萬般無可奈何之後的全然接受。這是一份定靜，是中國文化人生中的一份安靜的心聲。因此錢先生即使在靜坐中得到各種身心輕安自在的境界，亦不向佛法寂滅中追尋生命真諦，而終身安止於中國文化儒家的靜定現世理想之中。

（三）對於神奇之術亦信必有其理

一般市井小民對於神怪之說的流傳信仰常有濃厚興趣，並且深信不移，此自不足為怪。然而像錢先生這樣的國學大師，其實也因為曾經親見親聞奇事，所以對於天地間人們所無法理解的事物，也就多了一分寧可信其有的謙卑之心。他在〈略論中國心理學・二〉中說道：

> 余少時在鄉間，曾見一畫辰州符者，肩挑一擔。來一農，病腿腫，求治。彼在簷下壁上畫一形，持刀割劃，鮮血從壁上淋灕直流。後乃知此血從腫腿者身上來，污血流盡，腿腫亦消，所病霍然而愈。腿上血如何可從壁上流出，此誠一奇，然實有其事，則必有其理。惟其理為人所不知，卻不得謂之是邪術。又幼時聞先父言，在蘇州城裏，一人被毒蛇咬，倒斃路上。來一畫辰州符者，環屍畫一圈，遍插剪刀數十枝，刀鋒向地，開口而插。彼念符後，蛇從各處來，皆從剪刀縫下鑽入，以其口按之斃者傷口，大小不符，乃退，從原刀縫下離場而去。如是來者十許蛇，後一蛇，始係咬死此人者。以口接死者傷口，吸其血中毒既

> 盡，仍從其原刀縫下離去，刀縫忽合，蛇身兩斷，即死。而路斃者已漸蘇，能坐起立矣。此實神乎其技矣。
> 辰州符能令離鄉死屍步行回家，始再倒斃。此事流布極廣，幾乎國人皆知。……在中國社會，此等事既所屢見，即讀《二十五史》之〈五行志〉，所載各事，類如此等奇異者，已甚繁夥。如司馬遷《史記》，即載扁鵲能隔牆見物。果能分類整理，已可彙成大觀。[13]

錢先生知此類事情實在無法理解，然亦因其親眼所見，故謂「實有其事，則必有其理。惟其理為人所不知，卻不得謂之是邪術。」而其父親亦曾經親見辰州符抓毒蛇將已死之人救活的經驗，更使他認為或有吾人所不能理解者，卻不可因不能理解便謂是邪術，並引史書中的〈五行志〉記載之事而證明此類奇事歷史中並不少見。

這樣的錢先生才是完整的錢先生。他並不是一個我們以為高高在上的國學大師，也不是一個只研究中國殿堂學術的金字塔頂端的學者。他喜歡戲劇音樂，喜歡學佛靜坐，他對陸王之學有所感受，他對民間神秘之術的存在，相信必有其理。這是一個活潑生動的錢穆先生，也是一個完整的錢穆先生。就如同他在上文跟學生們所說的一樣，「諸位要懂得我上課，不是和你們講一門學問，我等於在和你們講我自己一輩子的生活，甚至可以說在講我自己的生命。我自己認為我的生命，就是跑進了學術裏去，是與

13 錢穆：《現代中國學術論衡》，頁 85、86。（此文曾刊於民國 73 年 3 月 3、4 日之《中華日報》）

學術結合的。」錢先生這樣耳提面命的告訴我們，要如此看待他的學問生命，那麼我們在研究他的學術時，又怎麼可以不先了解他的人生呢？

三、錢穆先生與《易》經

在了解錢先生較不為人知的性格與生命經驗後，我們便可進一步來討論其與《易》的關係及研究成果了。

（一）治《易》基本態度——事實與價值應分別看待

錢先生治學，一向要求客觀，其嘗於《經學大要・第七講》說道：

> 我現在所說的，講經學不能專從經學講，應當換個眼光、換個角度，從史學來看經學。……我們反過來說，講史學的人不通經學，也不行。從前人學史學，無有不通經學。[14]

以前的中國人治學，本就沒有什麼經學、史學、子學、集學的分別概念存於胸中。因此，我們在討論傳統學人的任何學問時，一開始就不能先有個分別的成見在胸中，否則所知所見只會越小越窄，更遑論能有什麼深刻真切的體會見解。故其於同書〈第五講〉謂：

14　錢穆：《八十憶雙親師友雜憶合刊》，頁 118、119。

……我說《老子》一書不是老子寫的，《易・十翼》並非孔子傳下，這對《老子》、〈易傳〉本身的價值並無關係。[15]

又於〈第十四講〉中說道：

我說《易經》不是孔子看重的書，孔子也沒有來作〈十翼〉。我並不是說《易經》、〈易傳〉沒有價值，這是兩件事。這本書起得後，或許起得後的還比起得前的價值更高，這是不一定的。我自己很喜歡讀《易經》，不過研究《易經》是《易經》的思想，研究孔子是孔子的思想，兩者是不同的。[16]

這是先生治《易》的基本態度，他雖認為孔子並不看重《易經》，也未曾作過〈易傳〉，但這並不表示《易經》或者〈易傳〉的價值就不高。事實上，我們去讀錢先生的著作，凡有關宋明理學、朱子學及學術思想相關文章，錢先生無不常引《易經》，常提《易經》，而他自己其實也是很愛讀《易經》的。因此，說孔子並不看重《易經》，也未曾作過〈易傳〉，就錢先生而言，完全是研究所得的結果，是事實的問題。但若要討論《易經》、〈易傳〉的思想與價值，則又是另一件事。這是我們研究錢先生的《易》學時，很重要的基本認知。他在同書的〈第十五講〉中

15 錢穆：《八十憶雙親師友雜憶合刊》，頁 73。
16 錢穆：《八十憶雙親師友雜憶合刊》，頁 250。

更進一步的說：[17]

> ……我告訴諸位《易經》裏的〈繫辭〉不是孔子寫的，但那裏邊有思想，寫《易·繫辭》的這個人是誰？我只能告訴諸位我不知道，但是你不能抹殺他的思想。現在又或轉成根本不去辨真偽，這就難講了。我舉一個例，《論語》裏這樣講，《易經》裏的〈繫辭〉卻那樣講，那個真是孔子制的法呢？不是弄不清了嗎？我說《論語》是真的孔子所講的話，《易·繫辭》不是真的孔子講過的話，我們研究就省力了。至於《易·繫辭》有沒有價值？這是另外一件事。《論語》裏難道孔子講的就都有價值了嗎？這也是另外一件事。這是兩個問題，一個是事實問題，一個是價值問題，兩個問題不同的，應該分別看待。

事實問題與價值問題的確是兩個問題，自當分別看待。而錢先生這裏所指出「《易經》裏的〈繫辭〉不是孔子寫的」，以目前學術上的研究結果來說，也是正確的。錢先生此處指出難道《論語》內容就因為是孔子所講的，所以就都有價值？〈繫辭傳〉不是孔子講的，所以就沒有價值嗎？我們可以因為作者是誰，便說其價值高低如何？還是應該回到內容本身，去討論價值如何？錢先生的這個提醒，是十分值得我們去深思的。作品的時代與作者固然重要，但作品的內容也一樣很重要。所以其又在〈崔東壁遺書序〉中舉《易經·乾卦》為例云：

17　錢穆：《八十憶雙親師友雜憶合刊》，頁 273。

> 這古代哲學者每據《易》謂「《易》經四聖，時歷三古」。此其說今人已無信者，謂〈十翼〉非孔子作，則崔氏已辨之。然姑捨〈十翼〉，就《周易》上下篇六十四卦言之，縱謂《易》是卜筮書，然卜筮之判吉凶，孰為吉而孰則凶，其事有出於卜筮之外矣。乾之初九何以當為「潛龍」之「勿用」？九二何以「在田」而「利見大人」？九三何以必「終日乾乾夕惕若」？九四何以「或躍在淵」而「无咎」？九五何以「在天」而亦「利見大人」？上九何以「亢龍有悔」？循是推之，《周易》六十四卦各有其教訓，即各有其義趣，寧得不謂是古代關於人生哲學一部甚有價值之經典乎？今苟不能確定《周易》上下篇亦戰國人所偽造，則治古代哲學思想者烏得不援引及之耶！[18]

指出即使《易經》只是卜筮之書，但卜筮後的吉凶何以如此判斷？仍然值得我們去探討研究。他以乾卦六爻爻辭為例，追問初九何以是「潛龍」之「勿用」？九二何以是「在田」而「利見大人」？九三何以必「終日乾乾夕惕若」？九四何以是「或躍在淵」而「无咎」？九五何以是「在天」而亦「利見大人」？上九何以是「亢龍有悔」？每一爻的爻辭何以如此表示？都充滿了值得我們去探問的理由。由此可知《周易》六十四卦，各有其所蘊含的教訓，我們怎能不看做是可供生命參考的古代人生哲學典籍？然而就其時代來說，如果我們不能確定《周易》全書到底是

18 錢穆：《中國學術思想史論叢（八）》（臺北：素書樓文教基金會，2000 年），頁 353、354。（此序先生作於民國 24 年 12 月 28 日，北平。）

成於何時？那麼研究古代思想史者就不能正確的援引。由此可見，在所謂的事實問題（成書年代、作者）與價值問題（內容）間，我們應有清楚分別，不應讓此二者相互干擾，甚至混為一談。

（二）愛讀《易》，亦嘗作《易學三書》

錢先生是愛讀《易經》的，他說道：

> ……我年輕時很喜歡讀程伊川的《易傳》。你們要讀《易經》，與其照王弼的《注》來讀《易經》，不如照程伊川的《易傳》，要比王弼的好讀得多而有趣，因他年代在後。[19]

他以自己愛讀《易經》的體會，建議同學讀程伊川的《易傳》來接近《易經》。因為伊川的《易傳》時代比較接近我們，所以研讀起來，在文字的理解上也會比較容易。他三番兩次提及自己曾作的《易學三書》，但卻因稿子被蟲咬壞及戰亂，使得這部《易》學著作終究難以補救，而有無法面世的遺憾。他在《中國學術思想史論叢（一）・序》中說道：

> ……方民國十四、五年，余在無錫第三師範，曾草《易學三書》。一〈易原始〉，專論《易》卦起源，及其象數。二〈易本事〉，就《周易》上下經六十四卦，論其本事，

19　錢穆：《八十憶雙親師友雜憶合刊》，頁 416、417。

而主要則在闡明《易》起商、周之際之一傳說。三〈易傳辨〉，專辨〈十傳〉非孔子作。一、二兩篇先成，第三篇因事擱置。抗戰期間，寓成都北郊賴家園，此稿為白蟻所蝕，每頁僅存插架之前面，不及一頁之三分一，已無法補寫。吳江沈生，在此稿草創時鈔去一副本，今尚不知存天壤間否？本集收〈易經研究〉一篇，乃其一鱗爪。此稿則如飛龍之在天，雲漢無極，可望而不可得見矣。是亦一可悵惋之事也。中華民國六十五年清明節後錢穆自識於臺北外雙溪之素書樓，時年八十有二。[20]

這是錢先生 82 歲悵惋之事，從他的回憶來看，我們大約可以知道他所謂《易學三書》內容共有三部分，〈易原始〉是專門探討《易》卦起源和象數的文章；〈易本事〉則是就《周易》全經六十四卦，討論其本事，並闡明《易經》起源於商、周之際的傳說；〈易傳辨〉則專門說明〈十傳〉非孔子作。而前兩篇在抗戰時已毀於蟲蛀，雖然其先有位吳江沈姓男子已先將這兩篇抄走，但亦已失去聯絡，所以這兩篇也就無法完璧歸趙了。我們今日所見的〈易經研究〉一文，也不過是這部《易學三書》中的一小部分而已。過了 11 年，錢先生依然十分悵惋，於《孔子傳・再版序》中又提及此事云：

……又撰有《易學三書》一著作，其中之一即辨此事。

---

20 錢穆：《中國學術思想史論叢（一）》（臺北：素書樓文教基金會，2000 年），頁 3、4。

>（《易》傳非孔子作）但因其中有關《易經》哲理一項，尚待隨時改修，遂遲未付印。對日抗戰國難時，余居四川成都北郊之賴家園，此稿藏書架中，不謂為蠹蟲所蛀，僅存每頁之前半，後半全已蝕盡，補寫為艱。吳江有沈生，曾傳鈔余書。余勝利還鄉，匆促中未訪其人，而又避共難南下至廣州、香港。今不知此稿尚留人間否。中華民國七十六年四月錢穆補序時年九十有三。[21]

由錢先生九十三歲時仍不斷提及《易學三書》毀壞之事，可知其曾如何用心於《易經》。《易學三書》不只在辨明《易》傳非孔子作，其中由於尚待隨時改修，所以遲未付印的有關《易經》哲理部分的稿件，恐怕更是錢先生當時精力旺盛的用心力作，所以這部書的毀壞，才會讓他直到晚年仍念念不忘。可惜的是，這曾經殫精竭慮的痕跡，恐已湮滅於歷史灰燼中。

（三）錢先生《易》學面貌大概

錢先生既然不斷念著他曾作的《易學三書》，那麼我們不妨試著以他一生曾經寫過的文章為參考，盡力將其關於《易經》的看法整理統合起來，希望藉此可以窺得錢先生《易》學的大概。首先是關於《易經》的基本觀念。

1、《易經》的幾個重要觀念

(1)「變通」、「趨時」，只是了解「變」與「化」間關係後的運用

21　錢穆：《孔子傳》（臺北：素書樓文教基金會，2000 年），頁 15。

錢先生在《晚學盲言・上篇・六・變與化》中說道：

> 中國人好言「變化」。「變化」二字，可分言，亦可合言。《周易》言：「乾道變化。」又言：「四時變化，而能久成。」……四時之「變」，由於每一日之「化」。在日與日之間，則不覺其有變。……《周易》又言：「化而裁之存乎變，推而行之存乎通。變通者，趨時者也。」如言氣候，只是一氣之化，在此化中加以裁割，一歲三百六十日，可以裁割成四個九十日，即春、夏、秋、冬四時；此即時變，而實是一化。……知其有了變，便易參加進入人類之適應。故曰「變通者，趨時者也」，「趨時」正指人事之適應。……《易》又言：「神而化之。」又曰：「窮神知化。」……無生物之化如方圓，有生物之化如死生。合而言之如彼此。百化之內，皆有一和合。若有一不可測之神存在。其實亦可謂百化本身即是神，非於化之外別有神。……陰陽亦只是一氣之化，不可謂由陰變陽，由陽變陰。陰陽非是兩物更迭為變，只是一物內體自化。惟化始謂之「誠」，若變則成了「幻」。生老病死，亦是人體一生之化。……「變」字終嫌其拘於一曲，流於物質觀，其義淺。「化」字始躋於大方，達於精神界，其義深。……《易》曰：「成性存存。」「道」與「性」皆可存，但不可積。……惟存乃可久，而積則不可久。（積字終嫌偏在物質一邊，終嫌其不能過而化。）能知「化」與「變」之辨，又能知「積」與「存」之辨者，庶可語夫中

國民族之文化理想與其人生大道之所在矣。[22]

錢先生在這段文字中，從分析《易經》所言的「變」與「化」，來說明中國人所好談的「變化」。他認為「變化」二字，可分言，亦可合言。分開而言，一般人認為「變」看似突然，其實「變」只是在不被人所看見的「漸」「化」中，慢慢累積所形成的。就好比四時之「變」，其實是由於每一日每一日逐漸的「化」而來。積累了九十日的「化」，而成就了那一個季節的「變」；再積累了四個季節的「化」，便成就了那一年的「變」。「變」與「化」的分別其實只是來自於我們形容一件事物的角度不同而已，它們是一體的兩面。只是這「化」在日與日的連續之間，所以我們才不覺其有「變」。

他接著把《易經》中那些看似神妙奇特的字眼，如「神而化之」、「窮神知化」中的「神」字，都只看作是各種「化」的統稱而已，所以「百化本身即是神，非於化之外別有神。」「神」字因此立刻從只能意會無法言傳的神秘殿堂，落下日常生活的人間。原來「神」字也只是「百化」的統稱而已，而非存在另一個空間的不可知力量。所以我們所謂的「神」（即那些我們無法理解的突然巧驗），其實便是這點點滴滴的「化」所形成的。由於其「化」時不易為人察覺，所以一旦令人察覺時，人們便大驚小怪，以為神奇不已。

然後，他同樣以一體的兩面來談《易經》常說的陰陽，他認

22　錢穆：《晚學盲言》（臺北：素書樓文教基金會，2001 年），頁 91-101。（此為先生八十三、四歲開始隨興書寫，民國 75 年編成時，先生已九十二高齡）

為陰與陽其實也不過是一氣之陰化為陽，陽化為陰。陰陽之間是逐漸轉化的過程，並不是我們以為的突然的「變」。「變」，其實只是外表的相，就其真實內在的過程而言，其實是「化」。由此觀之，生老病死，也只是一個人生自然的「轉化」，就像陰陽是一氣的自然「轉化」，四季是一年的自然「轉化」，而生老病死則是人生的自然「轉化」，一點也不特別，一點也不需要哀傷或者恐慌。由於「變」只能形容外在一時的狀態，所以他說「『變』字終嫌其拘於一曲，流於物質觀，其義淺。」，「化」字才能表達事物真正內在逐漸轉化的歷程，所以他說「『化』字始蹟於大方，達於精神界，其義深。」「變化」二字一般人雖常常拿來並用，但在錢先生的眼中，其實是各有內外、深淺、精粗的不同。

最後回到人生的運用上，《易經》中所謂「趨時」者，指的也就是明白此一「變」與「化」之間的微妙體用關係，能明白「變」與「化」之間的內外、深淺、精粗的相互依存，則能對所有事物的發展過程有所「會通」，因此就能在各種「恰好」的時間，做出各種「恰好」的決定。於是行住坐臥，日用尋常，自然皆能「趨時」而掌握吉凶了。

不過所謂合乎正確的「變」，並不是沒有原則的隨時、隨地、隨心所欲的。真正合乎能變之道的，是有德的君子；若是小人，則易流於濫變，那就不是正確的「變」了。錢先生在《中國文化叢談・第一編・五・變與濫》中說道：

> 《周易》「易」字，第一義便是「變易」義。一部《易經》，只講箇「變易」。故曰：「窮則變，變則通，通則

久。」〈易傳〉裏每以事業與變通並言。能變通，此事業始可久。不可久則亦無事業可言。但變非人人能之。《易》之革卦九五說：「大人虎變。」上六說：「君子豹變，小人革面。」此是說只有極少數大人君子始能變。羣眾小人非不想變，但不知變，不能變，則只能革面。革面亦是變，只是變的外皮，並不能在骨子內裏變。大人君子變了。羣眾小人亦革面相從，而後其變始定。……《周易》「易」字之第二義是「不變」。事有當變，有不當變，亦有當不變。此非大人君子不能辨。……《易》之革卦之〈象傳〉又說：「澤中有火，革。」這一局面很微妙。兌卦澤在上，離卦火在下，而合成為革卦。火在下，火燃則水乾。水在上，水決則火滅。革卦之〈彖〉辭又說：「二女同居，其志不相得曰革。」據卦象是中、少兩女，少女在上，中女在下，此兩女間，意趣情感均不易相得，於是遂成此局面，故須革。……革之初爻：「鞏用黃牛之革。」〈象〉曰：「鞏用黃牛，不可以有為也。」這是說當革之初期，最怕是急欲變，急欲有為。黃牛皮堅靭，可以用來約束使物不流散而團結鞏固。不是用來防變，乃是用來防濫。（本文刊於民國五十七年一月一日《自由談》十九卷一期）[23]

首先在談「易」字第一義的「變易」時，錢先生舉《易》之革卦

23　錢穆：《中國文化叢談》（臺北：素書樓文教基金會，2001 年），頁 87-92。（此乃民國五十八年，先生彙集其二十年來在港九、星馬、臺灣各地有關中國文化問題之講演二十餘篇文章之書）

九五「大人虎變。」及上六「君子豹變，小人革面。」來說，只有極少數的大人與君子真的能變，而小人雖也想變，但卻不知變，也不能變，所以只能是革面，是表相的變而已，無法像大人君子般的由內而外的真正的變。由此可知，錢先生在革卦中所說的變，是有層次深淺之分的。小人想變卻不能也不知，可見能變與不能變，實涉及人的內在品德修養。大人與君子內在品德修養上已臻完善，故知變、能變，如虎豹之變，不只是皮毛上的文彩光亮美麗，其內在轉化亦已全然如同虎豹，這是真的變。而小人在品德修養上仍有缺欠不足，是以即使有變，也只是一時一地的權宜之計，表面應付的工夫，而不是真知道需要做徹底改變，所以爻辭才作「小人革面」。只是革面，尚未洗心。然而只要大人君子先有轉變了，那麼就如「君子之德風，小人之德草，風吹草偃」般，小人定將革面相從，國家社會也將因之走向更美好的道路上去。所以錢先生雖在講革卦之變，卻也給予所謂君子大人更重的期許與責任。

此外，在談「易」字第二義的「不易」時，他說事物「有當變，有不當變，亦有當不變」的分別，這分別的適當與否，全在個人生命修養上是否完善。因為人生變化莫測，若再摻之以一己之私心，則面對事物之取捨得失，如何能清楚穩定的拿捏好分寸呢？所以他說只有大人君子足以當之。當變則變，不當變則不變，只以天下公心思之，而沒有個人私欲打擾。至於「亦有當不變」之時，則更顯出只有大人君子在舉世潮流雖皆曰「當變」之際，仍然可以清明自省的站在義理這一邊，做出「當不變」的決定。

他不只以義理談變及不變，接著更以革卦卦象「上兌下離」

的「上澤下火」之象，說「火在下，火燃則水乾。水在上，水決則火滅。」表示出這火下水上相互關係的拿捏權衡，實在錯亂不得。並且又說兌為少女，離為中女之象，「少女在上，中女在下，此兩女間，意趣情感均不易相得，於是遂成此局面，故須革。」則以女子相處間，其心思細小甚微變化的為難，來說明變與不變之間的分寸，何以只能是大人君子知之能之，而小人不知不能也。

最後在解革初九：「鞏用黃牛之革。」〈象〉曰：「鞏用黃牛，不可以有為也。」的爻義時，說「黃牛皮堅靭，可以用來約束使物不流散而團結鞏固。不是用來防變，乃是用來防濫。」則更是入木三分。他不只如一般所言，將黃牛之堅韌拿來說防變之義而已，更站在大人君子與小人的差異上，說黃牛之堅韌更要用來防濫。因小人不能真變，故不必防變；但小人易於濫為，所以黃牛之鞏其要在防小人之濫變。全篇首尾，以革卦爻義緊扣大人君子與小人之變與不變的分別與分際。

我們僅看錢先生在革卦上的詮釋，已可見其對《易》義的浸淫之深之醇，且以義理談《易》時，又輔之以卦象變化，由此可知錢先生失去《易學三書》，何以心心念念，至死遺憾了。蓋此書中必定記錄有更多更深錢先生對於《易經》的心得與體悟。

(2)以時間、空間的「同異」、「動靜」討論卦爻所含深義

錢先生在《歷史與文化論叢・第一編・三・人類文化與東方西方》中談到同與異的問題時說：

> 《易經》以六爻成一卦，共得八卦。八八六十四卦，共成三百八十四爻。每一爻，時不同，位不同，斯其每一爻之

> 德與性亦各不同。其實，每爻又只分陰與陽。各個小己自我之在人類天地中，竟是萬異而各不同。但此只是小異。《易經》上把此萬異而各不同之小異，歸納為三百八十四種異，又歸納為陰、陽兩異，此始是大異。而其背後則是天地萬物一體之大同。由小異則只見小同，由大異乃始見大同。（此為為民國六十三年九月十日第三屆中日大陸問題研討會講演，九月十四《青年戰士報》，十月《東亞季刊》六卷二期。）[24]

他認為我們可以從異同關係來理解《易經》陰陽二爻所展開的六十四卦、三百八十四爻間的關係。《易經》每卦共有六爻，每卦都有它的卦時，每爻也都有它的位子。同樣一卦之中，初二三四五上六根爻各因自己位子的不同，而有了不同的爻位。於是即使是在同一卦中，卦時相同，但因為各爻的位子不同，因而有了不同吉凶禍福的人生際遇。又或者即使同樣是初爻，但因為在不同的卦中，所以位子相同，但因卦時不同，所以際遇也就有了不同。《易經》六十四卦、三百八十四爻，每爻皆有它的時與位的異同分別，沒有一根爻的時與位是全然相同的。而這時與位的不同，便表示了每根爻的德與性皆不相同。因此，每根爻就像每個小我的差異，在這世界中每個人、每件事，雖有各自小小的差異，但當我們集合每個小小的差異而歸納入三百八十四爻每根爻的卦時卦位之中，再進入《易經》六十四卦起源的那對陰與陽

---

24 錢穆：《歷史與文化論叢》（臺北：素書樓文教基金會，2001 年），頁 18。（此乃民國六十五年國防總政戰部為提高部隊官兵素養，擬編印優良讀物，供幹部閱讀，要求先生出版之著作。）

時，便可從天地萬物各各不同的「大異」中，去尋得體悟只有陰陽二氣的「大同」了。

錢先生在《晚學盲言・上篇・三・時間與空間》中也說：

> 《易・繫辭》言：「天尊地卑，乾坤定矣。」「天」指時間，「地」指空間，時間尊於空間，中國人觀念即如此。《周易》之六十四卦三百八十四爻，中國古人即以象徵宇宙萬物之一切變化，其中皆涵有時間意義。……曰乾「—」，曰坤「--」。「—」即時間，象合；「--」即空間，象分。中國人觀念，一切分其先皆由一合來。……《易・繫》又言：「動靜有常，剛柔斷矣。」……時間是一「動」，空間是一「靜」，如太陽地球皆是一靜，實則亦皆是一動。《易》卦以龍象乾，以馬象坤，則坤卦亦仍是一動。……《周易》必主乾在先為主，坤在後為順。動在先靜在後，動為主靜為順，乃於時間中加進空間，……《易・繫》又言：「乾道成男，坤道成女。」乾坤乃其象，言「道」則指其動，男女斯成形，乃始有靜可言。[25]

他認為天指時間，地指空間，天尊地卑，則時間重於空間，故「《周易》之六十四卦三百八十四爻，中國古人即以象徵宇宙萬物之一切變化，其中皆涵有時間意義。」是以論《易》，時之一字最要重要。然而時間又不能獨立存在，必然得落實在一空間中，始能為吾人所感受，因此在時間與空間的對應關係中，遂有

[25] 錢穆：《晚學盲言》，頁 49-51。

了動與靜的相互觀照。時是動，是陽爻的特色；空是靜，是陰爻的特色。動與靜是相含相融而非獨立存在的。故《易》雖主乾陽在先，坤陰在後，然而孤陰不生，獨陽不長，乾健坤順，時空相應相融相攝的概念，亦是錢先生論《易》的基本概念之一。

(3)《易》之大義，簡言之不過「數變」、「位變」與「時變」

綜合上述基本概念的說明，我們便可明白錢先生認為《易經》的基本大義實在時空陰陽關係的變化。錢先生在《晚學盲言・上篇・二・抽象與具體》中說：

> 《周易》六十四卦皆言「象」，此世界一切有生、無生，皆可歸納卦象中。一卦以六爻成，爻即是變。全《易》六十四卦三百八十四爻，即以包括天地間一切萬物之變。即後起一切變，亦可包括在內。故「易」有「變易」、「不易」、「簡易」三義。一切變只是一不變，其事至為易簡。孔子曰：「其或繼周者，雖百世可知。」《易》之為書，亦在求知人事之變。何由而能知？則在求之象。宇宙間一切象，不外「和合」、「分別」之兩變。《易》以乾「⚊」坤「⚋」兩爻象之。乾坤猶天地，「⚊」象天，「⚋」象地。人生亦此二象，「⚊」象男，「⚋」象女。其他一切變化，皆由此而起。如「⚎」與「⚍」，此之謂「位變」。「⚌」與「⚏」，此之謂「數變」。如是則宇宙一切可有四大變：即「⚌」「⚏」「⚎」「⚍」。數變增，而位變益明。如「☰」「☷」「☳」「☴」「☱」「☶」「☵」「☲」，乃成八卦。又上下相疊，乃成六十四卦。於數變、位變之中，又見有「時變」。《易》之大

> 義，簡易言之，不過如此。[26]

他認為一卦既由六爻所成，則爻即是變，而《易經》三百八十四爻則正代表天地萬物一切之變，故易乃有「變易」、「不易」、「簡易」三義，變與不變乃在相互融攝之中，端看一個時字而已。其又認為宇宙間的一切現象不外分與合，而《易經》陰陽兩爻之象正代表著分與合的各種模樣，或者表示天地，或者表示男女，天地男女其間有分亦有合，則一切變化皆由此分分合合而生滅不已。於是或者陽在陰上，或者陰在陽上，此是位子的變化，謂之「位變」。或者二陽相積，或者二陰相累，此是數量的變化，謂之「數變」。再進而融攝此數與位的變化，則有八卦，有六十四卦的逐漸形成，於是便有了各種「時變」的問題。《易經》六十四卦、三百八十四爻的關係便呈現出這陰與陽的各式「數變」、「位變」與「時變」了。

2、時與位的相互關係，乃《易經》占卜趨吉避凶的關鍵因素

錢先生在《中國文化史導論・第四章・古代學術與古代文字》中說：

> 在孔子以前的古代典籍，流傳至今者並不多。舉其最要者，只《尚書》、《詩經》和《易經》三種。……現在把《易經》裏的原始理論約略敘述如次。人事儘可能的繁複，但分析到最後，不外兩大系統。一屬男性的，一屬女性的。……《易經》的卦象，即由此觀念作基礎。「—」

[26] 錢穆：《晚學盲言》，頁 37、38。

代表男性，「⚋」代表女性。這是卦象最基本的一個分別。但「⚊」與「⚋」的對比太簡單了，不能變化，乃把「⚊」三疊而成「☰」、「⚋」三疊而成「☷」，代表一種純男性與純女性。「☳、☵、☶」三形代表偏男性，「☴、☲、☱」三形代表偏女性。如此則成了八個卦象。……如此比附推演，天地間一切事事物物，有形無形，都可把八卦來象徵。由此再進一步，把八卦重疊成六十四卦，則其錯綜變化，可以象徵的事物，益為無窮。……[27]

錢先生認為《易經》把看似繁複的人間萬事，簡化而成男女兩大系統，並且以此為基礎而有了陰陽一組符號，然再慢慢相疊成四組、八組、六十四組符號，並以這簡化了複雜人間萬象的符號，反過來推算世間萬事，故有了可以推測的基礎。其進一步謂《易經》判斷吉凶的基本原理為：

《易經》六十四卦，都由兩卦疊成，在時間上象徵前後兩個階段，在空間上象徵高下兩個地位，「時」和「位」，是《易經》裏極重要的兩個基本概念，幾乎如分別男性女性一樣重要。這是說，在某一時候的某一地位，宜乎採取男性的姿態，以剛強或動進出之的；而在某一時候的某一

---

[27] 錢穆：《中國文化史導論》（臺北：素書樓文教基金會，2005 年），頁 64-68。（此書係先生第一部討論中國文化史而同時兼論中西文化異同問題有系統之著作。原著於民國三十二、三年對日戰爭期間，迄三十七年夏，交上海正中書局出版。其時大局動盪，未能流行。）

> 地位，則又宜乎採取女性的姿態，以陰柔或靜退出之了。[28]

這是《易經》論斷吉凶最重要的基本認知，吉凶禍福端在「何位、何時」應採「或動、或靜、或進、或退」的姿態。由於《易經》六十四卦都是由兩個三爻卦所交疊而成的，所以就有了上與下，內與外、先與後等空間與時間的相對應關係產生。在某個特定的時與位中，如果我們所採的對應方式正確了，就是吉；反之，則凶。《易經》論斷吉凶並沒有一個固定的定理，全然都是一種相對應的變動不居的關係。他又接著細說解《易》的方法，其云：

> 又《易經》的每一卦，都由三劃形成，這無論在時間或地位上，都表著上、中、下或前、中、後三個境界。大體上在最先的階段或最下的地位，其時則機緣未熟，事勢未成，一切應該採取謹慎或漸進的態度。在最後的階段或最高的地位，其時則機運已過，事勢將變，一切應該採取警戒或退守的步驟。只在正中的一個地位和時間，最宜於我們之積極與進取的活動。若把重卦六爻和並看來，第二第五兩爻，居一卦之中堅，最佔主要地位。第三第四爻，可上可下，其變動性往往很大。最下一爻和最上一爻，則永遠指示著我們謹慎漸進或警戒保守。如此再配上全卦六爻所象徵的具體事物，及其全個形勢，則其每一地位應取的

28 錢穆：《中國文化史導論》，頁 69。

剛柔態度和可能的吉凶感召，便不難辨認了。[29]

這便是錢先生教導我們解釋卦爻、論其吉凶禍福與進退之宜的實際運用方法，每一爻的時與位都有其相對應於時間與空間的特別意義。錢先生所謂「在最先的階段或最下的地位，其時則機緣未熟，事勢未成，一切應該採取謹慎或漸進的態度。」就是所謂「初、上爻無位」的觀念詮釋。因為初爻是一個卦剛剛開始發展的時候，就像人生的開始一樣，什麼都還不確定，因為「仍無位」，所以凡事應該謹慎漸進為上。而上爻則是一個卦完成時的最後一根爻，就像是人生的即將結束，不論過去是光榮或者平淡，一切都將過去，就如同已經從原有的位子上退了下來，因為「已無位」，所以應該採取警戒保守的態度來面對一切。錢先生又謂「第三第四爻，可上可下，其變動性往往很大。」即一般所謂「三多凶，四多懼」。其凶與懼之故，便在三爻已為下卦之上，是人事發展由內到外，由下到上，由隱到顯的關鍵連接時刻。一個不小心，一切努便將成為雲煙，故爻辭多以凶厲之辭來警惕之；四爻則為上卦之初，為由內到外，由下到上，由隱到顯的剛剛開始。因為才在外頭剛剛站穩，上面又馬上承接著一卦中最尊貴的第五爻，所以爻辭多以悔吝之辭來戒懼之。由於三、四兩爻正好處在內卦與外卦變動連結的關鍵處，是以最具可觀性，也最具挑戰性。至於二、五兩爻，各居下卦與上卦之中，承上啟下，承先啟後，處於最安定的時空環境之中，所以「二多譽，五多功」。我們論《易經》卦爻的吉凶禍福，便是在一個卦中，去

29 同前註。

觀察它六爻之間時位變動的相互關係，在其逐漸發展（化）而仍然未成定局（變）之前，指引人們動察先機，去做出最佳判斷。錢先生最後再總結解卦的三個基本觀念云：

> 一、是人類自身內部所有男女剛柔的「天性」。二、是人類在外面所遭逢的「環境」，其關於時間之或先或後，與地位之或高或下，及其周圍人物與事變所形成之一種形勢，占卦所得之某一爻，即表示其時與地之性質。其餘五爻，即指出其外圍之人物與事態者，此即所謂「命」。三、是自己考量自己的剛柔性，與外部的環境命勢，而選擇決定其動靜進退之「態度」，以希望避凶趨吉的，此即所謂「道」。因此《易經》雖是一種卜筮之書，主意在教人避凶趨吉，跡近迷信，但其實際根據，則絕不在鬼神的意志上，而只在於人生複雜的環境和其深微的內性上面找出一恰當無迕的道路或條理來。[30]

他指出的第一條，便是某爻本身的陰或陽。陰有陰的理，陽有陽的理，先明白了陰陽各自天生具有的理，這便是錢先生所謂的「男女剛柔的天性」。第二條指的則是此爻所處的位子為初、二、三、四、五、上的何處？是陰爻處陰位（二、四、上）的當位？還是陰爻處陽位（初、三、五）的失位？是陽爻處陽位（初、三、五）當位？還是陽爻處陰位（二、四、上）的失位？我們占卜出的那一根爻是在全卦的那一個位子？是陰爻還是陽

30　錢穆：《中國文化史導論》，頁 70。

爻？又其與上下相承比之爻的陰陽關係為何？其與相應之爻的陰陽關係又為何？此爻在卦中與其他各爻之間的關係好壞，便是錢先生所謂一般人說的「命」。考慮完這些外在的一切環境關係後，接著看第三條，那就是占者自己的個性如何了。以自己的個性為基礎，搭配上第一條所占之爻的陰陽剛柔的「天性」，以及第二條所觀察到的一切外在環境形勢（命），於是我們就可以做出應對進退應該如何的決定，知道如何可以趨吉，如何可以避凶的方法，這便是錢先生所謂《易經》的「道」了。（道即是路，即是方法。）

由此可知，在錢先生眼裡，《易經》原本雖是占卜之書，教人趨吉避凶之法又跡近迷信，然而這都只是外表，而其真實根據，乃是理性的從「人生複雜的環境和其深微的內性上面找出一恰當無迕的道路或條理來」，而絕非依附在不可知的鬼神意志上。也因為他如此理性的看待《易經》占卜，所以才有在遇到國家重大變故時，以《易經》占卜來推測國家未來命運發展的舉動。

3、回到《易經》發生的歷史現場思考卦爻意義

錢先生在〈易經研究〉中（此篇是在民國十七年夏應蘇州青年會學術演講會之請，分講兩次，凡四小時，經茅、童兩生筆記，稍加潤飾，刊載於《蘇州中學校刊》之十七、十八期。十八年六月中山大學語言歷史研究所第七集八三、八四期週刊轉載。）主要是說明了他認為研究《易經》的適當方法，其云：

> 清初胡渭（朏明）著有一部《易圖明辨》，算是研究《易經》一部很好的書。前人說看了胡渭的《易圖明辨》，宋

以來講《易》的書統可不看了，因為他們都講錯了，都不可靠。但是清儒從宋儒的「道士《易》」一反而為漢儒的「方士《易》」，依然是二五之與十，……最近有人把西洋哲學來講《易經》，將來此風或者要日漸加盛，我想題他一個名目叫做「博士《易》」，表示他也只與方士《易》、道士《易》同樣的講錯，同樣的不可靠罷了。他們講《易》的錯誤與不可靠，無非是他們研究方法的失敗。我今天來講《易經》研究，只是講一個研究《易經》的新方法，比較可靠少錯誤的方法，卻不敢說自己對於《易經》研究有什麼無誤而可靠的成績。……《易經》絕不是一個時代的作品，而是經過各時代許多人的集合品。我們並可以說《易經》裏的〈十翼〉，是最後加入的東西。我們可以說其是《易經》完成的第三期。次之卦辭爻辭，是《易》的第二期。其餘只剩八八六十四卦，便是《易經》最先有的東西，是《易》的第一期。……把第一期的《易》研究清楚了，再研究第二期。把第二期的東西弄清楚了，再來研究第三期。把《易經》成立次第依著歷史的分析的方法去研究，這是我今天要提出的一個比較可靠而可以少錯誤的新方法。[31]

錢先生對於以各種特定立場討論《易經》的方式是不認同的，不論是站在漢儒立場上講的「方士《易》」，還是以宋儒為旨歸的

31　錢穆：《中國學術思想史論叢（一）》，頁 202-203。

「道士《易》」，又或者是當時日漸流行以西洋哲學方法來講《易經》的「博士《易》」，他認為一旦先有了立場，便已失去客觀研究《易經》的可能了。因此，他想提出一個把《易經》成立次第依著時間先後的方法去研究的方式。把《易經》分為最後出現的〈十翼〉為《易經》完成的第三期，卦辭爻辭則是《易經》完成的第二期，而六十四卦則是《易經》最先有的東西，是《易經》的第一期。主張把第一期的《易經》研究清楚了，再研究第二期；把第二期的東西弄清楚了，再來研究第三期。這個依歷史發生順序來依次研究的建議，是希望大家先放下各種後來出現的立場，不論是象數派、義理派、圖書派，還是史事派，都先重新回到《易經》本身發生的歷史現場，順著歷史的思維，客觀思考《易經》的原貌究竟最可能是怎樣的。

他在〈易經研究〉一文中，首先解釋八卦的取象，除「⚊」象天，「⚋」象地外，又說：

> ☳為一物在地底之象——雷。是為天神下格之第一卦。……☵為一物在地中之象——水。是為天神下格之第二卦。……☶為一物在地上之象——山。是為天神下格之第三卦。……將上列三卦反轉，便成下列的三卦：☴為一物在天空下層之象——風。是為地氣上通之第一卦。……☲為一物在天空中層之象——離。是為地氣上通之第二卦。……☱為一物在天空上層之象——澤，是為地氣上通之第三卦。水草交厝為澤，毒蟲猛獸居之，古人常縱火大澤以驅禽行獵。……故澤卦與風火為類，本取象於烈澤，

> 後人認作水澤、雨澤，都錯了。[32]

這樣的說法，其實重在卦象的解釋，並且蘊含著天地陰陽相互交流的概念。所以說震、坎、艮三陽卦，謂雷「為一物在地底之象，是為天神下格之第一卦」、水「為一物在地中之象，是為天神下格之第二卦」，及山「為一物在地上之象，是為天神下格之第三卦」，皆以其與「地」之相互關係而說，並以「地底」、「地中」、「地上」及「天神下格」，表示出這三卦象徵的是天地交流並有先後發生順序之義的。而說巽、離、兌三陰卦，則謂風「為一物在天空下層之象，是為地氣上通之第一卦」、火「為一物在天空中層之象，是為地氣上通之第二卦」、澤「為一物在天空上層之象，是為地氣上通之第三卦」，皆以其與「天空」之相互關係而說，並以「天空下層」、「天空中層」、「天空上層」及「地氣上通」，表示出這三卦象徵的是地天交流，並且是由下往上逐漸發展的先後順序。其間如他特別提出的「水草交厝為澤，毒蟲猛獸居之，古人常縱火大澤以驅禽行獵。……故澤卦與風火為類，本取象於烈澤，後人認作水澤、雨澤，都錯了。」告訴我們，回到《易經》發生的第一期現場，在那個仍然以游牧打獵為主的時代，澤是之取象在風火交烈以驅禽捕獸，故兌卦之象澤，與巽卦之象風、離卦之象火一樣，皆被歸於陰類之卦，因為這三卦是與地氣上升於天空之現象相關的，而不是後人一看到澤之有水，便以與水相關的雨澤、水澤去理解兌卦象澤的意義。錢先生這樣試圖回到設卦取象最初的歷史現場，去揣摩推測卦爻

32　錢穆：《中國學術思想史論叢（一）》，頁 203-205。

當時取象的意涵，而不陳陳相因的襲用前人之說，對於研究《易經》的我們，是一個很重要的提醒。然後，錢先生又說：

> 八卦只是一種文字，只是游牧時代的一種文字。把文字學上的六書來講，他應歸入「指事」一類。後來重卦發生，這便是六書裏面的「會意」字了。[33]

這是教我們回到八卦初始發生的歷史現場，想像這些卦畫當初的功能很可能如同後代的文字，是記錄日常需要所設立的，就如同六書中的指事。隨著人們生活的發展及複雜化，簡單的八個符號不夠用了，所以再將這八個簡單的符號做各種重覆的組合，以便能記錄生活中各種所需。因此對於《易經》裡的重卦，我們就可以用六書中會意的觀念去理解它了。錢先生是歷史大家，其善於以回到歷史現場去思考推理的方法，實在提供了我們經學研究者一個很好的思考方向。接著他談卦的數，謂：

> ⚊象奇數一。⚋象偶數二。這本是象數一原的。就是〈十翼〉裏「天數一地數二」的話。後來一轉而為⚊象奇數三。（一與二之和）⚋象偶數二。這便複雜了，進步了。這就是〈十翼〉裏「參天兩地而倚數」的話。也就是《老子》、《莊子》說的「一生二，二生三，三生萬物」的話。天上日月星三光的崇拜，應該也和卦數有些關係。二

---

33 錢穆：《中國學術思想史論叢（一）》，頁 205-207。

> 加三為五，五行說的起源，或者也和卦數有關係。從此八卦又成了記號的符號。☰3＋3＋3＝9（老陽）。☷2＋2＋2＝6（老陰）☶3＋2＋2＝7（少陽）。☱2＋3＋3＝8（少陰）。九、六為老，七、八為少，便是如此的來源。八卦的總數，乾（3＋3＋3＝9）、坤（2＋2＋2＝6）兩卦合十五，其他六卦合四十五，總數卻成了六十，這與甲子曆數顯有關係。古人常《易》、曆連稱，八卦在天文曆數上的應用，這又是值得推考研究的。後來天地合數之五的十倍五十，便成為「大衍之數」，……他的占法，要「四營成易，十有八變成卦」。我想最先筮卦，只以二三起數，至九六七八為止，只是一種初步的計數遊戲，決不能像大數那樣的繁複。[34]

把〈十翼〉中「天數一地數二」，以及「參天兩地而倚數」，做了簡單數學的解釋，然後便接著說明在⚊象奇數三，⚋象偶數二的基礎上，陰陽爻相互層疊而有了三陽爻的 3＋3＋3＝9（老陽）和三陰爻的 2＋2＋2＝6（老陰），以及一個 3 加兩個 2＝7（少陽）和一個2加兩個3＝8（少陰），這種九、六為老，七、八為少的說法。而八卦的總數，乾（3＋3＋3＝9）、坤（2＋2＋2＝6）兩卦合十五，（9＋6＝15）其他六卦合四十五，（7＋7＋7＋8＋8＋8＝45）總數成了六十，指出這與六十甲子曆數顯有關係。後來天地合數之五（2＋3＝5）的十倍五十，便成為「大衍

34　錢穆：《中國學術思想史論叢（一）》，頁 208-209。

之數」。然後推測最先筮卦，只以二三起數，至九六七八為止，只是一種初步的計數遊戲。由此可見，錢先生以數學計數的發展，回到《易經》發生當時初民生活所需現場，去思考我們後來習慣引用的一些與《易經》相關的數字，如九六七八及大衍之數五十等是如何形成的，並且再將八卦所代表的數字全部加總起來六十，得到與中國傳統習用一甲子六十年的同樣數字，可見六十甲子的傳統是與《易經》有關的，難怪古人常《易》、曆連稱。

接著他又舉牧人尋得水而記作「山上有水」（水山蹇）或「水在山下」（山水蒙）等符號是牧人尋得水而記下來的，而蹇卦的困難之義與蒙卦的不清楚之義，都可以在牧人尋水不易之後，為了方便來者所記下的說明中，得到了清楚的理解。另外像澤山咸和天風姤二卦，卦爻辭都有與娶相關的文字出現，錢先生認為是後來人因為卦象與卦義所做的結合推論所成。如咸卦上卦為兌是少女，下卦為艮是少男，所以皆是感情容易發動相感的年紀，再加上兌有悅的意思，艮有止的意思，女悅而男止，男的能止於禮，不侵犯女的，女的能悅從男的，那當然是好事，所以咸卦卦辭云「咸，亨，利，貞取女，吉。」姤卦則上卦為乾的純陽，下卦為巽之長女，所以照卦象看來，這長女行動如風一般，很好動，很難管束。卦象為風行天下，則有隨遇而合之義。再看這個卦的卦象，全卦只有初六一根爻為陰爻，二三四五上皆為陽爻，所以有一個女子卻擁有五個男子，或五男求一女之象，此女可能與任何一男相遇合，所以和這樣的女子在一起就不會是好事。於是姤卦卦辭為「姤，女壯，勿用取女。」警告占者這樣的女子不能娶。其實在錢先生的眼中，這兩卦的原義都只是標明山上有澤與天下起風了的自然狀態。[35]

錢先生是歷史學家，他認為只有回到歷史現場，把事情真偽先弄清楚，才能夠掌握事物真實的意義。他以為《周易》上下經裏還保留著不少原本卜辭遺下的痕迹，所以總是盡量以當時的歷史狀況去分析卦爻辭，以求得初始的原義。

4、個別卦爻注解之例

錢先生一再對其《易學三書》戀戀不忘，今日雖已未能得見其全貌，但我們仍希望從先生曾經個別解釋的卦爻裏，窺得其大概模樣。錢先生於《中國學術通義・中國文化傳統中之史學》中，解說乾卦云：

> 再以《周易》乾卦六爻為說。初九「潛龍勿用。」亦猶人生之預備期。九二「見龍在田，利見大人。」此是投身社會，出潛離隱，為轉入人生幹濟期的第一步。利見大人者，九二尚在下，雖已具大人之德，尚未登大人之位，同聲相應，同氣相求，水流濕，火就燥，雲從龍，風從虎，利見在上位之大人與之相應。人文社會中，後進必賴先進之提拔護掖，一氣呼應，始得成事，此乃自古皆然。九三「君子終日乾乾，夕惕若，厲无咎。」九四「或躍在淵，无咎。」此兩爻，在人生幹濟期中必有奮鬥，其不寧於心，不安於位之情形，躍然如在紙上。九五「飛龍在天，利見大人。」此是幹濟人生奮鬥歷程中之最高階段，能以

35　原文請讀者參看，錢穆：《中國學術思想史論叢（一）》，頁 210-213。

> 美利天下之最高可能。利見大人者，在上位之大人，亦盼得在下位之大人，即有德無位之大人與為相應。若純就教育事業言，孔子乃飛龍之在天，顏淵以下，則見龍之在田也。上九「亢龍有悔。」自然人生必有一衰老期，人文人生，亦有一終極階段。昧者知進不知退，知存不知亡，知得不知喪，知有幹濟奮鬥而不知有窮而藏之一階段，終成為亢龍之有悔。亢者位已高，當求退。自然人生過六十、七十，亦當求退。此是人生之退藏期。又言「用九，見羣龍無首，吉。」凡潛龍，見在田之龍，躍在淵之龍，飛在天之龍，其為龍則同，貴乎各因其時位而各全其龍德。人在人文社會中，各有活動，皆當具備一副奮鬥自強之幹濟精神。在上位，則利見在下位之大人。在下位，則利見在上位之大人。凡具龍德，皆大人也。聲應氣求，而貴乎能互不為首。有了一首，其餘便不成為龍。沒有了羣龍，一龍亦無可能為，只有潛藏。故曰潛龍勿用，亢龍則有悔。在人文人生中隨其時位而潛伏，而飛躍，而退藏，亦與在自然人生中，隨其自然年齡而亦有潛伏與飛躍與退藏之三時期。全部人文歷史亦如此。所貴善辨者，則在其有後與無後，可繼與不可繼。（此文曾刊於民國六十三年一月《中華學報》創刊號）[36]

錢先生以人的一生為例，解說乾卦六爻。以初九為預備期，故

36 錢穆：《中國學術通義》（臺北：素書樓文教基金會，2000 年），頁127-128。

「潛龍勿用」；九二為投身社會初期，故「利見大人」，需要在上位之大人提攜，亦需「聲氣相投」的友人相助；九三、九四則是變動最大的階段，故「君子終日乾乾，夕惕若」，「或躍在淵」，常有不安於位、不寧於心的情況出現；九五則是人生的顛峰，已是大人，然亦要「利見大人」者，乃在於利與「有德無位」之大人相助相應也；上九則是衰老期，若不知退藏而仍要亢進，必然如「亢龍」之有悔矣！而用九所以「羣龍无首，吉」者，乃在於不論時位如何，六爻皆是龍，皆貴乎相應相助，是以若有首，則其餘便不成龍，沒有羣龍，則一龍亦只能潛藏而無法起大用了。錢先生藉此六爻說明人的一生有此「潛伏、飛躍、退藏」三時期，全然以人文生命的現實歷程，對乾卦六爻做了簡潔切身的解釋。

其在《晚學盲言・上篇・十二・物質人生之陰陽面》又有一解乾卦之例云：

> 《易》言陰陽，六十四卦乾、坤為首，乾動坤靜。乾之初九曰：「潛龍勿用。」九二曰：「見龍在田。」九五曰：「飛龍在天。」上九曰：「亢龍有悔。」就人之一生言，方其未冠笄，未成年，則當為潛龍之勿用。及其志於學而立，則為見龍在田。四十、五十，由立而達，則為飛龍之在天。七十、八十，老耄近死，則亢龍矣。故人之老而衰，乃天之善使人之勿亢而悔也。故自然則有存必有亡，有終仍有始，而不能純乾無坤，純坤無乾，「中和」乃自然之象。就德性修養言，則浴沂風雩，苟全性命，不求聞達為「潛龍」。內聖外王，山峙水流，既仁且智，亦壽亦

> 樂，為「飛龍」。而名位富貴之逞心得意為「亢龍」，雖為龍，而終有悔。此則乾必轉為坤，純乾無坤，此亦不當不引以為戒。……孔子五十而知天命，乃知己之所立實乃天之所命，如此則天人合。故能七十而從心所欲不逾矩。「從心所欲」是其乾之動而健，如龍之潛而飛。「不逾矩」則其坤之無不靜而順，安分守己，而大羣合。此之謂合內外。……孝弟忠信，孔子所傳之道。居家孝弟，即見有己，已確然成為一潛龍。出門忠信，更見有己，已確然成為一見龍。何必飛龍在天，始見其為龍？父母兄長朋友，皆人生之「環」，非環又何以得「中」？非坤之順，又何以見乾之健？[37]

此亦以人之一生為例而說乾卦，但又更著重在爻辭與生命不同階段的義理結合上說，尤其重在老年一段。其謂「未成年，則當為潛龍之勿用。及其志於學而立，則為見龍在田。四十、五十，由立而達，則為飛龍之在天。七十、八十，老耄近死，則亢龍矣。」所以他說「人之老而衰，乃天之善使人之勿亢而悔也。故自然則有存必有亡，有終仍有始。」明白雖然有存必有亡，但卻有終仍有始，因此不會緊抓不放，因為終則有始。如此則不致於有上九亢龍之悔矣！並且更進一步說到坤卦之所以出現，便在於即使是龍陽之德，亦不能純陽無陰，純乾無坤，以至於亢而有悔，故以坤之靜順承乾之健動不已，讓生命得到一個中和的平衡。這是中國文化中和之道，亦是《易經》所以不息之理。

37　錢穆：《晚學盲言》，頁 210-214。

然後引孔子的「七十而從心所欲不逾矩」為例，把「從心所欲」比作乾之動健不已，如龍之由潛而飛。把「不逾矩」比作坤之靜順無疆，安分守己。這便是孔子內聖外王的體現。所以沒有坤之順承，又如何能體現成全乾之動健呢？

對於同樣一個乾卦，錢先生用了兩種不同的說法加以闡釋，使人們對乾卦所能表達的深義，可以有更真切的體悟。這實為錢先生「居則觀其象而玩其辭」的君子讀《易》之展現，而《易》之可堪玩味終身者，亦可由此見之。

四、錢穆先生占《易》之例

錢先生一生愛讀《易經》，但卻只有兩次占《易》經驗，對占卜可謂極為慎重。是以本文特將此二例細說於此，希望能更真實完整的呈現出錢先生《易》學面貌，也希望在上述已大略明白錢先生如何解釋《易經》之後，再透過這兩次實際占卜之例，窺見其如何占卜使用《易經》。

（一）〈火珠林占《易》卜國事〉

〈火珠林占《易》卜國事〉一文，詳細記載錢先生因聯合國中國代表權一案，與其妻試以《易》占的人生第一次占卜經驗，其云：

> 「我雖信有此事，然從未試過。」妻曰：「既如此，正當一試。」余曰：「此當先之以虔誠。我對此信未及，恐虔誠不夠。」妻曰：「我自問虔誠，可由我主占。」道爇香

膜拜，用「火珠林」法，取中華民國六十年臺灣一圓新幣三枚，由妻擲之，六擲得山澤損之卦。余曰：「有是哉！此占可謂巧驗。」[38]

他先是明白表示，自己雖然從未占卜過，卻是相信占卜是靈驗的。這與我們前文所述，錢先生自小相信符驗奇特之事有關。然而占卜之驗與不驗，在錢先生看來，最關鍵的不是用什麼道具或方法，而是在占卜者的心靈是否足夠虔誠。然而這個是否足夠虔誠？很大的決定因素乃在於相信的夠不夠篤厚？是以錢先生雖信天地間自有人不能理解之奇特之事，但卻自問仍然不夠篤信，所以對於自己占卜的虔誠度仍沒有把握，不敢占問。相較於一般人的隨意占問，甚至以玩笑戲謔或金錢名利來占問者，其間差別，何止天壤。而占卜之驗與不驗，本在占者之心靈與占問之神靈間能否感應道交，所以真知《易》者與非真知《易》者，由其對占卜一事的態度便可清楚判斷出來。雖然錢先生自覺仍不夠虔敬，但其夫人卻自信已夠虔誠，所以這生平第一次的占卜，就由其夫人主占了。經過焚香膜拜以表虔敬之後，拿三枚新臺幣，以火珠林法，先後擲了六次而占得山澤損卦。錢先生接著開始解卦，其謂：

卦名損，無論聯合國如何表決，要之於我為損，此一驗。[39]

---

38 錢穆：《中國學術思想史論叢（十）》（臺北：素書樓文教基金會，2000年），頁156。

39 錢穆：《中國學術思想史論叢（十）》，頁157。

他先以卦名所代表的意義，對這次占問聯合國對中華民國代表權一案的發展，做出「卦名損，無論聯合國如何表決，要之於我為損，此一驗。」這不論事情往後如何發展，對中華民國而言，都已經造成了傷害的判斷。接著引損之卦辭「損，有孚，元吉，无咎，利有攸往。曷之用？二簋可用享。」及〈象〉辭「山下有澤，損；君子以懲忿窒欲。」及六爻爻辭而深釋之，其云：

> 竊玩此卦，損自外來，而正值損之時、損之事，則占得此卦者，惟當以損之道自處。損之道則莫切於「懲忿」、「窒欲」之二者。私人脩身，國家立國，皆當如此。今日我國人處此現境，所當戒者，一切忿怒、忿痛、忿怨，凡屬忿心，皆要不得。此一當損也。……虛驕之氣，浮誇之想……均所當損。此二當損也。若值損之時，遇損之變，而不守損之道，尚是多忿、多欲，則不得認為占得此卦即是「元吉无咎」。此占者所當知。而《易》之教人深切，亦於此見矣。[40]

首先是國家所面臨處境正是「損」的狀況，而這個損是來自於世界局勢，自外而來的。既是自外而來，咎不在我，則人之本能自然容易怨恨憤怒，進而有想要發洩報復，一吐怨怒之氣的欲望。所以損卦象辭特別指出「山下有澤，損。君子以懲忿窒欲。」處損之道，莫切於要「懲忿」和「窒欲」。忿怒當戒，欲望亦當戒，否則絕不可能如卦辭所說的「元吉无咎」。值此國家變動不

40　錢穆：《中國學術思想史論叢（十）》，頁 157-158。

安與國人群情怨怒之際，難怪先生有了「《易》之教人深切」的感受。夫人聽其解釋，深詫占《易》有驗如此，進而欲占其內心之私事，先生乃以「《易》所謂『初筮告，再三瀆，瀆則不告』」之語暫止之。並在散步晚餐後再卜一次，又復驗如前占。當晚錢先生因而與妻談及《易》理，引〈繫辭上傳〉「聖人設卦，觀象繫辭焉而明吉凶。君子所居而安者，《易》之序也。所樂而玩者，爻之辭也。君子居則觀其象而玩其辭，動則觀其變而玩其占，是以自天祐之，吉无不利。」一段而云：

> 此謂精於《易》者，可得天祐，可以無往而不利。所以者何？「事」有變化，非可預言；而「理」則寓於事而有定。得於理則吉，失於理則凶，可以先知。《易》之為書，雖只六十四卦、三百八十四爻，然而世界古今，事態萬變，歸而總之，亦不出此六十四卦三百八十四爻之象外。……《易》之為書，貌若神秘，實至切近。乃人事之薈萃，乃應變之通則。苟其人明理而守道，雖不學《易》，亦可與《易》之所言暗合；苟其人不明理，不守道，雖日日讀《易》，日日占《易》，亦將無吉可求。故《易》雖為卜筮書，然學《易》者每不以卜筮為事。……事有本末、內外，此亦所謂「《易》之序，君子所當居而安」。序者，次第。今日國家值此變，亦必有其次第來歷。……當知天地間一切事，盡在變化中。故損卦初爻，即告人「已事遄往」，只求酌損而止，此即戒人以「懲忿」。然九二之爻又有「征凶」之預告。此即戒人須「窒欲」也。此乃處損最要之義。……損來自外，而我能以損自守，則外來者將

> 於我不復是損而轉成為益。此中機栝，甚為微妙，則非徒知問吉凶者所能知也。[41]

錢先生解釋〈繫辭〉所以說「是以自天祐之，吉无不利。」乃是因為雖然世事變化萬端，時移事往，不是我們可以預料。然而在看似變化萬端的每一件事情當中，都有一個相同的天理存在其中。因此《易經》占卜之所以能吉凶應驗，便在於占問者在占卜時，能不能懂得這個存在於所問之事中的理，並進而合乎這個理來行事待人。若合於理來行事待人，便能得吉；若行事待人不能合於理，那便是凶。因此，儘管古今中外，事態萬端，卻總不出於《易經》統合歸納出的六十四卦三百八十四爻。所以錢先生說，《易經》「雖貌若神秘，實至切近。乃人事之薈萃，乃應變之通則。苟其人明理而守道，雖不學《易》，亦可與《易》之所言暗合；苟其人不明理，不守道，雖日日讀《易》，日日占《易》，亦將無吉可求。」實在既能端正民間占卜迷信之風，亦能提醒學界不應拿占卜為小術做藉口，便不願多加研究，並對其靈驗與否禁口不言，甚至一概斥之。蓋《易》之吉凶真諦，在「得於理則吉，失於理則凶」，而得理、失理者，並非不可知的神靈力量，而是全在我們自己身上。

明白《易經》占卜的吉凶真諦之後，對於所占得之損卦初爻告人「已事遄往」，就能明白過去的事都已經發生了，所以不管再怎麼後悔、怨恨，都已於事無補。在事情剛剛發生（初爻）的現在，最該做的是冷靜下來，先斟酌事情的狀況，把忿怒放下，

41　錢穆：《中國學術思想史論叢（十）》，頁 160-161。

才能使損失降到最低，但求酌損而止。這便是初九爻辭所以戒人以「懲忿」之意了。那麼損卦九二爻何以又有「征凶」的預告呢？這是因為人處在自覺受損之際，一時之間必然難以接受，雖知要冷靜處理，但往往卻壓不住怒氣而暴發出來，去找對方算帳，導致事情越來越糟，造成真正無法彌補的傷害。因此在初九「懲忿」的警告之後，九二爻辭更戒之以「窒欲」。蓋損已發生，我們若能先減損自己的忿怒與欲望，就可以轉危為安，降低自外而來的傷害。所以錢先生才會說：「損來自外，而我能以損自守，則外來者將於我不復是損而轉成為益」的機括之語。他藉著卦爻之辭的提醒，參以當下卦時爻位變化之幾，以決斷應如何作為方能趨吉避凶，以做到如損卦卦辭所謂的「損，有孚，元吉，无咎，利有攸往。」

由此可知，錢先生對《易經》實是深造自得，深知《易經》占卜吉凶之辭，其用意乃在「告人以如何可吉？如何則凶」之理，而非如一般占卜者所以為的已吉、已凶的預告而已。其間高下，又何止天壤？錢先生最後又說：

> 越兩日，聯合國表決消息至，我國家乃受損之尤。輿情轟然，報章與友人，皆來邀余有言。……余事前既有此卜，又卜得此「元吉无咎」之卦，因竊略抒其玩占、玩辭之所窺，舉以告我國人之同此憂患者作一參考。（此文刊於民國六十年十一月四、五日《中央日報副刊》）[42]

[42] 錢穆：《中國學術思想史論叢（十）》，頁164。

此為錢先生研《易》一生，第一次占卜之例。其所占非為一己私事，而是為了國家大事，此實為大人君子之占，故《易經》亦回以靈驗有效之結果，此不正是《易經》所謂的「感而遂通」嗎？

（二）〈再記火珠林占《易》卜國事〉

這是錢先生第二次占卜之例，他在〈再記火珠林占《易》卜國事〉一文的開頭說道：

> 余自幼即喜讀《易》，古今《易》學名著，鮮不瀏覽，但最後終信朱子「《易》為卜筮之書」一語，認其最為扼要中肯。惟余始終從不占《易》。直到民國六十年，中華民國退出聯合國，其時心情甚鬱悶，試以《火珠林》法占《易》卜國事，是為余有生以來七十七年中第一次之占《易》。曾為一文記之，刊載是年中央日報十一月四、五兩日之副刊。
>
> 最近自周恩來死亡，毛澤東病危，夫婦閒談國運，內人又屢催余再卜一卦。余曰：「最近國內必有變，不疑何卜？」而連日又見報載平、津、唐山大地震消息。內人曰：「此雖天災，然影響國內人心必巨。」再三促余試占一卦。今日晨餐始畢，坐樓廊上，內人洗手焚香，再用前法，占得自剝變豫之卦。余大幸慰，竊喜前占幸而有驗，此次所占親切有當，竟不下於第一次。余年已八十二，生平僅占《易》兩次，而獲此奇應，是又不可以無記。時為

民國六十五年八月一日。[43]

錢先生謂「自幼喜讀《易》，古今《易》學名著，鮮不瀏覽。」可知其對於整個《易》學發展及各種著作的熟悉與喜好。但在泛覽所有《易》學著作之後，錢先生認為朱子以「《易》為卜筮之書」一語，指出《易經》的本質及其特殊性，最是中肯確要。但儘管他相信《易》為卜筮之書，卻終其一生只占卜兩次。第一次是上節所分析過的，因為中華民國退出聯合國案，所以錢先生在憂國憂民之際，於七十七歲的高齡獻出了生平的第一次占卜。此次先是因為周恩來死亡，毛澤東病危，接著大陸又發生北平、天津、唐山大地震，在其夫人要求再三之下，於民國六十五年八月一日，錢先生八十二歲之際，又做了平生第二次的占卜，而這也是他此生最後一次占卜。錢先生此生唯二的兩次占卜，都是為了國家人民之事，即使占卜應驗有若神明，卻從不曾為自己私事做任何占問，這種分寸的拿捏，「無疑不卜」的核心理念，再加上每次占卜必沐浴焚香，一依前人之禮。此心之虔敬專一，此心之大公無私，《易》若有靈，怎能不驗？較之如今坊間不論有疑無疑，不論場合，不管公私，也不必問自身潔淨與否，隨手便占，隨口便解，歡笑怒罵之中而亦要求有奇驗者，此間相距何止天地？此亦可給所有好《易》、學《易》者，一個很好的警惕。

錢先生接著依剝卦卦辭「剝，不利有攸往。」及〈彖曰〉「不利有攸往，小人長也。」而謂：「即徵共黨之斷不有前途。」並舉其師呂思勉先生及其友湯用彤先生在中國大陸的景況

43 錢穆：《中國學術思想史論叢（十）》，頁 165。

為例，謂如其師其友而遭共黨驅迫利用之慘況已盡在剝卦之中。他接著以剝卦爻辭：初六「剝牀以足。」六二「剝牀以辨。」六三「剝之，无咎。」六四「剝牀以膚。」六五「貫魚以宮人寵，无不利。」上九「碩果不食，君子得輿，小人剝廬。」釋此卦之義如下：

> 蓋《易》卦內下三爻皆指社會。以中國土地之廣，民眾之繁，縱極「剝」之能事，而剝終不盡。……余常念大陸學術界知識分子，……此皆所謂不食之碩果也。他日一旦事變驟起，此等一陽在上，剝未盡而能復生，皆君子之當得輿行道者。而五陰得志之小人，則轉受「剝廬」之運，安身無所。[44]

剝為五陰在下，一陽在上之卦，故謂此五陰為得志之小人，上九一陽為君子，則為學界知識分子。所以他以剝卦卦象及卦爻辭做了：「他日一旦事變驟起，此等一陽在上，剝未盡而能復生，皆君子之當得輿行道者。而五陰得志之小人，則轉受『剝廬』之運，安身無所。」的推測，在當時兩岸對峙的氛圍下，錢先生希望兩岸局勢發展對我們有利的心情，亦可從這段推測之語見之。他又特舉六四、六五兩爻辭而云：

> ……上面外卦，則已不指社會，而轉指政府。……前之所剝乃剝其安身之處，故曰「剝牀」；後之所剝乃剝及其所

[44] 錢穆：《中國學術思想史論叢（十）》，頁 168。

> 安之身，故曰「剝膚」。……方共黨不斷清算劉少奇、林彪以至周恩來，又繼之以鄧小平，則牀上此身，被剝已盡，只剩下江青及其羣小如王洪文、姚文元之流。此皆如羣魚，乃陰物之尤，小人之甚者，以宮人之寵而相率引進。……而爻辭竟曰「无不利」，又何也？蓋則以剝運已盡，而上面終是有碩果不食。[45]

錢先生此處解釋之語，正呼應當時大陸發展的情況。他認為從六四「剝牀」、「剝膚」，象徵共黨不斷清算劉少奇、林彪以至周恩來、鄧小平，則牀上此身如共黨高官被剝已盡。接著到六五的「貫魚以宮人寵，无不利。」則象徵江青及王洪文、姚文元之流的小人得道。六五已至剝卦最盛之時，雖一時之間這些人如宮人、群魚似的得志受寵，但剝運將盡，上九一陽在上，雖有碩果之君子（陽爻），處此剝卦之際，亦只能是暫不得志之狀。（碩果不食）這是錢先生就剝卦卦爻辭搭配大陸當時狀況所做的推論，故謂其占《易》經驗為奇應也。

他接著再就變卦豫卦卦辭「利建侯行師。」而云：「豫者，和樂義。則今日以後，大陸有變，必有一番政治上新勢力之建立，而亦不免於行師可知。然剝之變而為豫，其事則亦有待而不可以驟企。」（頁 169-170）因其〈象曰〉「雷出地奮，豫。」而謂：「則豫之來臨，當如雷之奮於地下，必發動於最深藏最低下處。若以巧合言，此次內人因平、津、唐山之大地震而促余占《易》，亦可謂地震即是雷出地奮之象。」（頁 170）卦象與事

---

45 錢穆：《中國學術思想史論叢（十）》，頁 168-169。

實竟相應如此，可謂實在巧合。而以今日回顧對岸這二、三十年的發展來看，則真的一如錢先生所占，由剝而至豫，當江青及王洪文、姚文元之流的小人倒臺之後，大陸改革開放，在軍力及經濟上的急速發展，真是應驗了豫卦的和樂之義，而卦辭「利建侯行師。」亦正可表示今日大陸在世界上公認的軍事地位了。錢先生的占卜如此奇驗，實在給我們很大的啟示。《易經》占卜之驗與不驗，與占卜方法無關，實與占者身心是否純淨投入、篤厚深信有關。但錢先生亦謂：

> ……而余此所言，或亦當疑其為附會而強說。但觀變玩占，正貴附會。否則三千年前之《易》卦，又何預於今日當前之吉凶？《易》者，乃吾民族古聖人憂患之辭。古人身經憂患，由古人自為解決。今日吾人亦親經憂患，亦正貴吾人之自為解決。世移事易，而理則猶然。觀於我身當前之事變，而深玩其理之所在，則雖古聖人之辭，而理亦猶是也，又何附會之有哉！故君子治《易》，正貴「居則觀其象而玩其辭」。玩之有得，乃始可以「觀其變而玩其占」也。[46]

若只以每個單一事件與所占卜出的卦爻象辭來看，自然需要良好的詮釋與聯想能力，所以錢先生才會說「觀變玩占，正貴附會」。但若以每件事中皆有其所以如此發展之理而言，則即使是兩三千年之前已經出現的《易經》，其所以如此如彼之理與今日

46　錢穆：《中國學術思想史論叢（十）》，頁 175。

仍無不同。而這個「古今無異之理」，便是為什麼只有六十四卦、三百八十四爻，卻可以占驗人間萬事萬物吉凶禍福變化的原因。既然《易經》留下了前人解決他們所憂患之事例，那麼其中必有如何解決這些事情之理可以推驗參考。所以如果站在這種「古今之事相雖不盡相同，但其事之中理卻無二致」的立場來看，只要「觀於我身當前之事變，而深玩其理之所在」，再參之以《易經》卦爻之象之辭，又有何附會之疑呢？況《易》辭所謂「君子居則觀其象而玩其辭」，其所觀所玩者，便是在其象其辭中的理，而非一般人所觀玩的表象而已。能深刻的觀象玩辭並有所心得，方可以「觀變玩占」而有所應驗。此非深玩於《易》者，實難與言也。

又，錢先生以「時猶未至，如大陸之有百家爭鳴。」說初六「鳴豫，凶。」；以「當前大陸社會仍保有其一分安定之潛力。」說六二「介于石，不終日，貞吉。」；以「盱者，張目而視。最近二十餘年來，大陸學術界知識分子，乃及一般民眾，固亦有不少希政治階層之轉向，認其可與為善，而存心為由剝變豫之活動；乃皆不勝其悔。若其悔速，急自洗心革面，返而退藏於六二之『介于石』，則猶可也。苟其悔而遲，則必悔而不滌。」說六三「盱豫悔，遲有悔。」；以「由剝變豫之主要動機，則必在豫之九四。……蓋卦象已值豫運，而所由以得以豫者，則在九四之一爻。此爻乃一卦之主，以陽剛而居下位；但彼若決心由此豫道，挺身而起，則必『大有得』。其主要條件，則惟在一誠不疑，堅其信以廣其與，則朋類合而從之。盍者，合也。簪，疾速義。……如其見理不明，自心有疑，不信於朋，朋亦疑之，則其勢雖為眾陰所向，亦將不能合，合亦不能速，又焉能『大有得』

乎？」說九四「由豫，大有得；勿疑，朋盍簪。」；以「此爻以陰柔而居尊位，下有一剛，非其所能乘；占得此爻者，常如有疾，但可不死。」說六五「貞疾，恆不死。」；以「此謂時已值豫，而積陰仍難驟消。……謂已轉入和樂之境，而仍在昏冥中，不知其所以然。則雖成而仍有渝。渝者，變也。『冥豫』何可長？仍待有變，然可『无咎』。……此下仍是大有事在，固不即此而止矣。」說上六「冥豫，成有渝，无咎。」。（頁 170-173）（此文刊於民國六十五年八月十四日《聯合報》）

錢先生此乃專為大陸而占，若將其所言搭配大陸後來發展觀之，則實為奇驗。自初六之百家爭鳴，六二之知識分子與民眾開始向中共政權認可，六三則或有悔或無悔，至九四「勿疑，朋盍簪。」則漸至後毛澤東時代的共黨集體領導，權力平衡狀態；而六五「貞疾，恆不死。」是說明中共政權即使有所動盪，如西藏、新疆之衝突、六四天安門事件，乃至香港佔中事件，不論國際如何關切，如何給予壓力，其政權已穩如泰山，即使有任何問題，只要堅持下去，便是「恆不死」的狀態；至於上六之昏冥的和樂，（非今日普世價值之民主自由制度）亦是无咎之象了。我們從錢先生以火珠林法所占的兩次經驗，與其對卦象、卦辭與其所占之事件做的解釋，實可見其一生研《易》之功力，亦可見其憂國憂民之誠摯。

五、小結——一生喜愛《易經》，把《易經》融入生活中

其實本文所寫出的，只能呈現出錢先生與《易經》之間的某

些面向而已。對於其探討《易》傳及王弼《易注》之內容，礙於篇幅，已無法多做詳述。而其論氣運與命之精湛者，如在《中國思想通俗講話・第四講・氣運》（原載民國 44 年 3 月《人生雜誌》9 卷 8 期）中說道：

> 現在繼續講「命運」。中國人講氣，必連講數。因氣是指的一種極微而能動的，但它須等待積聚到一相當的數量，然後能發生大變化大作用。「命」是指的一種局面，較大而較固定，故講命必兼講「運」，運則能轉動，能把此較大而較固定的局面鬆動了，化解了。而中國人講氣數，又必連帶講命運。這裏面，斟酌配合，銖兩權衡，必更迭互看活看，纔看得出天地之化機來。
>
> 中國社會迷信愛講命，命指八字言，八字配合是一大格局，這一格局便註定了那人終生的大命。但命的過程裏還有運，五年一小運，十年一大運，命是其人之性格，運是其人之遭遇。性格雖前定，但遭遇則隨時而有變。因此好命可以有壞運，壞命可以有好運，這裏的變化便複雜了。
>
> ……故氣雖易動，卻必待於數之積。命雖有定，卻可待於運之轉。數如何積？運如何轉？其機括在於以氣召氣，所謂：「同聲相應，同氣相求，雲從龍，風從虎，聖人作而萬物覩。」[47]

[47] 錢穆：《中國思想通俗講話》（臺北：素書樓文教基金會，2001 年），頁 86-93。

此處所言不只入情入理，亦與《易經》全然結合。氣微而數顯，所以如果能在顯在的數量上做不斷的累積，則最後可導致隱微存在的氣發生大的變化，進而改變生命。因此改變的要點在氣數的不斷累積。他又認為命是指的一種較大而較固定的局面，運則是能轉動的一種能量，因此這不停轉動的能量經過不斷的積累之後，就有可能把較大而固定的局面，做有效的鬆動與化解，進而使得原本的命有了不同的可能。命就像人的性格，是內在於人身而前定的；運則是人的遭遇，是外在於人身而時時變化的。因此性格雖已前定，但遭遇卻隨時有變，因此我們便可在每次的遭遇之中，修正自己面對遭遇的態度與方法，進而在不斷修正的累積之後，去改變鬆動我們原本的性格。也就是命雖有定，卻可在我們不斷努力而轉運的積累下，發生鬆動與轉變。錢先生並指出一條積數轉氣，積運改命的方法，其關鍵便在於「以氣召氣」。他引《易經・乾・文言》「同聲相應，同氣相求，雲從龍，風從虎，聖人作而萬物覩。」為證，說明天地萬物本就如此，既是「同聲相應，同氣相求」，因此相信不斷累積道德善行所形成的召感與力量，便成了我們論命運氣數時最有意義的理解了。可惜限於篇幅，我們已無法深論之。

總結本文所說，讀者可以見到錢先生在國學大師之外的另一種生動面貌，而在這喜好多樣且相信神奇之事的性格下，在其長年靜坐得力的工夫體驗裏，他對於一生所愛喜的《易經》，不只如一般學者書寫論文，追求學術上的真偽深淺；他更進而把《易經》融入生活中，在對於古今《易》學名著，鮮不瀏覽的深厚底蘊下，認為《易經》的「變通」、「趨時」，只是了解「變」與「化」間關係後的運用，並且以時間、空間的「同異」、「動靜」討論卦爻所含深義。他認為《易》之大義，簡言之不過「數變」、「位變」與「時變」而已。此外，他也認為時與位的相互關係，乃是《易經》占卜趨吉避凶的關鍵因素；而他研究《易經》，總是回到《易經》發生的歷史現場思考卦爻的意義。終其一生，只在七十七歲與八十二歲時，因憂國憂民而誠摯的占卜了兩次，而在這兩次的占卜中，我們也看到了《易經》如何回以奇驗的預告。從本文的研究中，我們可以看到錢先生雖未以《易經》研究知名，但對於《易經》的熟稔用功，對於《易經》的誠摯敬重，實已超過一般學者多矣！希望即使在錢先生《易學三書》已不復存於世間的情況下，其與《易經》關係之深且厚，亦可因本文而讓世人有所了解。

本文曾發表於臺北市中央研究院中國文哲研究所「民國以來經學研究計畫」，後收錄於《變動時代的經學與經學家・第一冊》（臺北市：萬卷樓圖書股份有限公司，2014年）

第八章　修行以知卦德的胡蘭成《易》學

一、前言

姑且先放下對胡蘭成（1906-1981）個人好惡的評價，若說他是一個中國現代的文化「名人」，恐怕不會有人有什麼「異見」。而這樣一個中國現代知名的文化人士，且又有如《易經與老子》[1]這樣一部專門以《易經》和《老子》為主題，而且在其多部著作中，隨處可見到他借引《易經》談說自已心情看法，甚至極有意識的建立一套所謂「大自然的五項基本法則為底子的八卦象與六十四卦的卦爻纔是宇宙的最終方程式」的《易經》詮釋方法論的文化名人，[2]我們卻在各種討論現代《易經》研究發展的文章或專書中，無法發現任何一點他的踪跡。[3]這種「名人缺

1 胡蘭成：《易經與老子》（瀋陽：遼寧人民出版社，2016 年）。

2 胡蘭成：《閑愁萬種——中國的男人聰明，連帶女人亦變得英氣》（臺北：遠流出版事業公司，1991 年），頁 185。

3 如在楊慶中：《二十世紀中國易學史》（北京：人民出版社，2000 年）專門介紹二十世紀中國《易》學的發展狀況，其中所提《易》學專家，自清末民初的章炳麟、劉師培、杭辛齋、尚秉和到當代的張立文、

席」的現象，不管是從了解現代《易》學發展全貌，還是就我們對胡蘭成本身的理解完整性，都有著一定程度的缺憾。因此本文試圖對胡蘭成在《易經》上的各種說法做初步研究探討，以彌補現代《易》學發展全貌仍然不足的缺憾。

二、「初見即終身」——朱西甯終身執弟子之禮

「知人論世」一直是筆者相信的一個較為客觀的論述路徑。雖說人與學未必一致，但若在論其人之學前，未能對其人之生命經歷與轉折有所認識，卻又想要精確理解其學術根源與內涵，恐怕也容易發生錯解或失去公允客觀的可能。因此，在討論胡蘭成的《易》學思想之前，筆者認為有必要對胡蘭成的生命歷程，先做一次有所省思的認識。

在網路資訊如此發達的現代，我們隨手輸入「胡蘭成」三個字，就可以得到許多關於他的生平經歷與各種好惡兩極的說法。然而，其中大多數都只是「人云亦云」的「有隔」式的傳說。所以，我們與其輕易聽信這種隔靴搔癢，或者充滿個人因政治立場或者愛情觀不同而生出好惡的文字內容，還不如努力去找尋一些

賴貴三，海峽兩岸，數十百人，卻沒有一字談及胡蘭成。而廖名春：《周易經傳與易學史新論·第十四章現代易學通論》（濟南：齊魯書社，2001 年），專章概述當代《易》學發展狀況，將現代《易》學分為四次熱潮，時間上從 20 年代末 30 年代初至今日，討論議題從傳統關於《周易》作者和成書年代、哲學思想到自然科學、天文宇宙、電腦資訊，所提之人不下數十，但也未曾有隻言片語提到胡蘭成。

親身與他有過接觸的「一手」記載，這樣也許才能更貼切感受胡蘭成真實的內在樣貌。首先，我們來看看朱天文（1956-）在《意有未盡——胡蘭成書信集》寫的序〈願未央〉中，描述她父親朱西甯（1927-1998）初見胡蘭成時的模樣與心情：

> 今天我的年紀，已超過我父親當時接胡老師到我們家隔壁租屋而居的年紀，我能像父親那樣從第一面見胡便侍以弟子之禮至終？父親上陽明山文化學院初訪胡回來寫的文章〈遲覆已夠無理〉，覆的是張愛玲三年前的兩封信，那樣興高采烈報佳音的報知見到胡：「我喜歡見真人，蘭成先生也真是真人……是他的真也叫我深感受到器重，叫我說不出的感念。這我又要說是恩寵，為何我能獨得承受這些個豐富，自然我是會珍視和善用這些個豐富。」我會這樣寫嗎？我覺得不會，我會比父親世故。[4]

胡蘭成是 1974 年來臺灣的文化學院（即今文化大學）教書的，那年他 68 歲，而朱西甯大約 47 歲，已近所謂天命之年，在文壇中亦已享有盛名，所以我們自然不可以說他因為是無知青年所以被胡蘭成所魅惑了。我們看看朱天文所記錄的她父親初次見到胡蘭成的文字，那不只是「初見喜」而已，而是終身執弟子之禮以侍之的「狂喜」。朱西甯對胡蘭成的評價是「真的真人」，對胡

4　黎華標編錄：《意有未盡——胡蘭成書信集》（臺北：新經典圖文傳播公司，2011 年），頁 17。

蘭成給予他的器重的感受是「感念、恩寵」。這樣「興高采烈報佳音」的近似宗教情懷的激動，對一個年近五十而享大名的文壇作家來說，是得要如何深刻到無以名狀的感動才有可能？而「從第一面見胡便侍以弟子之禮至終」的朱天文的第一手側面觀察，更顯示出即使非議胡蘭成的人極多，但卻絲毫沒有動搖胡蘭成在朱西甯一生心中的地位。這樣的「深信」，或許難以用「旁觀者」的、「沒有感情」的「理性邏輯」去理解，卻反而只能用最最真誠的「當事人」的、「純然真情」的「感性直覺」才有辦法稍稍碰觸，碰觸那個距今已近五十年的，兩個中國文壇已然各享大名的男子的初相見。某些一向不喜胡蘭成的人士也許可以「合情合理」的「臆測」，1974 年初見胡蘭成的十八歲的朱天文與十六歲的朱天心（1958-）可能因為「年少無知」，而受到「老謀深算」的六十八歲的胡蘭成所「魅惑」；但如果接著還要說一個年近五十，且曾受戰火逃難的現實生活折磨的文壇知名中年男人，也是「無知」的被那六十八歲的老男人「魅惑」，而且在任憑各種漫天批評責難與壓力之下，卻仍堅持終身執弟子之禮以侍之，那實在就未免太過牽強了。

那麼，一定是有什麼東西深深擊中年近五十，且跑過大江南北亂離逃亡的朱西甯的內心吧？所有真正有過大激動經驗的人都明白，生命中的大激動，實都難以言說。所以即使朱西甯回覆的是在愛情上受到胡蘭成極大創傷的張愛玲（1920-1995）的信，他還是無法「世故」的忍住自己幾乎宗教般的狂喜，他還是像報佳音似的讚嘆胡蘭成是「真人」，並且自覺備感恩寵。這種心靈狀態，持續了二十四、五年之久，終身無違，真真是不足與外人道的生命感受了。[5]朱天文接著在同文中這樣描述她父親是如何看待胡蘭成的：

> 父親對胡老師，像孔子說顏回的：「於吾言無所不悅，不違如愚。」二十歲左右的我們，一樣。但我們的不違，是因為壓根連提問題的能力也沒有，白紙一張，……可是我父親？他的紙上寫滿了字，任何方面來看，他都足以與胡老師大大抵觸的。便看父親同代之人，因愛張必憎胡，因抗戰必仇日，父親正為這兩件，與文壇交誼半熄，亦老友不相往來十幾年。我回想他曾經動搖過嗎？或者，至少恍神過一下？就我記憶所及，我覺得，沒有。……其實父親不僅不違，他是如世良馬，見鞭影而行，他也許比任何人都篤志於胡學。[6]

什麼是「胡學」？恐怕沒有人可以精準的說出來。但把「大志」與「永遠抱著樂觀希望」當做是各類「胡學」的共同核心，也許可以得到大家某種程度上的認同。我想誰也沒能比朱天文她們一家人，可以更近距離、更真切的去觀察到朱西甯是如何面對處理

5　筆者這樣寫，並不全然是從字裏行間來揣測，或者有什麼預設立場。而是因為筆者在就讀大學二年級到三年級的那段時間（1988-1989），曾經每週晚上都到先師　愛新覺羅・毓鋆位於臺北市羅斯福路三段巷弄中的奉元書院修習《四書》，那第一次初見　先師的激動情景，至今依然歷歷在目，而　先師也是此生對我影響最深最重的人。以我見　毓老師之情揣度朱西甯見胡蘭成之情，故如此寫之。知之罪之，惟曾在生命中經歷至重至誠感動者能體諒之。

6　黎華標編錄：《意有未盡——胡蘭成書信集》，頁 18。

那些與他同時代的，「愛張必憎胡，抗戰必仇日」的友人們的情誼抉擇取捨時，竟然沒有掙扎難過，而是終生無悔的心情了。朱西甯深愛張愛玲的文采，但他卻沒有因此而恨胡；朱西甯堅絕抗日反共，乃至於跟著國民黨渡海來臺，但卻沒有因此仇視親近南京汪政權與日本政權的胡蘭成。深陷糾纏於「愛張必憎胡，抗戰必仇日」的情緒的人們，又如何可能理解朱西甯對於胡蘭成的崇敬呢？這實在是叫他們難以接受的事，而這也造成了朱西甯必須為了胡蘭成付出「與文壇交誼半熄，亦老友不相往來十幾年」的重大代價。然而，我們卻正可以從這個情境中，更進一步明白，在朱西甯的心裏，胡蘭成是何等的重要了。至於眾人眼中對胡蘭成最服事心儀的朱天文，居然說她的父親「比任何人都篤志於胡學」，（比任何人都篤志於胡學，自然也超過了她自己）亦可知朱西甯對於胡蘭成的崇敬之深，幾可以說是有如宗教情懷了。

三、「通政學於一途」——胡蘭成的傳統中國文人夢

只說朱家人對胡蘭成的看法，當然不夠公允，所以我們也來看看與胡蘭成通信多年的黎華標，在他所編錄自己和胡蘭成往來書信《意有未盡——胡蘭成書信集》中的〈前言：通政學於一途〉所說的話：

> 唐、胡兩位的學術取向和態度可說是兩個完全不同的形態。唐先生推許胡氏天資高，對人生有獨見，其人如天外

游龍，不受軌範。[7]

這是六十年代初在香港新亞書院研究所就讀，並跟從唐君毅先生（1909-1978）問學的黎華標所記下唐先生對胡蘭成的評價。朱西甯是臺灣當時重要的文人，唐先生更是當代華人首屈一指的學術大家。「天資高，對人生有獨見，其人如天外游龍，不受軌範」，可以說是十分中性的評價，也把胡蘭成一生的特質彰顯無遺。世人因此所以愛之，也因此所以惡之。

的確，胡蘭成對人生是有他自己一套看法，黎華標此文所下的副標「通政學於一途」，則更準確點出了胡氏一生的行為之所以變化無端的緣故。傳統中國文人本著「學而優則仕」的想法，希望一路讀書、做官，走上所謂「內聖外王」、「治國平天下」的人生至善之路。這個傳統文人夢源自於辛苦周遊列國，希望能實現禮樂王道之治的孔子；而這樣的文人傳統，實際上也一直根深柢固的影響著所有中國文人。不論實際上讀書人是否真心實踐「內聖外王」、「治國平天下」，但是對胡蘭成而言，他費盡心思踏上各種仕宦之途，即使受許多人詬病、譏諷、不恥，也一點都不在乎，其實就是因為他是一個十足的傳統中國文人，而「通政學於一途」本就是中國讀書人的本分事。這樣選擇的心情，就如同孔子所謂「知我者其惟《春秋》乎？罪我者其惟《春秋》乎？」一樣。這樣的生命抉擇，本就不同於現代純粹學術研究者的心態。當然，這樣的生命志向，也無法被只認同於某一種政治力量，就必須敵視另一種政治力量的人所理解。傳統中國文人想

7　黎華標編錄：《意有未盡——胡蘭成書信集》，頁 28-29。

要實現自我的「道」，至於在哪裏實現？旁人的毀譽如何？又豈是他們所考量的呢？因此即使是與孔子最親近的子路，都曾質疑孔子的想法、做法，[8]那麼眾人會詬病譏諷胡蘭成的所作所為，不也是十分正常的嗎？

牽起黎華標與胡蘭成通信往來的因緣正是唐君毅先生，如果唐先生對胡蘭成的評價如同世俗般的負面，那麼他斷不可能介紹自己的弟子與之通信求教的。黎華標自 1960 年至 1977 年末，共與胡蘭成通了十八年的信，在長時間的文字接觸中，他對胡蘭成有著較一般人更為深刻的認識，他說：

> 他曾有詩見意，覺得政治憂患只如遊春涉險，並無陰暗不吉，這兩句話可說是他對自己一生政途的概括。……胡先生深於《易》學，有取《易經》的「幾」字，即以「幾勢」體會和解釋近代大事萌發的機括，……他晚年鑄造新詞，說要以「知性」認識政治。……在這方面，胡先生推許的近世歷史人物，孫中山先生自是唯一之選。此外，他稍予稱道的有曾國藩和梁漱溟，只有這兩位稍為近符他懸設的「政治與學術兼通」的標準。他旅居日本三十年，名字很早便為日本當時政界人物深識，充當他們的顧問。他又經常和著名的數理科學者和企業鉅子交往，或作請益，

8 請參見《論語·陽貨》：「公山弗擾以費畔。召，子欲往。子路不悅，曰：末之也已，何必公山氏之之也。子曰：夫召我者，而豈徒哉！如有用我者，吾其為東周乎？」及《論語·雍也》：「子見南子，子路不說。夫子矢之曰：予所否者，天厭之！天厭之！」請參見《十三經注疏·8》（臺北縣：藝文印書館，1989 年），頁 154-155 及頁 55。

> 或相攻錯，……本文取標題為「通政學於一途」，就是要標示胡先生為學從政論人與傳道的結穴所在。[9]

正因為是植基於十八年書信往來的深刻體會，才能對胡蘭成生命做出如此兼具感性與知性的體認話語；也因為是長期的深度文字往來，所以和一般揀選各種「資料」便對胡蘭成的一生做出評價的意見，顯然有著十分懸殊的差距。這兩者間的差距，不意謂著哪一個正確？哪一個不正確？這差距所提醒我們的是：「我們究竟應該如何理解一個人的生命內涵？」「簡單片斷的資料以及人的外在行為，能代表其內在真實生命歷程到底有多少？」「人類內心思考選擇的複雜性，是否可以簡單的從某些片段或一時的行為、言語就去斷定？更何況是要以此論定一個未曾接觸的人？」「人云亦云」以及「立場分明」，常常只會讓我們「認錯」了許多人、事、物而不自知。也許，只有真正沈靜下來，真正放下所有成見與立場，「以文會文」，「以心度心」，才有可能遇見他人真正的生命。

黎先生以「通政學於一途」做標題來寫胡蘭成，那是因為在十八年的書信往來中，他深刻感受到胡蘭成念茲在茲的傳統中國文人「學而優則仕」的生命內涵。胡蘭成既不是現代的專業型學者，也不是只滿足於在政治上求得高位的政客，他其實很傳統，「學而優則仕」一直是他最大的夢。也因此，即使他力圖接近政治權力的行為，必然會受到許多當時或往後學者專家的非議，他似乎一點也不在意。他接近日本勢力，甚至逃難至日本，與日本

9　黎華標編錄：《意有未盡——胡蘭成書信集》，頁 30-32。

人結交，乃至於最後又到臺灣來，除了在文化大學教書外，更在1975 年蔣中正去世時，上書給當時國民黨主席蔣經國。這些行為看在有任何政治立場的人的眼裏，都會覺得胡蘭成實在投機，實在渴望政治權力到沒有原則。但真正了解胡蘭成內心的人就會知道，其實他只是一個「通政學於一途」，想要實踐傳統「學而優則仕」的理想價值的文人。至於是在哪裡實現他的政治理想？對他而言，根本不重要。這樣的想法，又哪裡是局限於某個政治立場或某種國族主義的人所能了解體會的呢？筆者在前清禮親王後裔愛新覺羅・毓鋆的奉元書院修習《論語》時，常聽毓老師談及《論語》中，記載了孔子理想的三次變化，分別是：「從周」（周監於二代，郁郁乎文哉！吾從周。）、「不復夢見周公」（甚矣！吾衰也久矣！吾不復夢見周公！）、「吾其為東周乎」（如有用我者，吾其為東周乎？）。那麼，當我們只用某一種標準或角度來理解孔子，然後便說孔子就是那種想法，那種人，這樣去理解孔子是正確的嗎？[10]另外，對於《論語・憲問》中，子貢所提「管仲非仁者與？桓公殺公子糾，不能死，又相之。」的疑惑，毓老師也說：「相較管仲的『國家至上』、『民族至上』，自殺的召忽是『政權至上』、『集團至上』。」[11]毓老師當然是中國傳統的讀書人，他也曾試圖將一生投注於「通政學於一途」的理想上。這樣有別於現代知識分子的生命，這樣將理想價值放在「政權」、「集團」之上的人，又豈是不曾有過這種生

10　請參見許仁圖：《盤皇另闢天的毓老師》（高雄：河洛圖書出版社，2015 年），頁 202-203。

11　請參見許仁圖：《元儒》（高雄：河洛圖書出版社，2017 年），頁237-238。

命追尋的人所能理解的呢？

筆者舉這些例子，並不是想為胡蘭成的行為「漂白」，（事實上他也未必需要任何人幫他漂白）而是希望在幾乎一面倒的，對胡蘭成有某種特定負面看法之外，能夠提供另一個認識他的可能角度，這樣至少可以讓我們有機會更全面的去理解我們所要研究的人。就如同黎先生在文章中所說的，「通政學於一途」正是胡蘭成一生為學、從政、論人與傳道的結穴所在。只有抓住了這個「通政學於一途」的結穴，我們才能真正明白，為何胡蘭成在治學、從政以及待人處世上，會有這麼多常人看起來不斷擺動的，毫無原則的情況發生。其實這都只因為他的理想是「通政學於一途」，他想要的是將自己所學所感，找一個可能實現的地方。他想要淑世，他一直懷抱著孔子以來所傳承著的中國文人夢。胡蘭成是個既理性又浪漫的人，所以他在 1973 年 1 月 23 日給黎華標的第 59 封信中，有這麼一段話：

> 我深嘆今之儒者於政治於時勢之無知，甚至亦無求知之心，此是宋儒以來言理氣，而逕接於仁義禮智天下歸仁云云，中間脫了一大段，是這無知與懶惰的遺傳。[12]

胡蘭成的傳統中國文人是先秦孔子式的，不是漢、宋以來的儒家。而朱西甯會不會就是因為，他看到了一個將自己一生懸命於追尋真正先秦孔門之儒的「學而優則仕」的傳統文人，而全然不同於漢、宋以來，孜孜矻矻於科考以求仕進的眾生相，因而叫他

12　黎華標編錄：《意有未盡——胡蘭成書信集》，頁 264。

一生驚豔的說胡蘭成是「真的真人」，所以才終身以弟子之禮待之呢？黎華標在十八年的書信往返中，深刻體認到胡蘭成「通政學於一途」的生命內涵；朱西甯甘為胡蘭成放棄平生老友交誼，任人毀之罵之。我想，也許他們都遇見了那個同樣叫人動容也動心的胡蘭成吧？！

四、《易經》是胡蘭成漂泊生涯的唯一

認識胡蘭成的生命內涵之後，我們接著可以「聚焦」的討論胡蘭成如何看待《易經》了。在《易經與老子》中，胡蘭成提到自己的讀《易》過程：

> 我十幾歲時讀《易經》，以為非常難而毫無所得。到了三十九歲，恰是終戰之後的亡命途中，在浙江麗水縣購讀《易經》，豁然有所悟。舊版的注釋冊數太多，來日本後手抄了一部原文，共兩冊，時或瘋狂的翫讀。[13]

從這段記載可以知道，即使胡蘭成十多歲就已經接觸《易經》，但他對《易經》是毫無所得的。直到三十九歲（1945）二次大戰結束，日本戰敗，他因曾在南京親日的汪政權裏擔任公職的關係，逃亡浙江麗水時，對《易經》突然有了「豁然有所悟」的特殊體會。這對《易經》突然有所體悟的經驗發生，或許與年紀相關，但也或許與他正在流亡的生命當下感受更為即時相應。《易

---

13 胡蘭成：《易經與老子・第一部・易經探勝》，頁 3。

經．繫辭》所謂「《易》之興也，其於中古乎？作《易》者，其有憂患乎？」也許，作《易》者在憂患中的心思，讀《易》者也只有在憂患之中，才更能有「感而遂通」的相應吧？

但，到底流亡時是怎樣的閱讀心靈狀態，才能與《易經》豁然相悟呢？除了當事人，恐怕誰都無法知曉。我們從胡蘭成的文字可以推知的是，此處對《易經》所謂的「悟」，可能近於禪宗所謂「悟後起修」的那個「悟」，所以，雖然我們可以看到胡蘭成說自己是這樣讀《易經》的：

> 若說我有學問，不怕僭越地說，那就是文學史學及經學吧。但我沒有師承，我從小至今讀《史記》等書亦是當成文學來鑒賞、思索，讀《易經》亦當成文章與詩來讀……我此刻所寫的《易經探勝》，今與我同樣的世俗的熟人來讀它，是要比怎樣的學者的贊美，更對我是一大鼓勵。[14]

這樣的說法自然是十分胡蘭成的。但以讀文章與詩的態度來讀《易經》，顯然就是以欣賞感性來取代面對學術的嚴肅理性。他不只這樣說明他讀《易經》的態度，他更覺得非專家的常人的欣賞，對他而言，是更勝於嚴肅的專家。在引文中，他所謂此刻正在寫的《易經探勝》，根據《易經與老子》的凡例第二可知，此文是以中文寫於 1964 年至 1965 年間，並經友人池田篤紀翻譯後連載發表。[15]但事實上，在 1961 年後，胡蘭成讀《易經》的態度

14　胡蘭成：《易經與老子．第一部．易經探勝》，頁 50。
15　胡蘭成：《易經與老子．凡例》，頁 5。

與過去開始有了很大的不同，這個很大的認真與不同，便是「悟後起修」的那個「修」的工夫了。在《意有未盡——胡蘭成書信集》中，1961 年 12 月 7 日他曾寫給黎華標這一段文字：

> 與唐（君毅）先生的信裡，我有說：「近來於《易經》，死心塌地的讀，惟此為樂耳。」寫後，自覺「死心塌地的讀」這句話很好。往日讀《易經》，讀其警句，今則不加分別的讀，於篇篇句句，有平等的歡喜，且連各家的註釋，我都安詳的把來讀了。以前我是極少讀註釋的，我讀《易經》，讀了一遍又一遍。我家在東京都近郊，到都中心電車來回要三小時，我大約每週出去二、三次，在電車上我亦帶了木板大字本《易經》，翻到那裡就讀那裡，讀時亦不急於要讀出什麼見解來，竟是有點像和尚唸經，倒是隨時若有所悟，我這樣的讀書法，若稍帶學問的功利之念，是不能行的。[16]

從這段信中內容我們可以看出，胡蘭成以前讀《易經》是只讀他覺得重要的「警句」，可見他對《易經》的理解還只停留在自己所感所需，與《易經》全體如何，較沒有關係。最晚從 1961 年底開始，他對《易經》變成死心塌地的讀，而且讀的不再只是「警句」，而是對篇篇句句都平等的看待，並且連各家的註釋也都拿來讀，可見此時他讀《易經》的態度已經從隨意變成認真，從片段變成全面了。他不只讀一遍兩遍，而是讀了一遍又一遍，

16 黎華標編錄：《意有未盡——胡蘭成書信集》，頁 65。

即使他仍保有「翻到那裡就讀到那裡，讀時亦不急於要讀出什麼見解來」的「胡氏風格」，但連各家的註釋也拿來讀的方式，終究是跟他以前讀《易經》不大讀註釋的習慣，是很不一樣的。胡蘭成此處所強調的「我這樣的讀書法，若稍帶學問的功利之念，是不能行的」，是十分重要的提醒。「稍帶學問的功利之念」，指的便是將讀書與其名利地位上的發展劃上等號的模式。這種短視近利且急於當下有所獲得的讀書模式，與自孔子以來所標示的中國傳統文人「學而優則仕」的終身淑世理想，其間的差距無疑是懸若天地的。（此亦即孔子所謂「君子儒」與「小人儒」之別）而從上節所討論，關於胡蘭成內在生命的追尋可知，他追尋的是一個傳統文人淑世之夢，他想要的是「通政學於一途」，那麼「稍帶學問的功利之念」的急於有所獲得的讀書方式，自然是不能行，也行不得的。

此間還需要說明的是，或許有人會說，那「通政學於一途」、「學而優則仕」，不也是有功利的成分嗎？怎麼能說「稍帶學問的功利之念，是不能行的」？其實我們只要如同孟子當年把利分作私與公兩邊來看，出發心只在對於個人有益的，便是私利，這私利即是胡蘭成所說的「稍帶學問的功利之念」；而出發心若是放在對於公眾有益的，便是公利，這公利即是胡蘭成所追尋的「通政學於一途」、「學而優則仕」的傳統中國文人淑世之夢。表面看來雖都是利，但起心動念，一公一私，便是天壤之別。那麼，胡蘭成在 1961 年底之後對於《易經》這麼認真的，來來回回的，連搭車時間也拿來讀，到底他在乎《易經》到怎樣的程度呢？他曾經這樣表達過自己對於《易經》的看重：

> 鍋山貞親說：「要是囚於獄中，只許帶唯一的一本書，我就選《萬葉集》。」蘇東坡以前也說過相似的話，他流放至海南島時，曾寫信給友人說：「若只能帶一本書，我就選《論語》。」蘇東坡與鍋山都是經歷過人生的艱難辛苦之人，所以才能說出這樣的話。我今是天涯漂泊之身，亦時常想起那樣的事，若只許帶一本書，我則帶《易經》。[17]

在生命遭遇最大的挫折時，日本的鍋山貞親需要的是《萬葉集》，蘇東坡是《論語》，而胡蘭成要帶著漂泊天涯的則是《易經》。生命中的唯一重量，相較於其他生命旅途中的點點滴滴，是多麼的不同？短短的一句「我今是天涯漂泊之身，亦時常想起那樣的事，若只許帶一本書，我則帶《易經》。」已經全然表明《易經》在胡蘭成心底的絕對分量。關於《易經》在人世間的位置，他還曾這樣說：

> 西洋人每言世界上有二部最偉大的書，歐幾里得的幾何學《原論》與基督教的《聖經》。但是還有《易經》更在其上。印度有《梨俱吠陀》，但也不及《易經》。日本是有《古事紀》。然而世界上所有基礎學問，連同宗教，皆可被收在《易經》的體系內，始能各明其性情，各知其所由與所止。[18]

17 胡蘭成：《易經與老子・第一部・易經探勝》，頁 25-26。

18 胡蘭成：《易經與老子・附錄一・經書新語之易經》，頁 96。

《原論》、《聖經》、《梨俱吠陀》、《古事紀》這些經典與《易經》之間的高下要如何評比？自然無法客觀論述，而這高下分判也不是筆者引用這段文字所想談、所能談的。筆者引用這段話只想說明，在胡蘭成的世界裡，他雖是以讀文章和讀詩的心情來讀《易經》，但卻是把《易經》看得比東西方世界中所謂的經典都還要崇高、深邃。

胡蘭成的寫作特色常是「不需要證據」的。他幾乎都是直截式的下斷語，少有邏輯式的細細推論。他的文章也因為少了證據推斷的牽絆束縛，所以格外具有個人風采。但同時也因為沒有證據的支撐，所以容易流於浮想連篇。愛之者，因此；惡之者，亦因此。本文並不想陷於世人對胡蘭成個人的愛恨情仇與孰是孰非的糾纏討論中，筆者只想藉由這幾段引文讓讀者清楚感受，《易經》在胡蘭成心中地位的唯一。[19]

19　胡蘭成是習慣於把他所得所見的一切融在《易經》裏去思考說明的，如他在薛仁明編的《天下事，猶未晚——胡蘭成致唐君毅書八十七封》（臺北：爾雅出版社，2011）中〈第六十八封〉（1964年9月4日）對唐君毅說道：「弟此數年來日最愛之書為《易經》，時而讀之思之，間歇又讀之思之，嘗欲寫點什麼《易經解》或《易經隨筆》，但到底非輕易可為。這回卻想到晉南北朝的天數人事即是一部《易經》。第一是大成大毀，第二是彼時人物的道德的多種多形。……弟尤愛《易經》六十四卦的〈大象傳〉，……即有六十四種道德的形……《易經》的卦爻，或利大人，或利君子，或利小人，或利女子，多種多形，晉北朝即是這樣活潑，如大海波瀾層疊的世相。……今人的道德反為平面化、單薄化了。」（頁 233-234）他不只說自己多愛《易經》，也把晉南北朝的歷史與人物都融入在《易經》中去做說明比附，以六十四卦的〈大象傳〉即有六十四種道德的形，而《易經》卦爻辭中的「利大人、利君子、利小人、利女子」，也被他拿來證明原來道德的形是豐富多元，多種多樣

五、卦德即是性，是與生俱來的「在」，沒有善惡

現在，我們接著進入胡蘭成的《易經》世界裏，談談他對「卦德」的獨特看法。他之所以對《易經》中的卦德有那麼獨特的解說，完全是來自於他對生命本質的感受與體會。他的《易經》與他的生命，是全然的連在一塊兒的。這自然也是當代某些以客觀學術研究態度治《易》的學者們可能無法理解或同意的。當代學術價值在於客觀判斷，忌諱主觀涉入；而傳統中國的學術要求則是「學行一致」、是「聽其言，觀其行」的。胡蘭成所認同的學術價值，顯然是在傳統中國這一邊，是要落實在主觀個人的覺受與實踐的。孰是孰非？每個人心中自有一把尺，我們無須在此處爭論。但為了要真正了解胡蘭成的《易》學，筆者於此處稍做這樣的說明，對於避免誤讀胡蘭成的《易》學，是有其必要的。

卦德做為一種詮釋《易經》的方式，主要是從〈彖傳〉對於卦的說明中得來的。廖名春在《周易經傳與易學史新論・第五章大象傳早於彖傳論》中說：

> 卦德是從眾多卦象中綜合抽象出來的，是較卦象更高一級的理論思維。應是先有卦象，後有卦德。不可能先有卦

的；並因之拿來證明那些歷史中被世人片面化道德價值所非議者，其實正展現出多元化道德形象的豐富。這不只是胡蘭成在講《易經》，在講歷史，也是胡蘭成在講他自己。他的現世行為正是六十四卦的多種多形，世人的單薄化、平面化，自然是無法認同或明白他了。

> 德，後有卦象。[20]

其主要雖然是在論證〈大象傳〉早於〈彖傳〉，但我們也可以在他的論說中發現，卦德是綜合了各種卦的象徵之後所結晶出來的思維成果。在這種人文的思維歸納之後，人們對於《易經》的卦爻，也就從自然的象徵認識，進入到人文德性的理解了。又，廖名春在《周易經傳與易學史新論・第十五章易傳概論》中對於《易》傳的形成年代有這樣的結論：

> 〈彖傳〉的形成肯定在《呂氏春秋》、《荀子》之前。……總的來說，《易》傳七種十篇的下限都不出戰國。其中〈大象傳〉等可能早些，〈序卦〉等可能晚些。[21]

也就是說，以卦德來理解詮釋《易經》各卦中所蘊含的人文象徵意義，至少在戰國時期已經出現。那麼卦德做為一種理解卦中含義的方式，是怎樣的一種使用狀態呢？廖名春認為，雖然王弼的《周易略例》與孔穎達的《周易正義》都曾對〈彖傳〉解經的方式進行過闡發，但卻略嫌簡略。所以他引用了今人黃沛榮在《周易彖象義理探微》中的說法：

> 〈彖傳〉對別卦卦體的分析，一是從經卦卦德入手，二是從經卦的卦象入手。……所謂經卦的卦德，即八卦的性

20　廖名春：《周易經傳與易學史新論》（濟南：齊魯書社，2001 年），頁 103。

21　廖名春：《周易經傳與易學史新論》，頁 279-282。

> 質，亦即八卦的德性象徵。如乾的卦德有健、剛、陽，坤的卦德有順、柔、陰，……屯卦〈彖傳〉說「動乎險中」。……所謂「動乎險中」，則是以經卦的卦德來解釋屯卦卦體的組合之義。屯卦的下體為震，震的德性象徵是動；屯卦的上體為坎，坎的德性象徵為險，所以屯卦的卦體組合就體現出在危險中變動發展之一義。[22]

也就是說，八卦原本有因其各自不同的性質而與之相應的德性義涵，如乾的健剛，坤的順柔。而六十四卦既是八卦所重，則六十四卦每一卦自然也可以從其上下卦的卦德，去綜合出其專屬的德性義涵。如屯卦由上坎下震組合而成，所以屯卦的卦德便可以從坎卦的險與震卦的動中，發展出專屬於屯卦的要如何「動乎險中」的德性意義了。然而這樣說明卦德，基本上都還只在文字上討論每一個卦中所具有的德性意義，與我們實際行為是否必須與該卦之德性相應無關。但胡蘭成所談的卦德，則全然不是文字意義的知解論辯。他先是將《易經》中的數、理、象與所謂卦德做了說明，安放好了各自的位置後，再給卦德一個只屬於他的特別涵義。胡蘭成說：

> 理論始於抽形。從萬殊的物體抽形出來而有象，又從萬殊的物體抽象出來而有數與理，數與理偏在於萬物，翫而用之以對應事物，是為數學與物理學。但是萬物於數與理之外還有德，如云竹有君子之操，牡丹有美人之姿。德亦要

22 廖名春：《周易經傳與易學史新論》，頁 285-286。

> 從萬殊的物體抽象出來觀得之。《易經》於言數與理之外，更把物形背後的象總約於八類，萬物之德備於八卦象，動而為六十四卦的情緒與操守。於是又把八卦象來抽離了而總約於陰陽之德，最後更超離陰陽而總約於大自然的意志與息。岡潔稱之為大自然的善意。[23]

他認為象是從萬物不同的形體中抽出其共同相近的部分，然後再從這些象中提煉過濾出更上一層的數與理以及德。象、數、理、德這四者，不論是思維上歸類所得的象徵，如象；或者是運用到理解宇宙方式的自然科學，如數學、物理；還是回歸於人本身的價值思考，如德性，基本上都是由實際的萬物實體本身的觀察與思維歸納之後，所統整出來的抽象物。所以他一開頭就說「理論始於抽形」，一切的理論都是來自於從實體形象的觀察分析之後，所提煉出來的。而對於數學與物理這類客觀認知的自然科學，一般人較無疑義；但對於可能涉及主觀價值判斷的「德」，胡蘭成究指何義？其與我們上文所引黃沛榮先生等討論的傳統卦德是否相同？則須仔細分析說明。

從胡蘭成所謂「竹有君子之操，牡丹有美人之姿」，是萬物於數與理之外還有的「德」。可知他所謂的「德」，並不是一般所說具有道德含義的「德」，（至少不純粹只是道德含義）而是一種「應當」的，或者是「與生俱來」的「在」。所以竹子有竹子之所以是竹子的「君子之操」，（此處似是道德含義）牡丹有

23　胡蘭成：《閑愁萬種——中國的男人聰明，連帶女人亦變得英氣》，頁177。

牡丹之所以是牡丹的「美人之姿」，（此處則與道德含義較不相關）竹子的「君子之操」即使看似具有道德義涵，但卻也不是後天修行來的；牡丹的「美人之姿」則多半是形式外表所展現的天生美感，與道德較為無關，也與「後天人為」的搔首弄姿無關。這看似兩不相干的「君子之操」與「美人之姿」，之所以放在一塊兒，全然與外在的呈現具有怎樣的價值無關，而是因為「君子之操」與「美人之姿」是和竹子及牡丹「與生俱來」就「同在」的。也就是說，說「竹子」此物時，即同時說及「君子之操」；談「牡丹」此物時，「美人之姿」亦同時展現。因此，胡蘭成這裏所謂從萬物抽象出來的「德」，其實就是所謂與生俱來的「性」。胡蘭成所謂的「卦德」，指的是與每卦的卦象「同在」的。有卦之象即有卦之德。不論觀者知或不知，都無礙於含藏在萬象之中的「本來即在」的「德」。而《易經》六十四卦是從基本的八卦所錯綜組合出來的，因此胡蘭成才說「萬物之德備於八卦象」，而六十四卦就是從組合成他們的「八卦的性」，與外在人事物等因緣環境間相互影響所引發而生的「情緒與操守」了。（所以六十四卦每卦皆有其卦情）八卦之「德」（或者可說是「性」）並無世間所謂的吉凶善惡的分別，它是與萬物同生同滅的，是超越人間價值判斷的，所以胡蘭成最後將其歸之於超越陰陽的「大自然的意志與息」。「大自然的意志與息」，便是我們所謂的「性」，是先天的存在。八卦是「德」是「性」，所以沒有吉凶禍福的問題；吉凶禍福的出現，是因為「八卦動而為六十四卦的情緒與操守（卦情）」。性無吉凶，動而有情之後，才有所謂吉凶。既然如此，與其我們在六十四卦錯綜複雜的變化中去探索吉凶，不如回到八卦的德性中真實修行，其生命反而更能超越一切吉凶禍福之上。

那麼「卦德」的修行是什麼呢？去惡揚善嗎？精勤苦行嗎？如果我們這樣理解胡蘭成所謂的修行，那就大錯特錯了。胡蘭成這裏的實際修行，指的只是回到天生的本性之中，那裏沒有世間的價值判斷，當然也就沒有所謂去惡揚善的辛苦修行了。他巧妙的借用了神秀與慧能的智慧偈語，一般人對修行的理解是更近於神秀所謂「時時勤拂拭，莫使惹塵埃」的。然而在禪門流傳的故事中，五祖卻是把衣鉢傳給了說出「本來無一物，何處惹塵埃」的六祖慧能。[24]「本來無一物」不就是胡蘭成所謂天生即在的「卦德」嗎？既是天生即在的「德」，又何須去刻意的修呢？只

24　我這樣說，是源自於胡蘭成對於佛法有一定認識，而他對禪宗又有深切的喜好。如胡蘭成在佛法相關著作上有《心經隨喜》（臺北：如果出版社，2012 年），在禪宗上則有《禪是一枝花》（香港：天地圖書出版社，2015 年）。又如他在薛仁明編的《天下事，猶未晚——胡蘭成致唐君毅書八十七封》中〈第五十五封〉（1961 年 10 月 3 日）對唐君毅說道：「日本有山本玄鋒禪師，九十七歲，於今夏逝世，前世尚於龍澤寺盛會講經，開頭曰：『一切諸經，皆不過是敲門磚，是要敲開門，喚出其中的人來，此人即是你自己。』……禪宗的本質，原來不過老子『身與貨孰親』或《大學》『在親民』的一個『親』字，而亦即是格物。……而又一個則是『機』字，如來捻花，諸眾不語，獨迦葉微笑，此微笑是靜中生動，無中生有，將起未起，……這就是開天闢地的一個『機』字。……一個『親』字，又一個『機』字，而還有一個『轉』字。百丈禪師講經，有狐來聽，……但亦明眼人一看即可明白，原來不落因果是獸身，不昧因果是人身，而還須一轉是不縛因果（行於因果而得解脫）是如來身。這一個『轉』字即是天地未濟。……以上一個『親』字，一個『機』字，一個『轉』字，凡三個字，可以包括禪宗的全部公案。」（頁 188-190）不論同意他的說法與否，胡蘭成將儒、釋、道與《易經》相融而看、而讀、而說、而思，是他的十分日常。

要知道它的存在，回到本來面目即是修行。（即註 24 中，日本山本玄鋒禪師所云：「一切諸經，皆不過是敲門磚，是要敲開門，喚出其中的人來，此人即是你自己。」之意。）因此胡蘭成所不容於世俗價值判斷的言行，都可以在這裏得到一個深刻的理解，（即使你不「同情」，但如果你願意的話，至少有了「理解」的可能）他所言所行，或者說他所信仰的真理，其實是與我們一般世間所指涉的是非善惡的價值，從來都不是同一件事。所以在一般人看來恨之入骨，並且破口大罵的行為，他何以能夠表現出一副神色自若且大言不慚的模樣，我們也就可以明白了。有了這個明白，並不是就要去贊同他那些行為或選擇，而是至少可以避免對一個我們所不理解的、或價值標準不同的人，去做一個不相干的是非價值判斷。他有他存在的「德」，世人也有世人存在的「德」，彼此認知不同，追尋有別，如此而已。所以他接著日人岡潔所謂「大自然的善意」而云：

> 萬物始於此大自然的善意，故萬物皆有德，行於八卦象而為八德。如乾為天，其德大始，坤為地，其德大順，離為火，其德明麗，坎為水，其德柔潤，艮為山，其德安止，兌為澤，其德蓄滋，震為雷，其德赫烈，巽為風，其德為思。[25]

萬物之德乃是萬物之象所「行」（展現）出來的，所以「卦德」

---

25 胡蘭成：《閑愁萬種——中國的男人聰明，連帶女人亦變得英氣》，頁 177。

是被「卦象」的各種可能姿態樣貌所展現出來，然後被人們所感受得知的。這裏的「行」，不只是平常我們所謂行為的「行」，而是與萬物之象同時展現的「此有故彼有，此無故彼無」的狀態。沒有吉凶禍福，無關善惡是非，因為這個「德」是與生俱來的超越，而所謂「德」是「行」出來的，在胡蘭成的語言意義中，也是別開生面而意有特指的。所以他說八卦象的卦德是「乾為天，其德大始，坤為地，其德大順，離為火，其德明麗，坎為水，其德柔潤，艮為山，其德安止，兌為澤，其德蕃滋，震為雷，其德赫烈，巽為風，其德為思。」如此觀八卦之象，所見所得皆是「大始大順，明麗柔潤，安止蕃滋，赫烈與靜思」，無有怨親之分，一律平平等等。所以在胡蘭成心裡，大自然的意志與息在萬物萬象之中所行出來的德，是大自然深深的善意。

胡蘭成不只認為自然天生的萬物有著自己之所以存在的「德」，他更進一步表示，即使是人為的，亦皆有其所以存在的「德」。胡蘭成說：

> 《易經》「天地之大德曰生」，天地萬物都是生成的，一塊石一株草都有它的在生成歷程中意志與息的所思，這思就是德了。凡文明的制器，如一件好陶器裏便亦是有著思，不一定是在思的什麼，單是有著思似的。這就是器之德了。凡器皆有數與理，但必還有德，纔是文明的東西的造形。……因為感知了物之德就凡百所為都有性情與美了。[26]

26　胡蘭成：《閑愁萬種——中國的男人聰明，連帶女人亦變得英氣》，頁179。

既然天地萬物都是生成的，那麼這個天地萬物自然不能將人造之物排除在外，所以不只是山川草木有著與它生成歷程中所同在的意志與息，「文明的制器」（即人用心所造之物）一樣也有著此物器自己的意志與息。胡蘭成說這意志與息之中有所謂的「思」，這「思」即是他說的「德」。於是只要稱得上是「器」，有其所以存在的人造物，皆是有其思，有其德，有其超越世俗善惡美醜的那個「在」了。而〈繫辭傳〉中所謂「感而遂通」，也就可以證成胡蘭成所謂的「因為感知了物之德就凡百所為都有性情與美了」。我與天地萬物大地山河皆是天地大德所生，所以皆能有所感通，自然也就能感知天地萬物大地山河之性情之美了。

六、實際的修行——無為，才能照見卦德

我們對胡蘭成所謂的「卦德」有了以上的認識後，才能進一步去理解他所強調「在知行合一的修行上，才是真正的卦德」，指的是何種意義？他在《閑愁萬種——中國的男人聰明，連帶女人亦變得英氣》裏，談到「八卦象的八德更動而為六十四卦象的六十四德」時說：

> 理論起於抽形，更進而抽象，物有數有理有德，三者皆是抽象的東西，數與理是一定的，可被度量而知，可以邏輯而知。而物之德則不是可被度量與用邏輯來知道，而是要以修行，如嬰兒、女人、詩人、庸人，其知花之美之德，各人不同，物之德不像數與理的一定於大家知道了都一

> 樣。於物之數與理不必要有做人的修行，所以憑數與理的製品沒有德。德必是修行的。[27]

從這段文字可以知道，胡蘭成認為凡物皆可抽象出所謂「數、理、德」三者，而這三者之中，數與理是客觀的存在，所以隨著物自身而有一定。不論何人，只要用客觀的邏輯或正確度量方式，便可以對同一物推知出相同且一致標準的認識。但是物之德是因對象的不同而有不同的。這個物之德就好比是一面鏡子，例如同一朵花，因看花者本身的狀況不同，（不同人有不同人的感受，即使同一人，也有因為其當下不同的心情而有不同的感受）其所感受花的姿態與興味也就有所不同。而這個可以感知出花朵各種不同可能狀態的，就是胡蘭成所謂的「修行」。因此，物本身的德雖是天生而在的，但卻又是充滿著開放性，它本身有一種「似鏡」的照見功能，「仁者見之謂之仁，智者見之謂之智」，誰來看物，物便隨者看者自身可以看見的狀態而顯現。這樣的說法十分相近於佛陀所說「此有故彼有，此無故彼無」的空性。也因此，胡蘭成所謂的「修行」，實際上是回到原本的狀態，就如禪宗所說的「回家」，老子所謂的「無為」一般。那是一種「自然」，不是大地山河這種客觀的外在自然，而是萬事萬物之所以是其自身的「自然而然」。所以胡蘭成才結論的說：「於物之數與理不必要有做人的修行，德必是修行的。」你「修行」（或者說「回家」，或者說「無為」）到什麼樣的狀態，你便可以「看

27　胡蘭成：《閑愁萬種——中國的男人聰明，連帶女人亦變得英氣》，頁177。

見」怎樣的物之姿態（這個「看見」不只是眼睛的感官作用，更多的是透過眼耳鼻舌身與意、識的合作而產生的感悟）。所以，《易經》既然以六十四卦來象天地萬物，胡蘭成又說物之德要以修行來知，則卦之德自然也必須以修行才可能得知了。（我們要再強調的是，在胡蘭成這裏所謂對卦德的「知」，並不是一般那種有標準答案的固定認識，而是一種全然開放的，有無限可能的體會與感悟，這種開放的體會與感悟，是隨觀者自身修行狀況而有不同的。）

其實在胡蘭成的知識體系裏，不只是卦德要在「實際的修行」上理解，即使讀書要有所得，也須在實際的生活中有所經驗與感受，方能真正體會得到其所讀的到底是什麼？如他在 1960 年 8 月 28 日寫給黎華標的信中說的：

> 惟我往昔讀書，實都不悟，後來是從所親與敬之人始悟入。[28]乃知古人有侍師之禮，此最是善學。蓋於聽講及質疑之外，更宜見其人，《易經》所謂「利見大人」，豈不然歟？今時學問限於知識乃至悟解，而無修行，學校教育無復侍師之禮，或其一因也。[29]

---

28 對照本章註 13 所引，胡蘭成說自己是在 39 歲（1945）逃亡的時候，對《易經》才豁然有所悟的話來看，此處他又說 1960 年以前自己讀書實都不悟，這之間的差別，我們可以看成是胡蘭成的自相矛盾，隨口漫語；也可以看作是胡蘭成對自己生命學問的體悟經過 15 年的淬練後，又有了更上一層的感觸。怎麼看待這之間的相異處，端視於我們這些「看者」的立場與態度而已，與胡蘭成自身的生命實相，一點也不相關。

29 黎華標編錄：《意有未盡——胡蘭成書信集》，頁 44-45。

他在這裡拿以前的自己與現在的自己相比，認為以前自己所讀之書實都沒有真正的見解，其原因乃在於過去的他不知「利見大人」。所謂「利見大人」，其實是指讀書學習宜在「大人」身旁，但在「大人」身旁聽說讀寫的一般學習之法並不算特別重要，重要的是在「大人」身旁能夠「自我覺知」的親之、近之、切之、習之。這「自知」的親近親切，不是耳聞口說的知識見解，而是自此「大人」的一舉一動中，真實感受其生命氣象，並因之耳濡目染，真切體悟其何以是「大人」之故，然後將一己之所感，化入自我生命的實踐中。此所以胡蘭成說「乃知古人有侍師之禮，此最是善學」。簡單的說，能把所知所悟真實體現於生活舉止中的，那才是真正的學問。古人所以要「侍師」，除了表面上禮的要求之外，更有著「善學」的聰明智慧在裡面。而古人與今人學問的分別處，正在於有沒有明白《易經》所謂的「利見大人」？這個「利」，乃植基於見「大人」的人自不自知。此即胡蘭成何以將卦德連結在實際的「修行」上談，因為若沒有在實際生活實踐所知，那麼所談的卦德不論再怎麼舌燦蓮花，都只是鏡花水月，掠影浮光。

在這裡我想舉一個看似無關的例子給大家做參考。在日人澀澤榮一的《論語與算盤》中，有一段他在中澤道二翁所寫的《道二翁道話》中，所看到的一則近江孝子和信濃孝子的故事，故事大概是這樣的：近江孝子每天都唯恐自己做得不夠好，他聽說信濃有一個著名的孝子，所以就不遠千里的趕到信濃孝子的家中去請教，結果他卻看到信濃家裡只有老母親一人。等到傍晚信濃孝子砍柴回來，卻又看到信濃孝子要母親幫忙洗腳、擦拭，對於母親做的晚飯也不停挑剔，於是近江孝子終於忍不住變臉，指責信濃孝子對母親的這些行為，並且覺得枉費了自己來這一趟的求教之心。結果信濃孝子卻回答說：

> 都說孝行是百德之本，這確實沒錯。但是刻意去做的行動不算是真正的孝行，出於自然的行動即使看上去不像孝，也是真實的孝行。我讓年老的母親做各種事，讓她幫我揉腳，還挑剔她做的飯和湯，都是有原因的。母親看到兒子從山裏幹活回來，一定會關心體貼，慰問兒子是不是累了，我讓她揉腳，是為了回應她的關心，在招待客人的時候，母親一定會擔心是不是有什麼不周到之處讓兒子不滿意，我挑三揀四是為了讓她知道我理解這種體貼。什麼事情都任其自然，按照母親的心意去做，或許正是因為如此，人們才會稱讚我是孝子吧？[30]

信濃孝子「什麼事情都任其自然」的想法，正是他跟「總是努力去做些什麼」的近江孝子最大的差別。這兩者何者才是「真」呢？在此二者中，胡蘭成的「實際的修行」，無寧是更接近於信濃孝子的。

我們也可由此得知，胡蘭成在談占卜時，不管是以散文式的口吻說「《易經》的占卜總是教你人生有著餘裕，世事變化還多著呢。」還是一本正經的講「《易經》之說幾（機），皆就卦爻之位而說之。而因為有機，萬物之位遂亦變得新鮮活潑了。機是

---

30 澀澤榮一：《論語與算盤》（上海：上海社會科學院出版社，2016年），頁238。

在於陰陽。」他的核心只在於實際的每一個當下，所以不論用什麼角度談論《易經》？用什麼方法占卜未來？只有那個真實的當下感受，才是《易經》占卜吉凶之所在。就像他在 1962 年 8 月 20 日給黎華標的信中所說：

> 唐君毅先生說諸家註解《易經》多有附會，即此一語，見唐先生之功夫。我讀《易經》亦是這樣感覺。朱熹於《程傳》有不合處，直云闕疑，即此態度可喜。《易經》的卜原是當時對境的機鋒，偶然妙悟，亦往往而中，如同拆字，若必謂此字乃如此拆法，此卦此爻如此斷法，則先已泥了死了，拾得陳跡，不新鮮了，與《易》的天機生動新鮮根本相違了。[31]

這裡所提「唐君毅先生說諸家註解《易經》多有附會」，以及「朱熹於《程傳》有不合處，直云闕疑」，其內涵所指，都著重在談論《易經》，重要的是與自己的真實體認相呼應嗎？是不是符合自己當時對《易經》的體會呢？如果有不符合之處，即使是老師名家之說，都只能存疑，不應傅會盲從。前者便如六祖慧能「本來無一物」的「修行」（無為），沒有多餘的人為造作空間可言；而後者便是如神秀禪師「時時勤拂拭」的「修行」（有為），再多的努力也終究與那物自身有隔。胡蘭成認為《易經》的占卜如同禪家的機鋒，只是那時、那刻、那人、那地與那事，電光一閃的相會而已，沒有必然如何的理解方法，也沒有使用手

31　黎華標編錄：《意有未盡——胡蘭成書信集》，頁 88-89。

冊的套路可以憑藉，只有當下即是的真實，只是那一念才是最真切的唯一。可靠的只有自己當下一念，方生方死，方起方滅。占卜如此看，學問如此談，卦德當然也得在當下實際的修行中才能存在，否則皆如水月鏡花，空中樓閣。

七、小結——回到本來面目，與《易經》相應

總結上述所言，我們可以知道，胡蘭成於 1974 年來臺灣的文化學院（今文化大學）教書時，以 69 歲左右的生命風采，讓 47 歲的文壇名人朱西甯感受到「感念、恩寵」，並有著「興高采烈報佳音」的近似宗教情懷的激動。是什麼原因讓朱西甯「從第一面見胡便侍以弟子之禮至終」？朱西甯又是遇見了胡蘭成身上的什麼，才令他一生敬之愛之侍之？而港人黎華標則在與其十八年來往通信的深度體認之下，指出「通政學於一途」正是胡蘭成一生為學、從政、論人與傳道的結穴所在。我們只有抓住了這個「通政學於一途」的結穴，才能真正明白為何胡蘭成在為學、從政與待人處世上，之所以會有這麼多常人看來不斷擺動、毫無原則的情況發生。那麼朱西甯的反應，是不是正說明了他在胡蘭成身上，終於看見了一個真正中國傳統文人心心念念家國天下的「通政學於一途」、「學而優則仕」的「真人」呢？也許，黎華標與朱西甯都遇見了世人不曾遇見的胡蘭成。

另外，我們可以知道，胡蘭成雖然十多歲就已經接觸《易經》，但對《易經》能有體悟，則要到了三十九歲（1945）二次大戰剛結束，逃亡至浙江麗水時。胡蘭成這裡對《易經》所謂的「悟」，是近似於禪宗所謂「悟後起修」的那個「悟」。在 1961

年後，胡蘭成讀《易經》的態度與過去開始有了很大的不同，這個很大的認真與不同，則是「悟後起修」的「修」了。而從胡蘭成用短短的一句：「我今是天涯漂泊之身，亦時常想起那樣的事，若只許帶一本書，我則帶《易經》。」我們可以清楚知道，《易經》在他心底的絕對地位與分量。

再者，胡蘭成說「卦德」就是「性」，是與生俱來的「在」，所以沒有是非善惡的價值判斷問題。他認為萬物之德乃是萬物之象所「行」（展現）出來的，所以「卦德」是被「卦象」的各種可能姿態樣貌展現出來，然後再被人們所感受得知的。這裡的「行」不只是平常我們所謂行為的「行」，更是同時展現的「此有故彼有，此無故彼無」的「同在」。沒有吉凶禍福，無關善惡是非，這個「德」是與生俱來的超越，而「行」只是自然的將「德」展現出來而已。他更進一步表示，即使是人為的器物，亦皆有其所以存在的「德」，皆是有其思，有其超越善惡美醜的那個「在」。因此，胡蘭成所謂「修行」，實際上是回到原本的狀態，就如禪宗所說的「回家」，老子所謂的「無為」。由此我們可以知道，何以世人對胡蘭成非議紛紛的行為，他一點都無動於衷？因為他的行為（實踐傳統中國文人「學而優則仕」的夢）也只是展現「做為中國文人」那個本已存在的「德」而已。沒有是非，超越善惡。對於胡蘭成來說，「修行以知卦德」，便是「回到本來面目，便可與《易經》相應」。

筆者這樣說，並不是指胡蘭成認為傳統《易》學所強調的「承乘、比應、反覆、錯綜」等理解法則全然無用，也不是指無須理解《易經》的文字內容。他只是以他個人的體悟，對世人理解《易經》的方式做個真摯的提醒，得魚所以忘筌，渡河便要捨舟，切莫捨本逐末，忘了其所來的緣由。也由於他明白這樣的提醒恐怕不為世人所了解，畢竟「成見」既有，「學派」已成，「既得」更是難放。所以他在1963年2月6日給黎華標的信中，有所感觸的說：

> 我亦是未被人承認的。……學儒術的人最忌傲慢，以為世之所為不值一顧。又或以為今時社會複雜，學問專門化了，可以專事哲學一科，這可得人承認，但真實的學問不是這樣子。[32]

閣樓中不真實於人生的學問，被學術團體承認了；而巷弄裡真切於生活的學問，卻不受學術名家接受。儘管現實如此，胡蘭成在這自知不被承認的感慨中，仍有著相信真實學問必要切近於人生的自信。因此，我們看待胡蘭成談任何學問，都絕不可以離開「真實於生活中修行」這個基礎，否則與他所謂的學問是絕對不能相應的。而胡蘭成的「真實於生活中修行」的定義，則如上文所論，有著他自己獨特的指涉與體會。這固然是人們之所以誤解或不想理解胡蘭成之處，卻也是胡蘭成之所以在眾多民國名人中，獨樹一格，或受深愛，或被深惡，卻都無法不去注視的重要原因了。知胡者以此，罪胡者亦以此。[33]

---

32 黎華標編錄：《意有未盡——胡蘭成書信集》，頁107-109。

33 其實在薛仁明編的《天下事，猶未晚——胡蘭成致唐君毅書八十七封》中〈第五十七封〉（1961年11月2日）裏的箋注有唐君毅在同年的11月7日對此封信的回應，其中說道：「今日之學術界人之大病，在有知識而缺智慧，學者多膠固蔽塞，以一曲為大道而蔽塞，亦不能驟通。」

最後，筆者想說，一如本文開頭所謂的「知人論世」，世人如何看待胡蘭成的角度與心態，相當大程度決定了其眼中所看到的胡蘭成的樣子。而本文所呈現出來的胡蘭成及他對《易經》的見解，自然也相當大程度來自於筆者如何看待胡蘭成這個人。即使筆者所言皆引經據典，全憑證據，然而何以揀選這些證據？又何以如此解讀？必須誠實的說，當然與筆者所認為的胡蘭成是何模樣？絕對相關。做為學術討論，這些自知應無需諱言。

本文接受科技部106學年度計畫編號：MOST 106-2410-H-231-004 補助，後發表於《經學研究論壇・第四期》（臺北市：蘭臺出版社，2018年12月）

（頁 203）對於學者以一曲為大道的蔽塞之況，由身為大學者的唐先生嘴裏說出，不也正呼應著胡蘭成的生命感觸嗎？而胡蘭成在同書中〈第六十九封〉（1964 年 9 月 20 日）會以「每談學問，輒感寂寞」（頁 241）結尾此信，不亦宜乎？如今談胡蘭成之書、之文章亦已夥矣，但又有哪一本書在談胡蘭成的學問呢？他正如自己所說的，是「未被人承認的」，包含那些說他寫他的人，又有誰真的能懂他一腔心思都在這生命的學問裡，而他生命的學問又在晚年全部貫注的一部《易經》裡呢？所以筆者才說：「不知《易》，無以知胡蘭成。」

第九章　釋本光的「方山《易》」

一、前言

歷代詮釋《易經》主要不外象數、義理、圖書三大主流，後代學人根據自己的傳承、喜好或選擇，依此三途進入《易經》廣闊世界，各自尋找說明自己認為的真理。世間人如此，出世間的僧人亦如此。筆者在書寫博士論文時，傾注極大氣力在探索僧人如何看待《易經》的內涵與方式，除了進入僧人各類典籍，蒐集他們曾經發表與《易經》相關的隻字片語外，更整理出歷代僧人如何面對、運用《易經》的各種模式，進而有《當僧人遇見易經——蕅益智旭易佛會通研究》一書的完成。[1]雖然筆者已將許多僧人在各種典籍中曾提及《易經》的資料疏理解釋過，但對於明末清初蕅益智旭（1599-1655）之後僧人如何詮解《易經》的情況，仍未曾有文章發表。本文主要探討的釋本光是民初僧人，是筆者探討清初以後僧人如何詮釋《易經》的第一篇專文，希望藉此讓大家了解民國後出家僧人研究運用《易經》的情況，進而了解僧人在《易經》詮釋史上的位置。

1　請參見陳進益：《當僧人遇見易經——蕅益智旭易佛會通研究》（臺北：蘭臺出版社，2010年）。

由於在本文之前，學界未曾出現任何論文、專書討論過釋本光《禪與易——周易禪觀頓悟指要》這部唯一可見的「方山《易》」著作，而對釋本光本人的記載，也多流傳於網路部落格的文章中，且多來源相同或相互引用，故雖可於多處見及釋本光的生平事略，但內容多是相仿；且除生平簡述外，也未見對他的《易》學有任何深入探討。因此本文採全然進入釋本光《禪與易——周易禪觀頓悟指要》文本內，做細緻而深入的分析探討，試圖從其中的內容，整理出所謂「方山《易》」的主旨、家法與其如何看待歷來《易》說，看看這所謂流傳千年的「方山《易》」，與《易》學詮釋的三大主流有何異同？讓所有不是「方山《易》」門中之人，也有一窺「方山《易》」內涵的機會；同時，也藉此討論「方山《易》」學在民國《易》學史中的價值。

二、釋本光傳略與「方山《易》」授受大概

釋本光（1906-1991）祖籍四川平武，祖父與父親在四川綿陽為學官，世居綿陽。1924 年 18 歲時考入北京大學歷史系，受教於錢玄同（1887-1939）、湯用彤（1893-1964），並親炙陳獨秀（1879-1942）、李大釗（1889-1927）。後於上海遇太虛大師（1890-1947）講經而生出家之念。1928 年在普陀山法雨寺禮今覺老和尚（？）為師，剃度為僧。不久後隨侍太虛大師左右，學法相唯識大法。1932 年奉太虛大師之命赴武昌佛學院精研俱舍、唯識、因明、三論及佛教各宗派教義。1940 年受內遷之金陵大學邀請為講師，開設佛教心理學、比較宗教學及道家老莊哲

學課程。1947 年再奉太虛大師之命辭去教職，往上海靜安寺親近持松法師（1894-1972）學華嚴。居上海期間，遵太虛大師之旨為趙樸初（1907-2000）講授佛家《易》學——「方山《易》」，一生與趙樸初法緣極深，常有書信往來。法師經律論三藏皆精，尤愛般若學。亦博研諸子百家，尤精《周易》。唐棗柏大士李通玄（635-730）納《易》於《華嚴》，著《華嚴合論》，創佛家《易》學——「方山《易》」。「方山《易》」代有傳人，法師得四十二代師林際微（？）密授，並發揚光大，著有《方山易秘笈——易傳三評》傳世。1991 年 9 月 22 日圓寂，享年 86。其生平事跡《巴蜀禪燈錄》、《中華佛教名人大辭典》、《四川省宗教志》、《上海近代佛教簡史》等書皆有記載。[2]

從本光法師的生平來看，其精研教內外經典，對《周易》尤所擅長。比較特別的是，在他傳略中提到太虛大師命他傳給趙樸初的佛家「方山《易》」，竟是受一位在家女眾林際微所密傳而得，可見佛家「方山《易》」並非佛門中人所專擅，並且似是代有傳人。然一般學術著作卻未曾見到討論所謂「方山《易》」的文章，可知在《易經》研究中，對於「方山《易》」這塊佛門《易》學仍是十分陌生的。由於一般學術著作無法找到任何關於「方山《易》」的授受資料，因此筆者只好轉求於網路，雖說其言未必可信，但在缺乏相關資料的狀況下，不妨先當做參考，或可做為將來深入探討之階。目前可見有關對「方山《易》」較為詳細的說明如下：

2　請參見釋本光：〈本光法師傳略〉，《禪與易——周易禪觀頓悟指要》（成都：巴蜀書社，1999 年），頁 347-351。

> 「方山《易》」是佛家《易》學，創始人是隋末唐初李通玄長者，李長者為唐王朝家族，號棗柏大師，曾居方山研究《華嚴經》與《易經》，故後世稱佛家之《易》為「方山《易》」。方山是恒山山脈的一個分支，在五台山附近。……李長者為「方山《易》」創始人，鄴侯李泌為第二代傳人，以後「方山《易》」一直在民間秘密流傳，宋代范仲淹也是一代傳人，至清末林際微女士為四十二代傳人。林女士是興中會成員，何香凝女士之密友，畢生為中國民主革命奮鬥，晚年傳《易》于本光法師，是為四十三代「方山《易》」傳人。[3]

從這段記載，大約可以知道「方山《易》」之所以名為「方山」，乃因創始人李通玄曾在五台山附近一個叫「方山」的地方研究過《易經》的緣故。[4]由於是在民間秘傳，所以傳授過程也就無法說明清楚，（或許其宗派內部有清楚傳承名冊也未可知）其謂范仲淹亦是某代傳人，最清楚的是清末民初的林際微女士是第四十二代傳人，然後她把「方山《易》」傳給了本文所探討的本光法師，於是本光法師便成了「方山《易》」四十三代傳人了。另有一網路文章則寫得更具故事情節，其云：

> 聽了本光法師以前的錄音，才知道范仲淹原來和本光法師

3 參見周易玄《大易未央》節選十七。http://blog.sina.com.cn/s/blog_4bad16c101000a9b.html。

4 關於李通玄如何將《易》與華嚴合論，可參見王仲堯：《中國佛教與周易》（臺北：大展出版社，2003 年），頁 253-280。

一樣，也是「方山《易》」的傳人。范仲淹從來不顯示他的《易》學功夫，但是在〈嚴先生祠堂記〉這篇文章裏，他在頌揚東漢高隱嚴子陵時，還是透露出了一點消息，談到了蠱卦和屯卦。……宋代還有一個「方山《易》」的傳人，就是李綱。……與韓愈齊名寫〈復性〉的那位李翱，也是「方山《易》」的傳人。明朝還有一位「方山《易》」的傳人，就是幫助明成祖朱棣登上皇位的姚廣孝。……總之，「方山《易》」的傳承一直在民間延續，雖然也有前面提到的范仲淹、李綱等上層人物，但他們從來都是潛行密用，並沒有讓「方山《易》」進入到官學之中。「方山《易》」的傳人中甚至多有篾匠、鐵匠這些社會最底層的人物。……當年，本光法師在浙江遊方時，在紹興城外遇到一個老太婆挑了一筐竹簍在路上走。他和一個師兄走在後面，發現這個老婆婆的竹簍上面編有八卦的圖案，於是就去跟老太婆搭話，問老婆婆你這個竹簍簍上怎麼還編著八卦呢？老太婆說：「咦！你這個和尚還曉得八卦啊？」本光法師說:「我曉得啊!我小的時候還戴過八卦帽的。」他們就這麼聊啊聊，知道這個老太婆編竹簍來賣是為了維持生計的。本光法師說：「你賣竹簍就是了，為什麼還要編個八卦上去呢？」老太婆說：「編這個嘛！也是哪個買到了哪個就有好處嘛！」本光法師很留心，和那位師兄告別後，就悄悄去找這個老太婆，找到後才知道，這個老太婆原來是一位《易》學大師。實際上，她是真正的書香門第，是很有來歷的人物，曾與孫中山、宋慶齡一起鬧革命，是黃花崗七十二烈士當中的一個遺孀，後來悄悄流落民間，以編竹簍為生。這個老太婆就是「方山《易》」的第四十二代傳人林際微。[5]

這段文字開頭就明白說「聽了本光法師以前的錄音」，可知其可以說得如此清楚，都是聽自本光法師錄音所說，因而在傳承「方山《易》」中又多添了幾位名人，像是唐的李翺、宋的李綱、[6]明的姚廣孝等，但他依然強調「方山《易》」雖經這些名人之手，卻仍保持潛行密用的民間性格，寧願傳在工匠之間，也不願帶入官學之中，亦不願大為推廣。至於其原因為何？就不得而知了。由於這一切關於「方山《易》」傳承歷史的說法，都是來自本光法師的錄音，所以對其如何承接「方山《易》」的描述分外清楚。整個過程情節有如小說，彷彿是命中註定般，林際微這個故事中的革命先烈女眷，正揹著編有八卦的竹簍要賣，但又彷彿賣八卦竹簍是假，在浙江要遇上懂《易經》的本光法師才是真。[7]雖然網路文字未必可據，但在無其他可徵引的資料出現前，本光法師弟子依其師生前言語所記載的說法，對我們初步了解「方

5 請參見若萱小筑〈易經繫辭通講五十一〉。http://blog.myspace.cn/e/404074665.htm。

6 「方山《易》」傳人之所以會提到李綱，可能因其嘗謂：「《易》立象以盡意，《華嚴》托事以表法，本無二性。世出世間，本無二道。」等將《易》與《華嚴》同比等說之故。請參見王仲堯：《中國佛教與周易》，頁 380。

7 另外，在本光法師弟子馮學成受訪的文章〈君子以正位凝命〉中，也有林際微傳「方山《易》」給本光法師的說法，可見此說應為本光法師自己親口告知眾弟子的。http://www.luyinyao.com/dsjj/Print.asp?ArticleID=1300&Page=3。

山《易》」的傳承背景多少有些助益。

三、「方山《易》」核心宗旨——人事社會與國家民族

（一）重「《易》象明理」，以「陽明」正知聯結世出世間

本光法師於《禪與易——周易禪觀頓悟指要》中明白指出「方山《易》」的核心宗旨，其云：

> 吾家傳承方山《易》學，不誇大《易》之數術，對於《易》之天文與占候之學亦不推崇。吾家注重于《易》象明理，于陽陰二氣明卦象及爻象之位數，據此分析人類社會人事物象，作鍛煉身心性命之指導，歸結于道德智慧之操守。以一己陽明正知，篤行世間人乘正法，建立陽明學處，更趨入佛法，建立菩薩般若學行願處而已爾。[8]

此段開頭「吾家傳承方山《易》學……」，充滿了一派宗師訓示教喻的口氣。本光法師指出「方山《易》」特重「《易》象明理」，乃因其所謂「方山《易》」學的開山始祖李長者在《華嚴合論》中，將華嚴宗的形象描述歸結為「取象表法」，把華嚴宗的說明敘事歸結為「托事顯象」，不論是「取象表法」，或者是

8　釋本光：《禪與易——周易禪觀頓悟指要・方山易學秘笈、易傳三評》，頁271。

「托事顯象」，「象」都顯然是聯結「事」與「法」的核心關鍵。這個核心關鍵的「象」，正好與《易經》中用以表達各種天地萬物人情狀況的卦爻之象可以交相呼應，所以他聯結了《易經》中的「象」，而謂「吾家注重《易》象明理」。雖然「方山《易》」並不推崇以數術、占候、天文等法談《易》，但因為祖師李長者本身已借用這些方法論《易》，[9]是以宗師既然這樣談，本光法師即使覺得不妥，亦只能說「不誇大、不推崇」，但卻不能加以排斥否定，可知「方山《易》」中的數術、占候之法必依然流行，此與傳統以義理言《易》者自不相同。

其次，本光法師說「吾家注重于《易》象明理，于陽陰二氣明卦象及爻象之位數」，此中應特別注意者乃在於「陽陰」二字。一般談及《易經》陰陽二爻或二氣時，都是慣用「陰陽」來稱呼，但本光法師這裡卻特別說成「陽陰」，乃是因為「方山《易》」派是以《易經》中的乾卦陽爻為其學之核心，特重乾卦陽爻所含的「陽明」正向能量，他們希望在此「陽明」的基礎上，分析人類社會人事物象，作為鍛煉身心性命之指導，並歸結於自身的道德智慧操守中。且在其為出家僧人的立場上，進一步的聯結世出世間，一方面在世間先做到「以一己陽明正知，篤行世間人乘正法」，然後在這個基礎上，進而達到出世間的「更趨入佛法，建立菩薩般若學行願處」的終極目標。可見「方山《易》」派核心宗旨乃在借《易》象以明理，進而回歸到研究者的自身慧命，在世間人乘上建立起自己的道德修養，在出世間的佛法上則要如菩薩般的護祐眾生。這種意見，與傳統儒家「內聖

9 王仲堯：《中國佛教與周易》，頁 253-280。

而外王」的生命終極目標是十分相近的。

在評解〈乾・文言〉後，他又再次強調「方山《易》」所重，乃在鍛煉身心性命，修養道德智慧的主旨，其云：

> 此〈文言〉開後代不以卦象爻辭位數而說《易》道之惡例。以後，魏之王弼、明末之王而農即如是也。……吾家後學，當于乾卦示教利喜之義，觀象玩辭，明了于心，以乾道陽明學處之建立為治學之目的，鍛煉身心性命，修養道德智慧，按「乾道變化，各正性命」之指示，自強不息。有志于《易》學者，勉之哉！[10]

由此可知，「方山《易》」雖然十分強調《易》道所承載的道德智慧價值，但卻不贊成離開「象、位、數」去詮釋卦爻辭的義理式說《易》，即使是早已成為《周易》經傳一員中的〈文言〉，他仍以其為「開後代不以卦象爻辭位數而說《易》道之惡例」者，並特別指出王弼以來，專以義理說《易》之不是。（然而王弼是否全不管象、位、數而專以義理說《易》，恐怕仍有商討餘地。）[11]

10　釋本光：《禪與易——周易禪觀頓悟指要》，頁 337。

11　就以王弼注渙卦「象曰，渙亨，剛來而不窮，柔得住乎外而上同」時云：「二以剛來居內，而不窮於險；四以柔得位乎外，而與上同。內剛而无險困之難，外順而无違逆之乘，是以亨，利涉大川，利貞也。凡剛得暢而无忌回之累，柔履正而同志乎剛，則皆亨。」來看，王弼豈不談位？二以剛來居內，四以柔得位乎外，是兼談卦之內外與位也。而其〈明卦適變通爻〉則云：「夫應者，同志之象也；位者，爻所處之象也。承乘者，逆順之象也；遠近者，險易之象也。內外者，出處之象他指示「方山《易》」的弟子們，要在《易經》首卦乾卦便教示以「利喜」之義。（利者，義之和。故是公利，非一己之私利。其喜乃因公義之利而喜，與佛法菩薩佈施之義相通。）至於如何體會「利喜」之義呢？則要「觀象玩辭」，由不斷觀察思索《易》「象」的訓練中，再三玩味體會《易》中卦爻之辭，這樣才能「明了於心」，返歸於自身性命而有所得。接著在逐漸積累之後，「以乾道陽明學處（即行為準則或戒律）之建立為治學之目的，鍛煉身心性命，修養道德智慧。」其謂「以乾道陽明學處之建立為治學之目的」，可知「方山《易》」派是以認知體悟以乾卦純陽六爻之健行不已的陽剛能量的「乾道陽明」為立學基礎，以此陽剛純健不已的體悟去鍛煉自我身心性命，修養自我道德智慧。最後他勉勵弟子們要按「乾道變化，各正性命」的指示，自強不息。要弟子們全然觀照乾道六爻在各個位子所展現的「潛、現、或、惕、飛、亢」的變化上，（「乾道變化」）體會生命的各種際遇流轉與身心該如何調整應對。（「各正性命」）這也就是為何「方山《易》」派談到《易經》中的「陰陽」二字時，特別強調，一定要說「陽陰」，而不可依舊例說成「陰陽」之故。蓋此派之建立基礎乃在「乾道陽明」，這種做法在民間各種宗教立派時十分常見，一開口說「陽陰」，便知是我「方山《易》」派弟子；若開口即道「陰陽」，則非我門中人。

也；初上者，終始之象也。……故觀變動者，存乎應；察安危者，存乎位；辯逆順者，存乎承乘；明出處者，存乎內外。」則其不只談位之承乘比應，亦談內外遠近逆順之象，則其所掃者，乃是各種比附卦爻之漢末流弊之象，而非全然只談義理而已。請參見樓宇烈校釋：《老子周易王弼注校釋》（臺北：華正書局，1983 年），頁 508、604。

由今日可見資料來看，「方山《易》」派確實可知宗師其實只有本光法師，而他口中的四十二代祖師林際微，究竟是否真有其人？真有其秘密傳授？乃至於從唐代李長者、李翺、宋代范仲淹、李綱、明初姚廣孝等一路以來的名人傳承之說，到底有何證據？至少到目前為止，除了本光法師的口述之外，實在未見有任何其他資料可以證明。當然，就本光法師自己所云：「『方山《易》』的傳承一直在民間延續，雖然也有前面提到的范仲淹、李綱等上層人物，但他們從來都是潛行密用，並沒有讓『方山《易》』進入到官學之中。『方山《易》』的傳人中甚至多有篾匠、鐵匠這些社會最底層的人物。」那麼或者潛行密用，或者流傳在社會底層的「方山《易》」，自然是不會留下什麼清楚的記錄了。

（二）六爻總在說人道

本光法師在評解〈易辭上傳〉「《易》與天地准，故能彌綸天地之道」時，將天地與人事物象合論：

> 與天地准，猶言與天地間人事物象相准也。天地合為一辭，當作天地之間而理解。准，應作齊等理解。凡象辭爻辭中天地一辭，都指天地之間人事物象而言，此為吾家《易》學之一定例。[12]

在「方山《易》」派中，卦爻辭中所見天地二字，指的都是天地

12　釋本光：《禪與易——周易禪觀頓悟指要》，頁255。

之間的人事物象。本光法師如此解《易》，是將《易經》一卦六爻代表天人地三才的傳統理解，轉成只與人道貼近，讓《易經》落實到專門為人所使用。他不同意以天、人、地三才解《易》的方法，因為如果卦中六爻的上下四爻指天與地，那麼人僅是卦中三分之一，這與「方山《易》」特重人事社會，鍛煉身心慧命的宗旨就不能十分吻合了。所以他在評解〈易辭上傳〉「六爻之動，三極之道也」說：

> 吾家《易》學講說，六爻之動並非三極之道。認為，上二爻並未說天道，下二爻並未說地道，中二爻說了少許的人道。六爻總在說人道。[13]

本光法師這樣說，是因為「方山《易》」開山祖師李長者說《華嚴》時，就引《易緯》卦氣之說，而在《易緯》中，又有六爻分別表「初為元士、二為大夫、三為三公、四為諸侯、五為天子、上為宗廟」之說。[14]開山祖師如此說《易》之六爻，而這個說法正符合本光法師期勉學《易》者所應重視人的自身道德智慧修養，所以他說「吾家《易》學講說，……六爻總在說人道。」六爻皆以人言，可知「方山《易》」派之立派宗旨全在於人之自身。

在評解〈易辭上傳〉「與天地相似，故不違；知周乎萬物而道濟天下，故不過」時，他更直接明說：

13 釋本光：《禪與易——周易禪觀頓悟指要》，頁 252。

14 請參見王仲堯：《中國佛教與周易》，頁 261-266。

> 「與天地相似」，是說與天地之間社會人事相似。《易》之卦象爻象不與社會人事相違。社會人事變動極大，六爻變動關係，即能說明之，故不違也。……「萬物」當作人事物象紛紛之萬象而言。「道濟天下」之「道」即陽明正知所知的乾陽之道，簡稱乾道。最能體現乾道的，莫過于國家政權與民族精神，道濟天下不離開國家與民族，否則成為一句空話。[15]

他說「《易》之卦象爻象不與社會人事相違。社會人事變動極大，六爻變動關係，即能說明之，故不違也。」則「方山《易》」派看《易經》六爻之變動全然相對應於社會人事的變動。他不只把天地直接看作天地間之人事社會，萬物看作是人事物象之紛紛，更將國家民族精神看作是最能體現《易》道的。最後解釋「道濟天下」的「道」時，直接說這個「道」就是前文我們所提及「方山《易》」派聯結世出世間的「陽明正知」所代表的《易經》乾卦純陽之道，亦即是我們之所以觀其變化而「各正性命」的「乾道」。他更甚至直說「最能體現乾道的，莫過于國家政權與民族精神」，而且如果不能將「方山《易》」核心「陽明正知」落實於此，則《易經·繫辭傳》所謂「道濟天下」便是一句空話。

我們乍看本光法師身為出家人，卻將「方山《易》」詮釋《易經》的方法與人事社會、國家民族聯結的如此緊密，甚至以為如果不這樣緊密聯結社會國家來說《易經》，則《易經》中所

15　釋本光：《禪與易——周易禪觀頓悟指要》，頁256。

謂可以濟度天下之「道」就是空話了。一時之間，可能很難理解一個出世間的僧人，何以會如此強調國家社會來立宗建派的詮釋《易經》？但如果我們回頭看看本光法師的生平經歷，就不難找出其所以如此的端倪了。本文前面提及本光法師的傳略云：「18 歲時考入北京大學歷史系，受教於錢玄同、湯用彤，並親炙陳獨秀、李大釗。後於上海遇太虛大師講經而生出家之念。……不久後隨侍太虛大師左右，學法相唯識大法。1932 年奉太虛大師之命赴武昌佛學院精研俱舍、唯識、因明、三論及佛教各宗派教義。……1947 年再奉太虛大師之命辭去教職，往上海靜安寺親近持松法師學華嚴。居上海期間，遵太虛大師之旨為趙樸初講授佛家《易》學——『方山《易》』，一生與趙樸初法緣極深，常有書信往來。」在這段本光法師的生平中，我們可以看到他是深受陳獨秀、李大釗等人影響，而其出家的因緣與出家的生命，則又是完全跟隨著太虛大師的。陳獨秀、李大釗是民初左派提倡共產革命主義的佼佼者，而出家的太虛大師亦因全然投入佛教及社會的改革，提倡「人生佛教」，而受到不同立場者非議。[16]而據本光法師所說，傳授他「方山《易》」的第四十二代宗師林際微女士，也是民國黃花崗革命先烈的妻子。由這些生平傳略可以得知，「方山《易》」派目前唯一可以找到確定資料的宗師本光法師，其雖為出家僧人，但所受的傳承與影響卻全然是投入社會國家改革的積極分子。因此其所傳承的（或者其實是他自己創立的？）「方山《易》」如此強調《易經》中所謂的「道濟天

16 關於太虛和尚的討論極多，讀者可參考：洪啟嵩主編《現代佛法十人（二）：佛教的改革者——太虛》（臺北：網路與書出版社，2021 年）。

下」，若不談社會國家民族精神就是空話，也就全然可以理解了。至今我們仍不知道在本光法師之前的中國歷史中，是不是真的曾經有過一個潛行密授的「方山《易》」派？但我們可以確定的是，在本光法師之後，歷史上真的有一個「方山《易》」派出現了。並且直至現在，我們隨便在網路上打下「方山《易》」三個字，依然可以看到一些報導與連結。

本光法師除了全以人事談卦爻象位外，在評解〈易辭上傳〉「天下之理得，而成位乎其中矣」時又說：

> 吾家《易》學講授《易》之卦象爻象，只要提到「正位」、「成位」等辭，都要警告學人，自己的人事在社會地位中能正位乎！能于爻所居之位，分別詳審之乎！特重「正位凝命」的指示，以及「君子思不出其位」、「君子以立不易方」等的指示。要求學人結合自己的身語意三業，作最大的反省。鍛煉身心性命，修養道德智慧，才能建立一己陽明正知學處。[17]

他說只要在《易經》中出現「正位」、「成位」等辭，都是在警告提醒學人，有沒有在人事社會地位中正己之位？能不能將自己的社會地位配合卦爻所居之位來審慎思考？他說「方山《易》」家特重「正位凝命」、「君子思不出其位」、「君子以立不易方」等指示，看看自己有沒有在自己的位子上好好的活出自己應有的樣子？並且要求「方山《易》」門人，要結合身語意，對自

---

17 釋本光：《禪與易——周易禪觀頓悟指要》，頁 250-251。

己的生命做最大最深的反省，然後一樣強調要「鍛煉身心性命，修養道德智慧」，「建立一己陽明正知學處」。而為了標舉人的重要性，他在評解〈說卦傳〉「幽贊于神明而生蓍」時也說道：

> 蓍乃蒿類之草，並非神物，神明之人用之而作筮，此草則神奇矣！今用錢幣占筮，則錢幣亦可謂之為神物。[18]

不論是被神聖化的蓍草還是庸俗流通的錢幣，其本身都沒有什麼特殊性，只有被有道德修養與智慧的人拿來占卜，祂們才會成為神物。可見「方山《易》」家所神者全在於人。此亦可見本光法師心心念念皆在告訴「方山《易》」門人，莫忘「人事社會、國家民族」方是我門宗旨，切莫著迷於《易經》特有的占變預示，而忘了人才是一切本源。

四、「方山《易》」家法

非「方山《易》」門中之人，要理解其《易》法，除了入其教門之外，第四十三代「方山《易》」掌門人釋本光法師所寫的《禪與易——周易禪觀頓悟指要》，恐怕是我們理解「方山《易》」的最佳鎖鑰。以下為筆者細讀全書後，梳理出的「方山《易》」家法：

---

18 釋本光：《禪與易——周易禪觀頓悟指要》，頁 202。

（一）特重〈說卦傳〉，為其《易》學入門

在《易經》諸傳中，「方山《易》」家最重視〈說卦傳〉，將〈說卦傳〉視為《易》學入門，本光法師云：

> 《周易》者，周人所治之《易》學也。……〈說卦傳〉能引起學《易》之興趣，更能作《易》學入門之啟導，為此，特作評解以發其微。解則解之，何言評解？以〈說卦傳〉作者們編述此傳，尚存在字義、詞義與所立義之差誤，不得不予之糾正，方可得而解也。當知，依《易》之卦象爻象而說教、而立義，是逐漸進步，隨時代發展的。時到今日，《易》學亦在探討發展中，此正吾輩治《易》者所當從事者。《易》以象告，象由符號表示。……[19]

〈說卦傳〉之所以為《易》學入門的啟導，乃是因為集中保留了自古以來八卦所表的各種卦象，而「方山《易》」家的重要宗旨正在「重《易》象明理」，（《易》以象告）是以〈說卦傳〉在其家法中的位置自不同於其他諸傳。除此之外，上述引文還有下列幾個重點：一是表示了本光法師認為〈說卦傳〉非成於一人之手，雖極重視〈說卦傳〉，卻也不是一律贊同其中所說，故用「評解」作標題，認為〈說卦傳〉還是有些地方需要做修正的；二則是本光法師所以對〈說卦傳〉能作評解、當作評解，乃在他認為《易》學是一種隨著時代逐漸進步發展的學問，因此研究《易》學，自然也應保持隨時修正、與時俱進的心態。這種「不

19　釋本光：《禪與易——周易禪觀頓悟指要》，頁 198。

斷發展」的動態解《易》觀點，也是「方山《易》」派論斷卦爻吉凶時的重要視野。

不過也由於〈說卦傳〉多在八卦之象上用力，而少談及爻位變化作用，故只能作為入門讀物，只有啟導作用，對於認知《易經》其他更深之義，只讀〈說卦傳〉顯然是不夠的。故本光法師云：

> 〈說卦傳〉在《易》之象數方面，未加深言，但在說明作為《易》學基本因素之八個卦之含義及相互關係，引喻事物所擬之卦象時，都有其精確處。借用為《易》學入門之方便讀物可耳。[20]

那麼，「方山《易》」家對於其他《易經》諸傳的看法又是如何的呢？我們可由下列數段得知大概。本光法師云：

> 吾家《易》學講授《周易》四傳，特重〈說卦傳〉、〈雜卦傳〉兩篇。認為《周易》卦象下所繫的古卦辭、彖曰之辭、象曰之辭、爻象下所繫的爻辭，及爻末象曰之辭，都是有機結合編次在一起的。六十四卦、三百八十四爻編次完結，即附〈說卦傳〉、〈雜卦傳〉于其末。依據此說推源《周易》在文王、周公與周之賢士公開之時，即有此〈說卦〉、〈雜卦〉兩傳了。……吾家師長講授〈繫辭傳〉，只扼要地揭露偽妄的附會，不流于漢《易》、宋

20 釋本光：《禪與易——周易禪觀頓悟指要》，頁 200。

> 《易》之故轍也。古今治《易》學者，有謂〈繫辭傳〉為孔子作，亦有認為此傳非孔子作。〈繫辭傳〉晚出，或在秦末、漢初，考證家也難以確定。今觀〈繫辭傳〉所立論與其文辭特點，實為治《易》學者共所編述，非一人之手筆，亦非一時所能完成。[21]

他除表示「方山《易》」家特重〈說卦傳〉、〈雜卦傳〉，認為這兩篇傳在《周易》初成時已隨經附在後頭，故特別重要；更認為《周易》的卦、爻辭及彖曰、大小象等辭，都是有機的（即有意義的）結合編次在一塊的，並非如一般人認為只是占卜之辭的搜集整理而已。也因此，他們認為《周易》本是周王室貴族所專用，是後來才公開於民間。這種說法雖與今日學界所認同的說法有異，但我們卻可由此窺見「方山《易》」家對《周易》是怎樣看待的。[22]其次，他們認為〈繫辭傳〉並非孔子所作，大約是秦、漢間發展完成的，這則和今日一些學者的見解相近。這樣的看法，主要還是由於他們看待此傳是用「扼要地揭露偽妄附會」

21　釋本光：《禪與易——周易禪觀頓悟指要》，頁 244。

22　今人一般對《周易》的看法大約如朱伯崑在《易學漫步》（臺北：臺灣學生書局，2010 年）中所云：「《易經》的形成是一個過程，卦辭、爻辭可能不是一人所作；……從歷史記載來看，主要是從卜辭和筮辭中挑選出來的，……所以在從原來的筮辭轉變為卦爻辭的過程中，也經過了很多的編排和文字加工。……從整體來看，《易經》的卦爻辭主要還是筮辭的堆砌，大部分卦的各爻辭之間以及各卦之間都缺乏，甚至沒有邏輯的聯繫。……編者並不是周文王或周公，而很可能是西周時間的一個或一些卜史。」（頁 38-41）亦可參見本書第一章〈《古史辨》中討論《易經》相關問題之省思〉。

的態度，與看待前二傳的態度迥然不同。故於評解〈繫辭傳〉的序時，開頭便說：

> 吾家《易》學傳承講授，對〈繫辭傳〉多有異議。此傳純駁互見，立論不就彖辭象辭之義而發揮，且有違反彖辭象辭之處。對彖辭象辭宏博淵深之立義，〈繫辭傳〉作者未之審也。吾家師長講授此傳，持評議態度。此傳中亦有精卓的立義，對之則予以肯定。[23]

雖不排除〈繫辭傳〉中仍有精卓之處，但由於他們認為〈繫辭傳〉中，有與卦爻辭義不全然相同之處，也有不針對卦爻辭解說而自行發揮之處，所以在「方山《易》」派的講授家法中，大體是持「評議」態度的。

(二)〈雜卦傳〉有「方山《易》」不公開的六十四卦序

比較有趣特別的是本光法師對〈雜卦傳〉的態度，他說：

> 〈雜卦傳〉錯簡脫句，使之成為不可竟讀之文。標以「雜卦」之名，使之更為人所輕蔑，實則，〈雜卦傳〉中隱含六十四卦錯綜變化種種關係。與之重定，即可成為簡捷的序卦，較今流行本中晚出的〈序卦傳〉更為得體。重定〈雜卦傳〉為六十四卦之序，是吾家《易》學的秘笈，尚

23 釋本光：《禪與易——周易禪觀頓悟指要》，頁245。

> 未公開也。對流行本的〈序卦傳〉，吾家《易》學不予解釋，以其序次排列的所依義不當之故也。[24]

將今日〈雜卦傳〉所以不受重視之因歸咎於錯簡脫句及「雜卦」之名，而在釋本光的眼中，〈雜卦傳〉隱含了六十四卦錯綜變化的各種關係，如何依〈雜卦傳〉中錯綜變化的關係，而重定出一個較今日流傳的〈序卦傳〉，更為得體、更有意義、更簡捷的六十四卦次序，是「方山《易》」家至今尚未公開的秘笈。至於他們何以不公開「方山《易》」家所重定的六十四卦次序的原因雖令人好奇，但由於本光法師沒說，我們也就無法得知，只好等待日後因緣俱足了。當然，在民間門派傳授中，為了某些目的，藏有不能公開的「秘笈」，似乎也是一件常見且「必要」的事。我們不知道本光法師所傳的「方山《易》」派，為什麼不能公開這個依〈雜卦傳〉而重定的卦序？但因為他們已有自己對六十四卦序的特殊見解，因此現今流傳的〈序卦傳〉在「方山《易》」派中就毫無討論解釋的必要了。

而在〈文言傳〉中，「方山《易》」派則是重視坤卦的。其評解〈坤・文言〉開章便云：

> 吾家《易》學于乾坤兩卦之〈文言〉，特重〈坤・文言〉。〈坤・文言〉之立義，最要在接近佛法業感緣起之教，揭露社會陰暗面，以警策人們。[25]

24　釋本光：《禪與易——周易禪觀頓悟指要》，頁 245。

25　釋本光：《禪與易——周易禪觀頓悟指要》，頁 337。

「方山《易》」派在乾坤兩卦的〈文言〉中，特重坤卦〈文言〉，其原因乃在它「接近佛法業感緣起之教，揭露社會陰暗面，以警策人們。」這大概是來自於坤卦〈文言〉「積善之家必有餘慶，積不善之家必有餘殃」，這句話特別近於佛法業報說的緣故。而「臣弒其君，子弒其父，非一朝一夕之故，其所由來者漸矣，由辯之不早辯也。」這句話，則使他們覺得有「揭露社會陰暗面，以警策人們」的意味。因此，雖然「方山《易》」家明明是重在因體會乾卦六爻純陽力量，而強調要建立陽明正知學處，以返身自修道德智慧。但由於坤卦〈文言傳〉這幾句話十分接近「方山《易》」家所強調，植基於人事社會國家民族精神方不落空的前提，因而專就此點來獨尊坤卦〈文言〉的。在民間開宗立派時，這種隨取經典中符合自己教義之處而加以推闡的做法，是十分常見且有效的。

（三）象、數、位一體，觀變玩占，己事人事，都當隱密

本光法師在《周易禪觀頓悟指要——方山易學秘笈、易傳三評》[26]的引言開頭便說：

> 在重卦中乃可名陽爻陰爻，單卦中陽儀陰儀不得說為爻。單卦八不以爻象言，陽氣代號與陰氣代號集結，乃可成象。符號用以表象，道也理也俱以代號所成之象告示之。

26　書名中的「秘笈」，恐怕即是他們依〈雜卦傳〉所重定的卦序，因隨後的內容只見三種《易》傳的評解，未見所謂「秘笈」，再結合本文上段所說，可推知此即上段所謂「尚未公開」的「吾家《易》學秘笈」。

說道說理，可隨時代發展而可以有不同引申含義，象之代號則不變。[27]

在「方山《易》」家中，所謂卦象，可在八單卦或六十四重卦中說；但若談及爻象，則八單卦裏沒有爻象可言，必得等到陽氣與陰氣集結成重卦六爻之後，方有爻象可言。所以在「方山《易》」家中，稱呼八卦的「陽爻」與「陰爻」為「陽儀」、「陰儀」，因此如果見人談八單卦時，開口閉口皆云「陽儀」、「陰儀」，則可斷知此是吾門中人；反之，若開口閉口便云「陽爻」、「陰爻」，便知其非同道中人了。這與前述其必稱「陽陰」，不稱「陰陽」的方式，可同視作民間教派幫會常用之「密碼」，用以區別是否為我門中之人的暗號模式。又由於卦象、爻象皆以符號表述，所以世間事物雖可能會與時俱進、有所不同，然而這些做為符號代碼的卦爻象，卻不會因為時世之變換而有所不同。所以「方山《易》」家特重以此不變之象，論斷一切人事應然實然之吉凶。他接著又將數與位拉進來說：

象必具數，數必居位，无象不足以言《易》。《易》專言社會人事物象，以陽陰氣數之長消，剛柔之變化，明人事物象情偽之實際，可獲得對付之戰略與策略也。故《易》以象告，更能以象數而告。將《易》學稱為《易》數之學，亦无不可。[28]

27　釋本光：《禪與易——周易禪觀頓悟指要》，頁 199。

28　釋本光：《禪與易——周易禪觀頓悟指要》，頁 200。

因為所謂的卦象爻象既是陽陰二氣結集的代號，那麼它在六爻之中的位置與陽陰，皆在其成象之時便已固定下來，因此他說「象必具數，數必居位」。簡而言之，在「方山《易》」家的眼中，《易經》的象、數與位是三而一的。

吾人論《易》，不論漢、宋，不就在這象、數與位的陰陽變化之中闡釋推論嗎？本光法師所代表的「方山《易》」家，因為始終都是立足於關懷人事社會與國家民族發展，所以他在此處直接說「《易》專言社會人事物象，以陽陰氣數之長消，剛柔之變化，明人事物象情偽之實際，可獲得對付之戰略與策略也。」把《易經》陰陽的氣數消長及剛柔變化，全放在人事情偽變化的判斷上使用，並欲藉此以形成所謂如何應對的策略。由此可知，「方山《易》」家全然是一個實用主張的《易》學門派，而這個「實用」，又是貼合在政治社會與國家民族上的。

在評解〈繫辭上傳〉「鼓天下之動存乎辭」時，本光法師更進一步的強調明象的重要與特別，他說：

> 《易》象所繫之辭，人們能讀懂體會者有之。強調《易》象所繫之辭能鼓動人們的行動，這個說法是對的。觀《易》象而動，以所繫之辭作參考，這樣知《易》的人是很少的。[29]

由此可知，「方山《易》」家重《易》象勝過《易》辭，他們認為能「觀《易》象而動」，把《易》辭當作參考，才是真的精通

---

29 釋本光：《禪與易——周易禪觀頓悟指要》，頁 284。

《易》學之人。而這個「強調《易》象所繫之辭能鼓動人們的行動，這個說法是對的。」是十分吻合「方山《易》」家實用導向的社會國家性格的。此其家法中的一大特色，與一般《易》家有很大的不同。所以他談到如何看待《易》中的吉凶占斷時，謂：

> 學《易》者平居之間，當觀玩爻辭，熟悉《易》教的理趣，用以修身。占，指人們的行事昧于前景，思預測某事的結果，這就用占卜決疑。……吾家師承講授，觀變玩占，己事人事，都當隱密，不可遇事求占。迷信占斷，不如熟思所占爻辭悔吝警惕之語。某事最終的吉凶，非爻辭吉凶斷語而能決定，觀變玩占，實是借鑒參考。昧于形勢發展的因素，依占辭以自信，乃愚妄之人也。不可為凡小者作占。明良之君子可占亦可不占，以其知禮能立也。[30]

全然將事物最終的吉凶交到人們自己的手上，謂只依占辭吉凶進退而昧於形勢發展的是愚妄之人，要學《易》者把平時觀玩爻辭的目的放在「用以修身」上。可見「方山《易》」家雖談卦象爻象與數、位等關係變化，且不排斥推斷占卜之事，但一切仍回到人事社會中的需求與道德修養的提升，與傳統象數漢《易》與義理宋《易》的分割兩端是不同的，而這樣的《易》學發展趨勢，民國以後越發明顯。[31]比較特別的是，《易經》占卜本不是一件

30　釋本光：《禪與易——周易禪觀頓悟指要》，頁 253。

31　關於民國以後的《易》學家談象數而不忘義理提醒最有名者，如杭辛齋、尚秉和等人皆是。另外，如本書前面數章所提之黃元炳、馬振彪諸人，亦皆如此治《易》，讀者可參看之。

什麼神秘之事，這中間有問者，有卜者，在問者與卜者之間自有其問答交流。但本光法師卻特別警告門中之人說：「吾家師承講授，觀變玩占，已事人事，都當隱密，不可遇事求占。」這實在有著十足秘密結社，凡事不可太過公開的味道，與民國以來的政治社會風氣發展，以及他本身師承經歷，似乎都有著某種相互呼應的關係。

（四）將「陰陽」說作「陽陰」，且不使用「月」字

本光法師說《易》必須先陽後陰的提醒，充滿全書各處。如其評解〈說卦傳〉時云：

> 「觀變于陰陽而立卦」，流行本作「陰陽」，〈說卦傳〉作者與古今治《易》者，均習慣先說陰後說陽，實際為一差誤，吾家《易》學講授時說為陽陰，方不背于二氣之主從關係。此句中之陽陰，指資始之陽氣與資生之陰氣而言。凡具象之事物，皆含俱陽陰二氣交易變易，相互作用之功能。[32]

只要碰到《易》中任何談及「陰陽」之詞，在「方山《易》」家一律改為「陽陰」，方不違背陽陰主從的關係。如在書中，他改〈說卦傳〉「立天之道曰陰與陽」為「立天地之道曰陽與陰」；「分陰分陽，迭用剛柔」為「分陽分陰，迭用剛柔」。[33]若不遵

---

32 釋本光：《禪與易——周易禪觀頓悟指要》，頁 202。
33 釋本光：《禪與易——周易禪觀頓悟指要》，頁 204-205。

此而照前人舊說云「陰陽」者，則非「方山《易》」門中人。故在評解〈繫辭下傳〉「懸象著明，莫大乎日月」時云：

> 天之懸象，以日晶為主，照臨下土，此即懸象顯著之現實。諸家注偏愛說月，甚至以日月為兩儀，還有坎為月之謬說。吾家《易》學改易此句為：「懸象著明，莫大乎曰晶」。〈說卦傳〉有離為日之說，更有離為乾卦之說，此皆精卓之立義。「方山《易》」學遵此解說《易》象顯幽之義，不可忽也。[34]

直接將月字貶出「方山《易》」學之外，改「莫大乎日月」作「莫大乎日晶」。直指坎為月是謬說，代表陰的月在「方山《易》」家法中的位置可見一般。他不僅依自己的想法更改《易》中經傳之文，並要求「方山《易》」學中人一定要遵從先陽後陰的家法說《易》，以為這樣才能彰顯《易》象之幽微，其開宗立派氣象，躍然紙上。回顧本光法師所謂的李長者、李翱、范仲淹、李綱、姚廣孝等歷代祖師們，又有誰把「陰陽」一定得說改成「陽陰」？又有誰指斥過坎為月是謬說呢？由此來看，我們不得不對「方山《易》」學傳承的歷史真相到底如何？心存疑問了。

我們再看他評解〈乾・文言〉之「大人者，與天地合其德，與日月合其明」時所說：

34　釋本光：《禪與易——周易禪觀頓悟指要》，頁 279。

> 「與日月合其明」，吾家《易》學認為當改作「與麗日合其明」。……此處將大明之日，說為麗日，符合離卦之象。[35]

可見陽與日在「方山《易》」中崇高獨特的地位，而「月」這個字是不能也不該在「方山《易》」學中出現的。明明「與天地合其德，與日月合其明」是一句文字上下對稱，文氣流貫暢通之語，而且這句話也在《易》中流傳了兩千餘年，我們很難明白為什麼本光法師必得要這樣更動經文？也很難理解「方山《易》」學何以不能有月？

（五）以「動態觀點」解《易》

在論卦斷爻吉凶時，「方山《易》」家特別重視動態觀點的掌握，若不能把握這種解《易》特色，那麼在「方山《易》」家看來，其論斷的吉凶必有問題。如本光法師談到〈繫辭傳〉「動靜有常，剛柔斷矣」此說有誤時說：

> 〈繫辭傳〉作者固執天動地靜之說，我們認為天動地亦動。物質沒有不運動的。靜是相對于動而言的暫時的休止，……剛柔是物質的性能，並不由于其動態或靜態而產生。依動而斷以剛，依靜而斷以柔，都是附會，實則，剛柔性能都在運動中顯現。……天地都在永恒的動態中變

35 釋本光：《禪與易——周易禪觀頓悟指要》，頁 332。

化，不動豈能有變化乎？變化在運動中呈現。[36]

在「物質沒有不運動」的理解基礎下，靜成了一種相對於動的暫時存在，或者說，靜成了與動的同時存在，而非一個可以實際單獨的存在。而所謂卦爻中的剛柔變化，自然也都只能在運動之中顯現，對於天動地靜、剛動柔靜的傳統說法，他都予以駁斥。他說「依動而斷以剛，依靜而斷以柔，都是附會，實則，剛柔性能都在運動中顯現。」「剛柔性能都在運動中顯現」固然不能說有錯，但「天地動靜，剛柔動靜」這樣的說法，也只是我們為了要理解說明這個世界進行狀態中，有一組組相互對照而可用以觀察體會的「陰陽共在」狀態時，所必須借用的形容詞而已。動靜其實只是一組相對應的顯相而已，在靜的立場往外看是動，在動的立場向外看則就是靜了。本光法師這種一切都必須在「動」中去認識體會的立場，自然也影響了「方山《易》」家論斷卦爻吉凶時，十分強調動態觀點的看法。因為他們認為，若不保持動態觀點來論斷卦爻變化，又如何能正確理解不斷在運動變化中的人事物象呢？

舉例來說，他在評解〈說卦傳〉「震為雷、為龍、為玄黃、……其究為健、為蕃鮮。」時說道：

「震為雷」就雷之起而言。……震為雷乃一陽之氣之威力也。……「其究為健」，健指震陽之生氣之健行也。……

36　釋本光：《禪與易——周易禪觀頓悟指要》，頁 246-247。

> 將震陽之氣限定為東方、為春季，皆曲俗之見，不可取。[37]

他談震為雷之象，並非僅指震即是雷，而是就震之所以為雷，乃在雷是一陽之初起的威力而言，重點是震這個卦象☳，最底下那一根初位陽爻，象徵著那是個「雷之初起」的現象，而不只是「雷」這個字面上的意義。所以當解釋「其究為健」時，便可說震卦一陽初起之後，其威力生氣一路健行不已，其所詮釋與觀察的重點，都在那個動態發生不已的現象上。因此，當《易》家習慣如傳統般將震比附於東方、春天時，在「方山《易》」家看來，這樣的比附是「死的象」，與其所強調世間一切皆在運動變化中的基本原理相違背，自然就成為他們眼中不可取的俗見。不過，這裡應該加以說明的是，並不是不可以將東方或春季比做震卦的眾象之一，其不可以之處，乃在詮釋觀察者是否保有「動態觀點」？而不致於將震卦之象只如此看待。

又如他評解「巽為木、為風、……為近利市三倍，其究為躁卦」時也說：

> 當知，八個卦引喻自然物象，又涉及事物之象，有時未明言作何等事，但一定是在作事中出現事相。所引喻之物象，有的具體，亦有不具體但又是存在的。如此節之巽為木，此具體之比喻，巽為風，風之形象卻難以捉摸。風為人們所感覺，風亦有飄忽之行動，大小高低強弱，亦有聲響。風可搖動樹木枝葉莖幹，劇烈之風可拔木，溫和之風

[37] 釋本光：《禪與易——周易禪觀頓悟指要》，頁 228-231。

可作雄雌花蕊之媒介。[38]

在談八卦引喻的各種自然或人事物象時，不論所引喻可不可見，都要在「作事中」觀察其所顯現之象。這裏的「作事中」即是上文所謂「運動變化」。這種「動態觀點」的掌握原則，本光法師在書中是時時處處提醒著的。所以他說，巽為風象，但風亦有大小高低強弱之別，其可拔木，亦可播粉，是生是殺，要觀當時變動之情狀，而非死認巽為風而已。以此來看，「方山《易》」所強調的這種以「動態觀點」來論斷卦爻吉凶，其實在實際解釋與操作《易經》占驗上，是有很大的方便性的。

故其於評解〈繫辭傳〉「聖人設卦觀象，繫辭焉而明吉凶，剛柔相推而生變化。是故，吉凶者，失得之象也；悔吝者，憂虞之象也；變化者，進退之象也；剛柔者，晝夜之象也；六爻之動，三極之道。……是故君子居則觀其象而玩其辭，動則觀其變而玩其占」時，除了再次說明動態解《易》的觀點外，更將「方山《易》」如何推斷卦爻吉凶之家法細寫出來，其云：

當知，卦象的辭有說明人事吉凶殊異的，但重要則在爻辭裏說的吉凶，那就是肯定人事吉凶的斷語了，當深加分析爻辭的斷語。又，卦象爻象有繫著之辭，學《易》者當結合社會人事物象之現實，分析深觀，必能引發出競爭、矛盾、領導、對付的策略，不可忽也。……說剛柔相推，即每卦六爻中陽爻與陰爻之相推也。某一爻與它的上下爻，

38 釋本光：《禪與易——周易禪觀頓悟指要》，頁231。

> 當觀其相推矣！每一爻與上下爻都不能改易，若改易則轉為另外的卦象了。變化指爻象代表的人事物象必須變化。爻象變化當結合到人事的變化，變化了應當如何對付呢？變化結果可預見嗎？……人事的得失，有時難知，吉凶能對所為之事，給予最終的結論。得與失各有其微密的因果關係，從因感果，乃有得失之報。得則吉，失則凶，亦有時間的距離。得失出現了，尚有待于吉凶的裁斷。……
> 吾家《易》學講說，六爻之動並非三極之道。認為，上二爻並未說天道，下二爻並未說地道，中二爻說了少許的人道。六爻總在說人道。六爻是在運動的，六爻居位之數是相摩相蕩，也是運動的。以運動的辨證觀點看《易》象，即看卦象爻象的運動，《易》象本具的辨證法即坦然呈現于學《易》者的心地矣！[39]

由此段所言，我們首先可以明白，「方山《易》」家論斷人事吉凶時，雖然卦辭中亦有吉凶斷語，但他們更重視爻辭中所說的吉凶判斷。他們認為爻辭上所呈現的吉凶斷語，是「肯定」人事吉凶的斷語。因此，我們可以推斷，「方山《易》」家平時的訓練，應是多在「何以如此的爻象爻辭是吉？何以如彼的爻象爻辭是凶？」的分析訓練上。其次，則要求「方山《易》」學人要時時訓練自己將卦爻象、卦爻辭所蘊含的意義與社會人事物的現象做結合觀察，找出所面對的社會人事變化應如何行事的策略。這又與其特重人事社會國家民族的宗旨相呼應。第三，則是在推斷

---

39 釋本光：《禪與易——周易禪觀頓悟指要》，頁 251-253。

各爻時，要注意六爻中的陽爻與陰爻之相對關係，尤不可忽視上下爻的相互發展影響，要把爻象變化結合人事變化上去思考。這大約如同一般《易》家論爻之承乘比應的方法。不同的是，本光法師強調「每一爻與上下爻都不能改易，若改易則轉為另外的卦象了。變化指爻象代表的人事物象必須變化」。在「方山《易》」的家法中，是沒有所謂卦變爻變的。卦爻占出的是什麼？就確定了是什麼卦什麼爻。變動的是人事社會的現象，不是卦爻本身。推求吉凶結果的人，要在人事社會應如何變化上，分析推論我們該如何應對，而不是在卦爻的陰陽上去做任何的變化。最後，在依爻象變化論斷人事物象吉凶時，要從微密的因果關係中去尋找得失的原因，在得失情狀出現後，仍要注意時間在這裏所可能發生的影響，最後才能推斷出正確的吉凶。在這裏，「方山《易》」家不只重在爻象動態變化的掌握，更直接提醒學人此種變化是在「時間」的移動中進行的，故切莫看見某些爻象吉凶就直接論斷吉凶，要特別注意時間的遠近變化所產生的影響。另外，本光法師此處所談及的「得與失各有其微密的因果關係，從因感果，乃有得失之報。」亦是不忘其為佛家僧人，而將《易經》得失吉凶與佛法因果業報相結合而言。

最後，如同我們上節所討論過的，「方山《易》」學全然落實在人事社會國家民族的實用性上說《易》，所以本光法師直言：「吾家《易》學講說，六爻之動並非三極之道。認為，上二爻並未說天道，下二爻並未說地道，中二爻說了少許的人道。六爻總在說人道。」完全否定六爻表天人地三才的傳統說法，在「方山《易》」學中，六爻全在說人的事。而其「六爻是在運動的，六爻居位之數是相摩相蕩，也是運動的。以運動的辨證觀點看《易》象，即看卦象爻象的運動」的提醒，則正是提醒學人在判斷吉凶得失時，一定要注意「時間」這個變化因素在卦爻上所可能起的作用。

五、「方山《易》」家認為《易經》仍不及佛法

作為「方山《易》」一代宗師的本光法師既為佛門僧人，其將佛法與《易經》互相結合詮釋，應是十分自然的事。我們在他的著作中，也的確可以處處見到他將《易經》結合佛法而論的段落。如在評解〈說卦傳〉「窮理盡性以至于命」時說：

> 釋迦言教業感緣起之說，認為，人們的正知，對人事物象的正確認識，才能叫窮理，要真正作到窮理是很難的。盡人事物象之性能，則必須借重修持。世間聖哲與大知識分子，能作到窮理盡性以至于命的，亦不乏其人，但他們所謂的命，是指天命，這與佛法清淨解脫的智所攝的慧命略不相同。[40]

他說真正的「窮理」，是對人事物象有正確的認識，在佛法上這叫「正知」，然而有「正知」的「窮理」是很難的。因為依佛法「業感緣起」之說，世間一切事物都是因業感而緣起，那麼要一事一物去正確的窮盡其理，除非具有佛家所謂「正知」的工夫，才能夠以空性的修持，平等清淨而客觀的看待一切人事物象的變

---

[40] 釋本光：《禪與易——周易禪觀頓悟指要》，頁 204。

化，否則以世間之智看任何人事物象，則皆有立場，皆無窮理盡性的可能。所以這種藉由「修持」所得的智慧，才是清淨解脫的正知慧命，與世間知識所理解的天命是有所不同的。從本光法師身為佛家僧人來看，其以為世間智慧不如佛法出世間之智慧，是理所當然了。

他在評解〈說卦傳〉「神也者，妙萬物而為言者也」時，也說：

> 妙，即神也，合云神妙。只見其具象運動而不知其所以具象且在運動中，故云神妙，此即「神也者，妙萬物而為言者也」之意。具象之物為法界緣起，物象之運動即在緣起无盡演化中。諸物象都在无常運動中呈現，都无實際之主宰者。此乃佛法對萬物成因之立論，對此等甚深理境，《易》學尚未達到。[41]

以佛法緣起之說談世間一切物象皆為各種法界所緣起，這些因緣而起的人事物象的運動變化，自然也都在緣起的無盡演化之中進行。世間之學只能見到一切物象都在運動變化，卻無法得知其何以如此如彼的運動變化？所以才說這個不知何以如此為「神妙」。然而如果知道一切無非法界緣起，則所有物象盡在緣起的無常裏運行變化，且知因為一切無非緣起，所以並沒有一個實際主宰這個運動變化者。一切都是緣起業感，「此有故彼有，此無故彼無」的作者、受者相互影響而同生同滅。本光法師站在這個

41　釋本光：《禪與易——周易禪觀頓悟指要》，頁213。

以緣起說來看待萬物發生的佛法角度，故謂《易》學仍未達此境界。而在評解〈繫辭上傳〉「易无思也，无為也，感而遂通天下之故」說因果業報時，又云：

> 就感而遂通之感通而言，感通與感應詞義相近，佛經中多分採用感應。如說因與果的感應，說業行與果報的感應等。此等勝義，非〈繫辭傳〉作者所能了了也。[42]

如本文前述所云，「方山《易》」家本不重〈繫辭傳〉，此處將《易》中的「感通」以佛法的「感應」說之，與佛法因果業行相結合，〈繫辭傳〉的「感而遂通」就變成佛家所談因果業報的感應之說。其實《周易》經傳在今生感通善惡之報的看法，與佛家所言業報在某種程度上說，並無太大差別，（如〈坤・文言〉「積善之家必有餘慶，積不善之家必有餘殃」之說）其不同處在，佛家藉三世因果而講無窮因緣果報，因此解決了現世中惡有善報、善遭惡報的理解困境。而《周易》經傳本就不在此處多做討論，故本光法師方謂「此等勝義，非〈繫辭傳〉作者所能了了也。」

又在評解〈繫辭下傳〉「繫辭焉而命之，動在其中矣！……吉凶悔吝，生乎動者也」時云：

> 歷史不會重演，人們的經歷也不會重演。但業力不滅，隨業受報則概括盡之矣！……我們認為，《易》象是世間法

42　釋本光：《禪與易——周易禪觀頓悟指要》，頁274。

> 相，所繫之辭當據時代義以申述之。……《周易》不可能明言因果業報、業感緣起，但它卻能對人們所行之事作出裁決。「吉凶悔吝，生乎動者也」即是這個意思。人們遭遇到吉凶悔吝，就是自己行動活動的因果業報。[43]

他明白《易經》所談是世間的人事物，其所代表的自然是世間相，因此認為我們對《易經》卦爻辭的理解，也應該隨著時代的變化而有所不同。既然《易經》只以世間為關注對象，那麼自然不能如佛法般以出世間的角度，去談論因果業報及業感緣起諸說。他這麼說，自有佛法以無限的出世間角度觀察理解生命一切，是高於《易經》只以有限世間角度來觀察理解生命的立場。即使如此，本光法師仍提到《易經》有著對人們行事作為吉凶作出裁決推斷的功用，他認為《易經》裡所謂「吉凶悔吝，生乎動者也」，正在告訴我們，生命中一切吉凶禍福，都是自己行為所產生的因果業報。而這些結合佛家因果業感及緣起法說《易》的方式，則不出歷來佛教僧人談《易》的範圍。[44]

六、否定不合「方山《易》」家的《周易》經傳之說

此書中之篇名冠以「評解」，乃因其對前人諸說有批評也有見解，故在評解〈說卦傳〉開頭便謂：

43 釋本光：《禪與易——周易禪觀頓悟指要》，頁 286-287。

44 請參見陳進益：《當僧人遇見易經——蕅益智旭易佛會通研究》，頁 42-51。

> 解〈說卦傳〉名曰「評解」者，校正〈說卦傳〉原作之差誤，然後解說也。吾家《易》學傳承講授時，即遵此法。[45]

他所主持的「方山《易》」學，對各種解《易》之說都保持著「評解」的態度，直言「校正〈說卦傳〉原作之差誤，然後解說也。」對於《易》傳的態度尚且如此，遑論其他後人解《易》之說。所以在講授《易經》時，只要不合於他們「方山《易》」家法的，便直接刪改更動經傳中的文字以符合己說。除了前文所言，「方山《易》」學獨尊陽日而卑陰月，故凡是書中所謂「陰陽」者，皆改作「陽陰」，並將「日月」改作「日晶」或「麗日」，直謂坎為月是謬說，而將「月」字摒棄於《周易》經傳之例外，茲再舉書中數例以說明之。

本光法師對以人倫關係之父母兄弟姐妹象八卦的說法，全部予以否定。在評解〈說卦傳〉「乾，天也，故稱乎父。坤，地也，故稱乎母。震一索而得男，故謂之長男，……兌三索而得女，故謂之少女。」時云：

> 此〈說卦傳〉第十章，正反映此種家庭結構之理想也。然而，將家庭成員套上八個卦象，硬說乾為父、坤為母、震為長男、巽為長女、坎為中男、離為中女、艮為少男、兌為少女。而且說六個卦向乾父坤母索要而得三男三女，好似自然決定的。實則，此等說法，无卦象爻象可據，亦无卦辭爻辭之理可通。擬象之誤。……吾家《易》學反對此

45 釋本光：《禪與易——周易禪觀頓悟指要》，頁200。

說。[46]

他直說八卦表父母兄弟子女之象，無卦爻象可證，無卦爻辭之理可通，故謂此為〈說卦傳〉「擬象之誤」而非議之。然而究其原因，乃在「方山《易》」家本以「變動觀點」論《易》，認為一切人事物象都在運動變化之中，所以八卦的關係也應是與時變動的。因此，如果將八卦的乾看作父、坤看作母等象，則是忘了一切都在「運動變化」中的對應關係的把握。從這個度來看，八卦「乾為父、坤為母、震為長男、巽為長女、坎為中男、離為中女、艮為少男、兌為少女。」之象，在人倫關係對應中竟成死象，不再變動，這在「方山《易》」中是不合家法的，所以本光法師直云「吾家《易》學反對此說。」

又如，他對八卦配三才、配節氣，以及「太極生兩儀、四象、八卦」的說法也予以否定，其云：

> 吾家《易》學講說，六爻之動並非三極之道。認為，上二爻並未說天道，下二爻並未說地道，中二爻說了少許的人道。六爻總在說人道。[47]

他反對六爻分天、人、地，乃因「方山《易》」學全以人事社會國家民族論《易》的宗旨，前文已詳論之。在評解〈說卦傳〉「震，東方也。……艮，東北之卦也。」則謂：

---

[46] 釋本光：《禪與易——周易禪觀頓悟指要》，頁 220。

[47] 釋本光：《禪與易——周易禪觀頓悟指要》，頁 253。

> 前人用八個季節分配于八卦，各領四十五日，又以八卦之方位與八個季節相配，吾家《易》學不用此等解說。[48]

這也是站在「動態觀點」解《易》的立場上，所以排斥將八卦比附於一定的方位、一定的節氣之說。而在評解〈繫辭上傳〉「是故，《易》有太極，是生兩儀，兩儀生四象，四象生八卦。」時則云：

> 兩儀就是陽氣陰氣的符號，即「⚊」陽儀、「⚋」陰儀是也。它與太極无關。宇宙間存在陽陰二氣一氣流行之氣質，周之祖先用不同符號代表陽陰二氣。緣此結合自然空間與地表最顯著之物象，……《易》並未立四時的卦象，以陽儀陰儀兩相重為兩畫，即組成所說的太陽、太陰、少陽、少陰是也。兩畫的符號能擬四時之象乎？下言「四象生八卦」，八卦豈春夏秋冬四時所能呈現者乎？太極一詞，不見于古卦辭、象辭、大象辭，更不見于爻辭與小象辭，早出的〈說卦傳〉、〈雜卦傳〉亦无此太極一詞，故吾家《易》學不贊同此節之立義。[49]

他這段不同意有個太極可以生兩儀的說法，乃因佛家認為一切皆是緣起，沒有獨立真實的存在，故不可能有一個獨存的太極先天地而生。至於不同意兩儀生四象的看法，也只是不同意四象指四

---

48 釋本光：《禪與易——周易禪觀頓悟指要》，頁 209。

49 釋本光：《禪與易——周易禪觀頓悟指要》，頁 277-278。

季、四時，而說四象只是兩畫陽陰符號的組合。其實這種兩畫陽陰符號表四象的說法本就其來有自，如朱熹《周易本義》前的〈伏羲六十四卦次序圖〉即以此符號表四象。[50]而八卦自是由陽陰符號重疊三畫所組成，當然不是如本光法師所非議的春夏秋冬四時所生了。

除上舉數例之外，本光法師在評解《周易》經傳時，多有不合己見便刪改更動《周易》經傳之文，以及更正古人成說者。如謂八卦與六十四卦同時開展（頁 199）、不可強分陽卦陰卦（頁 202）、反對先天伏羲八卦方位說（頁 206）、不取「數往者順，知來者逆，故《易》逆數也」之說（頁 205-206）、〈坤・文言〉「天玄地黃」說有誤（頁 228、345）、可刪去震為龍等說（頁 229）、兌為澤之說有誤（頁 234）、以月說坎有誤（頁 236）、「乾道成男，坤道成女」之說有誤（頁 248）、不取「雲從龍，風從虎，聖人作而萬物覩」之說（頁 323）、當刪「雲行雨施，天下平也」（頁 329）、以君德說乾九二有誤（頁 330）、反對用先天後天說《易》（頁 335）、將〈坤・文言〉六三說妻道刪去（頁 343）等等。

其實本光法師所代表的「方山《易》」對前人《易》說的更動尚不止如此，其間仍有許多瑣細之處，本文不及備載。而這樣直接更動《周易》經傳之文，刪改前人成說，動不動就謂「吾家《易》學」云云，一方面可見「方山《易》」之家法嚴謹，另一方面也可見民間《易》學傳授之模樣大概。雖然這種解釋傳授

---

[50] 請參見程頤、朱熹：《易程傳、易本義》（臺北：世界書局，2001年），頁 7。

《易經》的方式，未必能獲得大家同意；然就其在民間開宗立派而言，這種獨斷自信且標幟分明的傳《易》方式，實有其生存上的必要，且在《易》學史的流傳中，似乎也顯得十分特別。最後筆者還想提醒大家，在釋本光主要的生存時代中，同時也是《古史辨》運動正激烈發生，且日益在學界產生重大影響的時代，而釋本光又是個強烈關心社會國家民族精神之人，但有趣的是，我們在其《易》學中，卻未見絲毫《古史辨》運動影響的痕跡，彷彿是時空既重疊而又錯置似的，他們在同樣時空，同樣主題上，各自唱著自己獨特的歌。

七、小結——在民間立宗成派的「方山《易》」家

總結來說，本光法師在《禪與易——周易禪觀頓悟指要》中對於《周易》經傳之文動輒刪改之舉，我們或許無法認同；然就「方山《易》」做為一個獨立成家的《易》學宗派而言，其對歷來《易》說，有贊有貶，有取有捨，（如對九家《易》說的評解，頁 227、231、234、237、239、241、244）雖贊〈說卦傳〉可作學《易》入門，然亦有所批評選擇，（如，頁 206、214、217、219、220、221、222、226、228、235、241）雖說「方山《易》」師長對〈繫辭傳〉多所批評，（頁 254、255、257、261、268、269、274、277、309）卻又不忘在其精當處有所贊美，（頁 265、266、285、299、301）雖贊〈坤・文言〉，卻又對乾、坤〈文言〉皆有評有贊；（頁 323、329、330、337、

343、345）[51]並依對前人《易》說的讚美與批評，明言「吾家《易》學講授」當如何云云者，實有當家立宗之慨，明白指示欲學「方山《易》」者，自當循我門徑，守我家法。

再就《易》學史的發展來看，不論是首位引《易》語與佛法會通的晉僧康僧會，或者是通《易》的齊僧釋道盛、那僧師、釋僧範，[52]甚至是被尊為「方山《易》」始祖的唐代李長者，以及一直到明末寫了首部以佛法通釋全《易》的《周易禪解》的蕅益智旭，又或者是本光法師一直隨侍學習的太虛大師，在他們的著作言論中，從來都沒有看到像本光法師講「方山《易》」時的所謂家法與限制，恐怕這些歷來佛門通《易》大師，都與其所謂「方山《易》」無關。（如佛門大師言《易》，皆不曾強調一定要改「陰陽」為「陽陰」，僅此一點，即可斷知在本光法師的定義中，他們皆非「方山《易》」門之人）再從「方山《易》」四十二代傳人林際微密傳給四十三代本光法師的時間來看，同樣生存於當時的太虛法師，恐也未必明白「方山《易》」這佛門《易》學的實際內容。至於他請本光法師同趙樸老談談「方山《易》」的用意為何？為何他自己卻對這佛門《易》無多大興趣？自然也無可追問了。（事實上，這些關於太虛法師要本光法師與趙樸老談談「方山《易》」等的說法，我們如今只能在本光法師自己的傳略中看到，所以事實究竟如何？到目前為止都是個謎。）總的來看，「方山《易》」如今可見的傳授宗師，上自開

51　由於本光法師對於歷來《易》說有贊有評，多隨文而說，故本文無法一一詳舉，僅能請讀者依所附頁數參看。

52　請參見陳進益：《當僧人遇見易經——蕅益智旭易佛會通研究》，頁501-503。

宗的唐代李長者，其次如兩宋時的范仲淹與李綱，下至傳說中清末民初的林際微，似乎除了所謂第四十三代傳人的本光法師真正可考可知外，其他皆只是傳說。儘管如此，本光法師談學《易》者最重鍛煉身心道德修養時，仍不忘在象、數與位的《易》理中談義理，免去空泛說《易》的弊病。尤其他以「動態觀點」詮解占斷《易經》卦爻吉凶，並高舉人們自己的修養行為才是決定未來吉凶的關鍵，無疑都是想要將《易經》從神秘幽渺的不可測之處，拉回到人們自身可見可為的日常生活中來。

一直以來，學界對於《易經》的研究重點，時間上多在民國以前，人物上也多是世間的知識分子，因此我們對於《易經》的授受與內涵理解，多半也是精於清朝以前知識分子如何看待義理、象數、圖書等的討論，而對民國以後，甚至是出世間的佛門中人的《易》學理解，相對而言是比較缺乏的。本文所討論的釋本光《禪與易——周易禪觀頓悟指要》，其特殊性便在於它既是學界較少探討的民國後《易》學，也是我們較少碰觸的所謂佛門《易》。在談民國以來《易》學發展的書中，一直都不曾看到有討論釋本光或「方山《易》」之處，[53]然而從本文上述所論可知，不論是本光法師，還是他所代表的「方山《易》」，其在《易》

---

53 如楊慶中：《二十世紀中國易學史》（北京：人民出版社，2000 年）所提到的當代較著的《易》學家，也只有如：章炳麟、劉師培、杭辛齋、尚秉和、顧頡剛、李鏡池、高亨、聞一多、金景芳、黃壽祺、朱伯崑、余敦康，或臺灣的屈萬里、高明、黃沛榮、高懷民、黃慶萱、賴貴三等人，而談佛門《易》也只有 14-17 頁章太炎以唯識論《易》而已。在多達 550 頁的論述中，只留給佛門《易》三頁多的篇幅，且其中完全沒有提及「方山《易》」一詞，由此可知學界對此是多麼陌生了。

學發展歷史中的獨特性，實在是有我們必須多多注意之處。

最後，除了要說明本光法師所代表的「方山《易》」，與一般《易》家有許多不同的特色，如：核心宗旨在關懷人事社會與國家民族、以「陽明」正知與學處聯結世出世間、強調六爻總在說人道、〈說卦傳〉為其《易》學入門、特重〈雜卦傳〉，因有「方山《易》」家不公開的六十四卦序、強調象、數、位一體，觀變玩占，己事人事，都當隱密、在《易經》講授時說「陽陰」，並將「月」字排除在《易經》之外、以「動態觀點」詮釋《易經》、認為《易經》仍不及佛法、只要不合乎「方山《易》」觀點之說皆否定之外，筆者還想順道提及一個主流解經與民間說經間的差異。由於任何閱讀都是一個「詮釋的行動」，是對經典投入自身感受後的「再閱讀」，因而許多注疏者所謂的「經典原意」，其實是在這個背景下被「創造」出來的。然而在以爬疏經典文句、疏通經典思想為主流的學術知識分子眼中，由於民間說經常「溢出」他們所認同的客觀文化思想脈絡，且常以個人感受及體驗式的語言說解經義，（主要是《四書》和《易經》）並一再公開宣示自己所關心乃在天道性命修持等層面，因而多不認同這種主觀解經方式。本文所探討以本光法師為代表的「方山《易》」學，顯然就是接近強調身心性命修行的民間說經一路，在學界多半只注意主流解經且不斷深化的風氣下，筆者希望藉此機會展示民間說經的內容與樣貌，提供主流學界研究《易》學時，一種多角度的、不一樣的觀照與思考。[54]

54　相關討論可參見鍾雲鶯：《清末民初民間儒教對主流儒學的吸收與轉化》（臺北：國立臺灣大學出版中心，2008 年），頁 2-24 及頁 233-242。而對所謂歷史真相，（「經典原意」的追尋即是某種歷史真相的本文曾於臺北市中央研究院中國文哲研究所「新中國六十年的經學研究（1950-2010）」第一次學術研討會發表，後發表於《經學研究論壇・第二期》（臺北市：蘭臺出版社，2014 年 9 月）

追求）在這裏筆者也願引用美人柯文在《在中國發現歷史》（林同奇譯，臺北：稻鄉出版社，1991 年）中說的話供我們反思。他說：「非歷史學家的人，有時以為歷史就是過去的事實，可是歷史學家應該知道並非如此。當然事實俱在，但它們數量無窮，照例沈默不語。即使一旦開口又往往相互矛盾，甚至無法理解。史學家的任務就在於追溯過去，傾聽這些事實所發出的分歧雜亂、斷斷續續的聲音，從中選出比較重要的一部分，探索其真意。這件工作並非易舉，雖然有一些通行的求證規則使我們忠於史實，但是在所有的歷史研究中都不可避免地引進大量主觀成分，選擇什麼事實？賦予這些事實以什麼意義？在很大程度上取決於我們提出的是什麼問題和我們進行研究的前提假設是什麼。而這些問題與假設則又反應了在某一特定時期我們心中最關切的事物是什麼。隨著時代的演變，人們關切的事物不同，反應這些關切的問題和前提假設也隨之發生變化。因此，人們常說每一世代的史家都得把前一世代史家所寫的歷史重寫一遍。」（頁 1）由於在歷史資料以及研究主題的選擇中，已不可避免的含有大量主觀成分，因此，我們在所謂「歷史真相」（「經典原意」）前，實在應有高度的自我警覺。

第十章　探論潘雨廷《易與佛教、易與老莊》

一、受師承影響，強調貫通與生命體驗

關於潘雨廷的生平，張文江在《易與佛教、易與老莊》的〈本書說明〉做了簡單概述：

> 潘雨廷先生（1925-1991），上海市人，當代著名《易》學家。生前曾任華東師範大學古藉研究所教授、中國《周易》研究會副會長、上海道教協會副會長、上海《易經》研究會會長、《上海道教》主編等職。潘雨廷先生早年就讀於上海聖約翰大學教育系，畢業後，先後師從周善培、唐文治、熊十力、馬一浮、楊踐形、薛學潛等先生，研究中西學術，專心致志於學問數十年，融會貫通，自成一家，在國際國內有相當的影響。[1]

1　潘雨廷：《易與佛教、易與老莊》（瀋陽：遼寧教育出版社，1998年），頁1。

由此可知，潘氏在學術上以研究《易經》與道教聞名，做過中國《周易》研究會副會長、上海《易經》研究會會長、上海道教協會副會長及《上海道教》主編等各種職務，而生平力在「融會貫通」儒、釋、道等各家學說，因此本書雖只是潘氏眾多著作之一，卻亦可作管窺其生平學術之門徑。[2]

其次，從他先後師從的前輩學人來看，唐文治（1865-1954）自幼從父攻讀經書，是上海交通大學首任校長，講究實學的民國知名教育家；周善培（1875-1958）留學日本，著有《周易雜卦正解》；馬一浮（1883-1967）、熊十力（1885-1968）為民國以來新儒家最具代表人物，亦皆在儒、佛之間用力最深。熊氏一生尤愛談《易》，欲以《易經》融通佛、釋、道與東、西方，並強調做學問最要緊的就在生命的實踐。這樣的思索路線，無疑深刻影響了潘氏一生的治學。如在《讀經示要・卷一・第一講經為常道不可不讀》中，熊先生即云：

> 清末西學輸入漸盛，維新派之思想，初尚依經義，以援引西學。……然此中消息，極不可忽者，則爾時據經義以宣揚西學者之心理，並非謂經學足以融攝西學，亦不謂經學與西學有相得益彰之雅，而且於經學之根本精神，與其義蘊之大全、或思想體系，實無所探究，無有精思力踐。

---

[2] 2016 年上海古籍出版社幫潘雨廷先生整理出版了一共十三冊的《潘雨廷著作全集》，為其一生著作做了總整理。然本文研究文本雖只是潘氏眾多著作之一，卻因潘氏此書中討論主題在《易與佛教、易與老莊》，為其一生學術主要關注之處，是以筆者以為此書可當作管窺潘氏學術門徑之一。

（精思力踐四字吃緊，思之精，自必踐之力。浮亂之思，不足言踐履也。先儒用功，只是精思力踐而已。）[3]

他一方面對於清末民初依附經義以引入西學的風潮給了「於經學根本精神、義蘊大全、思想體系」皆無深究的批評外，更極度強調「精思力踐」四字。思精則踐力，若未能真實踐履所學，則再多論述也只是胡思亂想的空談。這種讀書貴在自我有無實踐的要求，潘雨廷的另一位老師馬一浮同樣也不斷強調。如其在《爾雅臺答問・答袁竹漪一》中說道：

絜靜精微，《易》教也。懼以終始，其要无咎。孔子假年學《易》，自期無過，此豈義解邊事？後儒人自為說，家自為書，斯乃說《易》，非學《易》也。著者有志治《易》，……要當觀象玩辭，反身修德，無汲汲以撰述為事。若是，則可與極深研幾，乃知默而成之，不言而信，存乎德行，初不關於多聞廣說也。[4]

直接以孔子假年治《易》的感嘆為例，告訴學人，孔子之嘆豈只是為了訴說義理而已？其嘆乃在自我生命體認與實踐不能更早更深而已。故吾人想要治《易》，切不可只汲汲以著述為事，而應該藉著「觀象玩辭」之時，「反身修德」。這種在自我生命上實踐讀書所得義理，才是真正的學問。他在書中回答許多來信求學

3　熊十力：《讀經示要》（臺北：洪氏出版社，1982 年），頁 1-2。

4　馬一浮：《爾雅臺答問》（臺北：廣文書局，1979 年），頁 2。

的人，多有這樣相近的意思，如在〈答楊石井二〉中云：

> 歸而求之《六經》，但能反躬體認，不可橫生知解，優柔自得，決定可期，慎無以急迫之心求之。[5]

提醒楊石井成學之道在「求之《六經》，反躬體認」，在〈答張德鈞二〉開頭便說：

> 學者讀書窮理，不獨理會文義，處處要引歸自己，方見親切。[6]

且不論熊先生與馬先生二人各自的生命實踐工夫評價如何？他們這種認為「精思力踐」、「反身修德」、「反躬體認」、「引歸自己」才是真實治學的態度，實在深刻影響了潘氏何以一再強調自我生命感悟與體驗的重要。而這也正是潘氏一生治學與今日學術界深受西方影響，力求的學術客觀化的標準所以不同之故。其實，東方傳統學術與西方現代學術之重要分別之一，亦在此主觀體驗與客觀探索之融合與否？主客體間互相滲入多少？如何給予彼此在學術中一個適當的地位？

另外，熊先生亦以為釋、道皆與《易經》是相通的，他說：

> 自兩漢經師之言禮，迄宋明諸師言心性，皆宗《六經》不

5 馬一浮：《爾雅臺答問》，頁5。
6 馬一浮：《爾雅臺答問》，頁9。

> 待言。老莊言道，亦《易》之派別。（略見《新唯識論語體文本》及《十力語要》）……印度傳來之佛學，雖不本於吾之《六經》，而實吾經學之所可含攝。其短長得失，亦當本經義以為折衷。如明乎大《易》變易與不易二義，則說真如只是無為，卻不悟無為而無不為；說心物諸行，只是生滅流行，卻不曾於流行洞識無為實體。是猶析體用為二，其由趣寂一念，差毫釐而謬千里，斷可識矣！[7]

熊先生認為老莊所言的道，是《易》的派別之一；印度傳來的佛學雖非由中國發生，但亦可以《易經》中的不易、變易，去探究佛家的真如與生滅流行無常間的關係，這自然是他「經為一切根本」的概念延伸。且不論這之間的會通有多少地方值得商榷，然而這樣的學思路線也大大影響了潘氏一生的學術走向，僅看本文所要探討的潘氏著作之名為《易與佛教、易與老莊》，已可見其與熊先生此處所揭之旨，是如何相似了。

又潘氏另一老師楊踐形（1891-1965）則著有《學鐸社易學叢書六種》，通讀《道藏》，法號中一子，是上海著名《易》學家及氣功大師。他對潘氏在談《易經》與老、莊的關係時，也起了重要的影響。蓋其為道教中實學者，與一般空談學問的學者不同，故潘氏講學重「體會」，自然也受楊氏影響。而薛學潛（1894-1969）有《易與物質波量子力學》、《易經科學講：超相對論》等以科學談《易》的著作，這個研究方法也是民國以來流行的治《易》一派。楊慶中在《二十世紀中國易學史・第三章

7　熊十力：《讀經示要》，頁3。

易學研究的新探索》中說道：

> 民國年間，一些通曉近現代自然科學的《易》學家在這方面進行了嘗試性研究，提出了一些頗為新穎的看法。比較著名的如沈仲濤的《易卦與科學》、薛學潛的《易與物質波量子力學》、丁超五的《科學的易》、劉子華的《八卦宇宙論與現代天文》等。這些著作有一個共通的特點，就是企圖打通《周易》與近現代自然科學的關係，以達到傳統《易》學（特別是《易》學象數學）與近現代自然科學的會通，並進而證明傳統《易》學的現代價值。……薛學潛概述此書的寫作宗旨及內在邏輯說：「是書之作也，欲以晚近物理與《易》理互證。」……薛氏特闢一章，專門討論「五度說」。其主旨係以佛教唯識之學會通《周易》之理。如曰：「前言八識詳於佛典，豈曰《易》有八識之說乎？曰：誠然也。八卦即八識。」[8]

楊慶中在這裏指出了薛學潛之《易》重在「會通」，他不只在「會通」東西方的傳統人文與現代自然科學，同時也將佛教拿來與《易》「會通」。這等會通《易》與其他學科的治學方法，也影響了潘氏的治學之路。更深刻的是，薛氏在此提到的「特別是《易》學象數學與近現代自然科學的會通」一語，直與潘氏論《易》與佛、道會通時的最大重點「象」相吻合，而薛氏的「五度

---

[8] 楊慶中：《二十世紀中國易學史》（北京：人民出版社，2000 年），頁 160-163。

說」，更直接影響了潘氏在此書中所提的「五度空間論《易》」的說法。（潘氏五度空間說詳見本文第四小節）

又據潘氏生前好友，今在華東師範大學中文系任教的劉衍文教授所述，潘氏《易》學最受楊踐形與薛學潛二位先生影響，其謂潘氏之文筆遠不如講課之口才，也因此在學術升等上很受質疑；又謂潘氏著作中以《周易虞氏易象釋》最有價值，他精通虞氏《易》，重視象數，故對王弼掃象十分反對；另有《過半刃言》、《韛爻》、《衍變通論》、《讀易提要》及《易則》等書。[9]另外，劉先生是潘氏過從甚密的好友，故對潘氏自尊自信的性格及重病後改其一向不疑不卜的堅持而找人做了占卜，並在臨終前因《易學史》仍未完成而大呼不想死的情狀多有描寫，讀者若有興趣可參看其所作〈易學大師潘雨廷及其師友〉一文，當對潘氏有深刻而生動的了解。[10]

所以張文江在〈本書說明〉中說：

> 《易與佛教、易與老莊》是著名學者潘雨廷先生的一部遺稿。……潘雨廷先生畢生研究的重點是宇宙與古今事物的變化，並有志於貫通東西方文化和學術間的聯繫，對中華學術中的《周易》與道教，有極深入的體驗和心得。[11]

9　以上諸書皆已收錄於由上海古籍出版社在 2016 年所出版的《潘雨廷著作全集》中，見本文註 2。

10　劉衍文：《寄廬雜筆・易學大師潘雨廷及其師友》（上海：上海書店出版社，2000 年）。由於本書已售罄，故本文目前所錄乃轉載自名為「豆瓣」網站，由署名煙雨平生者所錄之文。（2011 年 10 月 19 日）

11　潘雨廷：《易與佛教、易與老莊》，頁 1。

的確，潘氏此書的核心就在「貫通」與「體驗心得」。至於宇宙古今與東方西方，則是他所以「貫通」的材料，而變化異同則是其「體驗心得」的展現。在此書中，他貫通古今東西的材料即是《易經》、《老子》、《莊子》及佛學。除了客觀的學術論證外，潘氏之學尤在「體驗」二字，一旦忽略這兩個字，潘氏學術的特色將失去不少。

二、治《易》強調主觀生命感悟

潘氏客觀上當然是學者，但主觀真實的生命體悟，卻是他一生治《易》所最重視的，這與一般學者強調治學的客觀性實有極大差異。如他在〈河圖與華嚴十方五十三參〉的結語中說：

> 凡消息歸諸佛母摩耶夫人，陰陽合諸德生、有德，事理尚有不亨者乎？彌勒樓閣之基在焉。乃文殊而普賢，貞下又起元，綿綿不斷，若存若亡，有已而无已。有窮乎？无窮乎？太極乎？陰陽乎？重玄乎？因緣乎？奈何奈何！如是如是！佛法如是！《易》道如是！天何言哉！天何言哉！[12]

且不論他在文中如何繁複的會通「先天河圖與華嚴十方圖」，（頁 11）如何以「天地五十五數、河圖之位、五十三參、善知識名、說法、寄位」相互對應關係而製成「五十三參表」，（頁 14-19）其會通《易》、佛的方法或許較前人更為細密，但仍不

---

[12] 潘雨廷：《易與佛教、易與老莊》，頁 21-22。

超過歷來此類研究的基本模式。[13]比較重要的是他在結語時顯得十分喟嘆，除了有窮、無窮、奈何、如是之語外，更以「天何言哉！天何言哉！」做結，若非生命感悟，又怎會這樣表達？在為〈《易》與唯識〉做結語時，他也說：

> 又三身之功德及自利利他等，亦與《易》理可通。利他猶亨利，自利猶貞，合則更有自性一元。凡此四德，即常樂我淨之義。詳見下表：（自性身：元、受用身：利貞、變化身：亨）〈繫上〉曰：「《易》无思也，无為也，寂然不動，感而遂通天下之故，非天下之至神孰能與於此。」此以法身言。无思者當自性身。无為者當受用身之自受用；寂然不動者，已利於不寂而動者，故當受用身之他受用。感而遂通天下之故者，當變化身。凡此三身，非至神孰能與之。曰「至神」者，坤元為至，猶乾神法身以居坤元淨土，頌曰：「安樂解脫身，大牟尼名法」是也。此言語道斷思慮情絕，唯宜實證親印以得之，〈繫上〉曰：「立象以盡意」，其盡於此矣夫！[14]

他以「自性身」比作「元」與「无思」，乃因「元」是根本，故以「自性身」比；以「受用身」比作「利」、「貞」與「无為」、「寂然不動」，則因「利」與「貞」近於作用後的結果；

13　關於這個論題可參閱王仲堯：《中國佛教與周易》（臺北：大展出版社，2003 年），此書已將漢末至明末清初藕益智旭等人如何會通《易》、佛的歷史發展做了大概的研究說明。

14　潘雨廷：《易與佛教、易與老莊》，頁 70。

以「變化身」比作「亨」與「感而遂通」，乃在變化與亨通、感通相近。而此三身其實也只是同一法身的作用而已，是故謂之至神方能如此。又謂乾元是「神」，坤元是「至」云云，這自然是為了會通《易》、佛之故，是否因之而有比附之弊？當可再做討論。但其結語說「此言語道斷思慮情絕，唯宜實證親印以得之」，亦即潘氏也明白，不同觀點的人或許會說其為比附，畢竟不同時空文化背景所發展的思想要全然相通，的確需要多做討論。但筆者在此想強調的是，潘氏謂這等學問是要「實證親印」才能體會得，這便是他以個人主觀的生命體悟論《易》的特殊處，而這與一般西化後的現代學術客觀化的要求不同，他自然是心知肚明且已有所揀擇的。

《易經》若無客觀論證做依據，自然會有漫無節制隨意比附的弊病；然而若只以所謂客觀證據論之，則將永遠無法走進《易經》的深層世界。此中分寸，唯有研思深重者知之，實難以言語說清。故潘氏於〈論《周易》四百五十節文獻與密宗的三密〉中說：

> 先秦時著〈繫辭〉者，確亦認為研習《周易》一書，宜對其內容有「洗心」以「歸藏」諸「密」的必要，方能「精義入神」。故其書在戰國時，早為諸子百家所兼用。……由明而清及康熙之《周易折中》殊有總結陳摶開創理學之象，且在承德以引入密宗，於中國文化史中能深入一層以體驗反身之學。惜經雍正而乾隆，學風大變，要在是宋而非明，是漢而非宋。以《易》言，由陳摶而李鼎祚，此未可謂非，奈何僅視《周易集解》為研習漢《易》之資料，

> 全然不知「權輿三教，鈐鍵九流」之旨，亦何能見《易》道之蘊。[15]

他不只直說《易經》乃教人先要「洗心」之後，還要懂得「歸藏於密」的功夫薰習，才能有「精義入神」之效。更說清初的《周易折中》總結了陳摶以來的理學之象，再加之以佛教密宗的宗教性體驗的引入，保存教人「體驗反身」的返求諸己的文化深意。潘氏所可惜者在後人僅將李鼎祚《周易集解》當做研習漢《易》的資料，而不知「權輿三教，鈐鍵九流」，需好好探討各種學問的異同之處，才能深研《易》道的精蘊。這不正好切中今人研究《易經》時所常犯的弊病嗎？今人研究，多因要保持學術之客觀性而失去或刻意不談主觀體悟的感受層次。然而吾人讀書治學，怎麼可能全無個人感受？光在擇題、資料的尋找、棄取與解讀時，自己心證及立場早就有意無意植入其中，如何有純然客觀的可能？類似這樣的追問與爭論，學界討論已多，本文不必多費脣舌。僅以《易經》而論，其本是占卜之書，占卜者是人，問的是人當下所關心的事，解釋所占得之卦爻象者亦是人。面對這全然以人所占、所問、所詮釋的《易經》，如果把人當下的感受體悟取消，強調客觀治學而不論生命感受，僅將《易經》視為一般文字資料來探究，潘氏謂其不能深入《易》道之真諦，實非過當之說。

15　潘雨廷：《易與佛教、易與老莊》，頁 101-102。

三、「象」為《易》與釋、道的會通樞紐

（一）見機在人，學術之分只在人之化與不化而已

雖然潘氏此書看似繁複，內容涉及儒、釋、道三家思想會通，然而究其通論此三家者，無非在一「象」字之活用與溝通斟酌而已。[16]如其在〈《易》與唯識〉中云：

> 夫《周易》之辭，聖人觀象而繫。象之變化既無窮，應之之辭尤奇妙。舉凡「一切法」（《百法明門論》：「一切法者，略有五種：一者心法，二者心所有法，三者色法，四者心不相應行法，五者無為法。」）乃至「九事」等，莫不兼及。……若此心王，心所相應而變，其所變無窮，而能變唯三：初、阿賴耶識，二、末那識，三、前六識。以《易》言，即乾天父、坤地母及三索之六子。故「一切唯識」者，猶「八卦以象告」。觀卦象有當道器之變通及周流、錯綜、消息、雜物、發揮、旁通諸義，是猶種子、

16 以象論《易》，且強調《易》的實用性，其實在《道藏》中時常可見。如張善文收錄在陳鼓應主編的《道家文化研究·第十一輯·道藏之易說初探》（北京：三聯書店，1997 年）即云：「宋末元初李道純《中和集》論《易》與象，則尤其玄學理趣。……然李道純之言《易》、象之內涵，則全然脫出前代《易》家窠臼，完全沿循道家的思維理緒以抒論，……《道藏》中《易》說的實用性是多方面的，在醫藥、占卜、星相、堪輿、命術等各種民間文化及方技領域，往往都有《易》學的影子在產生著某種程度的影響。」（頁 365-367）可知這樣論《易》的方式，在道家（教）傳統中是一直存在的，潘氏所為乃是繼承與發展之而已。

現行、三界之互通及因緣熏習之理，而唯識者合為三性及三無性。[17]

潘氏明白指出《易》辭因「觀象而繫」，也就是說，《易經》卦爻辭之所以如此如彼，乃是聖人觀象而生。既然象先於辭，則治《易》若不以象為先，而只用心於各種《易》辭的詮釋理解，則不免有捨本逐末之弊。更何況，象的變化無窮無盡，因不同的人、事、時、地、物，便有不同的「象」的展現與被看見，故《易》辭也將因這變化不窮的「象」而繫之無窮。如此看來，《易》辭在某個意義上只是暫時的、某次的解釋與記錄，《易》辭並非恒久不變，故不可做為我們每次占卜遇見某一卦爻時的唯一解釋依據。我們要依占卜當時的人、事、時、地、物，而對占得卦爻之「象」做「當下」的理解，《易》辭只可以做為我們思考探索的指引參考，如此方有可能對所占之事、所得之卦有正確的理解與判斷。

他以《百法明門論》中談「一切法」之例相比，謂心的所有感受，乃因心所相應一切外境的不同而有所不同，雖然外在的變化無窮，但能應變的卻只有阿賴耶、末那及眼耳鼻舌身六識而已。這個所變無窮，就類似《易》中的象；而「誰」能看見這些因人、事、時、地、物的不同而變化無窮的象呢？答案自然是「人」，也就是那個擁有心王的主體。唯識所談的那三個能變，都在這做主的個體生命裏。前六識乃是眼、耳、鼻、舌、身、意六根藉之與外在環境接觸者，因此六識的接引而發生色、聲、

17　潘雨廷：《易與佛教、易與老莊》，頁63。

香、味、觸、法六塵的感受差異。而六根、六識則受末那識、阿賴耶識影響，眼見什麼？耳聽什麼？鼻聞什麼？舌嚐什麼？身觸什麼？意感受到什麼？皆由後面的末那識及阿賴耶識做主。而阿賴耶持藏種子，一切變化就在此端，皆是種子所生現行的結果。《易》中的象，即是這現行後的結果。

我們研《易》，就是要從這現行結果的象去推測那變現之因，改變了這做為原因的種子，自然就可以改變結果的命運。阿賴耶識既然在我們「自身」之中，我們又是可看見不同的象的「人」，那麼，在潘氏看來，生命中一切吉凶悔吝，便都可由「人」來做主。潘氏這種理解《易經》的方式，將傳統象數《易》那種似乎命定的認知取消，轉而與義理派談《易》所強調的人的道德自主性相近。在潘氏看來，《易》中的卦象充滿各種道、器間的變通、周流、錯綜、消息、雜物、發揮、旁通的意義，是由「人」來感受、體會的。因此「象」之所以可做為融通儒、釋、道三家樞紐，乃是因為「象」雖變化無盡，但能融通理解「象」的各種變化的，都在「個人」生命的體會深淺。

他在《史記‧老子列傳》疏釋中，即對老子在孔子臨行之際的贈語：「君子得其時則駕，不得其時則蓬累而行。吾聞之，良賈深藏若虛，君子盛德，容貌若愚。去子之驕氣與多欲，態色與淫志，是皆無益於子之身。」有感而道：

> 此段記述老子與孔子見面時之情況，當然未可全信，而其關鍵已觸及儒、道之分界線，則不可不信。究夫儒術所言，確為「其人與骨皆已朽矣，獨其言在耳。」或反問之，老子為周守藏室之史，亦在守其言。然則其不同點何

> 在？僅在化與不化而已。如食古不化者，食古愈多，愈能增其驕氣與多欲，態色與淫志。而或能化，則所食之古，隨時代為盛德而容貌若愚，此老子作風，乃有益於其身。此化古於身之理，猶孔子有得於老子之教。……凡潛龍之游，見龍之走，飛龍之飛，莫不可乘風雲而上天。孔子視老子猶龍，此不知之知，實已得老子之旨而能終身受益。……（孔子）歿傳後能否重視化古於身之道，亦為造成「儒分為八」原因之一。[18]

潘氏認為之所以有儒、道之分，或者，世間學術之所以如此紛雜，其實只在化與不化而已。不化則食古而反為古所食，化則食古而化之以為己用。所食之古同，但有化與不化之別。能化古於身所用，則或因時、因位之可與不可，而有潛龍、見龍、飛龍之象的變現。象雖有三，其為龍是一，仍都只是那可乘風雲而上的龍。

如此看來，不只「象」是可以溝通儒、釋、道三家的關鍵；能看得諸「象」淺深不同的「人」，其「化與不化」才真是最關鍵處。因此他在〈應帝王析文第七〉中說：

> 至于壺子之逃季咸，能變象而已矣。象由吾出，人孰得而象諸。此〈洛書〉之大用，參天兩地，七蓍八卦，順逆周流，因時而化。……是誠无相之相，知相而不知无相之相之季咸尚能相之乎？尚能安之而不逃乎？此節重在因機而

18　潘雨廷：《易與佛教、易與老莊》，頁 157-159。

> 見機，機在吾，役物而不役於物之謂也。[19]

一句「象由吾出，人孰得而象諸」，高舉了人的自主性。這看似無窮無盡的世間萬象，其實皆由我們一己所見，沒了我們自己，萬象亦不被看見，更遑論其象所代表的涵義。季咸雖能知相，卻不能知无相之相，是知外而不知內，見形而不見真者也。所以潘氏最後點明「機在吾」，因機而見機，役物而不役於物，則吉、凶、禍、福，不盡在吾輩之一心而已嗎？

（二）「象」由人觀，儒、釋、道三家義理由「象」會通

如此談《易》象，高舉人之道德主體且不失釋《易》之特殊路徑，既有儒家義理，亦兼《易經》本體之特殊性，非真於《易》道有深刻研究體會者，孰能如此？如他在〈在宥析文第十一〉中云：

> 第一節老聃明無攖人心。首述人心之不可繫，繼論攖之則不勝攖，其弊無窮，末歸於絕聖棄智而天下大治，在宥之謂也。究其述人心之僨驕，當咸四憧憧之象。或躍在淵，其動乎，靜乎，抑下乎，進上乎。[20]

攖不攖人心與咸四之「憧憧往來」之象何干？蓋咸為上澤下山之

19 潘雨廷：《易與佛教、易與老莊》，頁190。
20 潘雨廷：《易與佛教、易與老莊》，頁195。

卦，六爻中，三、四、五為陽，初、二、上為陰，四為陰位卻由陽爻居之，位不當，故一方面動而想往上與九五同為陽爻之君相比，然而九四之陽同時又與初六之陰相應。既想往上而附於權勢之君，下又有相應之陰爻相求，故九四爻辭謂「憧憧往來」，無法當下做出決定。而潘氏此處直將老聃所云「人心」比做咸四「憧憧之象」，似近於程頤所注咸九四爻之言。其曰：

> 感者，人之動也，故皆就人身取象。拇取在下而動之微，腓取先動，股取其隨。九四无所取，直言感之道，不言咸其心，感乃心也。四在中而居上，當心之位，故為感之主而言感之道。貞正則吉而悔亡，感不以正，則有悔也。又四，說體居陰而應初，故戒於貞。感之道，无所不通，有所私係，則害於感通，乃有悔也。……貞者，虛中无我之謂也。憧憧往來，朋從爾思，夫貞一則所感无不通。若往來憧憧然，用其私心以感物，則思之所及者，有所感而動；所不及者，不能感也，是其朋類則從其思也。以有係之心既主於一隅一事，豈能廓然无所不通乎？[21]

程子論感道，亦以《易》中咸卦諸爻之象論之，從初爻取拇象，二爻取腓象，三爻取股象，故知四爻其辭雖無人身之象，但亦知四乃為心象。故談義理《易》而不知象者，真能謂之知《易》乎？程子將無私之貞與人心之私係並論，以提醒感通之大小在私

21　程頤、朱熹：《易程傳、易本義》（臺北：世界書局，2001 年），頁138。

與无私之別，此與老聃所談「人心」，實不謀而合。此心或欲動，或欲靜，或欲上，或欲下，往來不定，故以咸四「憧憧往來」之象喻〈在宥〉中之「人心排下而進上，上下囚殺，淖約柔乎剛彊。廉劌彫琢，其熱焦火，其寒凝冰。其疾俛仰之間而再撫四海之外，其居也淵而靜，其動也縣而天。僨驕而不可係者，其唯人心乎！」[22]之人心變動不居，上下不定之狀。在同篇文章中，潘氏又謂：

> 第一節詳論治天下為國而不能物物之足悲。觀世俗之人，貴賤不在己，是以喜人同己，惡人異己。然因象以寧所聞，曷嘗出乎眾哉，且不知集眾技之眾，揆諸《易》象，「眾允」云乎哉。其能晉乎？攬乎利而不見其意，僥倖而已，有土者不可不知。果能明物物者之非物，則出入无疾，獨有至貴，猶廣成子之獨存也。[23]

以世人多喜人同己而惡人異己，這種不知以己為主，而貴賤喜怒隨人變動之狀，（此與孔子所謂：「古之學者為己，今之學者為人。」[24]之嘆不亦相同？此亦可證上節所謂儒、道各類學術之分，其實只在人心之化與不化而已。）他舉了火地晉卦象之。蓋晉之下卦為坤，三爻皆陰，此謂之「眾」，而坤卦本亦有「眾」之象。六三爻辭「眾允，悔亡」，這種因眾允而得悔亡之利，也

---

22 郭慶藩輯：《莊子集釋》（臺北：華正書局，1987 年），頁 371。

23 潘雨廷：《易與佛教、易與老莊》，頁 196。

24 《十三經注疏・8・論語、孝經、爾雅、孟子》（臺北：藝文印書館，1989 年），頁 128。

只是僥倖而已。有土者，指有國者，亦指晉下卦為坤之象也。最後所謂「明物物者之非物」，指自主而不必從眾而行，則以初六象辭「晉如摧如，獨行正也。」[25]之獨行的自我判斷，以喻廣成子之「獨存至貴」。初六之所以「獨行正」，正是因為它與九四陰陽相應，便毅然上行而與之相應，不因六二、六三爻皆與其同類為陰而有所糾結猶豫也。晉初六之行正在於「獨行」，亦猶廣成子所謂之「至貴」者在於「獨存」。而這《易經》晉卦初六的「獨行」之正，與莊子所謂廣成子的「獨存」之「至貴」，其關鍵處皆在一個「獨」字。「獨」便是吾人沒有任何牽扯沾染的「此心」，亦如《大學》所強調的「慎獨」。

由此可見，潘氏以「象」會通《易經》、《莊子》，亦以《易》象卦爻之變化來會通儒、道二家。這正是因為「象」本就是個「象徵」，詮釋性本就較為寬廣，再加上人又會因不同時地，或不同年紀，而有不同的生命感悟，因而有即使面對原本同樣的「象」，亦有可能產生不同於以往的見思變化。因此，「象」給予我們可以詮釋的空間實在比文字要自在廣大的多，而這也是潘氏在會通各家思想時，以「象」做為聯結核心的緣故了。他在同篇文章中說道：

> 夫佛法之教義无窮，法門亦无窮，《華嚴》總以九會，得易簡之理矣！若九會之法，實相入相重，可遮可兼，前後錯雜，始終若環，如如不動，亦一亦多，隨緣而來，不可端倪。今以〈洛書〉之九疇周行，四正四隅之順逆互旋，

25　程頤、朱熹：《易程傳、易本義》，頁 153-155。

以觀其相承相生之道，殊非言語可盡，此象數之妙也。[26]

「殊非言語可盡」，自是其強調治《易》重在「心得體驗」。而所謂《華嚴》九會，是指經中所課：初會菩提場，二會普光明殿，三會切利天宮，四會夜摩天宮，五會兜率天宮，六會他化天宮，七會普光明殿，八會普光明殿，九會逝多林。〈洛書〉九數，是指戴九履一，左三右七，二、四為肩，六、八為足，五居中央之象，其數共有九個。[27]一、三、七、九為四正數，二、四、六、八為四隅數，此八個數的順逆變化加上中央的五，再配合陰陽五行生剋，則可見其相生相剋之道，而這也正是以象數談《易》之法，一切看似繁複變化的運用根源。此其以《華嚴》九會亦一亦多又如如不動之象與〈洛書〉九數之運用變化相會通，是《易》、佛會通之一例也。在〈《易》與唯識〉中他又提到：

《易》者六經之原；唯識者，大乘佛法之本。二者之理，殊可會通。……

〈說卦〉曰：「窮理盡性以至於命。」理、性、命三者，《易》道畢具焉。體佛教之言，蓋不出境、行、果三者。以三十唯識論，第一頌至第二十五頌明唯識境，是猶窮理；第二十六頌至二十九頌明唯識行，是猶盡性；第三十頌明唯識果，是猶至命云。[28]

---

26 潘雨廷：《易與佛教、易與老莊》，頁 30。

27 〈河圖、洛書〉之象，可參見程頤、朱熹：《易程傳、易本義》，頁 6。

28 潘雨廷：《易與佛教、易與老莊》，頁 54。

在會通《易經》與唯識學時，他以《易》道畢具的「理、性、命」三者，猶如三十唯識頌中所頌者為境、行、果。是以我們若局限於傳統漢、宋《易》學的認知，以為宋《易》談義理，故疏於象數；漢《易》演象數，故略於義理。則不僅不能認知潘雨廷以象溝通《易》與釋、道，卻又高舉德（第五度空間）為可以操控，統一時、位（第四度、第三度空間）的說法；恐怕也不能認識民國以來治《易》兼融漢、宋兩家之長，且以道德義理為更高層次的發展方向。[29]

是以他在〈論《周易》四百五十節文獻與密宗的三密〉中大讚《易經》云：

> 《周易》一書之奇，奇在能容象數義理為一，為其他經典文獻所無。……讀《易》者首當識此方圓之象，奇偶之數，虛實之理，則卦爻之變化，四百五十節文獻之內容，莫不可藏密於中。[30]

29　由本書前幾章的論述中可知，民初以來以象數著稱的《易》學家如杭辛齋、尚秉和、黃元炳、馬振彪等人，其論《易》雖強調象數，卻仍以德性為歸宗。而一向以繼承宋儒朱子聞名的錢穆先生，其占卜國家未來前途時，亦以火珠林象數變化配合卦爻辭來預測國運未來發展。另外，民初僧人釋本光在《周易禪觀頓悟指要》中高舉人的道德主體時，亦大力提倡象數解《易》之說。可見民國以來的確有不少知名學者在詮解《易經》時，已不再如傳統漢、宋《易》那種壁壘分明的狀況。這可看作民國以來《易經》學者對於傳統學術發展的重新探索省思所得之合則雙利，分則雙害的結果。詳情請參見本書各章專論。

30　潘雨廷：《易與佛教、易與老莊》，頁 100-104。

他看《易》無漢、宋之分，無象數、義理之別，認為《易經》之不同於其他經典的，正在能融合各種不同方法立場於一。

（三）結合「象數」時、位與「義理」的德，以五度空間論《易》

潘氏在〈論《周易》四百五十節文獻與密宗的三密〉開頭便說：

> 中國有《周易》這部極重要且似有神秘性的文獻，連續不斷地流傳了二、三千年。其實並不神秘，很容易用象數加以說明，而其間確有深邃的整體哲理。然或不理解象數，或有以神化象數，宜二、三千年來，不期而對《周易》一書有神秘的認識。……《周易》一書，奇在於文字前先有「陰陽」之符號，直至最近又據考古發現先周殷墟等處早有「數字卦」，二千數百年流傳的「陰陽符號卦」，確從「數字卦」發展而成。凡用卜筮法以得「陰陽符號卦」之「之卦」，仍可見「數字卦」的痕迹。所謂「聖人設卦觀象繫辭」，其要不外觀六、七、八、九四個數字的象，故象數實為《周易》義理之本。[31]

他認為《周易》所以被視做神秘的原因，乃因世人對「象數」的不理解，或者故神其說，因此，既然無法正確理解《周易》最重要的「象數」，《周易》於是就神秘了起來。「陰陽符號卦」是

---

31 潘雨廷：《易與佛教、易與老莊》，頁 98-99。

「象」，「數字卦」則是「數」，而《易》用「六、七、八、九」這四個數字來代表本卦與之卦的象徵符號，因而「六、七、八、九」不再只是單純的四個數字而已，它們同時也代表了卦象之變或者不變的象徵，因此而成了「象與數」的結合。其所謂「凡用卜筮法以得『陰陽符號卦』之『之卦』，仍可見『數字卦』的痕迹。」即《易》中占卜，凡遇九時，陽爻化成陰爻；凡遇六時，則陰爻變成陽爻。遇七、八則不變。如此一來，我們既可以得到占卜時依「六、八」為陰爻，「七、九」為陽爻之先後順序所成的「本卦」，又可依遇到「六、九」時陰變為陽，陽化為陰的規則而得到另一個新卦的「之卦」。《易經》中很重要的「變易、不易、簡易」這組觀念，其重點就在「七、八」「不易」而「六、九」「變易」這樣的「簡易」法則的運用，而聖人之所以能觀各種變易不斷的象，並繫之以各種適當的辭，一切也都在這「六、七、八、九」四個數字所象徵的變與不變之中了。故潘氏乃將「象數」二字合而高舉，謂「象數實為《周易》義理之本」。蓋《易經》義理若不依據象數之各種示現變化來談，則《易經》與其他經典所談之義理便無不同，而《易經》的特殊性也就不復存在了。

其實談《易經》的「象」，很難不同時說到《易經》的「數」，畢竟「象」與「數」本就是《易經》發展初期，一組不論是何種立場的《易》學家，都不得不加以說明的重要治《易》方式之一。潘氏由此更進一步結合《易》中象數派與義理派各有所重的時、位、德為五度空間，以承繼發展其師薛學潛的五度說。他在〈《易》與華嚴〉中表示：

> 夫〈河圖〉八卦之象數，吾國哲理之精，更觀貝經《華嚴》亦有此理。凡《華嚴經》中自〈世主妙嚴品〉起以迄普賢之十大行願，不論問答、說法、敘物、寫景，莫不以十數為計，所謂十方世界，是猶〈河圖〉之象。……以上十方世界配〈河圖〉八卦，可不言而喻，詳下圖。（筆者按：即〈先天河圖與華嚴十方圖〉）……故《易》與《華嚴》之理，確可通焉。若〈河圖〉、《華嚴》之皆取十數，絕非偶合，蓋有精義。……故十數之妙，陰陽不測，尚醒悟不尚言語，誠為不思議之境界。試觀佛成此象，除菩薩外，諸大聲聞悉不知見，蓋無其德也。《易》重時、位、德，時謂時間四度，位謂空間三度，有德以處時、位，駕馭之、控制之、變化之、合一之，始得五度之理。此與無德而跼蹐於三、四度時、位者，可同日而語哉！[32]

他以〈河圖〉「十」數的象（一六共宗水，二七同道火、三八為朋木、四九為友金、五十共守土，陰數各自相加，陽數各自相加，皆可得到十數）與《華嚴經》不論寫景、敘事皆以「十」數為計相比，而謂此二者之皆取「十」數，有其精深之義，並非偶然。這種「尚醒悟不尚言語，誠為不思議之境界」的會通，自是本文一開始就強調的潘氏《易》學最大特色與基礎——重個人的實際「體驗」。所以若用一般所謂客觀方式去推論說明，在潘氏看來，將無法理解此中「醒悟」的精義。他更藉此發明《易經》所重的「時」與「位」，將之與今日所謂「四度」的時間與「三

---

32 潘雨廷：《易與佛教、易與老莊》，頁 8-11。

度」的空間結合，而在中國傳統文化中更重視的「德」，則被歸為更上一層的「五度」空間。這「五度」的「德」則是可以在更高的層次上去駕馭、控制、變化與合一「四度」與「三度」的「時」（時間）與「位」（空間）。也就是說，《易經》中的「時」與「位」的變化，實際上是操控在人可以自主的「德」上。於是，透過同樣以「十」數來表象的〈河圖〉與《華嚴》，一方面說明了《易經》中的吉、凶、悔、吝可由人的「德」來控制、變化；另一方面也正合於佛教《華嚴》大乘經典所揭示的「人人皆有佛性」、「人人皆可成佛」的人對自我生命的全然主宰。雖然佛法強調的是「佛性」，潘氏此處說〈河圖〉十數時所強調的是「德性」，表面上文字雖然不同，然而二者所強調的人可以成為自己主人的自主性，卻是一樣的。

以這樣的觀點來論《易經》的象數，實已超脫傳統對象數《易》「定數」似的認知。一般來說，以象數論《易》者，多是強調可用《易經》中的象數之法來占測未來，而這未來之所以可以被占測，自然是因為此中自有「定數」。但潘氏在此卻更翻上一層，以「德」的「五度」空間統一駕馭了「時」與「位」的「四度」與「三度」時空，不只讓《易經》的象數「時」、「位」與義理「德」的修養可以結合為一，並且把「德」的地位提升至象數之上，讓看似命定的未來，成為人可以在自我不斷努力提升德性生命的同時，進而掌握生命中吉凶的發展。

四、《易》、《老》同源，三教合一

（一）漢初《易》、《老》並讀實況的提醒

明代晚期以來，三教合一的潮流便此起彼落，有清一代因政治的大一統穩定狀態，此風便似消聲匿跡。然清末開始，由於政治的動盪，三教合一之風又開始興盛，潘雨廷便是持這樣看法的人。他在為《道藏》中所收注本作〈提要〉時，就不斷強調這種三教合一的認知，自古已有。他說：

> 自 1973 年湖南長沙馬王堆軑侯之墓（葬軑侯之子）中出土甲乙本《道德經》，則對研究老子，有劃時代的變化。出土的原文，陪葬於漢文帝前元十二年（公元前 168 年），尚在武帝前，恰可證明漢初長沙地區主黃老之事實，大之可推至長江流域，《淮南子》思想即與此有關。又同時出土之書，除黃老文獻外，有《周易》等。所未見者，反而為儒家所傳之《詩》、《書》、《禮》、《樂》、《春秋》等經。而《道德經》與《周易》並存並讀，正屬漢初之基本思想。故司馬談受《易》於楊何，又習道論於黃子，可見黃老與《易》的密切關係。……《漢書・藝文志》：「六藝之文，……五者蓋五常之道，相須而備，而《易》為之原。」由是《六經》形成燦爛大備之系統，漢初《易》、老並重之觀點，乃始終受制於《易》配《五經》為之原的思想。然黃老道之思想，於董仲舒後

> 未嘗無發展，乃兼重《易》、老而孕育出道教。[33]

潘氏由漢初軑侯之墓所出土文物有《道德經》與《周易》並存並讀的情況，推測漢初《易經》與道家的親密關係，並提醒學人重新思考，中國學術以儒家為主流的情況，實是武帝以後的事，在漢初時並不存有如《漢書・藝文志》所流傳下來的《易》配《五經》而為之原的思想。雖說武帝後以儒家為主流的學術發展，將《易經》歸為儒家《五經》之原，讓黃老與《易》並讀的情況漸漸不為人知，但這《易》、老並讀的發展卻開展出了道教一派，並在道教經典《道藏》中得以窺得其樣貌。這雖是潘氏為《道藏》中《老子》注本作〈提要〉的前言，但可視作其開宗明義，宣誓《易》、老同源看法。

他在為漢初嚴君平《道德真經指歸》作〈提要〉時，謂此書《四庫》雖已考其為偽，然唐之杜光廷仍可得見，故或有後人言論滲入，但亦未可謂全為後人所作。在說明書中「天圓地方，人縱獸橫，草木種根，魚沈鳥翔，物以族別，類以群分，尊卑定矣而吉凶生焉。由此觀之，天地人物皆同元始，……人但知一身之相通，不知一國常同體；人知一國是同體，不知萬物是一心；萬物既是一心，一心之中何所有隔哉。故不出戶而知天下也。」時道：

> 若此之善觀萬物，正漢初繼承黃老道之精義。儒家於宋起的理學思想，特別體味《中庸》之鳶飛魚躍而歸諸無聲無

33　潘雨廷：《易與佛教、易與老莊》，頁 113-114。

> 臭。然據《易》理，於天地鳥獸地宜人物，莫不兼觀。……所謂天圓地方者，即「蓍之德圓而神，卦之德方以知。」……識此人與動植物之異同，方能得生物之共一宗祖，宇宙之連屬一體，《易》、《老》之整體思想，於焉可顯。[34]

他認為善觀萬物異同，善體萬物一心，這不只是黃老道的精義，宋儒特別強調《中庸》之鳶飛魚躍而歸諸無聲無臭，《易經‧繫辭傳》的「蓍之德圓而神，卦之德方以知。」都與漢初嚴君平《道德真經指歸》的「天圓地方，人縱獸橫，草木種根，魚沈鳥翔，物以族別，類以群分，尊卑定矣而吉凶生焉。由此觀之，天地人物皆同元始，……人但知一身之相通，不知一國常同體；人知一國是同體，不知萬物是一心；萬物既是一心，一心之中何所有隔哉。故不出戶而知天下也。」看法相互呼應，由此可見《易經》、《中庸》等儒家經典的思想其實與漢初黃老思想是相互融通的。

（二）自王弼掃象注《易》、《老》，後人遂以為道家有虛無實

那麼，潘氏所謂的黃老道與我們今日理解的老子有什麼不同呢？他在為王弼《道德真經注》作〈提要〉時，指出黃老道崇實，王弼之注《老》尚虛，其云：

---

34 潘雨廷：《易與佛教、易與老莊》，頁 118。

一言以蔽之，黃老道之解《老》崇實，王弼之注《老》尚虛，崇實者言皆有物，尚虛者思辨玄微。以《易》論，由漢《易》之尚象成王弼之掃象，或謂弼以《老子》之義注《易》，此實大誤。《易》、《老》本互通，王弼於二書乃同以崇虛之旨引發之，後人不察，遂生誤解。因自莊子、韓非子注《老》起，莫不知其不毀萬物，且德者內得於身而身全。故嚴遵能見萬物一心，河上已睹口鼻當玄牝以全身。……此見自戰國直至漢末之注《老子》者，且早已形成道教，仍屬有實。唯自鍾會、王弼輩出，非但掃《易》象而《易》學虛，於《老子》之義，亦另闢空談玄理之蹊徑，魏晉玄學清談之風由是而啟。雖然，掃象得意之《易》，玄玄精思之門，未嘗非學《易》、《老》之一大法門。此實應運而生，與佛教之源源流入，不無有思維之感應。或即以王弼注之《易》、《老》為《易》、《老》之原義，未免失戰國以來直至漢末約六、七百年中學者對《易》、《老》之理解。[35]

他說《易》、《老》本互通，以王弼掃《易》象做為一個《易》學發展的重要分水嶺。承前所言，漢初流行的《老子》，仍是崇實的黃老道，即使漢武帝罷黜百家獨尊儒術之後，仍有以黃老道為主，在漢末發展出的崇實的道教。學術上的重大分野實是魏的王弼掃象，而王弼以虛玄的義理詮釋《易》、《老》，又不無與漢末佛教傳來的影響有關。自王弼掃象之風起，一路發展成為日

35 潘雨廷：《易與佛教、易與老莊》，頁 119-120。

後治《易》的重要主流——義理《易》。更甚者，遂影響後人對《易》中象數，以及道家中的尚實之風的無知或漠視。

潘氏並不是站在象數《易》的立場反對王弼的掃象，他反對的是後人因王弼掃象解《易》後，遂以為以玄理談《易》、《老》為《易》、《老》的真義。因為《易經》與《老子》本有不同的詮解方式，戰國至漢末的崇實尚象，與魏晉以來提倡的玄談精思，都是詮解它們的重要路徑，所以不知《易》、《老》自戰國以來的崇實尚用之風，在學術發展史的認識中，的確是有所偏失的。他在為陸希聲《道德真經傳》作〈提要〉時，更直接稱陸氏此書：

> 此更能深入以認識《易》、《老》同源。若注釋《老子》之每用《易》義，仍與玄宗書相似。如以「歸根曰靜，靜曰復命」當〈說卦〉之「窮理盡性以至於命」，以「得一」當〈繫辭下〉下之「天下之動貞夫一」等，義皆精邃。[36]

便明白說出他認為《易》、《老》同源的看法。並以《老子》「歸根曰靜，靜曰復命」與〈說卦〉之「窮理盡性以至於命」，兩個看似無關的對「命」的體會認知或詮釋理解，以及將《老子》「得一」與〈繫辭〉之「天下之動貞夫一」這兩個「一」，看作是相互呼應的說法。（〈繫辭〉認為天下之變化雖然看似千頭萬緒，然而只要在那最高層次的核心理念「一」上堅持守住，

---

36 潘雨廷：《易與佛教、易與老莊》，頁 124-125。

不被外在變動影響，則對於世間一切變化就都能清楚明白，而不致於讓生命隨著際遇的好壞變化而波動不已了。而《老子》的「昔之得一者，天得一以清，地得一以寧，……侯王得一以為天下貞。」其所謂「侯王得一以為天下貞」，又與〈繫辭〉的「天下之動貞夫一」兩個「一」與「貞」何其相應？！）再如他在〈《道藏》中所收《老子》注本提要〉中，對元人李道純《道德會元》所作〈提要〉云：

> 李著述甚多，此書自序於至元庚寅（1290 年）謂已先成《三天易髓》，所以通三教，其言曰：「儒曰太極，釋曰圓覺，引儒、釋之理證道，使學者知三教本一，不生二見。」……又曰：「竊謂伏羲畫《易》剖露先天，老子著書全彰道德，此二者其諸經之祖乎。……」此又密合《易》、《老》。於解《老子》每章首各有偈言，與禪宗同旨。……此可喻李道純於《易》、《老》實有所得，其象《易》、《老》作者早已了然於心，奈不易喻於人，故必本象數。[37]

潘氏藉之以證自己《易》、《老》同源的看法古來已有，對於如何明白《易》、《老》同源的方法，潘氏則仍回到他所強調會通三教的「象數」。與此相同的看法明人亦有。在同篇文章對明初危大有所集《道德真經集義》和為明焦竑《老子翼》作〈提要〉時，他說道：

---

[37] 潘雨廷：《易與佛教、易與老莊》，頁 141。

（《道德真經集義》）頗采何心山之注。何氏重《易》、《老》相合，其言曰：「體乾聖人，備道全美，博施濟眾，大有為而靡有爭，一乾元之妙用也。……知《易》則知《老》。」此見從漢初及明，合《易》、《老》而見其旨仍同。（《老子翼》）竑亦主張三教合一者。[38]

這種《易》、《老》同源，會通儒、道兩家的看法，自漢初以來便源源不絕的流傳著，只是未必為人所熟知。除了老子，傳統中被視作道家另一重要主角的莊子也是深通《易》道的。[39]潘氏在〈德充符析文第五〉中云：

曰叔山无趾者，兼从孔、老，亡形內之足，存形外之尊足。……夫无趾者，有得乎老聃之道乎，以尊足行於死生一條，可不可一貫之境。乃反以孔子，已遭天刑而亡其尊足焉。此陰陽消息之兩端，莊子誠深通《易》道者也。[40]

在莊子所寓哲理中，老子為正例，存形外之尊足；孔子為反例，亡其尊足者。一正一反，正好表陰陽消息之兩端。故在潘氏看

38 潘雨廷：《易與佛教、易與老莊》，頁 147。

39 至於莊子到底應不應該放進道家系統中？楊儒賓先生有《儒門內的莊子》（臺北：聯經出版事業公司，2016 年）專書討論，讀者可以參看。然不論莊子原始思想或來歷更近於儒還是道？在中國兩千年來的學術發展史中，莊子被列為道家經典核心人物來認識是沒有疑問的。本文將莊子置於道家代表人物亦是基於這個學術史的認知上。

40 潘雨廷：《易與佛教、易與老莊》，頁 181。

來，莊子不只是深通《易》道，他恐怕是兼融儒、道兩家思想的。另外在潘氏作〈大宗師析文第六〉，則幾乎全篇皆以《易》義釋莊子之語，或謂「其寢不夢，箕子之明夷利貞；其覺无憂，受茲介福於其王母。」或謂「義而不朋者，泰中行而朋亡也。不足而不承者，謙卑而不可逾也。」[41]讀者可參看之。然潘氏謂「莊子誠深通《易》道者」，並在解〈大宗師析文第六〉時，全篇皆以《易》義釋之，並不是他的獨創見解或體悟，早出生他三十七年，曾受業於泰州學派黃葆年，並且於杭州之江文理學院、湖南藍田國立師範學院、貴陽大夏大學、上海光華大學、上海華東師範大學等校之國文系或中文系擔任系主任或教授的知名學者鍾泰（1888-1979），便有《莊子發微》一書，全書以《易》理詮解《莊子》，並謂莊子實是儒家顏子一門傳人。[42]

41　潘雨廷：《易與佛教、易與老莊》，頁 182-188。

42　這樣詮解《莊子》的方式，潘雨廷並不是獨特唯一的，民國以來似有此風，如早他三十七年的深於老莊之學的鍾泰著有《莊子發微》，（上海：上海古籍出版社，2020 年）不只全書會通《易經》與《莊子》，他根本認為莊子其實是儒家顏子一派的傳承人。如在〈消搖游第一〉注解「北溟有魚，其名為鯤，……化而為鳥，其名為鵬。……南溟者，天池也」時，他說：「『冥』，一作溟。……北於《易》為坎之方，南為離之方。〈說卦傳〉曰：『離也者，明也。萬物皆相見，南方之卦也。……』夫離南為明，則坎北為暗可知。鯤化為鵬，由北而南徙，象昭昭生於冥冥也。……曰『魚』者，取象於卦之中孚。中孚曰：『豚魚吉』是也。卦氣起於中孚。……『化而為鳥』者，取象於卦之小過。小過曰：『有飛鳥之象正焉。』是也。中孚旁通小過，故魚化為鳥。……」（頁 4-5）他解釋《莊子》北溟之魚化為南方之鵬鳥，全用《易經》坎北離南與中孚之有魚象，而其旁通之小過卦正好有鳥象來解釋之。其全書皆如此註解《莊子》，更在《莊子發微・序》中直云：

五、小結——「象」由吾出，吉凶在人

總結以上所論可知，潘氏乃是在多位老師的影響下，發展出其強調個人體悟深淺及對所讀之書化與不化，才是能否真進入《易》學核心的關鍵。他藉著《易》中的「象」，會通三教，直說《易經》乃是教人「洗心」、「精義入神」之書。

其次，潘氏指出《易》辭乃是「觀象而繫」，而「象」則因人、事、時、地、物的不同而有不同的展現，故《易》辭也將因這變化不定的「象」而應之無窮。所以，《易》辭其實只是暫時的、某個一次性的，對於所占之「象」的解釋與記錄，不可將其視為認識《易經》真諦的唯一重要依據，也因此更凸顯出「象」的無時空限制的重要與特殊。

再者，他認為《易經》所以被視為神秘的原因，乃在世人研《易》多注意《易》辭，而對「象數」沒有正確理解。故特將「象數」高舉，甚至謂「象數實為《周易》義理之本」，把「象數」的重要性、順序性放在義理之先，認為要明《易》之義理，就要先對「象數」有正確的認知。在此須要特別強調的是，一般人談及《易經》的「象數」之學，多會把《易經》帶往神秘而不可知的世界；但潘氏此處高舉認識真正「象數」的重要，卻是要

「然則莊子之為儒而非道，斷斷然矣！……莊子之學，蓋實淵源自孔子，而尤於孔子之門顏子之學為獨契，……故竊謂莊子為孔門顏子一派之傳，與孟子之傳自曾子一派者，雖同時不相聞，而學則足以並峙。」（頁 2-3）則直接論定莊子是儒家傳承之人，與傳統將莊子視為道家一派的見解不同。而這樣的看法也影響了今人楊儒賓有《儒門內的莊子》一書出版。

把《易經》從神秘的世界給請出來。不論潘氏事實上有沒有減少《易經》的神秘性，但他這種翻轉《易經》「象數」之學的企圖，的確是給了我們一份應如何重新詮解《易經》的提醒。

值得注意的是，「象數《易》」在潘氏的認知中並不是命定的，因為「象由吾出，人孰得而象諸」、「機在吾，因機而見機」。因此，這個可以觀「象」演「數」見「機」的「人」才是《易經》的核心。而這身為《易經》核心的「人」，又會隨著人事時地物的變化而有所變化，「人」對生命的體悟，也會因為他的經歷與努力而有所不同。所以生命的吉凶不再是傳統「象數《易》」的方法可以推導出來的，吉凶悔吝只是為了讓身為「人」的我們有個趨避的指引與警惕，而最終能決定生命吉凶的，只有我們自己。

因此，他發明《易經》所重的「時」與「位」，將其與今日物理所謂的「四度」、「三度」時空結合，再把中國傳統文化最重視的「德」（即人的自主性）放在更上一層的第「五度」空間。這第「五度」的「德」可以駕馭、控制、變化與合一「四度」與「三度」的「時」與「位」。也就是說，《易經》中「時」「位」變化完全是操控在人可以自主的「德」上的，所以生命的吉凶順逆全部由人自己掌握，不再是神秘而不可知的「他者」所決定了。

由此可知，潘氏《易》學表面雖似在強調「象數」，以「象」來會通儒、釋、道三教。然而事實上，他所以高舉「象數」的原因，卻是在強調「人」自我的體悟與感受，才是影響這些「象數」所代表的義理指涉為何的關鍵。「象數」在潘氏的《易》學世界中只是手段，藉此強調人的主體性與道德性的重要，才是潘氏《易》學的最終指歸。

本文曾於臺北市中央研究院中國文哲研究所「新中國六十年的經學研究（1950-2010）」第二次學術研討會發表

結　語

一般關於民國的文章，多半集中在討論歷史演變與社會文化上，而《易經》在這個階段的發展狀況，除了《易》學史相關著作稍有摘要式的引介外，[1]專題式的深入探討，多半也集中在出土材料的議題上，辯論《周易》經傳的時代、作者、內容與今本流傳間的差異、占筮之法如何，以及到底是更接近儒家還是道家的思想等等，[2]把民國以來名人專家的《易》學成果放在同一書中，做集中而深入研究討論的專書，至今仍然相對稀少。然而如果沒有針對這些身處清末民初，甚至活動到民國七、八十年後的專家名人的言論專著先做個別的深入研究，那麼我們所討論關於民國《易》學的發展面貌，必然只能流於人云亦云的表面，而無法深刻理解這個大時代中《易》學發展的真貌。因此，本書前後選擇了八個生存年代橫跨清代與民國的知名學者專家，就其單一

1　如楊慶中：《二十世紀中國易學史》（北京：人民出版社，2000年）。

2　如李學勤：《周易溯源》（成都：巴蜀書社，2005 年），廖名春：《周易經傳與易學史新論》（濟南：齊魯書社，2001 年），廖名春：《周易經傳與易學史續論》（北京：中國財富出版社，2012 年），蔡運章、董延壽、張應橋主編：《易學考古論集》（北京：中華書局，2016 年），張政烺：《論易叢稿》（北京：中華書局，2012 年）等等。

的《易》學專著，或散在各處關於《易經》的言論，做地毯式的閱讀，並分析歸納，希望能真實呈現出這些學者名人的《易》學面貌。就像穿針引線一樣，一個有創意有觀點的觀念就如同一根針，在作者的慧心巧手之下，可以織成一件美麗動人的衣裳。然而針中牽引著的線材如果成分不對、品質不好，即使織就出的衣裳花式樣色再怎麼動人，它隨時都有土崩瓦解的恐懼與危險。本書對民國以來這些個人或專門著作的深入研究，無非是為了保障織就成「民國《易》學」這一身「融通致用的生命實踐」動人衣裳的穩固基礎。

在集中讀過本書所收錄十篇文章後，就可以明白本書之所以給「民國《易》學」一個「融通致用的生命實踐」的統稱，乃是因為在這十篇文章裡，除了在第一章〈《古史辨》中討論《易經》相關問題之省思〉做為全書的背景裡，我們看到了 1926 年至 1941 年的《古史辨》運動，想要將《易經》從神聖地位上拆解下來的巨大聲浪，卻也在接下來其他九章的論述中，發現民國以來的《易》學發展，顯然與這《古史辨》聲浪並不同調。在整個《古史辨》發表過關於《易》學文章的健將們，最後只有李鏡池一人以《易》名家，而民國以來真正以《易》學聞名的專家們，卻不曾有一人的文章曾在七大冊的《古史辨》中出現過。當我們把注意力放到民國以來名人專家的《易》學成果，做集中而深入的探討後，就會發現他們對《易》學雖有各自的看法，卻也不免因為同樣身受清末民國以來大時代劇烈變動的影響，展現出一種既各有特色，卻又有某種相似一致的特殊面貌。

在各自的特色中，我們看到了杭辛齋因其個人投身政治運動的特殊性，所以特別強調《易經》之用，並且兼重象、數、圖書與義理在《易經》中的地位，不站在《易》學史上漢、宋任何一邊，以命算術數之學，驗證《易經》可示吉凶禍福的原理與方法，再進而以此證明《易》中有聖人仰天俯地所察究出的天地之道。希望可將《易經》拿來福國利民，達成他經世致用的願望。

我們也看到了尚秉和對漢代以來象數派的卦變、爻變諸說，皆推而倒之；又對王弼掃象後專以義理說《易》的宋《易》一派，不以為然。他認為解《易》主要在了解陰陽爻之相應相比關係，並認為《易經》卦爻辭無一不從象出。因此若能掌握這兩個治《易》要點，並對古來筮案加以深心鑽研，則於《易》必能有所心得。所以他一生苦心搜集各種筮案，加以分析研究，並以自己為他人占筮的例子做為佐證說明，全力證明《易經》有著為人占示未來、解決疑惑之大用，成為民國以來「以象解《易》」，並將《易經》運用於日常占斷吉凶的名家。而在《續修四庫全書總目提要．經部．易類》總數六百餘條的〈提要〉中，尚氏一人所作就佔了幾乎一半，這種現象也說明了他在民國初年《易》學界的分量。

另外像黃元炳一方面認為「人貴虛心受益，不可以為術數小道而忽之」，另一方面則強調「形下以為術，不如形上以為道」，他認為之所以要通達象、數、圖書，乃是為了要能先徵信於人，然後好拿來做為勸人脩身之用。他自云於《易》學有「九項自得」之說，則只是由象與數的方位翻來覆去，變來化去的關係所發展出的各種排列組合。

又如像馬振彪治《易》全在「《易》為聖人所作」這個基本理念上發展，並以象數為手段，以義理為目的，不站在《易》學史上漢、宋任何一邊，而其一生體會盡在「明理安數」四個字上，不論談體用、動靜、行止、時中，皆是這四個字的推衍發展，而這四個字也正是他融合漢、宋《易》象數與義理的最好說明。同時，他也融通儒、釋、道三家之說以注《易》，深刻化、豐富化了《易經》的義涵，而且常引史事，讓人對《易》中卦爻辭有更實際的感受。

錢穆先生則自小喜靜坐、得境界、信神奇之事，對於《易》學名著鮮不瀏覽，而在中年時曾有《易學三書》之作。他認為《易經》的「變通」、「趨時」，只是了解「變」與「化」間關係後的運用；又以時間、空間的「同異」、「動靜」討論卦爻所含深義。他認為《易》之大義，簡言之不過「數變」、「位變」與「時變」而已。另外，他也認為「時」與「位」的相互關係，乃《易經》占卜趨吉避凶的關鍵因素。此外，錢先生在研究《易經》時，總是會先回到《易經》發生的歷史現場去思考卦爻的意義，呈現出他以史名家的特色。

胡蘭成則是懷抱著「學而優則仕」的傳統中國文人夢，所以不能以淑世為依歸的任何學問在他心底，是稱不上真學問的。他不像傳統《易》學專家以道德意義去說卦德，他認為卦德的「德」就是「性」，是萬物與生俱來的「在」，所以卦德本身沒有是非善惡的價值判斷，與一般世間所謂的德性意義無關。他認為「德」是與生俱來的，而「行」只是自然的將「德」展現出來而已。因此，胡蘭成所謂的「修行」，實際上只是回到原本應有的狀態。對胡蘭成來說，只要回到本來面目，即可與《易經》相應。

而釋本光的「方山《易》」家則多在民間傳受，所以缺乏可信的參考資料。其核心宗旨在關懷人事社會與國家民族，以「陽明」正知聯結世出世間，強調六爻總在說人道，將象、數、位視為一體，強調觀變玩占，對於己事人事，都當隱密。他以「動態觀點」詮釋《易經》，認為《易經》不及佛法，並對於只要不合乎「方山《易》」家觀點的《周易》經傳及前人之說，皆加以否定，甚至不惜刪改更動。

潘雨廷則受熊十力、馬一浮、薛學潛、楊踐形等老師重實踐與會通的影響，強調治《易》需重個人體驗與感受。不過即使他強調主觀感受的治學方式，卻不是不重視客觀證據的推演，他只是與一味強調客觀的治學方式，有輕重緩急的不同而已。又為了要會通各家之說，他以詮釋性最廣的《易》「象」做為聯結關鍵，並與數、理結合起來，開展了以「德」的「五度」空間論《易》的方法，統合了《易經》自古以來象數、義理兩派的歧異。他同時也強調儒、釋、道三教可以相互會通，而《易》、《老》則更是同源，因為這些異同與分別的發生與否，並不在學術本身，而在人心之化與不化而已。

另外，在相似一致的面貌上，我們可以看到除了錢穆之外，從生年較早的杭辛齋、尚秉和、黃元炳、馬振彪，一直到接近民國的胡蘭成、釋本光，乃至於民國後才出生的潘雨廷，他們依然都深信「《易》為聖人所作，有聖人所寓之道」的傳統說法。而在對《易》學的研究探討上，他們的焦點幾乎都回到人的自身感受與體悟上，同時也都呈現出強調將《易》學「融通」「致用」於身心性命的現象。這些「融通」，或者發生在《易》學的象、數、理、圖、漢《易》、宋《易》之中，或者進行在儒、釋、道三家的場域間，又或者流動於傳統文化與現代科學的縫隙裡。而這些「融通」的目的，其實都是指向「致用」的。他們在《易經》的各種「融通」中，或者希望「致用」於提醒警惕人們自身的道德修養，或者希望「致用」於對社會國家有所貢獻上，又或者期望能「致用」於實際生命吉凶禍福的掌握中。這種「致用」的要求，其實從清代晚期以來，上自官場，下至民間，便已聲聲呼喚。這呼喚一直延續到清朝滅亡了，民國開始了，依舊聲聲不息。只是原本在社會上的大聲疾呼，輾轉到傳統文化的《易經》世界時，竟已成了低語呢喃。彷彿原罪似的，在揚棄傳統守舊文化的聲聲浪潮裡，身為被揚棄目標之一的《易經》的守護者們，只能在他們的著作中，以他們自己的方式，默默以「融通」的姿態，跟上這「致用」的浪潮。

其實，始終貫串他們這種「融通致用」《易經》於自我的生命實踐中的，一直是「《易》為聖人所作」這個最深最高的終極信仰。就因為對這個信仰的真摯不疑，他們在對《易》學裡的象、數、理、圖、漢《易》、宋《易》，以及儒、釋、道三家，甚至傳統文化與現代科學的融通上，雖然大同之中或有小異，卻始終步調一致，在傳承了傳統《易》說的同時，也開創了他們各具特色的見地。例如尚秉和雖然認為象不明則不能通《易》辭，以象為認識《易經》的根本，但對於任意比附以談象的《易》家，卻是給予評擊的；而黃元炳則以漢《易》象數之學是我們能夠理解聖人於《易》中所寓義理的階梯；馬振彪則雖貌似全以漢《易》象數之學在注解《易經》，然而全書卻都是在以象數之法申說聖人所寓之理。他們三人表面上使用的漢《易》象數之法雖各有其細節上的不同，但卻同樣都是用以做為理解聖人寓於《易》中之道的階梯。

對於他們而言，象數是外、是用；義理是內、是體。二者缺一不可。

在《易經》的致用上，不論是如杭辛齋的以為天地間萬物皆是數，人生天地之間而最靈，故能參天兩地而倚數，所以心動則數生，物無窮則數無窮而心量亦無窮，能明白數之本源惟在人心之運用，則吉凶善惡皆能倚數而斷；還是像尚秉和強調《易》占以變為貴，不可泥於一式，須就事以取辭，察象而印我，棄疏而用親；又或者如馬振彪認為只有能夠「明理安數」，我們才能在不變的天理與常變的運數之間，在生存的應然與實然的衝突裡，安時處順，無入而不自得的自在生活；又或者像錢穆認為人們只要能看懂「時」與「位」之間的相互變動關係，就能掌握《易經》占卜趨吉避凶的關鍵；還是像胡蘭成說《易經》的占卜如同禪家的機鋒，只是那時、那刻、那人、那地與那事，電光一閃的相會而已，沒有必然如何的理解方法，也沒有使用手冊的套路可以憑藉，只有當下即是的真實，只有那一念才是最真切的唯一等等。他們五人對於《易經》占卜各種看似不同的說法，其實核心卻都一樣，都是直指「人」才是唯一影響吉凶的關鍵。把吉凶禍福的決定權，從神秘不可知的象數推演中，拉回可以掌握的人類自己手上。更遑論釋本光的「方山《易》」派，始終立足於關懷人事社會與國家民族的發展上，以及潘雨廷強調《易》中卦象所充滿各種道、器間的變通、周流、錯綜、消息、雜物、發揮、旁通的意義，都是要由「人」來感受，由「人」來體會，這些都是希望能把《易經》「致用」於每個人的實際生命中。

由此，我們可以看見，民國以來，即使在《古史辨》運動大張旗鼓的試圖將《易經》從「聖域」拆解下來的同時，依然有許多治《易》名家深信《易》為聖人所作，《易》中含有聖人教人的無限深意。他們「融通」《易經》於儒、釋、道三家及漢、宋《易》門派中，他們「致用」《易經》於個人吉凶禍福的自我掌握、身心性命的道德修養，以及社會國家的責任裡。不論這些《易》學專家或者民國聞人的目的有沒有達成，至少我們可以很肯定的說，民國以來的《易》學發展，呈現著一種傳統與現代不斷對話，神聖與普羅不停糾結的現象，其在吾國《易》學傳承與開新中的豐富性、深刻性與多樣性，實在值得我們仔細探索與深思。

主要參考書目

一、專書

（漢）司馬遷撰、（日）瀧川龜太郎：《史記會注考證》，臺北：洪氏出版社，1986 年

（漢）班固撰、（唐）顏師古注：《漢書》，臺北：鼎文書局，1995 年

（宋）程頤、朱熹：《易程傳、易本義》，臺北：世界書局，2001 年

（宋）普濟：《五燈會元》，臺北：文津出版社，1995 年

（明）來知德：《來註易經圖解》，臺北：武陵出版社，1997 年

（清）《欽定四庫全書總目》，臺北：藝文印書館，1997 年

（清）自融撰，性磊補輯：《南宋元明禪林僧寶傳》，《卍續藏經・137 冊》，臺北中國佛教會影印卍續藏經委員會，1967 年

（清）章學誠：《文史通義校注》，北京：中華書局，1994 年

（日）澀澤榮一：《論語與算盤》，上海：上海社會科學院出版社，2016 年

（清）郭慶藩輯：《莊子集釋》，臺北：華正書局，1987 年

《周易注疏》，臺北：藝文印書館十三經注疏本，1989 年

《論語注疏》，臺北：藝文印書館十三經注疏本，1989 年

《四庫未收書總目提要》，臺北：臺灣商務印書館，1939 年 12 月簡編印行

中國科學院圖書館整理：《續修四庫全書總目題要》，北京：中華書局，1993 年

杭辛齋：《易學要理妙訣筆談》，臺南：飆巨書局，1985 年

尚秉和：《周易尚氏學》，北京：九州出版社，2005 年

黃元炳：《易學探原之一——易學入門、卦氣集解・易學探原序》，臺

北：集文書局，1996年
黃元炳：《易學探原之二——河圖象說》，臺北：集文書局，2009年
黃元炳：《易學探原之三——易學探原經傳解》，臺北：集文書局，2001年
馬一浮：《爾雅臺答問》，新北市：廣文書局，1979年
馬振彪：《周易學說》，廣州：花城出版社，2002年
馬宗霍：《中國經學史》，臺北：臺灣商務印書館，1992年
熊十力：《讀經示要》，臺北：洪氏出版社，1982年
熊十力：《原儒》，臺北：明文書局，1988年
鍾泰：《莊子發微》，上海：上海古籍出版社，2020年
顧頡剛：《古史辨・第三冊》，臺北：藍燈文化事業公司，1993年
錢穆：《國史大綱》，臺北：臺灣商務印書館，1988年
錢穆：《經學大要》，臺北：素書樓文教基金會，2000年
錢穆：《八十憶雙親師友雜憶合刊》，臺北：素書樓文教基金會，2000年
錢穆：《現代中國學術論衡》，臺北：素書樓文教基金會，2000年
錢穆：《中國學術思想史論叢（一）》，臺北：素書樓文教基金會，2000年
錢穆：《中國學術思想史論叢（八）》，臺北：素書樓文教基金會，2000年
錢穆：《中國學術思想史論叢（十）》，臺北：素書樓文教基金會，2000年
錢穆：《孔子傳》，臺北：素書樓文教基金會，2000年
錢穆：《晚學盲言》，臺北：素書樓文教基金會，2001年
錢穆：《中國文化叢談》，臺北：素書樓文教基金會，2001年
錢穆：《歷史與文化論叢》，臺北：素書樓文教基金會，2001年
錢穆：《中國文化史導論》，臺北：素書樓文教基金會，2005年
錢穆：《中國學術通義》，臺北：素書樓文教基金會，2000年
錢穆：《中國思想通俗講話》，臺北：素書樓文教基金會，2001年
高亨：《周易古經通說》，臺北：洪氏出版社，1977年
金景芳、呂紹綱：《周易全解》，長春：吉林大學出版社，1991年

顧廷龍編纂：《清代硃卷集成》，臺北：成文出版社，1992 年
印順導師：《中國禪宗史》，新竹：正聞出版社，1998 年
印順導師：《人間佛教論集》，新竹：正聞出版社，2001 年
胡蘭成：《易經與老子》，瀋陽：遼寧人民出版社，2016 年
胡蘭成：《閑愁萬種》，臺北：遠流出版事業公司，1991 年
胡蘭成：《心經隨喜》，臺北：如果出版社，2012 年
胡蘭成：《禪是一枝花》，香港：天地圖書出版社，2015 年
釋本光：《周易禪觀頓悟指要》，成都：巴蜀書社，1999 年
胡師自逢：《先秦諸子易說通考》，臺北：文史哲出版社，1989 年
牟宗三：《周易的自然哲學與道德函義》，臺北：文津出版社，1998 年
周振甫：《周易譯注》，臺北：五南圖書出版公司，1995 年
黃壽祺、張善文：《周易研究論文集‧1》，北京：北京師範大學出版社，1988 年
黃壽祺、張善文：《周易研究論文集‧2》，北京：北京師範大學出版社，1989 年
黃壽祺、張善文：《周易研究論文集‧3》，北京：北京師範大學出版社，1990 年
黃壽祺、張善文：《周易研究論文集‧4》，北京：北京師範大學出版社，1990 年
朱伯崑：《易學哲學史》，臺北：藍燈文化事業公司，1991 年
朱伯崑主編：《易學漫步》，臺北：臺灣學生書局，2010 年
潘雨廷：《易與佛教、易與老莊》，瀋陽：遼寧教育出版社，1998 年
余英時：《歷史與思想》，臺北：聯經出版事業公司，1987 年
余英時：《中國思想傳統的現代詮釋》，臺北：聯經出版事業公司，1990 年
關世謙譯：《中國禪宗史》，臺北：東大圖書公司，1991 年
黃慶萱：《易學讀本》，臺北：三民書局，1980 年
黃慶萱：《周易縱橫談》，臺北：東大圖書公司，1995 年
戴璉璋：《易傳之形成及其思想》，臺北：文津出版社，1997 年
李學勤：《周易經傳溯源》，高雄：復文圖書出版社，1995 年

方立天：《中國佛教與傳統文化》，臺北：桂冠圖書公司，1994 年
樓宇烈：《老子、周易王弼注校釋》，臺北：華正書局，1983 年
陳鼓應：《易傳與道家思想》，臺北：臺灣商務印書館，1994 年
陳鼓應主編：《道家文化研究・道藏之易說初探》，北京：三聯書店，1997 年
陳鼓應主編：《道家易學建構》，臺北：臺灣商務印書館，2003 年
黎華標編錄：《意有未盡・胡蘭成書信集》，臺北：新經典圖文傳播公司，2011 年
許進雄：《文字學家的甲骨學研究室》，新北市：臺灣商務印書館，2020 年
楊惠南：《禪史與禪思》，臺北：東大圖書公司，1995 年
劉大鈞：《周易概論》，濟南：齊魯書社，1988 年
劉大鈞：《今、帛、竹書周易綜考》，上海：上海古籍出版社，2005 年
高懷民：《先秦易學史》，臺北：中國學術著作獎助委員會，1986 年
高懷民：《兩漢易學史》，臺北：中國學術著作獎助委員會，1983 年
徐芹庭：《易學源流》，臺北：國立編譯館，1987 年
張善文等編：《黃壽祺教授誕辰九十周年黃壽祺教授逝世十五周年紀念文集合編》，福州：福建教育出版社，2010 年
許仁圖：《盤皇另闢天的毓老師》，高雄：河洛圖書出版社，2015 年
許仁圖：《元儒》，高雄：河洛圖書出版社，2017 年
洪啟嵩主編：《現代佛法十人（二）：佛教的改革者——太虛》，臺北：網路與書出版社，2021 年
（美）柯文著，林同奇譯：《在中國發現歷史》，臺北：稻鄉出版社，1991 年
黃進興：《歷史主義與歷史理論》，臺北：允晨文化實業公司，1999 年
張耘田、陳巍主編：《蘇州民國藝文志》，揚州：廣陵書社，2005 年
陳平原：《中國現代學術之建立——以章太炎、胡適之為中心》，臺北：麥田出版社，2000 年
夏金華：《佛學與易學》，臺北：新文豐出版公司，1997 年
王仲堯：《易學與佛教》，北京：中國書店，2001 年

楊儒賓：《儒門內的莊子》，臺北：聯經出版事業公司，2016 年
廖名春：《周易經傳與易學史新論》，濟南：齊魯書社，2001 年
廖名春：《周易經傳十五講》，北京：北京大學出版社，2004 年
廖名春：《周易經傳與易學史續論——出土簡帛與傳世文獻的互證》，北京：中國財富出版社，2012 年
張其成主編：《易學大辭典》，北京：華夏出版社，1995 年
張其成：《易道：中華文化主幹》，北京：中國書店，1999 年
林忠軍：《象數易學發展史》，濟南：齊魯書社，1990 年
彭明輝：《疑古思想與現代中國史學的發展》，臺北：臺灣商務印書館，1991 年
鄭吉雄：《易圖象與易詮釋》，臺北：喜馬拉雅基金會，2002 年
鄭吉雄：《周易玄義詮解》，臺北：中央研究院中國文哲研究所，2012 年
楊慶中：《二十世紀中國易學史》，北京：人民出版社，2000 年
孫劍秋：《易學新論》，臺北：中華文化教育學會，2007 年
賴貴三主編：《臺灣易學史》，臺北：里仁書局，2005 年
賴貴三：《臺灣易學人物志》，臺北：里仁書局，2013 年
劉瀚平：《宋象數易學研究》，臺北：五南圖書出版公司，1994 年
趙中偉：《易經圖書大觀》，臺北：洪葉文化事業公司，1999 年
鍾雲鶯：《清末民初民間儒教對主流儒學的吸收與轉化》，臺北：國立臺灣大學出版中心，2008 年
薛仁明編：《天下事，猶未晚——胡蘭成致唐君毅書八十七封》，臺北：爾雅出版社，2011 年
陳進益：《當僧人遇見易經——蕅益智旭易佛會通研究》，臺北：蘭臺出版社，2010 年

二、論文及期刊

徐芹庭：〈民國以來象數與義理派之《易》學〉，《孔孟學報》，第 40 期，1980 年 9 月
林元有：〈錢穆與高亨之卜筮學〉，《中華易學》，第 3 卷第 1 期，1982 年 3 月

徐芹庭：〈由孔子與《易》之深切關係糾正先賢及古史辨諸君之誤解〉，《孔孟學報》，第45期，1983年4月
李周龍：〈《周易・序卦、雜卦》二傳的探討〉，《孔孟學報》，第47期，1984年4月
李周龍：〈《周易・彖、象》二傳小識〉，《孔孟學報》，第48期，1984年9月
黃沛榮：〈重論孔子與《易經》之關係〉，《孔孟月刊》，第24卷第3期，1985年11月
李周龍：〈《周易・十翼》與《左傳》、《國語》的《易》說〉，《孔孟學報》，第51期，1986年4月
戴璉璋：〈出土文物對《易》學研究的貢獻——談數字卦〉，《國文天地》，第3卷第9期，1988年2月
楊晉龍：〈孔子和《易》的關係〉，《中國文學研究》，第5期，1991年
黃慶萱：〈《周易》數象與義理〉，《國立臺灣師範大學學報》，第37期，1992年
陳　來：〈馬王堆帛書《易傳》及孔門《易》學〉，《哲學與文化》，21卷第2期，1994年2月
嚴靈峰：〈馬王堆帛書《易經》中孔子贊《易》和說卦〉，《大陸雜誌》，第89卷第1期，1994年7月
劉光本：〈尚秉和《易》學思想初探〉，《周易研究》，第4期總第26期，1995年4月
鄧立光：〈從帛書《易傳》看孔子之《易》教及其象徵〉，《鵝湖》，第21卷第4期，1995年10月
李學勤：〈帛書《周易》研究綜述〉，《中國文化月刊》，第193期，1995年11月
劉大鈞：〈《周易》今本卦序與帛書卦序之探索〉，《中華易學》，第16卷第9期，1995年11月
張善文：〈論帛書《周易》的文獻價值〉，《中華易學》，第6卷第10期，1995年12月
黃琪莉：〈帛書《周易》研究現況概述〉，《中國文哲研究通訊》，第5

卷第 4 期，1995 年 12 月
林義正：〈論《周易》與孔子晚年思想的關係〉，《國立臺灣大學哲學評論》，第 19 期，1996 年 1 月
黃開國：〈《左傳》、《國語》與《易經》〉，《孔孟學報》，第 74 期，1997 年 9 月
曾春海：〈帛書《易》說有無儒法合流的意向〉，《哲學與文化》，第 26 卷第 5 期，1999 年 5 月
鄭吉雄：〈從經典詮釋傳統論二十世紀《易》詮釋的分期與類型〉，《人文學報》，第 20、21 期合刊，1999 年 12 月－2000 年 6 月
何澤恆：〈孔子與《易傳》相關問題覆議〉，《臺大中文學報》，第 12 期，2000 年 5 月
黃忠天：〈漫談出土文物對《易》學研究的影響〉，《中華道教學院南臺分院學報》，第 1 期，2000 年 9 月
范麗梅：〈論郭店竹書與《易傳》之天道思想〉，《中國文學研究》，第 29 期，2001 年 6 月
黃忠天：〈試論先秦卜筮之官地位的轉變〉，《中華道教學院南臺分院學報》，第 2 期，2001 年 9 月
黃壽祺：〈庸言〉，《周易研究》，第 1 期總第 51 期，2002 年 1 月
黃黎星：〈以象解筮的探索——論尚秉和等對《左傳》、《國語》筮例的闡釋〉，《周易研究》，第 5 期總第 55 期，2002 年 5 月
趙　杰：〈本《易》理以詁《易》辭，由《易》辭以準《易》象——試論尚氏《易》學的特色及其對《易》學史的貢獻〉，《周易研究》，第 6 期總第 56 期，2002 年 6 月
顏國明：〈《易傳》是道家《易》學駁議〉，《中國文哲研究集刊》，第 21 期，2002 年 9 月
孫劍秋：〈融通以達變——論錢穆先生對《易傳》的詮釋〉，《周易研究》，第 3 期，2005 年（總號第 71 期）
林師慶彰：〈錢穆先生的經學〉，《漢學研究集刊》，第 1 期，2005 年 12 月
鄭吉雄：〈論象數詮《易》的效用與限制〉，《中國文哲研究集刊》，第

29 期，2006 年 9 月
陳進益：《清焦循易圖略、易通釋研究》，桃園：中央大學中國文學研究所碩士論文，1994 年
張青松：《杭辛齋易學研究》，臺北：臺灣大學中國文學研究所碩士論文，2002 年
張耀龍：《杭辛齋研究》，臺北：政治大學中國文學研究所碩士論文，2003 年
李皇穎：《尚秉和周易注釋案語析論》，彰化：彰化師範大學國文研究所碩士論文，2005 年
賴怡如：《尚秉和易學研究》，臺北：銘傳大學應用中國文學研究所碩士論文，2006 年

國家圖書館出版品預行編目資料

融通致用的生命實踐——民國《易》學研究

陳進益著. – 初版. – 臺北市：臺灣學生，2022.02
面；公分

ISBN 978-957-15-1883-1 (平裝)

1. CST: 易經 2. CST: 研究考訂

121.17 111001310

融通致用的生命實踐——民國《易》學研究

著 作 者 陳進益
出 版 者 臺灣學生書局有限公司
發 行 人 楊雲龍
發 行 所 臺灣學生書局有限公司
地 址 臺北市和平東路一段 75 巷 11 號
劃撥帳號 00024668
電 話 (02)23928185
傳 眞 (02)23928105
E-mail student.book@msa.hinet.net
網 址 www.studentbook.com.tw
登記證字號 行政院新聞局局版北市業字第玖捌壹號
定 價 新臺幣七〇〇元
出版日期 二〇二二年二月初版
ISBN 978-957-15-1883-1

12180